武溪集訳註

横田南嶺

月船禅慧頂相　自賛

一幅・紙本墨画

横浜・寶林寺蔵

本文【三三九】参照

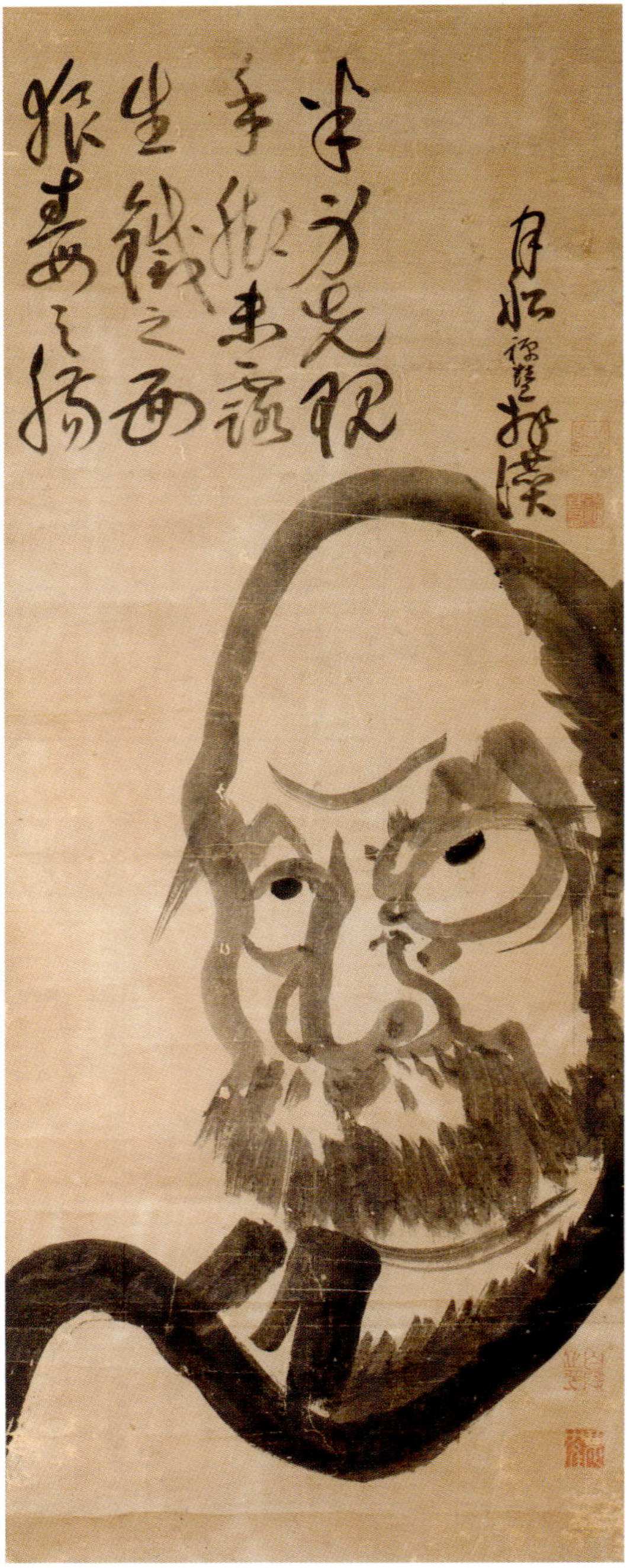

達磨図　白隠慧鶴筆・月船禅慧賛

一幅・紙本墨画

横浜・寶林寺蔵

本文【一〇四】参照

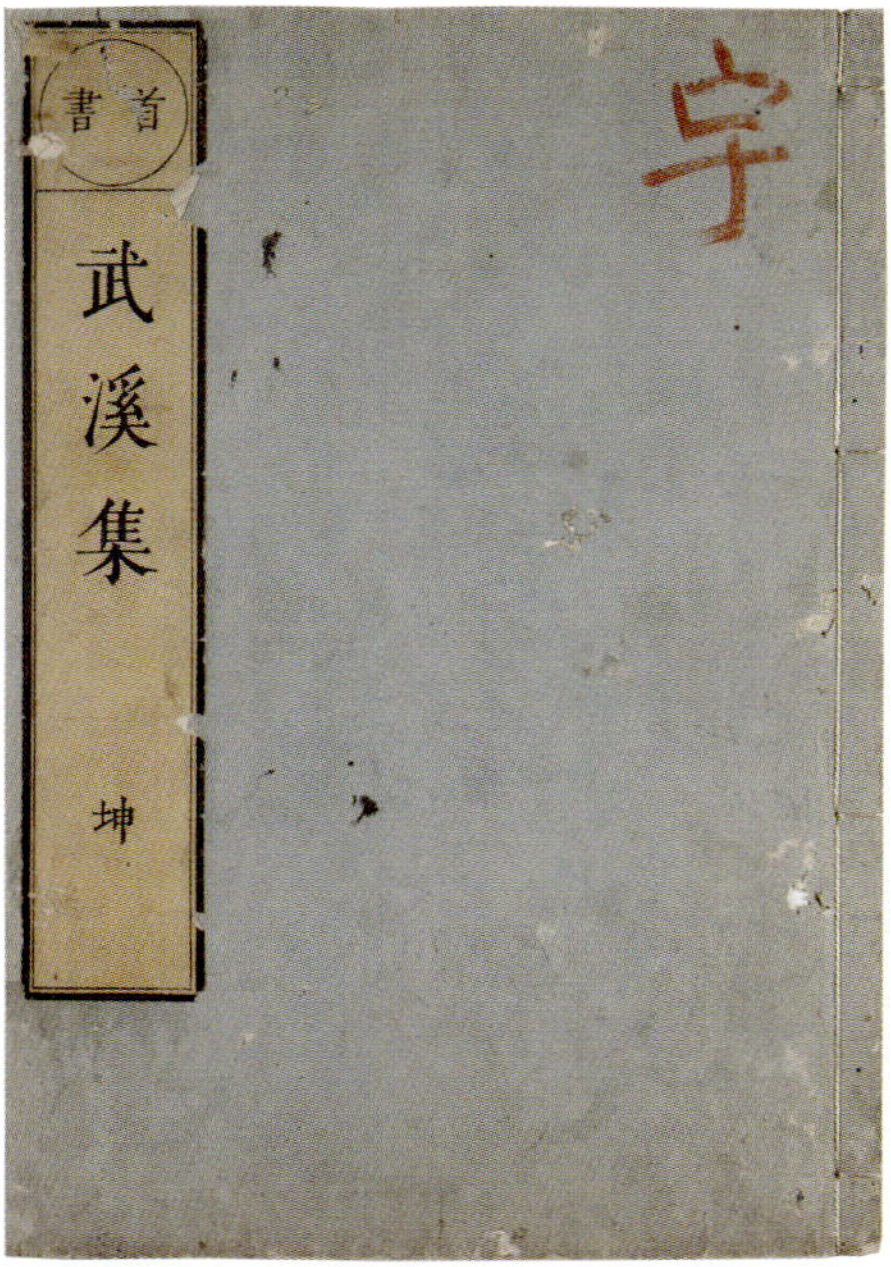

『武溪集』誠拙周樗書入　二冊

鎌倉・円覚僧堂蔵

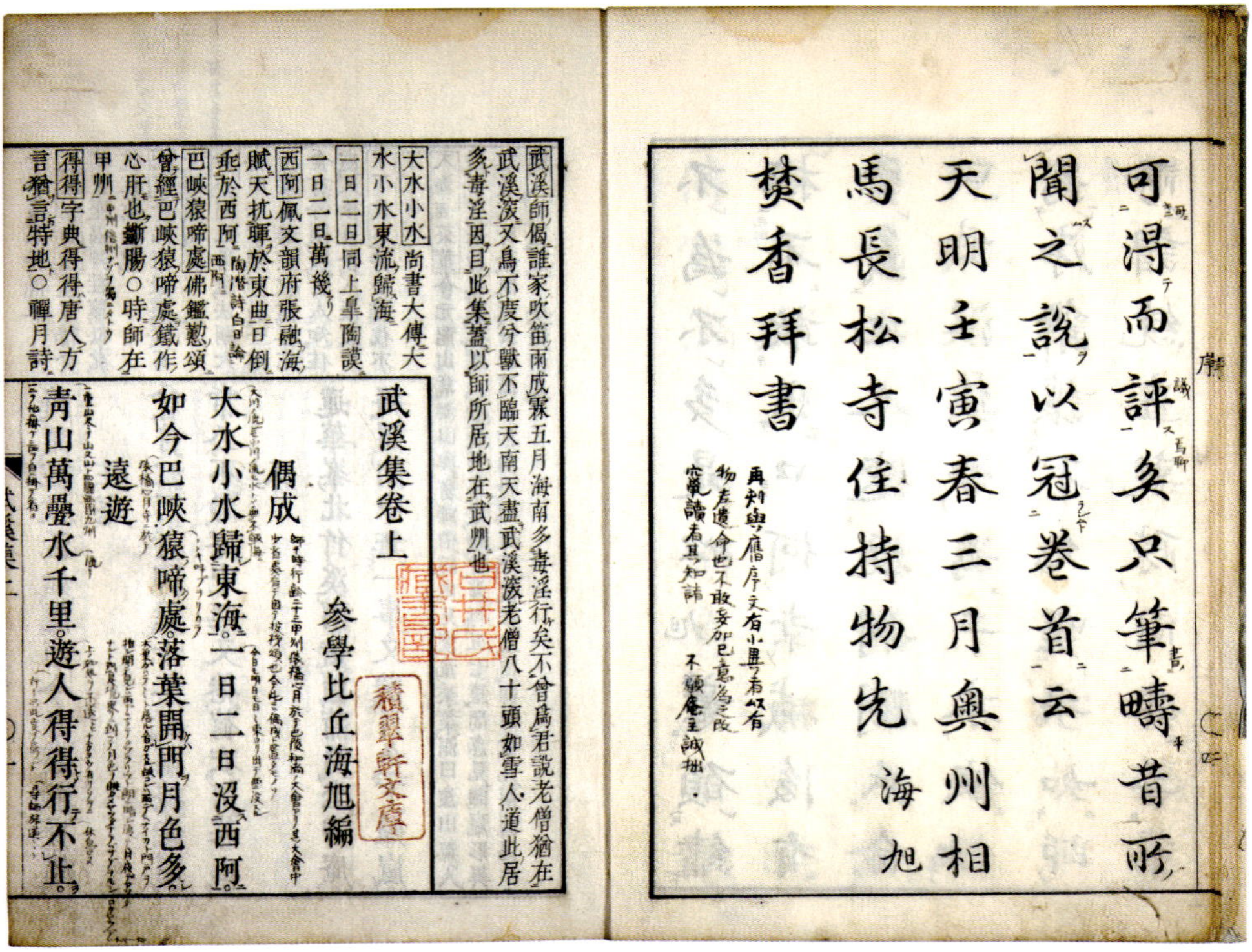
可得而評矣只筆疇昔所聞之説以冠卷首云
天明壬寅春三月奥州相馬長松寺住持物先海旭焚香拜書

武溪　師偶誰家吹笛雨成寐五月海南多毒淫行矣不曾爲君説老僧猶在武溪溪又爲不度分獸不臨天南天盡武溪溪老僧八十頭如雪人道此居多毒淫因目此集蓋以師所居地在武州也
大水小水　尚書大傳大水小水東流歸海
一日二日　同上皐陶謨一日二日萬幾
西阿　佩文韻府張融海賦天抗暉於東曲日倒垂於西阿
巴峽猿啼處　佛鑑懃頌曾經巴峽猿啼處鐵作心肝也斷腸○時師在甲州
得得　字典得得唐人方言猶言特地○禪月詩

武溪集卷上
參學比丘海旭編

偶成
大水小水歸東海一日二日沒西阿如今巴峽猿啼處落葉開門月色多

遠遊
青山萬疊水千里遊人得得行不止

『武渓集』誠拙周樗書入　内部

もくじ

武溪集　巻下……281

跋

はじめに

私たちが現在学んでいる禅の教えは、言うまでもなく江戸時代の白隠《はくいん》禅師によって伝えられたものです。「白隠禅」という言葉が使われて久しいのですが、それに対して「鎌倉禅」と呼ばれる、古月《こげつ》禅師の系統の禅も伝わっていました。

今日「白隠禅」がまさしく禅界を席巻している中に於いては、「鎌倉禅」は、「白隠禅」より低く見られているように思われます。

それはたとえば、円覚寺の朝比奈《あさひな》宗源《そうげん》老師の得度の師である坂上真浄《さかがみしんじょう》老師の語録『荊棘録《けいきょくろく》』の中に、こういう事が述べられています。

「夫《そ》れ鎌倉坐禅とは、一則の公案を以て修し、禅定を第一となし、鵠林《こくりん》下の修行は、一則の公案にて見性を得れば、其れより法身、機関、言詮、難透難解の公案を、一々透過させ、其より五位、十重禁戒を一々修得し、尚進んで悟後の修行をなし、後又拈弄《ねんろう》等、微細の上に、微細を尽し、大機大用を発得するを得て、始めて己事了畢《こじりょうひつ》となす」と。

ここに評されているように、鎌倉の古月下の坐禅は、ただ一則の公案をのみ拈提して、禅定一本で修行していく、所謂《いわゆる》「鍋ぶた悟り」と呼ばれました。すなわち具を鍋に入れたら後はフタをして煮えるのを待つのみと言うものです。

それに対して白隠下の坐禅は一則の公案で見性してその後、それぞれ古則公案を拈提し、段階を経て修行して大力量を備えさせるのだと、鎌倉の坐禅に対して、いかに白隠下の坐禅がすぐれているかが説かれています。

独園《どくおん》禅師の『近世禅林僧宝伝』にもたとえば、伊予の大隆寺《だいりゅうじ》の晦巌道廓《まいがんどうかく》の章にこういう事が述べられています。

この晦巌道廓という方は始め博多の仙厓義梵《せんがいぎぼん》について学んでいたのですが、ある方から鎌倉の誠拙《せいせつ》に参じるように薦められます。どうしてかと問うと、その方は「自分は誠拙に逢ったことはないが、彼の達磨の賛に『九年面壁、宿世業因、偸得一臂、失却半身』とある、これを見るに誠拙がいかに非凡であるかが分かる」と言って、誠拙に参じるよう薦められました。晦巌は鎌倉円覚寺に来て、誠拙、淡海《たんかい》、清蔭《せいいん》に参じて淡海の法を嗣ぎます。

ところが、その晦巌を独園禅師は、「独り如何《いかん》せん、晦巌、月船下に人あるを知って、鵠林下に禅あるを知らず。若《も》し晦巌をして鵠林下の禅に参じるを得せしめば、其の造詣恐らくは此に止まらざらん。惜しいかな其の終に此に出ること能わざりしを」と評しているのです。

月船下とは古月の系統の禅であり、当時の円覚寺の誠拙禅師の挙揚された禅を指します。これではいかにも鎌倉の月船、誠拙下の禅が白隠禅よりも一段低いものだと評価されています。

そうして、「鎌倉禅」、即ちわが円覚寺に伝わった月船—誠拙下の禅の評価が白隠禅よりも劣るものとして定まってしまいました。鍋ぶた悟りとは、はたらきの無い禅を侮蔑する言葉として使われるようになりました。

私は現在、大用《だいゆう》国師誠拙禅師が開単された円覚寺僧堂にいるから思うわけでもないのですが、さてそのように、鎌倉禅と白隠禅といかにも相対するものとして論じることには、どうしても首肯しかねます。

それは当時未だ、禅界においては白隠が正当な評価を得ていなかったのを、何とか白隠を世に認めさせようという弟子たちの努力に依るものではないかと受け止めています。

そこで注目したいのは、『武渓集《ぶけいしゅう》』という語録を残された月船禅師です。今日白隠禅師に関する書物はたくさん出版されていますが、この月船禅師などあまり注目されていません。しかしこの月船禅師こそ、近世禅宗史で欠くことの出来ない大きな存在だと私は注目したいのです。

もちろんのこと、我が円覚寺僧堂開単の大用国師誠拙禅師の師匠であり、それから有名な博多の仙厓義梵の師匠でもあり、他にも物先海旭《もっせんかいぎょく》らすぐれた禅僧を輩出しています。それのみならず、世に白隠下と言われる峨山慈棹《がさんじとう》は実に月船の弟子なのであります。

いま我々僧堂で「逓代伝法《ていだいでんぽう》」を唱えていましても、「白隠慧鶴—峨山慈棹—隠山惟琰《いんざんいえん》」となっていて、東嶺《とうれい》禅師は入っていません。白隠の禅は今日この峨山慈棹を通じて伝わっています。その峨山慈棹が月船の弟子で、月船の下でほとんど修行を済ませていたのです。

白隠禅師の下にはわずか数年参じただけです。それも峨山慈棹が参じた頃は白隠禅師は高齢であったために、ほとんど東嶺禅師に参じています。

即ち峨山慈棹の禅は、その骨格が月船下でできあがっていたことを知るべきです。そして更に峨山禅師は月船の跡を嗣いで、月船禅師が開かれた東輝庵《とうきあん》の第二世にもなっています。ですから、月船の後継者であると言えなくもないのです。

また、峨山慈棹の法をついで、今日隠山下と称されるその隠山惟琰禅師も初めは月船について修行を始めています。

よって峨山禅師、隠山禅師共に同じ月船下の同門として、誠拙禅師とは始終懇意な間柄でありました。その証左となる墨跡が円覚寺僧堂に、誠拙禅師の隠山を送った偈として残っています。

ここで私が述べたいのは、近世の禅というものは、今日言われるほど、はっきりと白隠禅、鎌倉禅など峻別出来るものではないということです。

そして、所謂白隠禅にしても鎌倉禅にしても、その伝承において月船の存在を欠かすことは出来ません。

それほどの月船禅師でありながら、その生涯や禅風はあまり知られていません。ことに伝記については謎が多いのです。巻末には禅文化研究所の藤田琢司氏が検証してくれています。

『武渓集』には巻頭にお弟子の物先禅師が簡潔に記しています。「老師、諱《いみな》は禅慧、字は月船、奥州田村郡小野の人なり。郡の高乾の北禅済老に投じて落髪受具す。遊方の後、法を東渓門公に嗣ぐ。受業の院に住すること、僅かに十許年、武の東輝庵に退寓す。三十七年、恬《てん》として一日の如し。天明改元六月十二日、春秋八十、安詳にして化す。門人遺骨を包裹《ほうか》して、本院に帰葬す」とのみあります。本当に確かなことはこれくらいです。

今の福島県の小野町の生まれで、地元の高乾院《こうけんいん》の北禅道済《ほくぜんどうさい》について出家したこと、この北禅についても不明な点が多いのです。古月の法を嗣いだとも言われ、またそうでないとも言われ、はては実在しなかったのではとさえ言われています。遊方と言ってもどこで誰について修行したかも不明です。誰に嗣法したかも実のところははっきりしないのです。高乾院の東渓門公《とうけいもんこう》に嗣法したと言われますが、はたしてこれは伽藍法か印可証明かも分かりません。

円覚寺僧堂の隠寮には、大用国師誠拙禅師が自筆で書き入れをした『武渓集』の講本が伝わっています。大変に貴重なものです。

それによれば、『武渓集』の一番最初の偈頌は「偶成」としながらも、「師、時に行齢二十三、甲州猿橋《さるはし》心月《しんげつ》に於いて、巴陵《はりょう》和尚の大会あり。其の大会中に少省所有って、因って投機の頌なり。今ここには偶成と置いたものぞ」とありまして、これは投機の偈であることが分かります。

一番大事な偈ですので初めにおいたのでしょう。修行の経歴がはっきりしないと言いましたが、ここで巴陵禅師について悟ったことがはっきりします。このことは誠拙禅師の自筆書き入れによってのみ知られることで、ほかのどんな書物でも触れられていません。

巴陵禅師について確かな見性体験をしたことははっきりするのでありますが、この巴陵禅師がはっきりしないのです。古月の系統であるのか不明です。嗣法の問題については様々な論文もございます。

見性開悟の体験をした時の師と、最終的に嗣法する師とは必ずしも同一であるとは限りません。そうして何よりの謎は、福島県の高乾院に三十二、三才から四十二歳くらいまで十年ばかり住しながら、四十歳を出た頃で、どうして円覚寺派、横浜永田の宝林寺《ほうりんじ》に東輝庵という小庵を結んで閑居したかということです。円覚寺派の名刹宝林寺の住持というわけでもなかったようです。まさに寓居であり、仮住まいです。

それから、「一住三十七年、恬として一日の如し」と言われるように、ほとんど外に出ずに専ら修行三昧の生活だったようです。

『禅林僧宝伝』には「是れより深くみずから韜晦《とうかい》し、迹《あと》を村民に混ず。凡そ里中の子弟の教うべき者、文芸道学、各おのその志尚によって之を導き、其れをして知らず識らず仏法に帰依せしむ。是に於いて江湖の雲衲、その徳を欽慕し、陸続四集す。庵中、また居るべからざるときは則ち其の隣近三四里の間に於いて、民屋、牛舎等を借り、日夜参究す」とあります。

韜光晦迹《とうこうまいせき》、まさしく修行したという跡を隠して、村人の中にとけ込んで、子供たちに文字や文学を教え、村の人たちを知らず知らずのうちに仏法に帰依させていったという、禅門の理想の教化をなさいました。

今のように情報の発達した時代ではありませんが、その徳風が伝わって、全国からあちこちの雲水が集まって、庵の中には入り切らなくて、村の小屋や牛小屋に住んで月船禅師に参禅したようです。

わが大用国師もまたその中の一人でした。円覚寺塔頭続灯庵《ぞくとうあん》の実際法如《じっさいほうにょ》禅師もその一人で、大用国師と実際禅師と、月船下のお二人によってわが円覚寺の僧堂は開単されるのであります。

大用国師についても少し述べますと、国師は四国の宇和島のご出身です。鍛冶屋の生まれで、三歳の時に父に死に別れます。母はまもなく再婚して、新しい夫との間に子供も出来ます。そうして七歳で宇和島の佛海寺で出家します。自らの意志というよりも、新しい夫婦の子供も出来てやむを得ぬ事情だったのでしょう。そこで雛僧として育ちますが、十六歳で行脚に出て、本格的な参禅弁道に励みました。海岸寺《かいがんじ》の東巌《とうがん》禅師をはじめとして荊林《けいりん》禅師やすぐれた禅僧方を訪ねられました。井山の宝福寺《ほうふくじ》におられた白隠下の大休《だいきゅう》慧昉《えぼう》禅師にも参じたとされています。

最後に横浜は永田の宝林寺東輝庵に隠栖されていた月船禅師に参じます。誠拙禅師二十歳の時、師の月船は六十三歳でした。

当時の禅界の状況はというと、江戸時代の中期から後期にかけて沈滞の時期であったと言われます。

円覚寺でも創建当初は山内全体が修行道場でした。建長寺の大覚《だいかく》禅師は、その『法語規則』に「建長寺に住むものは全員昏鐘よりは堂内に詰めよ、堂内に詰めずに寮舎にいるものは罰して寺から追い出せと」厳しく言われています。

それが、山内に代々の住持の塔所である塔頭ができて、だんだんと塔頭に住する者達が独自に修行するようになって、本山の修行は形式だけになっていきました。そして江戸期には、寺院の増加に併せて僧侶も増え、宗風が沈滞して、各山内塔頭でそれぞれ修行が疎かになる事態もあったようです。

さてそういう沈滞の気風の中で、九州の古月禅師が出て、禅風を挙揚され、その同じ系統にあたると言われる月船禅師が関東で教化を挙げられたのです。

白隠禅師も静岡の原の松蔭寺《しょういんじ》で大いに教化をなされていて、沈滞の気風を一掃しようという動きは地方から起きたのでした。

そうして月船禅師の元で修行がほぼ完成したころに、大きな転機が訪れます。当時の円覚寺では続灯庵の実際法如や仏日庵《ぶつにちあん》の東山周朝《とうざんしゅうちょう》らによって何とか宗風を復古させようという機運が起こっていました。

山内すべてを僧堂に復興するのは無理でもせめて、舎利殿開山堂をいただく円覚寺一番の聖地である正続院《しょうぞくいん》だけでも僧堂として伝統の修行を復活させようと努力していました。

そこでもっとも大切なのはその指導者を得ることです。僧堂を復興して宗風を挽回してゆくその任に堪える指導者が何としてでも必要でした。その白羽の矢が立ったのが、当時円覚寺末寺にあたる永田の宝林寺内の東輝庵にいた青年僧誠拙その人でした。当時まだ弱冠二十六歳、その若者に円覚寺の将来が託されました。続灯庵の実際法如と師匠の月船禅師の推挙によって誠拙は円覚寺に錫を移します。

安永六年（一七七七）、誠拙三十二歳の時、東山周朝に嗣法して仏日庵の塔主になりました。その当時の事を晩年に「逆水に走る」と表現していますように決して順風満帆ではありませんでした。逆風の中を船出したのです

それでもその逆風の中をひたすら坐禅指導に励み一生涯を僧堂のために尽くされました。天明元年誠拙禅師三十六歳の時、正式に前版職という今日の僧堂師家に任ぜられました。

そうして円覚寺の僧堂を復興されました。これだけでも一大業績ですが、大用国師は円覚寺だけにとどまらずに、六十二歳の時に八王子の広園寺《こうおんじ》にも僧堂を開単されました。開山峻翁令山《しゅんのうれいざん》禅師の四百年大遠諱に結制大会が行なわれ、それに併せて開単されたのです。

六十四歳で僧堂師家をご自分の弟子の清蔭禅師に譲られ一時山内の伝宗庵《でんしゅうあん》に隠居され、更に横浜金井の玉泉寺《ぎょくせんじ》に隠居しようとされました。ところが隠居の間もなく、明くる六十五歳で京都相国寺の大会に拝請され師家を勤めて『夢窓国師語録』を提唱、誠拙の名は天下に広まり、六十九歳で天龍寺の大会でも師家を勤め、天龍寺にも僧堂の基礎を築かれました。さらに最晩年の七十六歳で再び上洛され、今日の相国寺僧堂を開単、今も相国寺僧堂にはその時の禅堂が残っています。ところが、その時病に倒れ、相国寺でご遷化なされます。文字通り僧堂の為に捧げた御一生でした。お釈迦様が伝道布教の旅の途中でなくなった事を思い起こさせます。相国寺心華院で津送、円覚寺にはご遺骨になって帰山され、今の正伝庵《しょうでんあん》の塔所に埋骨されました。

僧堂の開単だけでも円覚寺と広園寺、天龍寺と相国寺においてなされました。ほかに結制大会は、南禅寺や建長寺などにおいてもなされました。遠くは故郷である宇和島の仏海寺《ぶっかいじ》や大乗寺《だいじょうじ》においても祖録の提唱がなされ、紀州由良の興国寺《こうこくじ》においても開山大遠諱を勤めておられます。円覚寺は、大用国師開単以来、清蔭、淡海、東海《とうかい》和尚と代々誠拙下の師家方によって指導されてきましたが、明治になって一時閉単、白隠下の今北洪川《いまきたこうせん》老師によって再開単されました。八王子の広園寺や京都の各僧堂も後に白隠下の師家方によって宗風を挙揚されますが、その礎には大用国師の功績もあったことを忘れてはなりません。「大用国師」の諡号は大正八年に追贈されています。

「白隠禅」という言葉が一人歩きしてしまい、あたかも今日の禅が白隠禅師お一人の功績と思われると歴史の真実を見失うのではないかと危惧しています。

『武渓集訳註』をここに上梓して、古月の系統の禅、円覚寺中興の大用国師誠拙周樗の師が如何なる禅僧であったか、学んでいただければ幸いであります。

なお本書は、私が自分で提唱する為の読み下しに、更に円覚寺僧堂に伝わる誠拙禅師の自筆書き入れを記し、それに意訳をつけたものを基にしています。それにまた、欄外の註釈も読み下して付しました。欄外の註の訓読は、禅文化研究所の藤田琢司氏が行なってくれました。藤田氏には、本書全体に亘って綿密な校正も行なってくださり、さらに解説を書いていただきました。

当初はもっと早くに上梓することができたのですが、いざ刊行となって難渋したのが意訳でありました。偈頌を訳することほど難しいことはありません。直訳すれば全く意が通じないものもあります。

ある程度意訳しなければならず、それもどの程度の意訳がよいのか、苦労をしました。途中でやはり意訳はない方がいいのではと思いもしましたが、読者の参考にと思い、つけることにしました。あくまでも私の意訳でありますので、偈頌を理解する為の参考に止めていただきたいと願います。

平成三十一年は、円覚寺中興大用国師誠拙周樗禅師の二百年遠諱に当たります。その前に、大用国師の師である月船禅師の語録訳注本を上梓できる事は、いささか両禅師への報恩になろうかと思っています。

平成三十年五月吉日

円覚寺　横田南嶺

凡例

一、本書は、月船禅慧の偈頌集『武渓集』上下二巻を翻刻し、訓読、註、意訳を加えたものである。同集は月船の高弟であった物先海旭が編纂、註および序文を付して天明三年（一七八三）に刊行した。その後、寛政二年（一七九〇）、文政二年（一八一九）に再刊されている。

一、底本には、円覚寺所蔵の誠拙周樗手沢本を用いた。同本は、天明三年の初版本に月船の高弟であった誠拙が書入れを施したものであり、偈頌の解釈はもちろん、謎の多い月船の伝記考証に寄与する多くの情報を含んでいる。円覚寺に入る前は石井光雄氏の積翠軒文庫にあったことが印記や帙に墨書された識語から知られる。

一、全ての偈頌に通し番号を付した。

一、原文の翻刻は底本の字体を尊重しつつ、原則として旧字体に近いものを使用した。

一、通用する文字は本来の文字に統一した。（例：楊→揚　歛→斂）

一、訓読は、原則として底本の返り点、送り仮名に従った。

一、註における略号は、以下の通り。

・［誠］以下は、誠拙の書入れ。

・［底］以下は、底本に付されている編者の註を訓読したもの。なお〇は底本註の補註である。

・[補] 以下は、本書著者の補註。

一、誠拙書入れおよび底本註は、物先序文における初刊と再刊の異同に関するものを除き、そのほとんど全てを本書に取り入れた。

一、誠拙書入れには、以下の処理を施した。

・全般的にカタカナ表記であるが、ひらがなに置き換えた。

・断片的でそのまま翻刻しても意味をなさない書入れには、省略されている原文中の語句を補うなどして文脈が通ずるようにした。例えば原文の「粲彩」という語のそれぞれの文字に「ｌ然」「光ｌ」と傍書されている場合は、全体で「粲然光彩」と読んだ。ただし一句全ての引用が「…」などと省略されている場合は、多くはそのままとした。

・漢字は新字体に統一した。略字・合字・踊り字、当て字などは通常の表記に改めた。

・一部の仮名には漢字を充当した。

・仮名遣い・送り仮名・濁点などは現行の形に近づけた。

・漢文表記部分は訓読した（例：無不帰海→海に帰せざるは無し）。

・虫損・磨滅などにより判読しがたい部分は□で示した。

・書入れにはその性格上、文意の明瞭でない部分も見られるが、明らかな誤字脱字を除き、多くそのままとした。引用が正確でないものについても底本註と同じ扱いとした。

一、底本註の見出し語は割愛し、新たに設定した見出し語の下に配した。

一、底本註の訓読に際しては、引用原典と相違がある場合でも、明らかな誤字脱字を除き、多くそのままとした。また、理解を助けるため「（慧）可」のごとく文字を補った部分もある。

一、底本註に見える書名の略称は、一般的なものについては多くそのままとした（例：『壇経』『伝灯』『会元』）。

一、補註で参照した主な註釈書・辞書類は以下の通り。

『碧巌録種電鈔』（大智実統撰、享保二十一／一七三六年自序、元文四／一七三九年刊）

『虚堂録犂耕』（無著道忠撰、禅文化研究所編『基本典籍叢刊』所収、一九九〇年）

『五家正宗賛助桀』（無著道忠撰、禅文化研究所編『基本典籍叢刊』所収、一九九一年）

『葛藤語箋』（無著道忠撰、禅文化研究所編『禅語辞書類聚』一所収、一九九二年）

『大慧普覚禅師書栲栳珠』（無著道忠撰、禅文化研究所、一九九七年）

『句双葛藤鈔』（元禄五／一六九二年）

『諸録俗語解』（芳澤勝弘編注、禅文化研究所、一九九九年）

『助語審象』（三宅橘園著、文化十四／一八一七年）

一、法系、前堂転位年、世代数などは、主に『昭和改訂　正法山妙心禅寺宗派図』（妙心寺派宗務本所総務部編、一九七七年）、『訓読　近世禅林僧宝伝』（能仁晃道訓注、禅文化研究所、二〇〇二年）の記述を参考とした。

一、序文および跋文の意訳は割愛した。

武渓集

序

【前段】

大凡頌古、所以發揮先德淵奥、而謂之繞路説禪者何。非是老婆落草之謂。全體受用、則奢儉得所、事理倶到。雖語帶廉纖、人不得而窺時、或似惹儞情解者、夫是謂之繞路。豈有別路乎。繞路中有直路、直路中有繞路。達者知焉。所謂事理倶到者、譬如打索。兩股緊緩不同、則堪作什麼。古人以有沒字、見之親疎。惟親惟疎、只須狐疑淨盡。然後、事理親疎、抑揚殺活、精密者、痛快者、據款結案者、佛祖機縁、皆用得者、或以金剛王一揮者、或通線路、略露風規者、任手拈來、不滞一隅。雖則如此、癡人面前、不可説夢。多見今時作偈頌、胡亂指注、信口妄説。悲夫。如上一絡索、吾老師指示諸徒一時之説也。

《訓読》

大凡《おおよそ》、(1)頌古《じゅこ》は、先徳《せんとく》の(2)淵奥《えんのう》を発揮《はっき》する所以《ゆえん》にして、之《これ》を「(3)繞路《にょうろ》に禅を説く」と謂うは、何ぞや。是れ(4)老婆落草《ろうばらくそう》の謂《い》いに非ず。全体受用《ぜんたいじゅゆう》するときは、則ち(5)奢倹《しゃけん》所を得て、(6)事理《じり》倶《とも》に到る。(7)語、廉繊《れんせん》を帯《お》ぶと雖も、人、得て窺《うかが》わざる時に、或《ある》いは(8)儞《なんじ》が情解《じょうげ》を惹《ひ》くに似る者《もの》、夫《そ》れ

【前段】

是れ之《これ》を繞路と謂う。豈《あ》に(9)別路《べつろ》有らんや。繞路中に直路《じきろ》有り、直路中に繞路有り。達者《たっしゃ》は知る。所謂《いわゆ》る「事理倶に到る」とは、譬《たと》えば索《なわ》を打《た》するが如し。(10)両股緊緩《りょうこきんかん》同じからざるときは、則ち什麼《なに》を作《な》すにか堪《た》えん。(11)古人、有没の字を以て、之《これ》が親疎《しんそ》を見る。惟《こ》れ親惟れ疎、只《た》だ須《すべか》らく(12)狐疑《こぎ》浄尽《じょうじん》すべし。然して後に事理親疎《じりしんそ》、抑揚殺活《よくようせっかつ》、精密なる者、痛快なる者、(13)款《かん》に拠って案《あん》を結する者、(14)仏祖《ぶっそ》の機縁《きえん》、皆な用得《ゆうとく》なる者、或いは(15)金剛王《こんごうおう》を以て一揮《いっき》する者、或いは(16)線路《せんろ》を通じて、略《ほぼ》風規を露《あらわ》す者、手に任《まか》せて拈《ねん》じ来《きた》って、一隅《いちぐう》に滞《とどこお》らず。則ち此の如《かく》くなりと雖《いえど》も、(17)痴人面前《ちにんめんぜん》、夢を説くべからず。多く見る、今時、偈頌《げじゅ》を作《な》すもの、(18)胡乱《うろん》に指注《しちゅう》し、口に信《まか》せて妄説す。悲しいかな。如上の(19)一絡索《いちらくさく》は、吾が老師、諸徒に指示する一時の説なり。

《註》

(1)頌古＝補 古則公案について、その宗意を偈頌の形で簡潔に表現すること。

(2)淵奥＝誠 「胸中につつみ隠したるところの奥意」。

(3)繞路説禅＝誠 「円悟和尚が『繞路に禅を説く』と見て。『碧巌』の評」。補 『碧巌録』一則、頌古評唱に、「大凡、頌古は、只だ是れ繞路に禅を説く。拈古は、大綱、款に拠って案を結ぶのみ」。「繞路」は、曲がりくねった道。『碧巌録種電鈔』に、「直截ならずして巧妙に言を吐くなり」。

(4)老婆落草＝補 「老婆」は、老婆親切。「落草」は、俗中に自らを落として化導を行うこと。

(5)奢倹得所＝補 『雲臥紀談』下に、「（仏性法泰）曰わく、『頌古拈古は、奢倹、所を得んことを要す。人の、銭を使うことを解《よ》くするが如し。必ずしも多からざるなり』」。「奢倹」は、奢侈と倹約。饒舌と寡黙。

(6)事理俱到＝[補]『山庵雑録』下に、「（竺元先師）嘗て謂う、『頌を做《な》さば、須らく事理俱に到るべし。譬えば索《なわ》を打する（縄をなう）が如し。両股緊緩、同じからざるときんば則ち堪えず』」。「事」は個別的な事象、「理」は普遍的な真理。ここでは偈頌の具体的な語句と言わんとする内容というほどの意味。

(7)語帯廉繊＝[誠]「洞上の語路」「刀の刃を試みるように危なき処に到るとも」。[補]「廉繊」は、綿密で細かいこと。

(8)惹儞情解＝[誠]「雲門語録中の語」。[補]『碧巌録』二十七則、本則評唱に、「只だ是れ雲門の句中、多く人の情解を惹くを愛す」。「情解」は、知的な理解。

(9)別路＝[誠]「繞路の直路のと云う、別路は」。

(10)両股緊緩＝[誠]「両方の手の腹、かたくやわらか」。[補]前註(6)参照。

(11)古人以有没字、見之親疎＝[補]黄龍慧南が慈明楚円に老婆勘破の頌を呈した際の故事。「親疎」は、親密と疎遠。近いことと遠いこと。『五家正宗賛』慈明の章に、「黄龍、師に見《まみ》え、気を以て自負す。師、痛く之を叱し、趙州勘婆の話を挙して龍に問う。龍、対《こた》うること無し。数日に至って、方《まさ》に省す。頌を呈して曰わく、『叢林に傑出するは是れ趙州、老婆勘破、来由没《な》し。而今、四海清きこと鏡の如し。行人、路を以て讐《あた》と為すこと莫かれ』。仍《よ》って掌中に於いて『有』の字を書す。師、見て、謂って曰わく、『好《よ》きことは則ち好し。中に一字、是《ぜ》ならざる有り』。龍、遂に掌を開き、之を示す。師、印可す」。

(12)狐疑淨盡＝[補]疑いの心をきれいさっぱり無くしてしまうこと。

(13)據款結案＝[補]「款」は罪人の白状。「案」は判決。罪人の白状によって判決を下すこと。言動によって人の修行の進境を看破すること。『諸録俗語解』に、「口書きによって裁きをつける」。前註(3)参照。

⒁佛祖機縁、皆用得者＝誠「円悟の仏見法見の頌等の類、『彩雲影裏、仙人現ず（云云）』」。補全ての話頭に通用する頌。『雪堂和尚拾遺録』に、「円悟、五祖に在って座元と為る。僧有り、風穴の『語黙は離微に渉る、如何《いかん》が通じて犯さざらん』という因縁を請益《しんえき》す。偶《たまたま》仏鑑（慧懃）来る。悟曰わく、『懃《ごん》兄、為《ため》に頌出して、他《かれ》に布施すべし』。鑑、即ち頌して曰わく、『彩雲影裏、神仙現ず、手に紅羅扇を把って面を遮る。急に須らく眼を著けて仙人を看よ、仙人手中の扇を看ること莫かれ』。悟、深く之を喜ぶ。後に其の僧、鑑の語を看るに、此の頌、文殊の仏見法見を起こす因縁を頌するを見て、乃ち悟に問う。悟曰わく、『渠《かれ》が此の頌、凡そ仏祖の機縁、皆な用得著となり』」。

⒂以金剛王一揮者＝補一切の情解を截断し去る。『碧巌録』六則、頌古評唱に、「雪竇の頌古、偏えに此《かく》の如し。当頭に金剛王宝剣を以て揮るうこと一下し了わって、然る後、略《ほぼ》些かの風規を露す」。

⒃通線路、略露風規＝補一線の活路を開いて公案の風情規則を解き明かす。前註⒂参照。

⒄癡人面前、不可説夢＝誠「馬鹿の前で夢噺《ゆめばなし》は成らぬ。なぜなれば誠《まこと》に思うから」。補『無門関』四、「胡子無鬚」の頌。

⒅胡亂指注＝補出鱈目な解釈をする。『碧巌録』一則、本則下語。『不二鈔』に、「本拠無きの義なり」。

⒆一絡索＝誠「（絡索は）くさりなわ」。補ひとくさりの談義。話の一段。『大慧普覚禅師書栲栳珠』二に、「猶お『一段』と言うがごとし。縄索の一絡結《ひとわがね》の如きなり」。

【後段】

老師、諱禪慧、字月船、奥州田村郡小野人也。投郡之高乾北禪才老、落髪受具。游方之後、嗣法東溪門公。住受業院者、僅十許年、退寓武之東輝菴。三十七年、恬如一日。天明改元六月十二日、春秋八十、安祥而化。門人包裹遺骨、歸葬本院。旭曾侍巾瓶、殆二十年、以紙爲衣、竊録其偈頌、得三百餘首。同社諸衲、剽聞傳寫、流乎江湖。魯魚之誤、不爲不多。是以旭、意願繍梓、不敢出口。何幸、滅後有勇義之人。速授剞劂氏、命曰武溪集。分爲二本。使旭爲序。辭讓不允。嗟乎、如師所謂繞直親疎、固非吾輩可得而評矣。只筆疇昔所聞之説、以冠卷首云。天明壬寅春三月、奥州相馬長松寺住持物先海旭、焚香拜書。

《訓読》

老師、諱《いみな》は禅慧《ぜんね》、字《あざな》は月船《げっせん》、奥州《おうしゅう》(1)田村《たむら》郡小野《おの》の人なり。郡の(2)高乾《こうけん》の(3)北禅才老《ほくぜんさいろう》に投じて落《らく》髪受具《はつじゅぐ》す。游方《ゆほう》の後、法を(4)東渓門公《とうけいもんこう》に嗣《つ》ぐ。(5)受業《じゅごう》の院に住すること、僅《わず》かに十許年《じっきょねん》、武の(6)東輝庵《とうきあん》に退寓す。三十七年、(7)恬《てん》として一日《いちじつ》の如し。天明改元（一七八一）六月十二日、春秋八十、安祥にして化す。門人、遺骨を包裹《ほうか》して、(8)本院に帰葬す。旭、曽《かつ》て巾瓶《きんびょう》に侍すること、殆《ほと》ど二十年、(9)紙を以て衣と為し、窃《ひそ》かに其の偈頌を録し、三百余首を得たり。同社の諸衲《しょのう》、(10)剽聞伝写《ひょうぶんでんしゃ》して、江湖《ごうこ》に流《つた》わる。魯魚《ろぎょ》の誤り、多からずと為さず。是《ここ》を以て旭、意《こころ》に(11)梓《あずさ》に繍《ぬ》わんと願えども、敢《あ》えて口より出《いだ》さず。何の幸いぞ、滅後、(12)義に勇《いさ》む人有り。速やかに(13)剞劂《きけつ》氏《し》に授け、命じて『武渓集《ぶけいしゅう》』と曰う。分けて二本と為す。旭をして序を為《つく》らしむ。辞譲《じじょう》すれども允《ゆる》されず。嗟乎《ああ》、師の所謂《いわゆ》る繞直・親疎の如き、固《もと》より吾が輩の得て評すべきに非ず。只だ疇昔《ちゅうせき》聞く所の説を筆して、以て巻首に冠《こうぶ》らしむと云う。

天明壬寅《みずのえとら》（二年／一七八二）春三月、奥州相馬(14)長松寺《ちょうしょうじ》の住持(15)物先海旭《もっせんかいぎょく》、焚香(16)拝書《はいしょ》す。

《註》

(1)田村郡小野＝〔補〕現在の福島県田村郡小野町。月船は同町の旧家秋元家の出身、長右衛門の三男という（今泉令子「小野の名僧　月船と物先」『新小野町郷土誌』）。

(2)高乾＝〔誠〕「奥州三春高乾院」。〔補〕安日山高乾院（福島県田村郡三春町／妙心寺派）。弘安年中（一二七八～八八）の創建と伝え、仏源禅師大休正念を開山とする。湊《みなと》安藤氏（のち秋田氏を称す）の菩提寺として出羽国土崎湊に建立。慶長七年（一六〇二）、秋田実季が常陸の宍戸（茨城県笠間市）に移封されるとともに同地に移転、実季の法名に因んで高乾院と名づけられた。正保二年（一六四五）、実季の長男俊季が三春に移封となり、現在地に移転。代々の藩主の墓所が営まれた。月船は第二十一世。

(3)北禪才老＝〔補〕高乾院十九世の北禅梵秀であろう。宝永七年（一七一〇）、十八世虎瞳忍昌の法嗣として前堂転位。享保六年（一七二一）九月、「智関首座」（東渓智門）に与えた印可状（高乾院蔵）には「湊福現住北禅叟栄済」と署す。『続禅林僧宝伝』第一輯巻之上の北禅伝によれば、諱は道済、字は初め松洲といい、古月禅材の法嗣とするが、古月の弟子の「北禅」は仙台資福寺の北禅（松洲）元貞と考えられ、月船の師とは別人（笹尾哲雄「近世後期における鎌倉禅について—月船禅慧を中心として—」『禅学研究』七三）。享保八年十一月二十九日寂（『僧宝伝』）。

⑷東溪門公＝[誠]「是れは北禅師の法嗣也」。[補]東渓智門。享保二十年（一七三五）正月、「禅慧首座」（月船）に与えた印可状（高乾院蔵）には「東渓義門」と署す。享保七年、北禅梵秀の法嗣として前堂転位。高乾院二十世。月船は享保二十年三月三日、東渓智門の法嗣として前堂転位。

⑸受業院＝[誠]「高乾院」。[補]出家得度した寺院をいう。

⑹東輝庵＝[誠]「長田村の東輝庵」。[補]永田山宝林寺（神奈川県横浜市南区永田北／円覚寺派）の近くに月船が開いた寺院。多くの雲衲や墨客が集った。維新後無住となり、明治十七年（一八八四）、宝林寺に合併。『新編武蔵風土記稿』八十に、「宝林寺の末、本尊薬師立像にして長一尺余、開山月船寂年を伝へず、古は薬師堂にて庵号もなかりしが、七十年前の頃より今の庵号を称し、則本山隠栖の地となれり」とある。

⑺恬如一日＝[誠]「『礼記』の語。（恬は）静と同じ」。[補]「恬」は、安らかで落ち着いているさま。

⑻本院＝[補]高乾院を指す。

⑼以紙爲衣＝[誠]「香林（澄遠）、雲門に侍する時、紙を衣と為して、法語を録して世に見《あら》わした」。

⑽剽聞傳寫＝[誠]「かすり聞きかすり見」「偸み写して」。[補]『諸録俗語解』に、「『窃聞』に同じか。『剽掠』と連用す」。

⑾繡梓＝[補]版木に彫りつけて印刷する。

⑿勇義之人＝[誠]「雲州出羽守不昧公」。[補]松平治郷《はるさと》（一七五一～一八一八）。不昧と号す。出雲松江藩の第七代藩主。茶人として知られる。『武渓集』末尾の跋文は不昧の手になる。

⒀剞劂氏＝[補]版木を彫る人。「剞劂」は、彫刻用の小刀。

序　【後段】

⒁長松寺＝補 萬年山長松寺（福島県南相馬市／妙心寺派）。明暦元年（一六五五）、中村藩主相馬忠胤が祖母長松院の菩提のために建立、三春の福聚寺より千江宗徹を招いて開山とする。以後、藩の菩提所。明治四年（一八七一）、末寺の鶴谷山仙林寺と合併移転、鶴谷山長松寺と称す。

⒂物先海旭＝補 一七三六～一八一七。俗姓小泉氏、奥州田村郡小野村の人（月船と同郷）。八歳、高乾院の喝巌智連に投じて出家、長じて東輝庵の月船禅慧に随侍すること二十年。明和九年（一七七二）、長松寺前住月江宗鈍の法嗣として前堂転位、同寺第十二世。天明七年（一七八七）、東輝庵に居す。文化十四年五月十五日、同庵にて寂。偈頌集に『栗棘蓬』、『続禅林僧宝伝』第一輯巻之中に伝あり。

⒃拝書＝誠「再刻は旧の序文と小異有るは、物（先）老の遺命有るを以てなり。敢えて妄りに己が意を加えて、之《これ》が改竄を為さず。読む者、其れ諸《こ》れを知れ。不顧庵主誠拙」。補 底本には再刻本との異同についての書入れがあるが割愛した。

(1)武溪集　巻上

参學比丘海旭編

【一】偶成

大水小水歸東海、一日二日沒西阿。
如今巴峡猿啼處、落葉開門月色多。

《訓読》

(2)偶成《ぐうせい》

(3)大水小水《だいすいしょうすい》、東海《とうかい》に帰《き》し、(4)一日二日《いちにちににち》、西阿《せいあ》に没《ぼっ》す。
如今《いま》、(5)巴峡猿《はきょうさる》の啼《な》く処《ところ》、(6)落葉《らくよう》、門《もん》を開《ひら》けば月色《げっしょく》多《おお》し。

《註》

(1)武溪＝底「師の偈に、『誰が家の吹笛ぞ、雨、霖《りん》を成す、五月海南、毒淫多し。行け、曾て君が為に説かず、老僧、猶お武渓の深きに在り』（【三〇三】）。又た、『鳥度《わた》らず獣臨まず、天南、天尽きて武渓深し。老僧八十、頭、雪の如し、人は道《い》う、此の居、毒淫多しと』（【三四二】）。因って此の集に目《なづ》く。蓋《けだ》し師所居の地、武州に在るを以てなり」。

(2)偶成＝[誠]「師、時に行齢二十三、甲州猿橋心月に於いて、巴陵和尚の大会あり。其の大会中、少しく省処有って、因って投機の頌なり。今、此には偶成と置いたものぞ」。[補]「偶成」は、たまたま出来た作品。誠拙書入れに見える月船二十三歳は、享保九年（一七二四）。心月寺は、孤円山心月寺（山梨県大月市／建長寺派）。大休正念の開山。近くの桂川には国名勝の猿橋《さるはし》が架かる。巴陵和尚は、【二四二】参照。

(3)大水小水帰東海＝[誠]「大川の流れも小川の流れも、水として海に帰せざるは無し」。[底]「『尚書大伝』に、『大水小水、東流して海に帰す』」。[補]「東海」は、中国の東方にある海。

(4)一日二日没西阿＝[誠]「今日も明日も日日東より出て西に没する」「陶潜が詩（雑詩十二首、其二）に、『白日、西阿に淪《しず》む』」。「一日二日」は、[底]「同上（『尚書』）、皐陶謨に、『一日二日に万機あり』」。「西阿」は、[底]「『佩文韻府』、張融が『海の賦』に、『天、暉《かがや》きを東曲に抗《あ》げ、日、倒《さかしま》に西阿に垂る』」。[補]西山に同じ。「東海」の対。

(5)巴峡猿啼処＝[誠]「猿橋心月寺に於いて、猿の啼き叫ぶ折りから」「甲州信州なぞを蜀にたとう」。[底]「仏鑑（慧懃）の頌に、『曽て巴峡猿の啼く処を経て、鉄作の心肝も也《ま》た断腸』。○時に師、甲州に在り」。[補]「巴峡」は、長江上流、重慶市の巫山から湖北省の巴東までの間の峡谷。巫峡とも。急流の難所として有名。

(6)落葉開門月色多＝[誠]「木の葉がはらはらと落ちる音がする故、これは雨ではないかと門戸を推し開いて見れば、雨ではなくて、からりっと朗らかに晴れ渡って、月夜であった。なんと是《かく》の如き境界に到って月色を眺めやったならば、さぞおもしろかろうではないか」。

《意訳》

偶成

大きな川も小さい川も、みな海に帰って行き、
来る日も来る日も、日は東より出て西の山あいに沈む。
中国で猿の啼くことで有名な巴峡にも似た甲州猿橋《さるはし》の心月寺にわたしは今いて、
はらはらと落ち葉の音に雨ではないかと思って門を開けてみると、夜空は晴れ渡りお月様が
皓々《こうこう》と輝いていた。

【二】遠遊

青山萬疊水千里、遊人得得行不止。
將謂拄杖活如龍、而今力盡難提起。

《訓読》

(1)遠遊《えんゆう》
(2)青山万畳《せいざんばんじょう》、水千里《みずせんり》、(3)遊人得得《ゆうじんとくとく》として行《ゆ》いて止《とど》まらず。
(4)将《まさ》に謂《おも》えり、拄杖《しゅじょう》、活《かっ》して龍《りゅう》の如《ごと》しと、(5)而今《いま》力《ちから》尽《つ》きて提起《ていき》し難《がた》し。

《註》

(1)遠遊＝[誠]「一二を他に掛け、三四を自に掛けて看よ」。[補]遠方に出かけること。行脚遍参すること。

(2)青山萬疊水千里＝誠「一重山尽きて山また山と。四国・西国・九州」「流水千里」。

(3)遊人得得行不止＝誠「上の如き処を遠しとせずして、何かようありそうに」「行人、只だこの事を窮めんと、尋師訪道、行きて休息せぬ」。「得得」は、底『字典』に、『得得は唐人の方言、猶お特地と言わんがごとし』。○禅月の詩に、『千山万水、得得として来る』」。補「得得」は、ことさらに、わざわざ。

(4)将謂拄杖活如龍＝誠「昔年思うには、真に拄杖も活きて龍の如しと思ったが」「同行としておる拄杖は」。底「廬山棲賢の弁首座の偈に、『草鞋獰《どう》にして虎に似たり、拄杖活して龍の如し』」（『禅門宝訓』下）。補「将謂」は、「…とばかり思っていたが、実際は違った」という意。

(5)而今力盡難提起＝誠「老来…」「今本分の家山に至ってみれば、なかなか引き起こすこともならぬぞ」。

《意訳》

遠遊

万畳の山を越え、千里の川を渡り、
旅人は行けども行けどもこの旅はやむことはない。
昔はこの杖がまるで龍のように天にでも昇るような気でいたが、
いまや年もとって、この杖を持ち上げる力もない。もう落ち着く所に落ち着いた。

【三】住庵

曾自江西行脚還、十年風雨掩柴關。
常公不識庵中趣、又捲荷衣出暮山。

《訓読》

住庵《じゅうあん》

(1)曽《かつ》て江西《こうぜい》より行脚《あんぎゃ》して還《かえ》る、十年《じゅうねん》の風雨《ふうう》、柴関《さいかん》を掩《おお》う。
(2)常公《じょうこう》は識《し》らず、庵中の趣《あんちゅうおもむき》、(3)又《ま》た荷衣《かえ》を捲《ま》いて暮山《ぼさん》を出《い》ず。

《註》

(1)曾自江西行脚還＝[誠]「行脚して、修行の事了《お》わって還る」。「江西」は、[底]「『会元』(三)南岳(懐)譲の章に、『馬大師、化を江西に闡《ひら》く』」。

(2)常公不識庵中趣＝[誠]「あの大梅《だいばい》の常公は、庵中の趣をごぞんじないそうな」「三句にて住庵の作活計、掌握に帰した様子」。「常公」は、[底]「同上(『五灯会元』)、馬祖の法嗣、大梅山法常《ほうじょう》禅師の偈に、『一池の荷葉、衣尽くること無し、数樹の松花、食余り有り。剛《し》いて世人に住処を知られて、又た茅舎を移して深居に入る』」。

[補]『五灯会元』三、大梅法常の章に、「(前略)師、即ち大悟す。遂に四明の梅子真の旧隠に之き、茆《かや》を縛って燕処す。唐の貞元中(七八五～八〇五)、塩官(斉安。馬祖の法嗣)の会下に僧有って、拄杖を採るに因って道に迷い、庵所に至る。(中略)僧、帰って塩官に挙似す。官曰わく、『我、江西に在りし時、曽て一僧を見る。自後、消息を知らず。是れ此の僧なること莫きや否や』。遂に僧をして去って之を招かしむ。師、答うるに偈

を以てす。（後略）」。

(3)又捲荷衣出暮山＝誠「暮山を出掛けうろたえらるるぞ」。補「荷衣」は、蓮の葉で作った衣。隠者の服。「暮山」は、夕暮れの山。誠拙書入れの「うろたえる」は、うろつく、うろうろするの意。

《意訳》

住庵

かつてあちこちの禅の道場を行脚して回って帰ってきた。
十年ばかり雨風にさらされて来たものの、今は柴の扉を閉ざして庵住まいである。
かの大梅法常禅師は庵住まいの真の興趣をご存じなかったようだ。
それで蓮の葉の衣をからげて夕暮れの山を出て行ってしまわれた。

【四】又

蓮華峰北竹溪南、借箇蒲團坐艸庵。
將謂山中無一事、又隨月色下煙嵐。

《訓読》

又《ま》た

(1)蓮華峰《れんげほう》の北《きた》、竹渓《ちっけい》の南《みんなみ》、(2)箇《こ》の蒲団《ふとん》を借《か》って、草庵《そうあん》に坐《ざ》す。

(3)将《まさ》に謂《おも》えり山中《さんちゅう》、一事《いちじ》無《な》しと、(4)又《ま》た月色《げっしょく》に随《したが》って煙嵐《えんらん》を下《くだ》る。

《註》

(1)蓮華峰北竹溪南＝誠「原《はら》の村はずれに居る時なり。富士山を北にし、裏にやぶ有り」。補「蓮華峰」は、富士山の異名。芙蓉峰というに同じ。誠拙書入れの原村は静岡県沼津市原。白隠が住職を務めた松蔭寺の所在地。

(2)借箇蒲團坐艸庵＝誠「しばらく庵を借る意」。

(3)將謂山中無一事＝誠「三四、帰る様子を云う。此の時、長田（永田）に移る」。補「将謂」は、【二】(4)参照。誠拙書入れに「此の時、長田に移る」とあるが、月船が武蔵永田の東輝庵に移るのは、延享元年（一七四四）四十三歳の頃、この年白隠は数え六十歳、前の年に東嶺が参じ、『息耕録開筵普説』を上梓、永田に移った年には『息耕録開筵普説』を始めて講じた。永田に移る前にこの原に庵居しているとすれば、五十代から六十代にかけて師家として最も脂の乗りきった白隠の講席に連なったこともあろうか。

(4)又隨月色下煙嵐＝誠「限り無き月けしきに随って」。補虚堂の頌に、「又た月色に随って羅浮を過ぐ」（【六八】(5)参照）。「煙嵐」は、山林にかかるもや。

《意訳》

また

原の村のはずれに富士山を北に、竹やぶと小川を南に、
小さなを草庵を借りて、この単布団《たんぶとん》の上に坐っている。
こうして山の中に暮らしていると、全く心にかかることが何もないと思っていたが、

また月明かりを頼りに、このもやの籠もった山を降りていきましょう。

【五】又

一臥十年深鎖關、白雲明月照衰顏。
丁丁伐木如相問、人在西山煙翠間。

《訓読》

又《ま》た

(1)一臥《いちが》十年《じゅうねん》、深《ふか》く関《かん》を鎖《と》ざす、白雲明月《はくうんめいげつ》、衰顔《すいがん》を照《て》らす。
(2)丁丁《とうとう》たる伐木《ばつぼく》、如《も》し相《あ》い問《と》わば、(3)人《ひと》は西山煙翠《せいざんえんすい》の間《かん》にあり。

《註》

(1)一臥十年深鎖關、白雲明月照衰顔＝誠「さて此の月船も行脚の事了わって、興尽き奔走を罷《や》め、一臥十年、深く関を鎖ざして居れば、白雲明月、是れが吾が知音」「朝には白雲、暮には明月」。

(2)丁丁伐木如相問＝誠「若《も》し人有って、丁丁たる伐木の声を聞いて、『あのあたりに月船はござりはせぬか』と尋ね来らば」「『(詩経毛)伝』に、『丁丁は、伐木の声なり』」。底「『詩』の小雅に、『伐木丁丁』」。補「丁丁」は、斧で木を伐る音。

(3)人在西山煙翠間＝誠「此の人は何人ぞ。能く住庵の作活計を掌握に帰したる人ぞ。恁麼底《いんもてい》の人ならば仏祖も窺い難し」。補「西山」は、馬祖の法嗣、亮座主の隠れた山。南昌山の別名。『伝灯録』八に、「亮座主〔洪州西山に隠る〕は、本、蜀の人なり。頗る経論を講ず。因みに馬祖に参ず」。また周初の伯夷・叔斉の兄弟が隠れた首陽山の別名。『史記』伯夷列伝、采薇歌に、「彼の西山に登り、其の薇を取る」。

《意訳》

また

十年余り庵居して、今や深く門を鎖ざしている。

空にたなにびく白い雲や、皓々《こうこう》と輝く明月が、この私の皺《しわ》のよった顔を照らしている。

木を伐《き》っている音を聞いて、この月船が居りはせぬかともし問うのなら、

さてあの西の山の緑深い奥に居りますとでも答えておきましょう。

【六】又

白雲深鎖舊青山、一枕清風萬境閑。
入海泥牛絶消息、隨流菜葉到人間。

《訓読》

又《ま》た

(1)白雲深《はくうんふか》く鎖《と》ざす旧青山《きゅうせいざん》、(2)一枕《いっちん》の清風《せいふう》、万境閑《ばんきょうかん》なり。

又

(3)海《うみ》に入《い》る泥牛《でいぎゅう》、消息《しょうそく》を絶《ぜっ》し、(4)流《なが》れに随《したが》う菜葉《さいよう》、人間《にんげん》に到《いた》る。

《註》

(1)白雲深鎖舊青山＝誠「さて手前、此の白雲深く鎖ざす是れ箇の旧青山中に住庵しておれば」。

(2)一枕清風萬境閑＝誠「人境の相《あ》い忘じ、能所の相い泯じたる処」。補『五灯会元』三、龍山の章に、「師、乃ち偈を述べて曰わく、『三間の茅屋、従来住す、一道の神光、万境閑なり。是非を把《と》り来って我を弁ずること莫かれ、浮生の穿鑿、相い関わらず』」。「万境」は、外界のあらゆる事象。

(3)入海泥牛絶消息＝誠「これについて思えば、昔日龍山は…と云われたが」。底「『会元』龍山の章に、『洞山、密師伯と経由す。渓流の菜葉を見る。洞曰わく、〈深山、人無し、何に因って菜有って流れに随う。道人の居、有ること莫しや否や〉。乃ち共に議して、草を撥《はら》って渓行すること五七里の間、忽ち師の羸形《るいぎょう》異貌を見る。行李を放下して問訊す〈云云〉。洞曰わく、〈和尚、何の道理を得て、便ち此の山に住する〉。師曰わく、〈我、両箇の泥牛、闘って海に入るを見て、直に今に至って消息を絶す〉』」。補「泥牛」は、泥で作った牛。立春の民俗行事でこれを作って祀った。「両箇の泥牛、闘って海に入る」は、『句双葛藤鈔』に、「一般にして没蹤《もっしょう》跡《せき》なり」。

(4)随流菜葉到人間＝誠「青菜の葉が渓水に流れて人間界に到らば、おとずれがないではないかと龍山に一拶をあたえたぞ」。

《意訳》

また

白雲がこの昔ながらの青山を深く鎖ざしていて、
涼しい風に吹かれて枕を高く眠っていると、あたり一面なんとも静かである。
泥の牛が海に入って何のあとかたも無くなったように、
谷の流れに沿って青い菜っ葉ばかりが人里へ流れていった。

【七】請雨

涸轍乾坤魚呴濡、斗升無水沃焦枯。
哀哀父老鼕鼕鼓、不爲風涼出舞雩。

《訓読》

(1)請雨《しょうう》

(2)涸轍《こてつ》の乾坤《けんこん》、(3)魚《うお》呴濡《くじゅ》す、(4)斗升《としょう》、水《みず》の焦枯《しょうこ》に沃《そそ》ぐ無《な》し。
(5)哀哀《あいあい》たる父老《ふろう》、(6)鼕鼕《とうとう》たる鼓《く》、(7)風涼《ふうりょう》の為《ため》に舞雩《ぶう》に出《い》でず。

《註》

(1)請雨＝補 雨乞いの儀式。
(2)涸轍＝誠 「(涸は)水尽く。車の輾《ひ》いた跡を轍と云う。水尽き草枯る様子」。
(3)魚呴濡＝誠 「魚がたがいに息を吹き合わせて」。底 「『荘子』大宗師に、『泉涸れて魚相い与《とも》に陸に処《お》り、相い呴《く》するに湿を以てし、相い濡らすに沫《つばき》を以てす』」。補「呴濡」は、呴は息を吹く、濡はうるおす。水から揚げられた魚が互いに息やつばを掛け合って潤しあうこと。

(4)斗升無水沃焦枯＝誠「わずか斗升ばかりも、水の焦枯たる草木に沃ぐ無し。千里万里大旱魃」。「斗升水」は、底「同上（『荘子』）、外物に、『荘周、家貧し。故に往いて粟《ぞく》を監河侯に貸る。監河侯曰わく、〈諾。我、将に邑金を得んとす。将に子《なんじ》に三百金を貸さん。可ならんや〉。荘周、忿然として色を作《な》して曰わく、〈周、昨に来るとき、中道にして呼ぶ者有り。周、顧視すれば、車轍の中に鮒魚有り。周、問いて曰わく、鮒魚、来れ。子は何為《なんす》る者ぞや。対《こた》えて曰わく、我は東海の波臣なり。君、豈に斗升の水有って、我を活かさんや。周曰わく、諾。我且《まさ》に南のかた呉越の王に遊んで、西江の水を激して子を迎えば、可ならんや。鮒魚、忿然として色を作して曰わく、吾、我が常与を失う。我、処する所無し。吾、斗升の水を得ば、然も活きんのみ。君乃ち此れを言う、曽て早く我を枯魚の肆《みせ》に索《もと》めんには如《し》かず〉』」。

(5)哀哀＝誠「嘆き悲しむ哀えたる貌」。底「『詩』の小雅に、『哀哀たる父母、我を生んで劬労《くろう》す』」。

(6)鼕鼕＝誠「鼕鼕として鼓を打って神仏を祈って雨請いする」。底「『広韻』に、『鼓の声なり』。○『会元』（十四）善権の（法）智禅師の章に、『野老は知らず、堯舜の力、鼕鼕として鼓を打ちて江神を祭る』」。

(7)不為風涼出舞雩＝誠「月船とても風涼の為には此の舞雩に出はせぬぞ」。底「『論語』先進に、『暮春には春の服既に成り、冠者五六人、童子六七人、沂《き》に浴し舞雩に風して詠じて帰らん』。○時に師、野州行道山《ぎょうどうさん》に在り。山に舞雩峰有り」。補「舞雩」は、天を祀って雨乞いをするときの祭壇。底本註に見える行道山は栃木県足利市の行道山浄因寺（妙心寺派）。舞雩峰は不明だが、浄因寺の北西に石尊《せきそん》山があり、雨乞いの神でもある石尊大権現が祀られる。あるいは行道山で祈雨が行われた際の偈か。

《意訳》

雨乞い

水のかれかかった車の轍《わだち》を住処《すみか》としている魚が、たがいに息を吹き合わせて苦しんでいる。

ほんのわずかばかりの水も、この日照りで乾いた大地に注ぐものはない。

嘆き悲しむ年寄りたちはトントンと鼓を打って雨乞いをするばかり。

むかし孔子は雨乞いの舞を舞う台で涼んだというが、この日照り続きでは私とて涼みのために
この山に来たわけではない。

【八】感懐

夜光明月必相眄、枯木朽株能樹功。
好是梁園古時竹、爲誰葉葉起凄風。

《訓読》

(1)感懐《かんかい》

(2)夜光明月《やこうめいげつ》、必《かなら》ず相《あ》い眄《み》る、枯木朽株《こぼくきゅうしゅ》、能《よ》く功《こう》を樹《た》つ。

(3)好《よ》し是《こ》れ梁園古時《りょうえんこじ》の竹《たけ》、(4)誰《た》が為《ため》にか葉葉《ようよう》、凄風《せいふう》を起《お》こす。

《註》

(1)感懐＝誠「師に参学の儒者、国守より扶持でも頂戴せんと願う処、外《ほか》より妬みを受け叶わぬを、くやみを示しなだめるものぞ」。

(2)夜光明月必相眄、枯木朽株能樹功＝誠「夜光明月も、必ず知らぬ者は剣を抜いて見るぞ。枯木朽株のような る者でも、役に立つように云えば役に立つ者」「浮世の事を彼に言うて示す」。底「『史記』鄒陽が伝、獄中の書に、『臣聞く、明月の珠、夜光の璧も、闇を以て人に道路に投ずれば、人、剣を按じて相い眄《み》ざる者無し。何となれば、則ち因《よし》無くして前に至ればなり。（蟠木根柢、輪囷離詭《りんきんりき》にして、而も万乗の器と為るは、何となれば則ち左右先ず之が容を為すを以てなり）〔云云〕。故に人有って先ず談ずれば、則ち枯木朽株を以ても功を樹《た》てて忘れず〔云云〕』『書して梁の孝王に奏す。孝王、人をして之《これ》を出さしめて、卒《つい》に上客と為す』」。補明月の名高き真珠、夜光の名玉も、暗闇に道行く人の前へ投げ出せば、剣のつかをおさえてにらみつけない人はいない。なぜならだしぬけに前へ来るからだ。蟠《わだかま》った木の根はねじ曲がり節くれだっていても、万乗の君の車軸に用いられる。なぜなら左右のものが前もって説明してあるからだ。

(3)好是梁園古時竹＝誠「月船は貞節虚心なる処の竹を愛し好むぞ」。底「王昌齢が詩（『唐詩選』梁園）に、『梁園の秋竹、古時の煙』」。補「梁園」は、漢代、梁の孝王が築き客を集めた庭園。

(4)爲誰葉葉起凄風＝誠「此の竹は誰の為にもへつらいもせず、四時色も変えず、只だ凄風を起こすのみ」「竹なれば謗られても腹を立てず、ほめられても喜びもせぬぞ」。補「凄風」は、西南の風。涼風。

《意訳》

感懐

明月の名高い真珠や夜光の明玉も、暗闇に道行く人の前へ投げ出せば、剣のつかをおさえて睨みつけぬ者はいない（なぜならだしぬけに目の前に来るからだ）。

枯れ木や朽ちた木の根も立派に功をたてることもできる。

まあいいではないか、この梁園の昔からの竹でも眺めたまえ。

この竹は誰の為と思うこともなく、いつも涼風を送っているではないか。

【九】甲寅歳首

歳華三十二重非、一氣新從天上歸。

東望關雲今不鎖、誰家春艸緑依依。

《訓読》

(1)甲寅歳首《こういんさいしゅ》

(2)歳華《さいか》三十二重《さんじゅうにじゅう》は非《ひ》なり、(3)一気《いっき》新《あら》たに天上《てんじょう》より帰《かえ》る。

(4)東望《とうぼう》すれば関雲《かんうん》、今《いま》鎖《と》ざさず、(5)誰《た》が家《いえ》の春草《しゅんそう》ぞ、緑《みどり》依依《いい》。

《註》

(1)甲寅歳首＝誠「此の時、豊後戸次《へつぎ》願行寺枝標和尚の処に在って、春来、帰国の趣き有り」。補「甲寅」は、享保十九年（一七三四）。誠拙書入れの願行寺は大分県大分市の高壽山願行寺（妙心寺派）。枝標和尚は同寺第八世の師表霊祐。師表は享保十六年（一七三一）、前住柏峰宗悦の法嗣として前堂転位。

(2)歳華三十二重非＝底「時に師、年三十三、将に東帰せんとす」。補「歳華」は、としつき。今までの三十二年間の人生をいう。

(3)一氣新従天上歸＝誠「三十三となる」。補「一気新」は、歳が改まること。

(4)東望關雲今不鎖＝誠「帰国の心有るから、東望すれば、浮き雲も晴れ天下清平の様子を云うぞ」。

(5)誰家春艸緑依依＝誠「何れの門戸何れの叢林も吾が家。是れ此の真の種草は」。「依依」は、底「『文選』潘岳が金谷集の詩の註に、『依依は、盛んなるの貌』」。補草などが盛んに茂るさま。

《意訳》

　甲寅の歳のはじめ

もう私も三十二年の歳を終えて、
気持ちを新たにして故郷へ帰ろうではないか。
東の方を眺めると、今や雲は晴れ渡ってすっかり青空である。
どこの家も春の盛りで、草は青々と生い茂っているではないか。

【一〇】羅漢寺

青山一雨路參差、幽洞陰陰煙霧垂。
撒手懸崖親問訊、半千尊者不相欺。

《訓読》

(1)羅漢寺《らかんじ》

(2)青山一雨《せいざんいちう》、路参差《みちしんし》、(3)幽洞陰陰《ゆうどういんいん》として煙霧《えんむ》垂《た》る。
(4)手《て》を懸崖《けんがい》に撒《さっ》して親《した》しく問訊《もんじん》すれば、(5)半千《はんせん》の尊者《そんじゃ》、相《あ》い欺《あざむ》かず。

《註》

(1)羅漢寺＝[底]「豊前に在り」。[補]大分県中津市本耶馬渓町にある耆闍窟山羅漢寺（曹洞宗）。岩壁に穿たれた洞窟の中に五百羅漢など多数の石仏を安置する。

(2)青山一雨路参差＝[誠]「二月三月時分、雨のふる日」「路はどうなれば、あがったり降りたり」。「参差」は、[誠]「かたたがいを云う」。[底]「『広韻』に、『斉等ならざるなり』」。

(3)幽洞陰陰煙霧垂＝[誠]「雨中のこと故に、奥深き洞なども小暗い。煙霞のもやなどがかかって有る様子」。

(4)撒手懸崖親問訊＝[誠]「手を懸崖にうっぱなして、親切に問訊すれば」。[補]「撒手懸崖」は、崖につかまっていた手をぱっと離すこと。大死一番に同じ。『碧巌録』四十一則、本則評唱に、「言鋒、若《も》し差《たが》わば、郷関万里。直《た》だ須らく懸崖より手を撒して、自ら肯《うけが》って承当すべし」。「問訊」は、[底]「『祖庭事苑』に、『訊も亦た猶お問のごとし。古の重語なり』」。

(5)半千尊者不相欺＝誠「五百の阿羅漢尊者がそむきはせんぞ。是れ何の事ぞ」「此の処、真に知らんと思えば、大死一番、手を懸崖に撒して、絶後によみがえって始めて得べし」。

《意訳》

羅漢寺

雨があたりの青山を潤し、路はいりくんでいる。
奥深い洞穴のあたりは薄暗くもやが立ち込めている。
断崖絶壁から手を離して親しく御挨拶申し上げると、
五百の羅漢様たちは決してあなたを欺いたりはしないぞ。

【一二】文殊寺

歴盡前三與後三、深深雲樹勝伽藍。
點茶童子能看客、惟有文殊不對談。

《訓読》

(1)文殊寺《もんじゅじ》
(2)前三《ぜんさん》と後三《ごさん》とを歴尽《れきじん》して、(3)深深《しんしん》たる雲樹《うんじゅ》、勝伽藍《しょうがらん》。
(4)点茶《てんちゃ》の童子《どうじ》、能《よ》く客《かく》を看《み》る、(5)惟《た》だ文殊《もんじゅ》のみ有《あ》って対談《たいだん》せず。

《註》

(1)文殊寺＝[底]「豊後に在り」。[補]大分県国東市にある峨眉山文殊仙寺（天台宗）。境内に巨木が林立する。

(2)歴盡前三與後三＝[誠]「前三と後三との崎嶇《きく》たる行路難を歴尽して」。[底]「『碧巌』三十五則に、『無著《むじゃく》、五台に遊ぶ。文殊、一寺を化して他を接して宿せしむ。遂に問う、〈近離、甚《いず》れの処ぞ〉。著云わく、〈南方〉。殊云わく、〈南方の仏法、如何《いかん》が住持する〉〔云云〕。無著、却って文殊に問う、〈此間《すかん》、如何が住持する〉。殊云わく、〈凡聖同居、龍蛇混雑〉。著云わく、〈多少《いくばく》の衆ぞ〉。殊云わく、〈前三三、後三三〉。却って茶を喫せしむ。文殊、玻璃《はり》の盞子《さんす》を挙起して云わく、〈南方、還って這箇《しゃこ》有りや〉。著云わく、〈無し〉。殊云わく、〈尋常《よのつね》、什麽《なに》を将《もっ》て茶を喫する〉。著、無語。遂に辞し去る。文殊、均提《きんだい》童子（文殊の侍者）をして、送って門首に出でしむ』〔云云〕。○雪竇（重）顕の頌に、『千峰盤屈して、色、藍の如し、誰か謂う文殊是れ対談すと。笑うに堪えたり清涼多少の衆、前三三と後三三と』。又た明招（徳）謙の頌に、『沙界に廓周す勝伽藍、満目の文殊、是れ対談』」。

(3)深深雲樹勝伽藍＝[誠]「此の文殊に登って見れば、深深たる雲樹が直に是れとりもなおさず大伽藍ぞ」。[補]「雲樹」は、雲のかかるほど高い木。

(4)點茶童子能看客＝[誠]「茶を汲むこどもは能く客をとりもつ」「（看は）みあいしらう、もてなす」。[補]文殊の侍者均提童子に見立てる。

(5)惟有文殊＝[誠]「文殊ばかりと云う義なり」。

《意訳》

文殊寺

深い山また山を登っていくと、
深々たる木々はこれぞ大伽藍。
お茶を出してくれた子供がよくもてなしてくれるが、
ただいらっしゃるのは文殊様ばかりで話もできぬ。

【一二】寶福寺

寒巖古木梵王宮、憶昔高僧意氣雄。
星落堦前千尺井、至今粲彩在其中。

《訓読》

(1)宝福寺《ほうふくじ》

(2)寒巌古木《かんがんこぼく》、梵王宮《ぼんのうぐう》、憶《おも》う昔《むかし》、(3)高僧《こうそう》、意気雄《いきゆう》なることを。
星《ほし》は落《お》つ堦前千尺《かいぜんせんじゃく》の井《い》、(4)今《いま》に至《いた》って粲彩《さんさい》、其《そ》の中《うち》に有《あ》り。

《註》

(1)寶福寺＝底「備中に在り」。補 岡山県総社市にある井山宝福寺（東福寺派）。もと天台宗、貞永年間（一二三二〜一二三三）、鈍庵慧聡が東福寺の円爾に帰依して臨済宗に改める。室町時代に諸山に列す。画僧雪舟が幼い頃修行し、涙で鼠を描いた寺として著名。

(2)寒巌古木梵王宮＝誠「寒巌古木、其の中に在る梵王宮」。

(3)高僧＝誠「鈍庵」。底「相い伝う、昔、宝福の開祖鈍庵和尚、勅を奉じて妖星を禳《はら》う。妖星、井に隕《お》つ。其の井、今存す。千尺井、是れなり」。

(4)至今粲彩在其中＝誠「水のチラチラするを見れば、粲彩たる星はこの井の中に今に至るまで在るような」「(粲彩は)粲然光彩」。

《意訳》

宝福寺

寒く凍えた岩や古木の中にこのお寺がある。
想い起こせば昔ここに意気盛んな高僧鈍庵《どんあん》和尚がいた。
鈍庵和尚は勅命によって妖星を祓《はら》って階段の前にある井戸の底に落としたというが、
今もその井戸をのぞくとその星の光が中にあるようだ。

【一三】竹生島

大湖中湧小蓬萊、一望乾坤鏡裏開。
綽約仙童何處去、四絃曲罷水聲哀。

《訓読》

竹生島《ちくぶしま》(1)

(2)大湖中《たいこちゅう》に湧《わ》く小蓬萊《しょうほうらい》、(3)一望《いちぼう》すれば乾坤《けんこん》、鏡裏《きょうり》に開《ひら》く。
(4)綽約《しゃくやく》たる仙童《せんどう》、何《いず》れの処《ところ》にか去《さ》る、(5)四絃曲罷《しげんきょくや》んで水声哀《すいせいかな》しむ。

《註》

(1)竹生島＝底「江州に在り」。補滋賀県の琵琶湖に浮かぶ島。島中に西国三十三所観音霊場の一つ宝厳寺がある。

(2)大湖中湧小蓬萊＝誠「大湖中に湧き出たような小蓬萊」。「小蓬萊」は、底「簡北磵の詩に、『高文に伴わんと欲して大冊に帰す、道山延閣、小蓬萊』。○『山海経』に、『蓬萊山は海中に在り』。注に、『上に仙人有り。宮室皆な金玉を以て之を為《つく》る』」。

(3)一望乾坤鏡裏開＝誠「その小蓬萊より一望すれば、四方、鏡の如くなる湖水」。

(4)綽約仙童何処去＝誠「憶う昔、(仲)算に事《つか》えて居た童子、此処に会して、と云うが…」。「綽約」は、誠「みやびやか」。底「『荘子』逍遥遊に、『肌膚、氷雪の若《ごと》く、綽約たること処子の若《ごと》し』」。補「長恨歌」に、「楼殿玲瓏として五雲起こり、其の中に綽約として仙子多し」。「仙童」は、底「『本朝高僧伝』神仙の部、和州杉《すぎ》室山《むろやま》の童の伝に、『童児、初め叡山の楞厳院に居す。後、杉室に入り、仲算《ちゅうざん》に師とし事《つか》う。其の性敏発、常に〈法華〉を転ず。算曰わく、〈少年の業、習学、惟れ競う。諷経誦呪は未だ晩《おそ》からざるのみ〉。童、陽には顧眄《こべん》に随い、陰には読誦を勤む。一日、童、見えず。算、普く尋ぬれども得ず。童、潜かに山に入り誦経す。食せざること月余、羽化して仙と成る。後、数月有って、算の僕《しもべ》、山中に薪とる。誦経の音を聞き、近づいて見れば、則ち童なり。童、僕に謂いて曰わく、『汝、回《かえ》って師に告げよ。冀《こいねが》わくは覲晤《きんご》を得ん、と』。僕、奔《はし》って告ぐ。算、履《くつ》を倒《さかしま》にして山に登る。童曰わく、『吾、既に仙を得て、世と相い隔たる。今偶《たまたま》款語す。良縁と謂っつべし』。将に去らんとして、告げて曰わく、『毎歳三月十八日、江州竹生島に神仙の会有り。我も亦た預かる。願わくは、師の琵琶《びわ》を借りて行かん』。算、即ち之《これ》を授く。目送するに見えず。算、春期を以て竹生島に往く。時に雲中、音楽を聴く。物有り、舟中に隕《お》つ。取りて之《これ》を見れば、嚮《さき》の琵琶なり」。

(5)四絃曲罷水聲哀＝誠「琵琶の音もせず、只だ水の音ばかりして、もの悲しい」。「四絃」は、底「『風俗通』に、『琵琶は、近代楽家の作る所、起こる所を知らず。長さ三尺五寸、天地人と五行とに法《のっと》る。四絃は四時に象《かたど》る』」。

《意訳》

竹生島

琵琶湖の湖の中に仙人の住む蓬萊山が浮かんでいるようだ。
その島からあたりを一望すると、まるで四方に鏡が開かれているようだ。
あのしとやかで美しい仙人の童子は今どこに行ってしまっただろうか。
もう琵琶の曲も聞こえず、ただ水の音だけがもの悲しく聞こえるばかりである。

【一四】永源寺

疊疊青山祇樹幽、一聲鐘動夕陽樓。
永源水脈難諳處、故爲愁人日夜流。

《訓読》

(1)永源寺《えいげんじ》

(2)畳畳《じょうじょう》たる青山《せいざん》、祇樹《ぎじゅう》幽なり、一声《いっせい》、鐘《かね》動く、夕陽《せきよう》の楼《ろう》。
永源《えいげん》の水脈《すいみゃく》、(3)諳《そらん》じ難《がた》き処《ところ》、(4)故《ことさら》に愁人《しゅうじん》の為《ため》に日夜《にちや》流《なが》る。

《註》

(1)永源寺＝[底]「江州に在り」。[補]滋賀県東近江市高野町にある瑞石山永源寺。臨済宗永源寺派の大本山。康安元年（一三六一）、寂室元光の開山。
(2)疊疊青山祇樹幽＝[誠]「幽深奥ゆかしい故に、寺は何れの処に有るかと思えば」「（畳畳は）高く重なる貌」。[補]「祇樹」は、祇園精舎。転じて寺院をいう。
(3)難諳＝[誠]「究め知りにくき」。[補]「諳」は、そらで覚える。よく知る。
(4)故爲愁人日夜流＝[誠]「寂室の道風おとろえ、月船が為に渓水を流すが」「（故は）えりわざ」「（愁人は）暗に月船手前を指して云う」。

《意訳》

永源寺

幾重にも高く連なった山の中に、奥深くひっそりと寺がたたずんでいる。
一声鐘の音ばかりが夕暮れの楼閣に響き渡る。
寂室の開いた永源寺の教えは究め難いが、

寂室の道風衰えたのを見ては愁いに沈み、それを哀れむかのように谷の水が日夜ただ流れている。

【一五】盧山

遠近高低望不均、盧山風雨客愁新。
眞成面目應難見、誰道明明擧似人。

《訓読》

(1)盧山《ろざん》

(2)遠近高低《えんきんこうてい》、望《のぞ》み均《ひと》しからず、(3)盧山《ろざん》の風雨《ふうう》、客愁《かくしゅう》新《あら》たなり。
(4)真成《しんせい》に面目《めんもく》、応《まさ》に見難《みがた》かるべし、(5)誰《たれ》か道《い》う明明《めいめい》に人《ひと》に挙似《こじ》すと。

《註》

(1)盧山＝誠「濃州盧山は夢窓国師の開山処」。底「濃州に在り」。補岐阜県美濃市の盧山鹿苑寺（妙心寺派）か。寺伝によれば、平安末に宋から臨済宗を伝えた比叡山の覚阿が帰国後に訪れ、長良川からの景観が中国盧山に似ているとして盧山大悲院を創建したという。夢窓の開山という説については、『新撰美濃志』十九、武儀郡中、立花村の条に、「鹿苑寺は、驢山大悲院と号し、臨済宗京都妙心寺末寺なり。夢窓国師の開基。貞享四年（一六八七）再建、上有知清泰寺の隠居所とす」とある。虎渓山永保寺の可能性もある。

(2)遠近高低望不均＝誠「この廬山のけしきを見やる処が…。なるほど聞いた通り云うに云われぬ面白い好風光じゃ」。底「東坡が廬山の詩（「西林の壁に題す」）に、『横に看れば嶺と成り、側《そばだ》てば峰と成る、遠近高低、各《おのおの》同じからず。廬山真の面目を識らざることは、只だ身の此の山中に在るに縁る』」。

(3)廬山風雨客愁新＝誠「廬山の風雨好景、一重客中の思いを添えて面白い」「（愁は）此の字、『思』の字に見て可なり」。

(4)眞成面目應難見＝誠「東坡が云うた通り、実ほんまにこの廬山の…」。

(5)誰道明明擧似人＝誠「其れにどこの誰が道《い》うたぞ、明明に人に挙似すと」。底「『羅湖野録』に、『程待制智道・曽侍郎天游、烏巨の（道）行禅師と方外の友たり。曽、嘗て坐間に於いて、東坡、東林に宿し、谿声を聞いて照覚の（常）総公に呈するの偈に、〈谿声便ち是れ広長舌、山色豈《あ》に清浄身に非ざらんや。夜来八万四千偈、他日如何《いかん》が人に挙似せん〉ということを挙す。程、行に問うて曰わく、〈此の老、見処如何《いかん》〉。行曰わく、〈惜しむべし、双脚、爛泥裏に踏在することを〉。曽曰わく、〈師、能く為《ため》に料理せんや否や〉。行即ち対《こた》えて曰わく、〈谿声広長舌、山色清浄身。八万四千偈、明明に人に挙似す〉』」。

《意訳》

廬山

遠くの山近くの山高い山低い山、それぞれ趣のあるながめだ。
雨に煙るこの廬山のけしきは一層旅の思いを募らせる。
廬山の真の姿を見るのは難しい。

これをはっきり人に示すなどと、どこのだれが言われたのか。

【一六】禮大覺塔

無明窟裏弄精魂、此土他邦鬻破盆。
更倚庭前雙柏樹、西來祖意有人論。

《訓読》

(1)大覚《だいかく》の塔《とう》を礼《らい》す

(2)無明窟裏《むみょうくつり》、精魂《せいこん》を弄《ろう》し、(3)此土他邦《しどたほう》、破盆《はぼん》を鬻《ひさ》ぐ。
(4)更《さら》に庭前《ていぜん》の双柏樹《そうはくじゅ》に倚《よ》れば、(5)西来《せいらい》の祖意《そい》、人《ひと》の論《ろん》ずる有《あ》り。

《註》

(1)大覺＝底「『延宝伝灯』(三)に、『宋の開先の無明の(慧)性の法嗣、蘭渓道隆《らんけいどうりゅう》禅師は、西蜀の人なり。寛元四年(一二四六)、本邦に来る。平時頼《ときより》、建長寺を営構して、請じて開山始祖と為す。詔して建仁に住せしめ、又た寿福を主《つかさど》らしむ。弘安元年(一二七八)、又た建長に帰る。七月の初め、微疾を示す。二十四日、示寂す。霊骨を本山の東南に収めて塔を樹《た》つ〔後、西来庵《せいらいあん》と曰う〕。勅して大覚禅師と諡《おくりな》す』」。

(2)無明窟裏弄精魂＝誠「無明和尚の法窟裏、精心魂を弄す」「此の一句で拝塔の処は頌し尽くして有る。うけ取る人は直に看よ」。補「無明」は、無明慧性(一一六二〜一二三七)。松源崇岳の法嗣。蘭渓道隆の師。「弄精魂」

は、物に憑かれたように分別計較し、いたずらに精神を困憊させること。転じて、専一に修行すること。

(3)此土他邦鬻破盆＝〔誠〕「然しより日本・大唐に、破盆を売るぞ」。「破盆」は、〔底〕『増集続伝灯』（一）密庵（咸）傑の章に、『応庵問う、〈如何なるか是れ正法眼〉。師、遽《にわ》かに答えて曰わく、〈破沙盆〉』」。〔補〕『諸録俗語解』に「『われすりばち』なり」。無用な物のたとえ。大覚の法を抑下して言う。

(4)更倚庭前雙柏樹＝〔誠〕「今日月船、更に庭前の双柏樹に倚って見れば」。

(5)西來祖意有人論＝〔誠〕「旧に依ってあいもかわらず、彼《か》の是《こ》のと論じ詮索する」「西来は開山塔の庵号なり。又た塔前に二株の柏樹有り」。

《意訳》

大覚禅師の塔を礼拝する

無明和尚のもとで精魂傾けて修行をして、
中国から日本へと禅の正しい教えを伝えてきた。
いまこの開山塔の前の二本の柏樹の木に寄りかかっていると、
禅の教えはどうだのこうだのと、今も人は論じ合っている。

【一七】禮佛源塔

須彌槌子虛空鼓、驀地逢強不肯留。

解道藏身沒影跡、那知鼻孔搭脣頭。

《訓読》

(1)仏源《ぶつげん》の塔《とう》を礼《らい》す

(2)須弥《しゅみ》の槌子《ついす》、虚空《こくう》の鼓《く》、(3)驀地《まくち》に強《つよ》きに逢《お》うて肯《あ》えて留《とど》まらず。

(4)道《い》うことを解《よ》くす、身《み》を蔵《かく》して影跡《ようせき》没《な》しと、(5)那《なん》ぞ知《し》らん鼻孔《びくう》の脣頭《しんとう》に搭《か》かることを。

《註》

(1)佛源＝底「『延宝伝灯』(三)に、『浄智の大休《だいきゅう》正念《しょうねん》禅師は、宋国温州の人なり。文永六年(一二六九)、本邦に来る。平時宗《ときむね》、命じて禅興を領ぜしむ。然香して石渓の嗣を証す。寿福、円覚、建長に遷る。師、初め禅興に在りし時、夢に観音大士、告げて曰わく、〈強に逢わば則ち止まれ〉と。師、其の緒を測ること罔《な》し。後十年、建長より寿福に移る。亀谷山(寿福寺)の額(元亨釈書によれば、額には〈金剛〉とあったという)を見て、始めて聖讖を明らむ。正応二年(一二八九)十一月晦日、偈を書して曰わく、〈須弥の槌を拈起して、虚空の鼓を撃砕す。身を蔵して影跡無し、日輪、正に午に当たる〉。筆を放って化す。諸徒、亀谷の塔に閟《と》じ、円湛と曰う。諡を仏源禅師と賜わる』」。補大休正念の塔所蔵六庵は、もと寿福寺にあったが、のち円覚寺に移される。三春高乾院の開山は仏源禅師であることから拝塔したかと思われる。

(2)須彌槌子虚空鼓＝誠「是れ此の仏源はどうぞ。須弥の槌子を拈起して、虚空の鼓を撃砕す」。

(3)驀地逢強不肯留＝誠「たちまちにどのような強きに逢うても、うけようて留まらず。其のはず、須弥を槌子にする底の仏眼」。「驀地」は、底「『類書纂要』に、『驀地は忽然なり』」。

(4)解道蔵身没影跡＝誠「能くも呑みこんで云いやった、身を蔵して影跡没しと」「三四、『老胡の知を許して、老胡の会を許さず』（『碧巌録』一則、頌古評唱）と云う処」。

(5)那知鼻孔搭脣頭＝誠「是れはどうしてご存知あるまい、鼻孔、つい此の口の上に搭《か》かることを」。底「白雲（守）端の頌に、『鼻孔、依然として上脣に搭く』」。

《意訳》

仏源禅師の塔を礼拝する

須弥山を槌にして虚空の鼓を撃ち、

たちまち強きに逢って寿福寺に住したが、そこにもとどまることをしない。

身を蔵して何の跡も留めぬとはよくいわれたものぞ。

鼻はもともと口のうえにあるということをご存じあるまい。

【一八】住山

孤筇山又水、興盡罷奔馳。

片石莓苔古、春眠落日遲。

《訓読》

(1)住山《じゅうざん》

(2)孤筇《こ こう》、山《やま》又《ま》た水《みず》、(3)興《きょう》尽《つ》きて奔馳《ほんち》を罷《や》む。
(4)片石《へんせき》、莓苔古《まいたいこ》たり、(5)春眠《しゅんみん》、落日遅《らくじつおそ》し。

《註》

(1)住山＝誠「三春高乾院」。
(2)孤筇山又水＝誠「さて此の一拄杖を携えて、千山万水漂泊したが」。補「孤筇」は、一本の杖。
(3)興盡罷奔馳＝誠「今は興尽きて、飽くまで遊歴して奔馳を罷む」。
(4)片石莓苔古＝誠「(片石は)安全石(安禅石か)」。補「莓苔」は、こけ。
(5)春眠落日遅＝誠「その上に春の日の長き時分でも一睡して、覚めてみれば、落日は遅し」。

《意訳》

住山

一本の杖を頼りに、山また水と渡り歩いてきたが、
もう旅の興《きょう》も尽きて、あちこち歩き回ることもやめた。
石のうえの苔は古びて、
春のおだやかな日にぐっすり眠ると、日の暮れるのは遅い。

【一九】華清宮

珠殿瓊樓必險危、満庭落葉夕陽垂。
明皇不識仙家路、心向五雲海外馳。

《訓読》

(1)華清宮《かせいきゅう》
(2)珠殿瓊楼《しゅでんけいろう》、必《かなら》ず険危《けんき》、(3)満庭《まんてい》の落葉《らくよう》、夕陽《せきよう》垂《た》る。
(4)明皇《めいこう》は識《し》らず仙家《せんか》の路《みち》、(5)心《こころ》は五雲海外《ごうんかいがい》に向《む》かって馳《は》す。

《註》

(1)華清宮＝誠「師、諷諫《ふうかん》有って此の詩を作る」「玄宗の作りたる華清宮」。底『明皇雑録』に、「天宝六年（七四七）、温泉を更《あらた》めて華清宮と曰う。環山、宮室を列ぬ。宮は驪山《りざん》に在り」。

(2)珠殿瓊樓必險危＝誠「珠殿瓊楼を建て並べおごり長ずれば、必定険危」。補「瓊楼」は、仙界にあるという瓊《たま》で出来た宮殿。華清宮を喩う。「必険危」は、底「楊義臣が詩に、『古より高官、必ず険危』」。

(3)満庭落葉夕陽垂＝誠「其の証拠には、今は華清宮とて名のみ残って、満庭の落葉、入り日のみ照らしてあわれなけしき」。

(4)明皇不識仙家路＝誠「玄宗皇帝はご存じない、真箇の仙家の路」。底「白居易が『長恨歌』に詳し」。

(5)心向五雲海外馳＝誠「（五雲海外は）仙境」「五雲海外なれば、わき道に向かって、徒《いたず》らに長生を求め馳せまわる」。

補「五雲」は、仙境にあるという五色の瑞雲。「長恨歌」に、「楼殿玲瓏として五雲起こり、其の中に綽約として仙子多し」。

《意訳》

華清宮

見事な珠《たま》で飾られた建物も、いつかはもろく壊れ去ってしまう。
いまはこうして庭いっぱいに落ち葉が敷きつめ、夕日が沈むばかりだ。
あの玄宗皇帝も、仙人になる方法はご存じあるまい。
心は楊貴妃を求めて仙人の国を探して馳せまわっている。

【二〇】寄友

住山山亦好、擁耒種青松。
湖海多相識、何人午睡濃。

《訓読》

(1)友《とも》に寄《よ》す

山《やま》に住《じゅう》すれば山《やま》も亦《ま》た好《よ》し、(2)耒《すき》を擁《よう》して青松《せいしょう》を種《う》う。
(3)湖海《こかい》、相識《そうしき》多《おお》し、(4)何人《なんびと》か午睡《ごすい》濃《こま》やかなる。

《註》

(1)寄友＝誠「（友は）同参」「按ずるに、一二は自を述し、三四は他を述す。是れ道友を寄せ問う意なり」。

(2)擁耒種青松＝誠「其の作活計はどうぞ。耒を擁して、天下を蔭涼するところの真の種草を種う」。「擁耒」は、底「『文選』潘岳が詩に、『長く嘯《うそぶ》き東山に帰る、耒《すき》を擁して時苗を耨《くさぎ》る』。註に、『擁は執、耒は田を耕す曲木なり』」。補「擁」は、いだく、抱きかかえる。「耒」は、すき。畑に筋目を入れる道具。

(3)湖海多相識＝誠「五湖四海、遍参の中の知音多し」。補「湖海」は、五湖四海。四海五湖とも。四海は東海・西海・北海・南海、五湖は江蘇省太湖付近の五つの湖。天下世界をいう。江湖というに同じ。

(4)何人午睡濃＝誠「多き中にも、そこもとばかり閑暇無事にして午睡濃やかなり」。補『寂室和尚語録』一、「偶作」に、「空山白日、蘿窓《らそう》の下、松風を聞き罷《や》んで、午睡濃やかなり」。

《意訳》

友に寄せる

こうして山に住んでいると、山もまたいいものである。
鋤《すき》を担いで、山に松の木を植える。
この天下に知音《ちいん》は多いが、
こうしてゆっくりと午睡するのはあなたしかいまい。

【二二】送亡僧〔七月十五日〕

江艸青青江水長、煙波何處是家鄉。
日逢自恣好消息、八面清風吹旅裝。
吹旅裝、相思雁字問瀟湘。

《訓読》

(1)亡僧《もうそう》を送《おく》る〔七月十五日〕

(2)江草青青《こうそうせいせい》、江水長《こうすいなが》し、(3)煙波《えんぱ》何《いず》れの処《ところ》か是《こ》れ家郷《かきょう》。
(4)日《ひ》、自恣《じし》に逢《あ》う好消息《こうしょうそく》、(5)八面《はちめん》の清風《せいふう》、旅装《りょそう》を吹《ふ》く。
旅装《りょそう》を吹《ふ》く、(6)相《あ》い思《おも》わば雁字《がんじ》、瀟湘《しょうしょう》を問《と》え。

《註》

(1)送亡僧＝[誠]「鎌倉円覚に滞留中」。
(2)江艸青青江水長＝[誠]「亡僧を送るについて見渡せば…」。
(3)煙波何處是家郷＝[誠]「煙波渺渺たる□□(虫損)こらが亡僧の真の家郷ぞ」。[補]崔顥の「黄鶴楼」詩(『唐詩選』五)に、「日暮郷関、何れの処か是なる、煙波江上、人をして愁えしむ」。
(4)日逢自恣好消息＝[誠]「幸いに今日、九旬日禁足の制も解けて、七月十五日自恣に逢う」。「自恣」は、[底]「『盂蘭盆経』に、『七月十五日、僧自恣の日』。○『十誦律』に、『好悪相い教うるに、三語を以て自恣す』。『鈔』に、『九旬の内、人多く己に迷う。自ら過ちを見ず、理、宜しく清衆を仰ぎ憑んで、慈を垂れ誨を垂れ、縦《ほしいまま》に己が罪を宣べ、僧の、過を挙するを恣《ほしいまま》にすべし。内、私隠無きことを彰し、外、瑕疵《かし》有ることを顕す。身口、他人に托す、故に自恣と曰う。三語とは、見・聞・疑なり』」。補夏安居の最終日に修行僧が集まり、安居中に自己の犯した罪を告白懺悔して反省する儀式。通常は旧暦の七月十五日。またこの日に盂蘭盆の法会を行う。「消息」は、底「『易』豊卦の象に、『天地の盈虚は、時と与《とも》に消息す』。〇『字彙』に、『消息は、音信なり』」。

(5)八面清風吹旅装＝誠「自由自在七通八達の清風、亡僧の旅装を吹く」。補『碧巌録』六則、頌古評唱に、「八面の清風、衣裓《えこく》を惹《ひ》く」。

(6)相思雁字問瀟湘＝誠「家郷に至って若《も》し相い思わば」「(雁字は)洪覚範の詩に、『雁字、初めて春を成す信有り』」「(瀟湘は)鎌倉」補「相思」は、恋い慕う。「雁字」は、雁が行列を作って飛ぶ姿を文字に喩えたもの。「瀟湘」は、湖南省、瀟水と湘水が流れている地方。瀟湘八景の風光で知られる。ここでは鎌倉をさす。

《意訳》

亡僧を送る〔七月十五日〕

岸辺の草は青々と茂り、海の水はどこまでも広い。

打ち寄せる波の一体どこにこの亡僧は帰っていくのか。

ちょうど今日は七月十五日、自恣《じし》の日にめぐり合えた。

あたり一面から吹いてくる清風が、この亡僧の旅装を吹き付ける。

旅装を吹き付ける。

もしも亡僧はどこに行ったか思うことがあったら、あの雁《かり》が並んで飛んでいく向こう、鎌倉のあたりに問うて欲しい。

【二二】與楚玉〔因事退席〕

雨過荊山翠鎖春、維眞維假滿盤新。
由來但欠臨風泣、那怪今逢按劍人。

《訓読》

(1)楚玉《そぎょく》に与《あた》う〔(2)事《じ》に因《よ》って退席《たいせき》す〕

(3)雨過《あめす》ぎて荊山《けいざん》、翠《みどり》、春《はる》を鎖《と》ざす、(4)維《こ》れ真《しん》、維《こ》れ仮《け》、満盤新《まんばんあら》たなり。
(5)由来《ゆらい》、但《た》だ風《かぜ》に臨《のぞ》んで泣《な》くことを欠《か》く、(6)那《なん》ぞ怪《あや》しまん、今剣《いまけん》を按《あん》ずる人《ひと》に逢《あ》うことを。

《註》

(1)與楚玉＝誠「第一二は、楚玉首座の身の上に於いては、元来一点の汚穢も無きを云う。第三四は、楚玉首座は、元より卞和《べんか》の様に風に臨んで泣きもせず、又た人の讒言《ざんげん》に逢うて退院すれども怪しみもせず、懐にも掛けざるを云う」。

(2)因事退席＝補故あって寺を退いた。誠拙書入れによると讒言を受けたという。『諸録俗語解』に、「諸録に『因事』とあるは、多く『公儀より咎めらるること』なり」。

(3)雨過荊山翠鎖春＝誠「さてこの楚玉は、彼の卞和の玉《ぎょく》とは違《ちご》うて…。とりもなおさず玉ぞ」。「荊山」は、底「『方輿勝覧』に、『荊山は、金玉の出ずる所。卞和《べんか》、玉を此に得て、厲王及び武王に献ず。以為《おも》えらく、石なりと。其の両足を刖《あしき》る。和、璞《はく》を抱いて荊山の下に哭す』。補和氏《かし》の璧《へき》の故事。『韓非子』和氏篇に、「楚の人和氏、玉璞（玉の原石）を楚山の中に得たり。奉じて之を（楚の）厲王に献ず。厲王、玉人（玉を磨く人）をして之を相せしむ。玉人曰わく、『石なり』。王、和を以て誑《きょう》と為して、其の左足一を刖る。厲王薨じ、武王位に即《つ》くに及んで、和、又た其の璞を奉じて之を武王に献ず。武王、玉人をして之を相せしむ。又た曰わく、『石なり』。王、又た和を以て誑と為し、其の右足を刖る。武王薨じて、文王位に即く。和乃ち其の璞を抱きて楚山の下に哭すること三日三夜。涙尽きて之を継ぐに血を以てす。王、之を聞き、人をして其の故を問わしめて曰わく、『天下の刖らるる者多し。子《なんじ》、奚《なん》ぞ哭することの悲しきや』。和曰わく、『吾、刖らるるを悲しむには非ざるなり。夫《か》の宝玉にして之に題するに石を以てし、貞士にして之に名づくるに誑を以てせらるるを悲しむなり』。王、乃ち玉人をして其の璞を理《みが》かしめて、宝を得たり。遂に命《なづ》けて和氏の璧と曰う」。

(4)維眞維假滿盤新＝誠「看手《みて》が看れば、是《かく》の如く造作に渉らざる底の楚玉なれば、『維れ真、維れ仮』などと云う差別はないぞ」。補「満盤」は、お盆一杯。ここでは全部・全てという意。

(5)由來但欠臨風泣＝誠「風前に立ち臨んで泣くことを欠く」。底「『虚堂顕孝録』に、『山僧は恰《あたか》も璞を抱く者に似たり。但だ風に臨んで涕泣することを欠く』」。補「由来」は、元来、もともと。

(6)那怪今逢按劍人＝誠「什麼底の楚玉なれば、讒言して追院させるような人に逢うといえども、どうして怪しまん、怪しみはせぬ」。「按剣」は、底「前出」（【八】(2)参照）。

《意訳》

楚玉に与える〔故あって寺を出た〕

雨過ぎて荊山《けいざん》はすっかり春景色で翠《みどり》に覆われている。

玉が本物か偽物か、問うこともない、お盆一杯に新しい。

昔の卞和《べんか》のように玉が認められなくて風に吹かれておいおい泣くこともない。

今更讒言《ざんげん》して剣に手を掛けるような人に逢っても、どうして怪しむほどのことがあろうか。

【二三】宗鈍禪人赴長松之命

百丈山頭翻淨瓶、慚惶滿面強惺惺。

若過峭絶無人處、落落長松帶雪青。

《訓読》

(1)宗鈍禅人《そうどんぜんにん》、長松《ちょうしょう》の命《めい》に赴《おもむ》く
(2)百丈山頭《ひゃくじょうさんとう》に浄瓶《じんびん》を翻《ひるがえ》す、(3)慚惶満面《ざんこうまんめん》、強《し》いて惺惺《せいせい》。
(4)若《も》し峭絶無人《しょうぜつむにん》の処《ところ》に過《よぎ》らば、(5)落落《らくらく》たる長松《ちょうしょう》、雪《ゆき》を帯《お》んで青《あお》からん。

《註》

(1)宗鈍禪人赴長松之命＝誠「師、時に高乾院に在り」。「宗鈍禅人」は、誠「枝標和尚の末弟子」。補月江宗鈍。延享二年（一七四五）、萬年山長松寺第九世台山祖脈の法嗣として前堂転位。同寺十一世。誠拙書入れの枝標和尚は、【九】(1)参照。「長松」は、底「寺の名」。補序文後段、註(14)参照。

(2)百丈山頭翻浄瓶＝誠「此の度、長松の命に赴いて、浄瓶を翻す」。「百丈山」は、底「『一統志』南昌府、『百丈山は、奉新県の西一百四十里に在り。又た大雄山と名づく。下に大智院有り』」。「翻浄瓶」は、底「『伝灯』(九)潙山(霊)祐の章に、『百丈、師を召して入室せしめて、嘱して云わく、〈吾、化縁、此に在り。潙山の勝境、汝、当に之《これ》に居るべし。吾が宗を嗣続して、広く後学を度せよ〉。時に華林、之《これ》を聞いて曰わく、〈某甲《それがし》、忝《かたじけな》く上首に居す。祐公、何ぞ住持することを得ん〉。百丈云わく、〈若し能く衆に対して一語を下し得て出格ならば、当に住持に与《あずか》るべし〉。即ち浄瓶を指して問うて云わく、〈喚んで浄瓶と作すことを得ず、汝、喚んで什麼《なに》とか作す〉。華林云わく、〈喚んで木揬《ぼくとつ》と作すべからず〉。百丈、肯《うけが》わず。乃ち師に問う。師、浄瓶を踢倒《てきとう》す。百丈笑って云わく、〈第一座、山子に輸却《ゆきゃく》(負ける)す〉。遂に師をして潙山に往かしむ。是の山、峭絶、敻《はる》かに人煙無し』。○『慧琳音義』に、『浄瓶は、浄水を盛って、洗手澡漱《そうそう》するの器なり』」。

(3)慚惶満面強惺惺＝誠「浄瓶を翻して出格の機を呈する処が、是れ満面の慚惶」。補「慚惶」は、恥じ恐れること。「強惺惺」は、無理をして悟り澄ましたふりをしている。『碧巌録』一則、本則著語に、「満面の慚惶、強いて惺惺」。

(4)若過峭絶無人処＝誠「若し真箇の峭絶無人の処に透過せば」。補「峭絶無人」は、高く険しく人を寄せつけないこと。前註(2)参照。

(5)落落長松帯雪青＝誠「住山穏坐の様子」「(雪は)いかなる雪霜をも」。「落落長松」は、底「『文選』孫綽が『天台山に遊ぶの賦』に、『萋萋《さいさい》たる繊草を藉《し》き、落落たる長松に蔭《かげ》す』。註に、『落落は、松の高き貌』」。

《意訳》

宗鈍禅人が長松寺の住持として赴く

むかし潙山《いさん》和尚が百丈和尚の下で修行している時に、浄瓶《じんびん》を蹴飛ばして出格のはたらきを示したというが、

全く大きな恥をさらして顔中まっ赤になりながら、澄ました顔して潙山の主人におさまった。

潙山和尚はその後険しい山の誰も寄りつかぬ処に坐ったというが、その険しい所を更に通り過ぎて、

天高くそびえる松の木が、雪に降られてもなお青々とそびえているように、長松寺に住するがよかろう。

【二四】佛生日

饑來喫飯冷添衣、誰向西山歌采薇。
緑樹陰森過雨後、杜鵑猶叫不如歸。

《訓読》

仏生日《ぶっしょうにち》

(1)飢《う》え来《きた》れば飯《はん》を喫《きっ》し、冷《れい》なれば衣《え》を添《そ》う、(2)誰《たれ》か西山《せいざん》に向《む》かって采薇《さいび》を歌《うた》わん。
(3)緑樹陰森《りょくじゅいんしん》たり過雨《かう》の後《のち》、(4)杜鵑《とけん》猶《な》お叫《さけ》ぶ不如帰《ふじょき》。

《註》

(1)飢來喫飯冷添衣＝誠「人人今日、飢え来れば飯を喫し、冷なれば是れが当節じゃに衣を添う」。底「中峰明本禅師の偈」（『中峰広録』三十、「警世二十二首」）。

(2)誰向西山歌采薇＝誠「其れに『天上天下、唯我独尊』と、なぜ言いやるぞ」。「西山歌采薇」は、底「『史記』伯夷が伝、『采薇の歌』に、『彼の西山に登り、其の薇を采る。暴を以て暴に易《か》え、其の非を知らず。神農・虞・夏、忽焉として没したり。我、安《いず》くに適として帰せんや。于嗟《ああ》、徂《ゆ》かん、命の衰えたるかな』。『索隠』に、『西山は即ち首陽山なり』」。補伯夷・叔斉の兄弟は殷末周初の隠者。武力で殷を滅ぼした周の武王の世を厭い、首陽山で薇（ノエンドウ）を取って暮らしていたが、やがて「采薇歌」を歌って餓死した。

(3)緑樹陰森過雨後＝誠「（緑樹陰森は）四十九年の説法」「（過雨後は）入滅の後」。補「陰森」は、樹木が繁って薄暗いさま。

(4)杜鵑猶叫不如歸＝誠「雲門なる者が出てきてやかましく云う」。「不如帰」は、底「『格物論』に、『杜鵑、一名は杜宇《とう》、一名は子規《しき》、三四月の間、夜に啼く。自ら〈謝豹思帰楽〉と呼ぶ。其の音は〈不如帰去〉』」。補「杜鵑」「不如帰」は、ともにホトトギスの異名。【二五】(3)参照。「不如帰」は「帰るに如かず」で、帰心をあらわす。なお、誠拙書入れの「雲門」については、【二五】(4)参照。

《意訳》

仏生日

毎日腹が減ったらご飯を食べるし、寒ければ重ね着をするまでのこと。

かの伯夷《はくい》が西山で「采薇《さいび》の歌」を歌ったというが、余計なことだ（世尊の「天上天下、唯我独尊」も余計なことだ）。
ひっそりと静まりかえった森に雨が降って後、
ホトトギスだけがけたたましく鳴き続けている。

【二五】又

周行七歩事何繁、天上人間唯我尊。
杜宇聲寒簾外雨、老僧無暇效雲門。

《訓読》

又《ま》た
(1)周行七歩《しゅうこうしちほ》、事何《じなん》ぞ繁《しげ》き、(2)天上人間唯我尊《てんじょうにんげんゆいがそん》。
(3)杜宇声寒《とうこえさむ》し簾外《れんがい》の雨《あめ》、(4)老僧《ろうそう》、雲門《うんもん》に効《なら》うに暇無《いとまな》し。

《註》

(1)周行七歩事何繁＝誠「さて此の仏世尊の誕生はどうぞ。纔《わず》かに母胎を出て周行七歩、どうして其のように御繁多なぞ」。補『五灯会元』一、釈迦牟尼仏の章に、「世尊、纔かに生下するや、乃ち一手は天を指さし、一手は地を指さし、周行七歩、四方を目顧して曰わく、『天上天下、唯吾独尊』」。

(2)天上人間唯我尊＝誠「そのはずじゃ、…なぞとやかましく云いやはる」。

(3)杜宇聲寒簾外雨＝誠「杜宇の声ものさびしく、簾外の雨、此れがまだ片づかぬ」。補「杜宇」は、ホトトギスの一名。古代蜀（四川省）の王であった望帝は名を杜宇と言い、死してその魂が杜鵑《とけん》（ホトトギス）に化したという。その鳴き声は「不如帰去《ふじょききょ》」と聞こえるという。蜀王の故事は『華陽国志』『蜀王本紀』などに見える。

(4)老僧無暇效雲門＝誠「『この事がすまぬから、老僧も雲門に効うにひまはない』と云うて、雲門より先に手を出しておるやらも知れぬぞ」。「雲門」は、底「『本録（雲門録）』に、『挙す、世尊、初め生下して、一手は天を指し、一手は地を指し、周行七歩、四方を目顧して云わく、〈天上天下、唯我独尊〉。師曰わく、〈我、当時《そのかみ》、若《も》し見ば、一棒に打殺して、狗子《くし》に与えて喫却せしめん。貴ぶらくは天下太平を図らん〉』」。

《意訳》

　また

生まれてすぐ七歩歩まれるとは、何とまた忙しいことでありませんか。
それもそのはず、「天上天下、唯我独尊」などとやかましいことを言われたものだ。
折からホトトギスの声がもの寂しく聞こえ、窓の外には雨が降り続いている。
私は雲門和尚のまねをして棒を振り回す暇《いとま》もない。

【二六】 佛涅槃

桃李春風海燕回、尸羅城裏買棺材。
臨行特地現雙足、金色頭陀笑滿腮。

《訓読》

(1)仏涅槃《ぶつねはん》

(2)桃李《とうり》の春風《しゅんぷう》、海燕回《かいえんかえ》る、(3)尸羅城裏《しらじょうり》、棺材《かんざい》を買《か》う。
(4)行《こう》に臨《のぞ》んで特地《とくち》に双足《そうそく》を現《げん》ず、(5)金色《こんじき》の頭陀《ずだ》、笑《わら》い腮《あぎと》に満《み》つ。

《註》

(1)佛涅槃＝[底]「『慧琳音義』に、『涅槃、此には寂と云う』」。

(2)桃李春風海燕回＝[誠]「…と。此の頌の如きは、所謂《いわゆ》る『語、廉纖を帯ぶ』底。一二、精密なる上に精密なるものぞ」「即ち是れ涅槃の当体」。[補]「海燕」は、ウミツバメ、または単にツバメ。

(3)尸羅城裏買棺材＝[誠]「この折しも尸羅城裏ここもかしこも棺材を買う」。[補]「尸羅城」は、釈尊が入滅した地クシナガラ。拘尸羅城・拘尸那掲羅城とも。

(4)臨行特地現雙足＝[誠]「行に臨んで、えりわざ迦葉の為に双足を現す」。[底]「『禅林類聚』(十三、遷化)に、『世尊般涅槃の日、迦葉《かしょう》尊者、最後にして至る。世尊、乃ち槨中《かくちゅう》に於いて双趺《そうふ》を露して、之《これ》に示す。迦葉尊者、乃ち作礼して、如来、三昧の火を以て自ら闍維《じゃい》せんことを請う。即時に金棺、七宝の牀より昇り挙がり、倶《く》尸羅城《しらじょう》を遶《めぐ》ること七匝《しちそう》、却って本処に還って、火光三昧を化して自ら焚《や》く』」。[補]「特地」は、わざわざ。

(5)金色頭陀笑滿腮＝誠「外の者ならば『是れや何事』と思って驚きもせようが、さすが迦葉ほど有って、仏の意を領得、にっこりと笑った」。「金色頭陀」は、底「『伝灯』（一）に、『摩訶迦葉《まかかしょう》、昔、鍛金師たり。毘婆尸仏入涅槃の後、四衆、塔を起つ。塔中の像、面上の金色、少しく欠壊有り。時に貧女有り、金珠を将《もっ》て金師の所に往き、仏面を飾らんことを請う。既にして因って共に発願す。〈願わくは、我二人、無姻の夫妻と為らん〉と。是の因縁に由って、九十一劫、身、皆な金色なり。後、梵天に生まれ、天寿尽きて中天摩竭陀国《まかだこく》の婆羅門の家に生まる。名づけて迦葉波と曰う。此には飲光《おんこう》勝尊と云う。蓋し金色を以て号と為すなり』。○『増一阿含』声聞品に、『世尊、亦た説く、〈我が弟子の中、第一比丘頭陀の行者は、所謂《いわゆ》る大迦葉、是れなり〉』」。

《意訳》

仏涅槃

桃の花に春風が吹き、燕も帰ってくる頃、
クシナガラ城のあたりでは棺桶の材料を買っている。
いよいよご臨終の時にお釈迦様はその両足を示されたが、みなは何の事やら分からぬうちに、
ただ迦葉尊者だけは、世尊の御心をくみ取ってにっこりとほほえまれた。

【二七】佛成道

人自金剛座上來、囘頭生界歎奇哉。

那時不敢脱珍御、又掛垢衣一笑開。

《訓読》

仏成道《ぶつじょうどう》

(1)人《ひと》は金剛座上《こんごうざじょう》より来《きた》り、(2)頭《こうべ》を生界《しょうかい》に回《めぐ》らして奇哉《きさい》と歎《たん》ず。

(3)那時《なじ》、敢《あ》えて珍御《ちんぎょ》を脱《だっ》せず、(4)又《ま》た垢衣《くえ》を掛《か》けて一笑《いっしょう》開《ひら》く。

《註》

(1)人自金剛座上來＝誡「人とは先ず仏世尊を指す。なれども人人什麼底の三昧なくてはならぬぞ」「此の仏世尊は雪山《せっせん》深き処に端坐六年、明星を一見して無上正覚を成す処、金剛座上より来るなり」。「金剛座」は、底「『法苑珠林』に、『四洲の中、唯だ贍部洲《せんぶしゅう》のみ、金剛座有り。上、地際を窮め、下、金輪に拠る。諸《もろもろ》の最後身の菩提薩埵、将に無上正等菩提に登らんとするは、皆な此の座に坐す〈云云〉』」。補金剛宝座。釈尊が成道した時に坐していた所。印度ブッダガヤの菩提樹下にある。

(2)回頭生界歎奇哉＝誡「そこで頭を衆生界中に回らして、『あら不思議や』と歎ず」。「奇哉」は、底「『華厳』〈如来〉出現品に、『爾《そ》の時、如来、無障礙清浄の智眼を以て、普く法界の一切衆生を観て、是の言を作《な》さく、〈奇なるかな、奇なるかな、此の諸《もろもろ》の衆生、云何《いかん》ぞ具《つぶさ》に如来の智慧を有する〉』」。

(3)那時不敢脱珍御＝誡「華厳坐上、寂滅道場で大乗の法を傾けて説かれる時、敢えて瓔珞華鬘《ようらくけまん》の珍御の服を脱せず」。「珍御」「垢衣」は、底「『四教儀』に、『舎那《しゃな》珍御の服を脱ぎ、丈六弊垢の衣を著る』」。補「珍御」は、珍貴で立派な衣服。転じて、『華厳経』の教主である毘盧遮那仏の高貴な姿をいう。「垢衣」は、破れて垢のついた袈裟。転じて、俗塵にまみれた姿。鹿野苑で小乗教（四諦八正道）を説いた時の姿をいう。天台宗で立てる五時八教説では、成道後二十一日の間に大乗頓教である『華厳経』が説かれ、その後鹿野苑にて小乗教である『阿含経』が説かれたとする。

(4)又掛垢衣一笑開＝誡「衆生根に応追する丈六の身を現じて、弊垢衣にて鹿野苑に赴いて四諦十二因縁を説いた処は一笑開くぞ」。

《意訳》

仏成道

世尊は雪山《せっせん》端坐六年の後、成道して金剛座を降りられて、折からふと迷いの世界に苦しんでいる人々を見て、「何と不思議、生きとし生けるものみな仏性を持っているのに、それに気づかずに迷っているとは…」と叫ばれた。その時は瓔珞花鬘《ようらくけまん》の服を脱がずにおられたが、また今度よれよれのぼろ衣を着て、ニッコリ笑顔で教えを説かれた。

【二八】達磨忌

魏使従來不識他、半途撞著笑呵呵。
風霜十萬八千里、無那手中隻履多。

《訓読》

(1)達磨忌《だるまき》

(2)魏使《ぎし》従来《じゅうらい》、他《かれ》を識《し》らず、(3)半途《はんと》に撞著《どうじゃく》して笑《わら》い呵呵《かか》。

(4)風霜十万八千里《ふうそうじゅうまんはっせんり》、手中《しゅちゅう》、(5)隻履《せきり》の多《おお》きを那《いかん》ともすること無《な》し。

《註》

(1)達磨忌＝[底]「『会元』（一）に、『初祖菩提達磨大師は、南天竺国香至王第三の子なり。姓は刹帝利』」。[補]菩提達磨の忌日。二祖三仏忌の一つ。『景徳伝灯録』によれば十月五日。

(2)魏使従來不識他＝[誠]「達磨を指して『是れ誰ぞ』」「（従来は）もとより」。「魏使」は、[底]「同章（『五灯会元』達磨章）に、『魏の宋雲《そううん》、使を西域に奉じて回るとき、祖に葱嶺《そうれい》に遇う。手に隻履を携えて、翩翩《へんぺん》として独り逝くを見る。雲、問う、〈師、何《いず》くにか往く〉。祖曰わく、〈西天に去る〉』」。

(3)半途撞著笑呵呵＝[誠]「他を識らざるが故に、葱嶺の半途にてつきあたったけれども、只だ笑うのみで、此の達磨を西天竺へ取り逃した」。「呵呵」は、[底]「『集韻』に、『笑うなり』」。

(4)風霜十萬八千里＝[誠]「十月時分、風霜降る西天竺の道。そこで此の達磨は…と、うろたえまわる」。[補]「十万八千里」は、天竺までの距離。【一一五】(1)参照。

(5)無那手中隻履多＝[誠]「此の隻履を手に持ち余し、持ちあぐみきるぞと云うも、従来他を識らざるが故ぞ」。

《意訳》

達磨忌

魏の使いの者は元々達磨を知らなかった。
それ故に、路上で出会ってもただ笑うばかりで、達磨を天竺に帰してしまった。
おかげで達磨は十万八千里の道を風霜にさらされながら苦しむことになった。
手に片方のくつを持て余してどうすることもならなかったのだ。

【二九】又

遙觀茲土有茲器、得得來時復若何。
萬戸清霜砧杵動、回頭隻履過流沙。

《訓読》

又《ま》た
(1)遥《はる》かに観《み》る茲《こ》の土《ど》に茲《こ》の器《き》有《あ》ることを、(2)得得《とくとく》として来《きた》る時《とき》、復《ま》た若何《いかん》。
(3)万戸《ばんこ》清霜《せいそう》、砧杵《ちんしょ》動《うご》く、(4)頭《こうべ》を回《めぐら》せば隻履《せきり》、流沙《るしゃ》を過《す》ぐ。

《註》

(1)遙観茲土有茲器＝誠「此の達磨は、遥かに西天竺より、茲の土東土に茲の大乗の根器有ることを観る」。底「『碧巌』第一則の評に、『達磨、遥かに此の土に大乗の根器有るを観て、遂に海に泛《う》かんで得得として来り、心印を単伝して、迷塗を開示し、不立文字、直指人心、見性成仏せしむ』」。

(2)得得來時復若何＝[誠]「えりわざ十万の波濤を歴《へ》て来る時、是れはどうしたわけぞ、どうじゃ、と一拶を下したぞ」。[補]「得得」は、ことさらに。わざわざ。

(3)萬戸清霜砧杵動＝[誠]「得得として来る底の祖師西来意を会せんと要せば、這裏《しゃり》に向かって隻眼《せきがん》を着けて看よ」。[補]「砧杵」は、衣を打って軟らかくする時、下に敷く木や石の台と、それを打つきね。冬着の支度をいう。李白の「子夜呉歌」に、「長安、一片の月、万戸、衣を擣《う》つの声」。『虚堂録』八に「誰か知らん砧杵の裏、此の断腸の人有らんとは」。

(4)回頭隻履過流沙＝[誠]「頭を回らせば、纔《わず》かに伸思佇機に渉らず、隻履、流沙を過ぎ去ってしもうた」。「流沙」は、[底]「『書』の『禹貢』の注に、『流沙は、沙州の西八十里に在り。其の沙、風に随って流行す。故に流沙と曰う』」。[補]中国西域地方の沙漠。砂が水のように流れることからの名。

《意訳》

また

達磨は遥か彼方印度の国から、この土地に真の大乗の教えを受け継ぐ者があると見て取って、
わざわざ海を越えてきたのは、一体どうしたわけであろうか。
清らかに霜の降りる夜にあちこちの家で砧《きぬた》を打つ音が聞こえてくるが、
わずかに思いを巡らせば、とっくに達磨は遥か砂漠の彼方を過ぎてしまった。

【三〇】又

謾言直指復單傳、贓證分明現面前。
只是雪庭無半臂、終令隻履向西天。

《訓読》

又《ま》た

(1)謾《みだ》りに言《い》う直指《じきし》、復《ま》た単伝《たんでん》と、(2)贓証《ぞうしょう》分明《ふんみょう》に面前《めんぜん》に現《げん》ず。
(3)只《た》だ是《こ》れ雪庭《せってい》に半臂《はんぴ》無《な》し、(4)終《つい》に隻履《せきり》をして西天《さいてん》に向《む》かわしむ。

《註》

(1)謾言直指復單傳＝誠「さて此の達磨は口に任せて言う、直指じゃのまた単伝じゃのと」。補「直指」は、直ちに指し示すこと。「単伝」は、単独にそれだけを伝えること。【二九】(1)参照。

(2)贓證分明現面前＝誠「めったに恕《ゆる》すに依って、盗み物と云うことは明らかに目の前に露れておる」。「贓証」は、底「『普灯』（十七）東山吉禅師の章に、『因みに李朝請、之《これ》を訪ね、遂に問う、〈家賊、人を悩ます時如何《いかん》〉（云云）。吉曰わく、〈贓証、現在す〉』。○『正字通』に、『贓、音は臧。盗、取る所の物』」。

(3)只是雪庭無半臂＝誠「こいつ取り逃がすべきではなかったに、只だ是れ雪庭に立ち尽くしたる二祖神光殿に隻手無き故に、終にとうとう」。底「『伝灯』（三）達磨の章に、『十二月九日の夜、天、大いに雪を雨《ふ》らす。神光、堅く立ちて動かず。（云云）。師の誨励を聞いて、潜かに利刀を取りて、自ら左臂を断ちて、師の前に置く。師、是れ法器なりと知りて、乃ち曰わく、〈諸仏、最初に道を求むるや、法の為に形を忘る。汝、今、臂を吾が前に断つ。亦た可なること在り〉。師、遂に因って与《ため》に名を易えて慧可《えか》と曰う』」。

(4)終令隻履向西天＝誠「両臂共に全うに在ったならば、直指単伝の贓証并びに達磨の大盗人を西天へ取り逃がしはすまいものを。可惜許《かしゃっこ》」。

《意訳》

また

達磨は口に任せてやれ直指人心だの単伝だのとおっしゃるが、大盗人め、盗んだものははっきりと目の前にあるではないか。ただ残念なことには、二祖神光も雪降る庭で臂《ひじ》など切り落としたために、とうとう片方のくつを持った達磨を西天に向かわせてしまった。

【三二】又

上界鐘鳴霜満天、青燈白髪擁爐眠。
虚空蹈破一雙履、早被胡僧得半邊。

《訓読》

又《ま》た

(1)上界鐘《じょうかいかね》鳴《な》り、霜《しも》、天《てん》に満《み》つ、(2)青灯白髪《せいとうはくはつ》、炉《ろ》を擁《よう》して眠《ねむ》る。

(3)虚空《こくう》蹈破《とうは》す一双《いっそう》の履《り》、(4)早《はや》く胡僧《こそう》に半辺《はんぺん》を得《え》らる。

《註》

(1)上界鐘鳴霜滿天＝[誠]「夜明時分の様子」。[補]「上界」は、天上界。天界。

(2)青燈白髪擁爐眠＝[誠]「青灯の下に白髪の老僧が寒を恐れて炉を擁して眠る」。[補]「青灯」は、青色の灯火。孤独清貧を象徴する。

(3)虚空蹈破一雙履＝[誠]「人人虚空を蹈破する底の一双の履があるぞ」「(蹈破は)ほんとうをみぬいた」。

(4)早被胡僧得半邊＝[誠]「炉を擁して眠ってばかり居れば、早く胡僧に奪得され了《お》わるじゃによって、めったに睡られぬ」。

《意訳》

また

天上界で夜明けの鐘が鳴り響いて、空一杯に霜が降りている。
青白い炎のもとで白髪の老僧がいろりを囲んで眠っている。
その空を一足のくつが踏み破ったが、
もうとっくに達磨に片方のくつを持ってゆかれてしまった。

【三二】上巳

數盡恆河沙復沙、積功累徳漫無涯。
江山千里春如錦、惟有靈雲不見花。

《訓読》

(1)上巳《じょうし》
(2)数《かぞ》え尽《つ》くす恒河《ごうが》、沙復《しゃま》た沙《しゃ》、(3)積功累徳《しゃくくるいとく》、漫《まん》として涯無《がいな》し。
(4)江山千里《こうざんせんり》、春《はる》、錦《にしき》の如《ごと》し、惟《た》だ(5)霊雲《れいうん》のみ有《あ》って(6)花《はな》を見《み》ず。

《註》

(1)上巳＝[底]「沈約が『宋志』に、『漢より以前、上巳、必ずしも三月三日ならず、必ず巳の日を取る。魏より以後、但だ三月三日を用い、必ずしも巳にあらず』」。[補]五節句のひとつ、三月の初めの巳の日。この日川のほとりでみそぎをした。魏以降、三月三日とした。女子の祝日としてひな祭りを行う。桃の節句。

(2)數盡恆河沙復沙＝[誡]「一二は、月船老師、三月上巳を付けて、老婆親切なる故、無孔の鉄鎚を以て諸人面前に放向する底なり」「…とは、釈迦如来の過去久遠劫已来、三大阿僧祇劫を歴て薫修練行の処」「若《も》し『数尽恒河沙復沙、積功累徳漫無涯、唯有霊雲不見花』を会せば、大智云わく、『若し毘盧真境界を見ば、善財、百城南を走らず』（「天冠山華厳境に遊ぶ」『大智禅師偈頌』）の意」。[底]「『金剛経』に『恒河の中に所有《あらゆ》る沙の数の如き、是《かく》の如きの沙に等しき恒河、意に於いて云何《いかん》。是の諸《もろもろ》の恒河の沙をば、寧《むし》ろ多しと為《せ》んや不《いな》や』。○李白が詩に、『口に道《い》う、恒河、沙復《ま》た沙』」。

(3)積功累徳漫無涯＝誠「積功累徳、はてしもなくばつとめ」。底「『法華』提婆品に、『智積菩薩言わく、〈我、釈迦如来を見るに、無量劫に於いて難行苦行、積功累徳、菩薩の道を求めて未だ曽て止息せず〉』」。

(4)江山千里春如錦＝誠「さて今日、三月節句なれば、江山千里どこを見ても桃李花爛漫として、錦を織る如く見事に開き満ちて有るに」。補「江山」は、山河に同じ。

(5)靈雲＝底「『伝灯』（十一）に、『潙山（霊）祐の法嗣、霊雲の志勤《しごん》禅師。初め潙山に在って、桃花に因って悟道す。偈有って曰わく、〈三十年来剣客を尋ぬ、幾回か葉を落とし又た枝を抽《ぬ》きんず。桃花を一見してより、直に如今《いま》に至るまで更に疑わず〉』」。

(6)不見花＝誠「且《しばら》く道《い》え、是れ何辺の事ぞ」。

《意訳》

上巳《じょうし》の日

ガンジス川の砂の数をたとえ数え尽くしたとしても、
お釈迦様の苦修錬行の跡ははてしない。
今日は三月の節句で、見渡す限り春の見事な景色はまるで錦を敷いたようだ。
ただその中で、かの桃の花を見て悟った霊雲和尚だけは、この花を見て仏性を見とどけた。

【三三】雪夜

乾坤供病懶、白髪石爐煙。
簾外風吹雪、鰲山應未眠。

《訓読》

雪夜《せつや》

(1)乾坤《けんこん》、病懶《びょうらん》に供《きょう》し、(2)白髪《はくはつ》、石炉《せきろ》の煙《けむり》。
(3)簾外《れんがい》、風《かぜ》、雪《ゆき》を吹《ふ》く、(4)鰲山《ごうざん》、応《まさ》に未《いま》だ眠《ねむ》らざるべし。

《註》

(1)乾坤供病懶＝誠「乾坤世界一切の事皆な老病ものうきに供し任せて。病懶を云い立てにして」。
(2)白髪石爐煙＝誠「満頭白髪を戴き、石炉を擁して煙を惜しみて安坐しておれば」。
(3)簾外風吹雪＝誠「簾外、静かに聞けば、風、雪を吹く」。
(4)鰲山應未眠＝誠「それについて思うは、鰲山店裏の雪峰は、応に未だ安眠を打し得ざるべし、の意。ねむられぬであろう」。「鰲山」は、底『会元』(七)に、『雪峰の(義)存禅師。初め巌頭と澧州《れいしゅう》鰲山に至り、雪に隔てらる。巌頭は毎日祇《た》だ是れ打睡す。師は一向に坐禅す(云云)。(頭曰わく、『他後、若《も》し大教を播揚せんと欲せば、一一、自己の胸襟より流出し将《も》ち来って、我が与《ため》に蓋天蓋地し去れ』。師、言下に於いて大悟す。便ち作礼して起《た》ち、連声に叫んで曰わく、『師兄《すひん》、今日、始めて是れ鰲山成道)』」。

《意訳》

雪の夜

一切の事は病気に任せ、何もかもものうく、
自分は髪が真っ白になって、石のいろりを抱えて煙にむせぶばかり。
窓の外には風が雪を吹きすさんでいる。
かの鰲山《ごうざん》では雪峰和尚はまだ眠ることもできずに坐っていよう。

【三四】對雪

北風吹雪入遙天、白髪蕭蕭石榻眠。
三等僧分簾外興、不知片片落誰邊。

《訓読》

雪《ゆき》に対《たい》す
(1)北風《ほっぷう》、雪《ゆき》を吹《ふ》いて遥天《ようてん》に入《い》る、(2)白髪《はくはつ》蕭蕭《しょうしょう》として石榻《せきとう》に眠《ねむ》る。
(3)三等僧《さんとうそう》分《わ》かる、簾外《れんがい》の興《きょう》、知《し》らず、(4)片片《へんぺん》誰《た》が辺《へん》にか落《お》つることを。

《註》

(1)北風吹雪入遙天＝誠「雪降りには天高く見える」。補「遥天」は、遥かなる天空。
(2)白髪蕭蕭石榻眠＝誠「此の折しも、白髪の老僧手前は、蕭蕭として石榻に眠る」。補「蕭蕭」は、もの寂しいさま。

「石榻」は、石の寝台。

(3)三等僧分簾外興＝誠「此の雪の下《ふ》るに付いて、古人も云い置かれたが、北風雪を吹く処の簾外の興に対して、三等の僧分かるなり」。「三等僧」は、底「『大慧武庫』に、『円通の（法）秀禅師、雪の下《ふ》るに因んで云わく、〈雪の下るに三種の僧有り。上等底は僧堂裏に坐禅す。中等底は墨を磨り筆を点じて雪の詩を作る。下等は炉を囲んで食を説く〉』」。

(4)不知片片落誰邊＝誠「北風吹いて遥天に入る底の雪片片、尽《ことごと》く是れ好雪じゃが、此の好雪は…」「この片片たる好雪の落処が御手に入ったならば、三等の僧が喜悦にして安眠がなろう」。底「『会元』（三）に、『龐居士《ほうこじ》、薬山を辞す。山、十禅客に命じて相い送って門首に至る。士、乃ち空中の雪を指して曰わく、〈好雪片片、別処に落ちず〉』」。

《意訳》

雪を見て

北風が雪を吹き散らして遠い空まで飛んでいく。
白髪頭の老僧はもの寂しく石のこしかけに眠っている。
昔窓の外の雪を見ながら、坐禅する僧、詩を作る僧、食べ物の話をする僧と三通りに分かれたというが、
さてこの片々たる雪は一体どこに降っていくのであろうか。

【三五】訪人不値

寒水蕭蕭對翠屏、暮雲歸鳥故人扃。
芭蕉葉葉秋風起、閑却床頭一軸經。

《訓読》

人《ひと》を訪《たず》ねて値《あ》わず

(1)寒水蕭蕭《かんすいしょうしょう》として翠屏《すいへい》に対《たい》す、(2)暮雲帰鳥《ぼうんきちょう》、故人《こじん》の扃《けい》。
(3)芭蕉葉葉《ばしょうようよう》、秋風起《しゅうふうお》こる、(4)閑却《かんきゃく》す、床頭一軸《しょうとういちじく》の経《きょう》。

《註》

(1)寒水蕭蕭對翠屏＝誠「さて今日得得として故人を問い訪ね来って見れば、折節《おりふし》留守処で人はなく、只だ境《きょう》に対するのみ。此の故人宅は一方は川、又た一方は山なり」。補「翠屏」は、青い山が連なっている様子。

(2)暮雲歸鳥故人扃＝誠「此の如《かく》く林泉に対して故人を待って居れば、暮雲帰鳥はそれぞれに帰り来れども、此の故人は待てど暮らせど帰らぬ故、えいもう帰ろうか、いやいやそうではないと」。補「扃」は、かんぬき、門戸。

(3)芭蕉葉葉秋風起＝誠「せめては芭蕉の葉に名でも書いておこうと思い、庭を見れば、芭蕉葉葉、破襴衫《はらんさん》となっておる」。

(4)閑却床頭一軸經＝誠「内を見れば…」「(閑却は) むだにして有る」「宅辺庭まわりを徘徊する様子」。

《意訳》

友を訪ねたが留守であった

久しぶりに友を訪ねてみたが、あいにく留守で寒々とした川がものさびしく緑の山に対している。

いつまで待ってみても、雲は峰に帰り、鳥は巣に帰って行くばかりで、家にはかんぬきがかかったままだ。

せめて名前だけでも書き残しておこうと思ったが、芭蕉の葉はどれも破れて秋の風に吹かれている有様である。

家の中をのぞいてみれば、床の間に一軸のお経だけが空しく置かれているだけだった。

【三六】又

一夜秋風吹樹梢、柴門月下有人敲。
不知黄鶴摩天去、孤頂寒松問舊巣。

《訓読》

又《ま》た

一夜《いちや》秋風《しゅうふう》、樹梢《じゅしょう》を吹《ふ》く、(1)柴門月下《さいもんげっか》、人《ひと》の敲《たた》く有《あ》り。
(2)知《し》らず、黄鶴《こうかく》、天《てん》を摩《ま》し去《さ》ることを、孤頂《こちょう》の寒松《かんしょう》、(3)旧巣《きゅうそう》を問《と》う。

《註》

(1)柴門月下有人敲＝誠「此の折しも、故人の柴門月下に、月船、来って敲く有り」。補賈島の「李疑が幽居に題す」詩（『三体詩』三）に、「鳥は宿る池中の樹、僧は敲く月下の門」。

(2)不知黄鶴摩天去＝誠「さて来って其の柴門を敲く人は、夢さらさら知らず、黄鶴、他行せられようとは」「（黄鶴は）訪う故人を指す」。補崔顥《さいこう》の「黄鶴楼」詩（『唐詩選』五）に、「昔人、已に黄鶴に乗じて去り、此の地、空しく余す、黄鶴楼。黄鶴、一たび去って、復《ま》た返らず、白雲千載、空しく悠悠」。『大明一統志』五十九、武昌府に、「黄鶴楼。府城の西南隅、黄鶴磯の上に在り。世に伝う、仙人の子安、黄鶴に乗り、此を過《よぎ》ると。又た云う、費文褘、登仙し、黄鶴に駕し、返りて此に憩うと」。

(3)問舊巣＝誠「黄鶴の栖みし古巣を問尋す。尋ね来って見れば人は空しく留守」。

《意訳》

また

ある晩秋風が蕭々《しょうしょう》と木々の梢《こずえ》を吹きすさび、
柴の門を訪ねてきて叩く人がいる。
さてここの主人は一体どこに行ったのやら、黄鶴《こうかく》は遠く天高く飛んでいってしまい、
誰もいない山の頂に寒々とそびえたつ松に、黄鶴の巣はどこかと問うてみる。

【三七】世尊拈華

芙蓉雨初霽、香艶溢前池。
起坐紗窓夢、昭陽玉漏遅。

《訓読》

(1)世尊拈華《せそんねんげ》

(2)芙蓉《ふよう》、雨初《あめはじ》めて霽《は》れ、(3)香艶《こうえん》、前池《ぜんち》に溢《あふ》る。
起坐《きざ》す、(4)紗窓《しゃそう》の夢《ゆめ》、(5)昭陽《しょうよう》、玉漏遅《ぎょくろうおそ》し。

《註》

(1)世尊拈華＝[底]「『人天宝鑑』に、『舒王、仏慧の泉禅師に問うて曰わく、〈禅家に所謂《いわゆ》る世尊拈華は、何の典よりか出ずる〉。泉曰わく、〈蔵経に載せざる所なり〉。王曰わく、〈頃《このごろ》、翰苑に在って、偶《たまたま》、大梵天王問仏決疑経三巻を見る。因って之《これ》を閲す。経中に載する所、甚だ詳なり。梵王、霊山会上に至り、金色の波羅花《はらげ》を以て仏に献じ、身を捨てて牀坐と為り、仏に請うて群生の為に説法せしむ。世尊、坐に登り、花を拈じて衆に示す。人天百万、悉く皆な措くこと罔《な》し。独り迦葉のみ、破顔微笑す。世尊曰わく、吾に正法眼蔵、涅槃妙心有り、摩訶迦葉に分付す〉』」。

(2)芙蓉雨初霽＝[誠]「世尊拈華の当体」「芙蓉云云、此の頌の如きは、虚堂の所謂《いわゆ》る『野水、快舟を浮かべ、暖煙、紫荀《しじゅん》を生ず。晩来湖上に望めば、多く是れ魚を網する人』」。[補]「芙蓉」は、蓮の異名。

(3)香艶溢前池＝[誠]「八万人天、斉しく花を見た様子を云う」。[補]「香艶」は、かおりといろつや、かおりよくうるわしい。

(4)紗窓＝[補]うすぎぬを張った窓。紗は薄手に織られた絹織物、うすぎぬ。

(5)昭陽玉漏遅＝[誠]「五更、漏尽きて又た漏を添うけしき。まだお目が覚めぬと見えますぞ」「此の三四に於いて、正法眼をこの処をとっくと見とどけねば、一二が分明にわからぬと云うて、へどかすを嘗めまいぞ」。「昭陽」は、[底]「『西京雑記』に、『趙飛燕が女弟、昭陽殿に居す』」。[補]昭陽殿。前漢の成帝が建てた宮殿。帝の寵姫、趙昭儀（趙飛燕の妹）が居した。「長恨歌」に「昭陽殿裏、恩愛絶え、蓬萊宮中、日月長し」。[補]「玉漏」は、玉で飾った宮中の水時計。白隠『槐安国語』に「長春殿上、金鐘動じ、万歳山前、玉漏遅し」。

《意訳》

世尊拈華

蓮の池に降る雨もようやくあがり、
蓮のよい香りが池一杯に満ちている。
うすぎぬの窓のほとりでようやく夢からさめて坐ると、
昭陽殿《しょうようでん》の水時計はゆっくりと時を告げている。

【三八】外道問佛

有言無言吹毛冷、老倒外道呼不省。

惟正惟邪日麗天、叵耐良馬窺鞭影。

《訓読》

(1)外道問仏《げどうもんぶつ》

(2)有言無言《うごんむごん》、吹毛冷《すいもうすさま》じ、(3)老倒《ろうとう》たる外道《げどう》、呼《よ》べども省《せい》せず。

(4)惟《こ》れ正《しょう》惟《こ》れ邪《じゃ》、日《ひ》、天《てん》に麗《つ》く、(5)叵耐《ほない》なり、良馬《りょうめ》の鞭影《べんねい》を窺《うかが》うことを。

《註》

(1)外道問佛＝[底]「『碧巌』六十五則に、『外道、仏に問う、〈有言を問わず、無言を問わず〉。世尊、良久す。外道、讃歎して云わく、〈世尊、大慈大悲、我が迷雲を開いて、我をして得入せしむ〉。外道、去って後、阿難、仏に問う、〈外道、何の所証有ってか、得入と言う〉。仏云わく、〈世の良馬の、鞭影を見て行くが如し〉』」。

(2)有言無言吹毛冷＝[誠]「放行」「仏来るも也《ま》た斬り、祖来るも也た斬る。『吹毛冷じ』と置いた手丈夫」。「吹毛」は、[底]「同上（『碧巌』）、百則の評に、『剣刃上に毛を吹いて之《これ》を試みるに、其の毛、自ら断つ。乃ち利剣、之《これ》を吹毛と謂う』。〇杜甫が詩に、『騎突して、剣吹毛』」。[補]『碧巌録』六十五則、本則評唱に「天衣の懐和尚の頌に云わく、『維摩黙せず良久せず、拠坐して商量せば過咎を成す。吹毛匣裏、冷光寒《すさま》じ。外道天魔、皆な手を拱《こまね》く』」。

(3)老倒外道呼不省＝[誠]「把住」「世尊良久し、外道入得したる当体を云う」「（呼不省は）一印に印定、動かさぬ」。

(4)惟正惟邪日麗天＝[誠]「放行」。「惟正惟邪」は、[底]「同上（『碧巌』）、六十五則の評に、『雪竇曰わく、〈邪正分かたず、過は鞭影に由《よ》る〉』」。「日麗天」は、[誠]「日、天に麗くが如くに明歴歴」。[底]「『易』離卦の彖に、『日月、天に麗く』」。補「麗天」は、空にかかること。
(5)叵耐良馬窺鞭影＝誠「把住」。「叵耐」は、底「『正字通』に、『叵耐は、耐ゆべからざるなり』」。誠「耐え難きは」。「良馬窺鞭影」は、誠「この一句子、大難ぞ」。

《意訳》

外道問仏

昔外道が世尊に「有言を問わず、無言を問わず」と問いかけてきたのは、あたかも一振りの名刀を振りかざしたようだ。

老いぼれ外道は世尊の呼びかけに振り向きもせぬ。

果たしてこれは正しいのか誤っているのかは、それは日が天に輝くように明らかだ。

良馬が鞭の影だけ見て走るなどというが、そんなことで済まそうとはとても耐えられぬ。

【三九】徳山托鉢

大小徳山少一句、巖頭密啓語何繁。

果然來日商量別、活得三年亦斷魂。

《訓読》

(1)徳山《とくさん》托鉢《たくはつ》

(2)大小《だいしょう》の徳山《とくさん》、一句《いっく》を少《か》く、巌頭《がんとう》の(3)密啓《みっけい》、語《ご》、何《なん》ぞ繁《しげ》き。
(4)果然《かぜん》として来日《らいじつ》、商量別《しょうりょうべつ》なり、(5)活《かつ》、三年《さんねん》を得《う》るも亦《ま》た断魂《だんこん》。

《註》

(1)徳山托鉢＝〔底〕「『会元』（七）に、『徳山の宣鑑《せんかん》禅師。龍潭の（崇）信に嗣ぐ』。徳山の法嗣、巌頭全豁《がんとうぜんかつ》禅師の章に、『雪峰、徳山に在って飯頭《はんじゅう》と作る。一日、飯遅し。徳山、鉢を擎《ささ》げ、法堂に下る。峰、飯巾を曬《さら》す次いで、徳山を見る。乃ち曰わく、〈鐘、未だ鳴らず、鼓、未だ響かざるに、鉢を拓して甚麼《いず》れの処に向かってか去る〉。徳山、便ち方丈に帰る。峰、師に挙似《こじ》す。師曰わく、〈大小の徳山、未だ末後の句を会せざること在り〉。山、聞いて、侍者をして師を喚び去らしめて問う、〈汝、老僧を肯《うけが》わざる那《な》〉。師、密かに其の意を啓す。山、乃ち休す。明日の陞堂《しんどう》、果たして尋常と同じからず。師、僧堂の前に至り、掌を拊《う》って大笑して曰わく、〈且喜《しゃき》すらくは、堂頭老漢、末後の句を会す。他後、天下の人、伊《かれ》を奈何《いかん》ともせじ。然りと雖も、也《ま》た祇《た》だ三年の活を得んのみ〉。山、果たして三年の後、滅を示す』」。

(2)大小徳山少一句＝〔誠〕「徳山末後の一句を少《か》くと見たらば、月船が落とし穴へ落とし込まれるぞ」「一二、双柱句法」「『一句を少く』と云い、『語、何ぞ繁き』と云う、此の句つくりをみよ」「（大小は）さすがの」。〔補〕「一句」は、末後の一句。『五家正宗賛助桀』五、徳山の章に「末後句」を註して、「究竟至極の一著なり。猶お『楞厳』に『最後の開示』と言うが如し」。

(3)密啓＝〔誠〕「密かに其の意を啓す」。

(4)果然來日商量別＝〔誠〕「そりゃみたか、あんのごとく徳山来日陞堂、果たして尋常と同じからず」「一二の端的、此の三四に到って親しく注脚を加えたものぞ。見る者は見よ」。「商量」は、［底］「『（祖庭）事苑』に、『商量は、商賈《しょうこ》の、量度して、中平を失わず、以て各《おのおの》其の意を得しむるが如し』」。

(5)活得三年亦斷魂＝［誠］「『然りと雖も、祇《た》だ三年の活を得ん』と巌頭がいわれたが、是れ亦た肝のつぶれた事じゃ」。［補］「断魂」は、はなはだ痛ましい喩え。

《意訳》

徳山托鉢

さすがの徳山も末後の一句が足りなかったようだ。
巌頭はひそかに耳打ち話をしたというが、それもまたしゃべりすぎだ。
果たして次の日の上堂は、いつもとうってかわって見事なものだったというが、
どうにか三年の寿命は得たものの、それもまたはらわたを断たれる思いである。

【四〇】石霜遷化衆請首座住持

休去歇去白練去、一色邊事無憑據。
香煙未斷又何之、山中雲深不知處。

《訓読》

(1)石霜遷化《せきそうせんげ》、衆《しゅ》、首座《しゅそ》を請《しょう》じて住持《じゅうじ》せしむ

(2)休《きゅう》し去《さ》り歇《けっ》し去《さ》り白練《びゃくれん》にし去《さ》る、(3)一色辺《いっしきへん》の事《じ》、憑拠《ひょうこ》無《な》し。
(4)香煙未《こうえんいま》だ断《た》えざるに、又《ま》た何《いず》くにか之《ゆ》く、(5)山中《さんちゅう》、雲深《くもふこ》うして処《ところ》を知《し》らず。

《註》

(1)石霜遷化＝誠「二頌（【四〇】【四一】）、前頌は首座を揚し、後頌は侍者の道虔《どうけん》を抑して揚す」。底「『会元』（五）に、『石霜の慶諸《けいしょ》禅師。道悟の（円）智に嗣ぐ』。（『五灯会元』六に）『石霜の法嗣、九峰の道虔禅師。嘗て石霜の侍者たり。霜の帰寂に洎《およ》んで、衆、首座を請じて住持を継がしめんとす。師、衆に白して曰わく、〈須らく先師の意を明らめ得て、始めて可なるべし〉。座曰わく、〈先師、甚麼《なん》の意か有る〉。師曰わく、〈先師道《い》わく、休し去り、歇し去り、冷湫湫地《れいしゅうしゅうち》にし去り、一念万年にし去り、寒灰枯木にし去り、古廟の香炉にし去り、一条の白練にし去る、と。其の余は則ち問わず、如何なるか是れ一条の白練にし去る〉。座曰わく、〈這箇は祇《た》だ是れ一色辺の事を明かすのみ〉。師曰わく、〈元来未だ先師の意を会せざること在り〉。座曰わく、〈你《なんじ》、我を肯《うけが》わざる那《な》。但だ香を装い来れ。香煙断ゆる処に若《も》し去り得ずんば、即ち先師の意を会せず〉。遂に香を焚く。香煙未だ断えざるに、座、已に脱去す。師、座の背を拊《う》って曰わく、〈坐脱立亡は、即ち無きにあらず。先師の意は、未だ夢にも見ざること在り〉』」。

(2)休去歇去白練去＝誠「さて石霜老師の道《い》うたはどうぞ…」「此の一句に亡去の因縁を牒したものぞ」。補「休去歇去」は、一切の情識妄想を止息すること。休も歇もやめるの意。「一条白練去」は、白絹のように一点の汚穢も容れないこと。「休去」「歇去」「冷湫湫地去」「一念万年去」「寒灰枯木去」「古廟香炉去」「一条白練去」を石霜七去という。

(3)一色邊事無憑據＝誠「処が堂中の首座は一色辺の事と云うたは、元来よりどころもない事じゃ」「九峰虔に、なるほどもっともじゃと一臂もたして居たものぞ」。補「一色辺」は、絶対・平等の世界。『虚堂録犂耕』二十七に、「自他を隔てず、一味平等なり」。「憑拠」は、よりどころ。
(4)香煙未斷又何之＝誠「此の首座は香煙未だ断えざるに坐脱立亡し去る」「三四、余り手際すぎるぞ」。
(5)山中雲深不知處＝誠「どこへ行くであろうかと目送する処、山中雲深うして処を知らず」。

《意訳》

石霜禅師遷化の後、大衆は首座に住持を継がせようとした昔石霜老師は「休し去り歇《けっ》し去り、ひとすじの絹糸のようになりきれ」と言われたが、堂中の首座はこのことを「一色辺の事」と言って片づけようとした。これは全く基づく所のないものである。これでは石霜老師の心はとても得られまい。この首座はそう言われて、香を焚いて燃え尽きるまでの間に坐脱《ざだつ》したというが、一体どこにいったのであろうか。

あたりを見回しても雲深いばかりで、どこに行ったのやら行く手も分からぬ。

【四二】又

枯木寒灰一色邊、堂中首座坐香煙。

到頭未盡先師意、頼値侍司有道虔。

《訓読》

(1)又《ま》た

(2)枯木寒灰《こぼくかんかい》、一色辺《いっしきへん》、堂中《どうちゅう》の首座《しゅそ》、(3)香煙《こうえん》に坐《ざ》す。

(4)到頭《とうとう》未《いま》だ尽《つ》くさず、先師《せんし》の意《い》、(5)頼《さいわ》いに侍司《じす》に道虔《どうけん》有《あ》るに値《あ》う。

《註》

(1)又＝誠「前箭（【四〇】）猶お軽し、後箭深し」。

(2)枯木寒灰一色邊＝誠「先師石霜の道《い》う枯木寒灰と云うは、祇《た》だ是れ一色辺を明かすと云うことで」。

(3)坐香煙＝誠「香煙未だ絶えざるに、坐脱立亡し了わった」。

(4)到頭未盡先師意＝誠「この首座は到頭未だ先師の意を究尽せず」「大智の偈、『寂寂たる閑（官）街、酔客無し、夜深し誰か五更の門を扣《たた》く（誰有って来り五更の門を扣く）』（「悟庵」『大智禅師偈頌』）と云う句と照らし合わせて看よ。若《も》し髣髴《ほうふつ》たる場を得ば、消息を通ずる事も有ろう」。補「到頭」は、結局。畢竟。つまるところ。

(5)頼値侍司有道虔＝誠「けれども頼いに先師石霜の侍司に九峰の道虔の有るに値う」。補「侍司」は、侍者寮。

《意訳》

また

この首座は、「先師石霜の意図は、枯木寒灰、一色辺の事」などと言っておいて、一炷《いっしゅ》の香が尽きるまでに坐脱してしまったが、そんなことでは結局先師の心は分からぬ。
幸いに侍者に九峰道虔《きゅうほうどうけん》がいたので、どうにか先師の法が後の世に伝わった。

【四二】牛過窓櫺

五祖山中頭角露、大家随分納些些。
至今不敢桃林放、謾隔窓櫺争尾巴。

《訓読》

(1)牛《うし》、窓櫺《そうれい》を過《す》ぐ

(2)五祖山中《ごそさんちゅう》、頭角《ずかく》露《あらわ》る、(3)大家《たいか》、分《ぶん》に随《したが》って些些《ささ》を納《い》る。
今《いま》に至《いた》って敢《あ》えて(4)桃林《とうりん》に放《はな》たず、謾《みだ》りに窓櫺《そうれい》を隔《へだ》てて(5)尾巴《びは》を争《あらそ》う。

《註》

(1)牛過窓櫺＝底「『無門関』に、『五祖の（法）演禅師曰わく、〈譬えば水牯牛《すいこぎゅう》の、窓櫺を過ぐるが如き、頭角四蹄、都《すべ》て過ぎ了わるに、甚麼《なに》に因ってか尾巴、過ぐることを得ざる〉』」。補「窓櫺」は、窓の格子。

(2)五祖山中頭角露＝誠「五祖山中、是れ箇の那一牛の頭角露る」「一たび五祖山中に頭角を露すというが、此の牛は人人《にんにん》鼻の先にぶらついておるぞ」。「五祖山」は、底「『一統志』黄州府、『五祖山は黄梅県の東北三十里に在り』」。

(3)大家随分納些些＝誠「しかしより此の頭角露れたる牛に付いて、大家各各《おのおの》めいめい分限分量相応に些些を納る」。「大家」は、底「俗話に、猶お合家と曰うがごとし」。「随分納些些」は、底「『会元』（三）に、『南泉、衆に示して云わく、〈王老師、小《わか》きより一頭の水牯牛を養《か》う。渓東に向かって牧せんと擬すれば、免れず、他の国王の水草を食むことを。渓西に向かって牧せんと擬すれば、亦た免れず、他の国王の水草を食むことを。如今《いま》、免れず、分に随って些些を納れ、総に見得せざらんには〉』」。補『諸録俗語解』に、「納些些、納は『年貢をおさめる』なり」。

(4)桃林＝底「『書』の武成に、『王、商より来り、豊に至る。乃ち武を偃《や》め文を脩《おさ》め、馬を華山の陽に帰し、牛を桃林の野に放ち、天下に復た兵を用いざることを示す』」。補周の武王が殷の紂王を討ってのち、軍馬を華山（河南省）の南に帰し、牛を桃林（同）の野に放って再び用いないことを示した故事。

(5)争尾巴＝誠「是れはこっちの尻尾じゃの是れはこっちの鼻づらじゃのと尾巴を争う」。補「尾巴」は、しっぽ。

《意訳》

牛、窓櫺《そうれい》を過ぐ

五祖山のまっただ中にこの牛が姿を現した。

それぞれの分に応じて税を納めるように、そのしっぽについてああのこうのと言い回る。

そこでこの牛は今に至るまでまだ桃林《とうりん》の野に放たれることがない。

相も変わらず人々は、その窓の向こうから尻尾がどうだのこうだのと騒いでいるばかりだ。

【四三】馬祖翫月

禪入海兮經入藏、江西乘月客充堂。
誰令普願踍跳去、元是簸箕颺粃糠。

《訓読》

(1)馬祖《ばそ》、月《つき》を翫《もてあそ》ぶ

(2)禅《ぜん》は海《かい》に入《い》り、経《きょう》は蔵《ぞう》に入《い》る、(3)江西《こうぜい》、月《つき》に乗《じょう》じて、客《かく》、堂《どう》に充《み》つ。
(4)誰《たれ》か普願《ふがん》をして踍跳《ぼっちょう》し去《さ》らしむ、(5)元是《もとこ》れ簸箕《はき》、粃糠《ひこう》を颺《あ》ぐ。

《註》

(1)馬祖翫月＝底「『会元』(三)に、『南岳(懐)譲の法嗣、江西の馬祖道一《どういつ》禅師。一夕、西堂・百丈・南泉、随侍す。月を翫ぶ次いで、師、問う、〈正恁麼《しょういんも》の時、如何《いかん》〉。堂曰わく、〈正に好し供養するに〉。丈曰わく、〈正に好し修行するに〉。泉、払袖《ほっしゅう》して便ち行く。師曰わく、〈経は蔵に入り、禅は海に帰す。唯だ普願のみ有って、独り物外に超ゆ〉』」。

(2)禪入海兮經入藏＝誠「馬祖月を翫ぶ端的、一句に頌し了わる。余は皆な余用」。

(3)江西乘月客充堂＝誠「正好修行、正好供養と云う茶菓子もあって、翫月の坐客、堂に充つ」。

(4)誰令普願踍跳去＝誠「この折しも、たれやら南泉普願をして物外に踍跳し去らしむ」。「普願」は、底「同上(『五灯会元』三)に、『南泉の普願禅師。馬祖の一に嗣ぐ』」。補「踍跳」は、とびはねる。

(5)元是簸箕颺粃糠＝誠「看来《みきた》れば…」「当時の学者の病を抜く底の手段」。「簸箕」は、底「『正宗賛』馬祖の章に、『師、法を南岳に得て後、蜀に帰る。郷の人、喧《かまびす》しく之《これ》を迎う。渓辺の婆子曰わく、〈将《まさ》に謂《おも》えり、何の奇特か有る。元是れ馬簸箕家の小児〉」。補 箕《み》。穀物をあおりふるい、殻やごみを取りのぞくための農具。「颺粃糠」は、底「『字典』に、『簸颺は、糠粃を去るなり』。〇『晋書』孫綽が伝に、『之を簸し之を颺ぐれば、糠粃、前に在り』」。

補「粃糠」は、しいな（実の入っていない籾）とぬか。

《意訳》

馬祖、月を翫《もてあそ》ぶ

昔馬祖禅師は月見をしながら、弟子達に一句言わせて、

「禅は百丈懐海に帰し、経典は西堂智蔵に帰し」などと言ったものだが、

一体誰が南泉に独り範疇《はんちゅう》の外に飛びはねさせたのか。

もともと馬祖は百姓の子で箕《み》で粉糠《こぬか》を篩《ふる》っていたのだよ。そのくせが抜けなくて今もこんな騒ぎを巻き起こすのだ。

【四四】洞山見龍山

兩箇泥牛鬪未休、不知何處覓蹤由。
相逢勿問住山趣、菜葉謾隨溪水流。

《訓読》

(1)洞山《とうざん》、龍山《りゅうざん》に見《まみ》ゆ

(2)両箇《りょうこ》の泥牛《でいぎゅう》、闘《たたか》って未《いま》だ休《や》まず、(3)知《し》らず、何《いず》れの処《ところ》にか蹤由《しょうゆう》を覓《もと》めん。
(4)相《あ》い逢《お》うて問《と》うこと勿《な》かれ、住山《じゅうざん》の趣《おもむき》、(5)菜葉《さいよう》、謾《みだ》りに渓水《けいすい》に随《したが》って流《なが》る。

《註》

(1)洞山見龍山＝底「前出」（【六】(3)参照）。
(2)兩箇泥牛闘未休＝誡「さてこの両箇の泥牛は、過去久遠劫已前より今に至るまで闘って未だ休まず」。
(3)不知何處覓蹤由＝誡「此の如き両箇の泥牛子を、蹤跡由来を覓むるに跡無し」。補「蹤由」は、行状、行履。
(4)相逢勿問住山趣＝誡「洞山、龍山に見《まみ》ゆる底の端的は一二で看よ。三四余用、龍山じゃ故に」。
(5)菜葉謾隨溪水流＝誡「菜葉を謾りに流水に随って人間世中に流し出す」。

《意訳》

洞山和尚が龍山和尚にまみえる

二頭の泥の牛が相い戦って海の中に入っていったようなもので、遠い昔から今に至るまで何の音沙汰もない。

龍山和尚に会ったからといって「山に住んでどんなご様子ですか」などと野暮なことを尋ねるなよ。

菜っ葉が川に随って流れ出すように、高徳な方の消息は問わずともおのずからしみ出てくるものだ。

【四五】土地神禮洞山

大人境界天然別、凡聖由來覓沒蹤。
一念生時全體現、驢腮馬頷紫金容。

《訓読》

(1)土地神《つちじん》、洞山《とうざん》を礼《らい》す

(2)大人《だいにん》の境界《きょうがい》、天然別《てんねんべつ》なり、(3)凡聖《ぼんしょう》、由来《ゆらい》、覓《もと》むるに蹤没《あとな》し。
(4)一念生《いちねんしょう》ずる時《とき》、全体現《ぜんたいげん》ず、(5)驢腮馬頷《ろさいばがん》、紫金容《しこんよう》。

《註》

(1)土地神禮洞山＝[底]「『碧巌』九十七則の評に、『洞山和尚、一生住院のあいだ、土地神、他《かれ》の蹤跡を覓《もと》むるに見えず。一日、厨前に米麪《べいめん》を抛撒《ほうさつ》す。洞山、心を起こして曰わく、〈常住の物色、何ぞ践むことを作すこと此《かく》の如くなることを得たる〉。土地神、遂に一見することを得て、便ち礼拝す』」。[補]「土地神」は、伽藍を守護する神。

(2)大人境界天然別＝[誠]「是れ箇の真箇の大人の境界は、格外に超出して別なるものぞ」。[補]「大人境界」は、偉大な仏祖の境涯。

(3)凡聖由來覓沒蹤＝[誠]「其の別なる処はどうぞ。凡夫聖人仏天魔外道も、三世諸仏歴代の祖師も、覓むるに跡無し。脚跟下《きゃっこんか》は窺わぬぞ」。

(4)一念生時全體現＝[誠]「纔《わず》かに一念心を起こす時、残す処無く全体現ず」「三四は、『語、廉纖を帯び、情解を惹《ひ》く』

の類なり」。

(5)驢腮馬頷紫金容＝誠「どう現じたぞ。仏も衆生も一時に現ず。馬の様にもあり、驢の様にも、紫金容の様にもある不可状底の物ぞ」「一念生ずる時、驢腮も現じ馬頷も現じ紫金容も現ずるぞ。右、蕉堅老師（物先海旭か）の弁」。補「驢腮」は驢馬のあご、「馬頷」は、馬のあご。『虚堂録犂耕』六に、「驢腮馬頷は、異相なり」。

《意訳》

土地神が洞山和尚を礼拝する

洞山和尚のような方は特別すぐれた御境界でひときわ際だっている。
三世の諸仏も天魔外道も窺うに何の跡もない。
わずかに米のこぼれたのを見て一念を起こされて、そのお姿があらわれた。
それは驢馬《ろば》のようでもあり馬のようでもあり、紫金色の仏さまのようでもある。

【四六】語黙渉離微

五更漏盡又添更、碧殿深沈夢未驚。
鼓動漁陽花滿地、那知殘月鎖華清。

《訓読》

(1)語黙《ごもく》、離微《りび》に渉《わた》る

(2)五更《ごこう》、漏尽《ろうつ》きて又《ま》た更《こう》を添《そ》う、(3)碧殿深沈《へきでんしんちん》として夢未《ゆめいま》だ驚《おどろ》かず。
(4)鼓《く》、漁陽《ぎょよう》に動《どう》じて、花《はな》、地《ち》に満《み》つ、(5)那《なん》ぞ知《し》らん、残月《ざんげつ》の華清《かせい》を鎖《と》ざさんとは。

《註》

(1)語黙渉離微＝誠「五更漏尽云云、第一二は、玄宗皇帝の楊貴妃を愛して国の滅ぶるも知らずと居る様子。第三四は、安禄山が攻めよせ来て居れども、玄宗皇帝まだ知らずと居る様子」。底「『伝灯』（十三）風穴（延）沼の章に、『僧問う、〈語黙、離微に渉る、如何《いかん》が不犯を通す〉。師曰わく、〈常に憶う江南三月の裏《うち》、鷓鴣《しゃこ》啼《な》く処、百花香し〉』。○『宝蔵論』離微体浄品に、『其れ入るときは離、其れ出ずる時は微。入離を知れば、外塵、所依無し。出微を知れば、内心、所為無し。内心、所為無ければ、諸見、移ること能わず。外塵、所依無ければ、万有、機《はたら》くこと能わず。万有、機くこと能わざれば、想慮、乗馳せず、諸見、移ること能わず、寂滅不思議なり。謂っつべし、本浄の体、離微なりと。入に拠るが故に離と名づけ、用に約するが故に微と名づく。混じて一と為し、離も無く微も無し。体浄にして染するべからず。染無きが故に浄無し。体微にして有するべからず。有無きが故に無無し』」。補「離」は、絶対・平等の世界。「微」は相対・差別の世界。語れば「微」に陥り、黙すれば「離」に陥る。「離」にも「微」にも陥らないようにするにはどうしたらよいか、という問い。この話、『無門関』二十四にもあり。

(2)五更漏盡又添更＝誠「最早向曙、お目が覚めぬと見える」。「一二は、月船老婆親切、拕泥帯水《だでいたいすい》の処ぞ」。底「『開元遺事』に、『宮漏、六更有り。君王、宴起を得』」。補「五更」は、一夜を五等分した最後の時間。夜明け直前の時間。「漏」は、漏刻。容器から漏れ出た水の量で時刻をはかる水時計。

(3)碧殿深沈夢未驚＝誠「明皇の碧殿しずまりかえって、夢、未だ驚かず」。

(4)鼓動漁陽花満地＝誠「第一句と映対」「三四、纔《わず》かに躊躇《ちゅうちょ》せば、通身紅爛、手脚異所底ぞ」。「鼓動漁陽」は、底「白居易が『長恨歌』に、『漁陽の鼙鼓《へいこ》（攻め太鼓）、地を動かして来る』。註に、『天宝十四年（七五五）、安禄山《あんろくざん》、藩兵十余万を率いて漁陽（河北省）より起ち、南に向かって闕《けつ》に詣《いた》る。詭言《きげん》すらく、〈詔を奉じて楊国忠を誅す〉と。鼙鼓の声、地を動かす』」。

(5)那知殘月鎖華清＝誠「第二句と映対」「玉殿に於いて目が覚めぬ玄宗は、那ぞ知らん、残月の華清宮を鎖ざさんとは」。「華清」は、底「前出」（【一九】(1)）。

《意訳》

語黙《ごもく》、離微《りび》に渉る

五更《ごこう》という夜明けの時が過ぎて更に時がたち、
まだなお深く眠って宮殿の奥の寝室で夢から覚められない。
安禄山が漁陽《ぎょよう》の地から攻めてきて、太鼓を鳴らし大地をとどろかせ、花が一面に咲いているが、
玄宗皇帝はまだ深い眠りについたまま、夜明けのお月さまが華清の池を照らしている。

【四七】香巖上樹

郎當香巖不知老、樹上懸身空懊惱。

無端却問樹下句、大地山河笑且倒。

《訓読》

(1)香厳上樹《きょうげんじょうじゅ》

(2)郎当《ろうとう》たる香厳《きょうげん》、老《おい》を知《し》らず、(3)樹上《じゅじょう》に身《み》を懸《か》けて空《むな》しく懊悩《おうのう》す。

(4)端無《はしな》く却《かえ》って樹下《じゅげ》の句《く》を問《と》わば、(5)大地山河《だいちせんが》、笑《わら》って且《か》つ倒《たお》る。

《註》

(1)香嚴上樹＝[底]「『会元』（九）に、『潙山（霊）祐の法嗣、香厳智閑《ちかん》禅師。上堂、〈若《も》し此の事を論ぜば、人の、樹に上るが如し。口、樹の枝を銜《ふく》んで、脚、枝を蹋《ふ》まず、手、枝を攀《よ》じず。樹下、忽ち人有って、如何なるか是れ祖師西来意、と問う。若し他《かれ》に対《こた》えば、即ち喪身失命す。対えざれば則ち又た他の所問に違う。恁麼《いんも》の時に当たって、作麼生《そもさん》か即ち得ん〉。時に虎頭上座有り、衆を出て云わく、〈樹上をば即ち問わず、未だ樹に上らざる時、請う、和尚、道《い》え〉。師、乃ち呵呵《かか》大笑す』」。

(2)郎當＝[底]「『俗呼小録』に、『人の頽敗及び身病して摧靡する者を、郎当と云う』。注に、『唐の明皇、駝馬の鈴声を聞くに、頗る人の言語に似たり。黄幡綽、対《こた》えて曰わく、〈三郎郎当と言うに似たり〉』」。[補]老衰してよぼよぼするさま。『諸録俗語解』に、「『よぼける』と訳すべし」。

(3)樹上懸身空懊惱＝[誠]「樹上に登り身を懸けて、空しく難儀げにしておる」「（懊は）なやみ、（悩は）なやむ」。

(4)無端却問樹下句＝[誠]「これがこうとわけもなく、却って虎頭上座なるもの、『未だ木に上らざる時如何《いかん》』と問えば」。[補]「無端」は、いわれもなく。はからずも。『葛藤語箋』に、「端緒無きなり。和語の『ワケモナキ』

なり」。

(5)大地山河笑且倒＝誠「唯だ香厳の呵呵大笑するのみならず、大地山河、笑って且つ倒る」「又た是れ海印、光を放つ底ぞ」。

《意訳》

香厳上樹

老いぼれ香厳は自分の年も知らずに、
わざわざ木に登って空しく難儀をしておる。
そこで何ともなしに「木の下の一句はどうでござるか」と聞けば、
大地山河みな大笑い。

【四八】南泉油糍

鼓寂鐘沈日色遲、南泉背手竊油餈。
不因侍者看莊主、棒折何曾放過伊。

《訓読》

(1)南泉油糍《なんせんゆじ》

(2)鼓寂《くしず》かに鐘沈《かねしず》んで日色《にっしょく》遅《おそ》し、(3)南泉《なんせん》、背手《はいしゅ》に油餈《ゆじ》を窃《ぬす》む。

侍者《じしゃ》の、(4)荘主《しょうしゅ》を看《み》るに因《よ》らずんば、棒折《ぼうお》るとも(5)何《なん》ぞ曽《かつ》て伊《かれ》を放過《ほうか》せん。

《註》

(1)南泉油糍＝底「『(禅林)類聚』(九、知事)に、『南泉、一日、堂に赴かず。侍者、請じて堂に赴かしむ。師曰わく、〈我、今日、荘上(荘舎)に在って、油糍を喫して飽く〉。者云わく、〈和尚、曽て出入せず〉。師云わく、〈汝、去って荘主に問え〉。者、門を出ずるに方《あ》たって、忽ち荘主の帰るを見る。和尚の、荘に到って油糍を喫するを謝す』。○『韻学大成』に、『糍・餈、共に同字』。『説文』に『稲餅なり』」。補「南泉」は、南泉普願。【四三】(4)参照。但し本話頭の主人公を南泉とするのは『禅林類聚』『宗門葛藤集』であり、『五灯会元』は鵝湖智孚、『東林和尚雲門庵主頌古』は古徳とする。「油糍(油餈)」は、米などで作った餅を油で揚げたもの。

(2)鼓寂鐘沈日色遅＝誠「食堂の法鼓を打った沙汰もなく、斎座の鐘沈んで日影を見る処が、九つ過ぎ八つ時分になった」。

(3)南泉背手竊油餈＝誠「此の南泉殿は腸《はら》が減ったと見えて、食堂にも赴かず、荘園にも至らずに、曽て出入せず、背手に油餈を窃む」「月船老師、能く見とどけた処ぞ」。補「背手」は、うしろ手。

(4)看荘主＝誠「門を出ずるに方《あ》たって荘主を看るに」。「荘主」は、底「『勅修清規』に、『荘主は、田の界至を視、荘舎を修理し、農務を提督し、荘佃を撫安す』」。補寺院荘園の管理や租税の徴収などを行う役職。

(5)何曾放過伊＝誠「さしゅるしはせぬ」。

《意訳》

南泉油糍

さてもう斎座の時間になるのに、太鼓も鳴らず鐘もひっそりと静まりかえって、もうだいぶ日も暮れかかってきた。
南泉はこっそりと荘園で油で揚げた餅を盗んできた。
侍者が荘主にあってその真相を見極めなければ、
南泉和尚を棒が折れるほどブッ叩いてもゆるすことはならぬところだ。

【四九】又

不赴堂兮不到莊、油餈容易入枯腸。
出門忽見人來謝、應問南泉午睡長。

《訓読》

(1)又《ま》た
(2)堂《どう》に赴《おもむ》かず荘《しょう》に到《いた》らず、油餈《ゆじ》、(3)容易《ようい》に枯腸《こちょう》に入る。
(4)門《もん》を出《い》でて忽《たちま》ち見《み》る、人来《ひときた》り謝《しゃ》することを、(5)応《まさ》に南泉午睡《なんせんごすい》の長《なが》きを問《と》うなるべし。

《註》

(1)又＝[誠]「二頌有り（【四八】【四九】）、那箇か殺人剣、那箇か活人剣」。
(2)不赴堂兮不到莊＝[誠]「侍者の人が看る所が…」。

(3)容易入枯腸＝誠「たやすくめったに枯腸にとりこんだ」。「容易」は、底「『漢書』東方朔が伝に、『談、何ぞ容易ならん』。注に、『事易からざるが故に、何ぞ容易ならんと曰う』」。補「枯腸」は、飢えた腹。
(4)出門忽見人來謝＝誠「侍者の僧が…」「(人は) 荘主を指す」。
(5)應問南泉午睡長＝誠「荘主の来り謝したのは、南泉、油糍を食らって午睡の長きを問いに来たであろう」「月船老師、無点子の秤をもって量ったであろう」。

《意訳》

また

南泉和尚は、斎座の時間になっても食堂にも出て来ず、外に行った気配もない。それでいて揚げ餅をたやすく食べられたようだ。

侍者が不審に思って外に出てみると、ちょうど荘主がやってきて、南泉和尚に供養を受けて下さったことへの礼を言われる。

恐らく南泉和尚のお昼寝の御機嫌伺いに来たのであろう。

【五〇】倩女離魂

聲聲月上暮村砧、萬里秋風一片心。

寄語茂陵多病客、翠帷夢冷白頭吟。

《訓読》

(1)倩女離魂《せんじょりこん》

(2)声声月上《せいせいつきのぼ》る、暮村《ぼそん》の砧《きぬた》、(3)万里《ばんり》の秋風《しゅうふう》、一片《いっぺん》の心《しん》。

(4)語《ご》を寄《よ》す、茂陵《もりょう》多病《たびょう》の客《かく》、(5)翠帷《すいい》、夢冷《ゆめひ》ややかなり、(6)白頭吟《はくとうぎん》。

《註》

(1)倩女離魂＝底「『太平広記』神魂の部に詳なり。○『無門関』に、『五祖演禅師、僧に問う、〈倩女離魂、那《な》箇《こ》か是れ真底〉』」。誠「白雲山頭の月、太平松下の影。良夜、狂風無し、都て一片の境と成る」（『雪堂拾遺録』五祖法演の偈）。補倩女は、唐の陳玄祐が著した『離魂記』に登場する人物。倩娘とも。父の決めた縁談を嫌って病臥するが、その魂のみが相思相愛の王宙と駆け落ちし、二子を生んだ。その後、王宙とともに故郷に帰った際、二人の倩女は合して元に戻った、という。『太平広記』三五八に収録。

(2)聲聲月上暮村砧＝誠「一二、倩女離魂」「暮れ方《かた》に、そこでもかしこでも、一声《ひとこえ》一声に月上る」。補「砧」は、【一九】(3)参照。

(3)萬里秋風一片心＝誠「万里いずれも、秋風にも寒にも赴き、妻が最早寒かろうと夫のことを思う」。補「一片心」は、思いの丈。まごころ。孟浩然の「朱大が秦に入るを送る」（『唐詩選』六）に、「宝剣直《あたい》千金。手を分かつとき脱して相い送る、平生一片の心」。

(4)寄語茂陵多病客＝誠「三四、那箇か是れ真」「存じよりを申し使わしてやりたいことがある、茂陵の司馬相如どの」。底「『史記』司馬相如が伝に、『相如、既に病す。免じて茂陵に家居す』」。補「茂陵」は、陝西省の地名。

前漢武帝の茂陵がある。

(5)翠帷夢冷＝[誠]「此の一語を寄せたい。婦人、閨門翠帷の中に独臥して、夢冷ややかなり」「(冷は)字眼《じがん》。漸く年より寵もおとろえ、意《こころ》よう無きを云う」。[補]「帷」はとばり、室内に下げてしきりにする布。寝室をいう。誠拙書入れにみえる「字眼」とは、その詩文の死活に関わる要の文字。

(6)白頭吟＝[底]「『西京雑記』に、「司馬相如、将《まさ》に茂陵の人の女《むすめ》を聘して妾と為さんとす。卓文君、『白頭吟』を作り、以て自ら絶つ。相如、乃ち止む」。[補]前漢の司馬相如が茂陵の人の娘を迎えて妾としようとした時、その妻の卓文君が嘆いて作ったという詩の名。

《意訳》

倩女離魂《せんじょりこん》

暮れかかった村のあちこちで砧《きぬた》の音が響いて、ちょうどお月様も上ってきた。
どこもかしこも秋風が吹きすさび、妻は夫を思いやる一心である。
司馬《しば》相如《しょうじょ》殿に申し上げるが、あなたは茂陵で病に伏せながら、
帷《とばり》の中で独り嘆いて「白頭吟」を作ったあなたの妻卓文君《たくぶんくん》のことを思うがよい。

【五二】三玄三要

一句中具三玄門、一玄門有三要路。

自従要路入玄門、入得玄門無一句。
無一句時無三玄、何處更尋三要路。
笑倒濟北小廝兒、生鐵稱鎚被蟲蛀。

《訓読》

(1)三玄三要《さんげんさんよう》

一句中《いっくちゅう》に三玄門《さんげんもん》を具《ぐ》し、一玄門《いちげんもん》に三要路《さんようろ》有《あ》り。
要路《ようろ》より玄門《げんもん》に入《い》る、玄門《げんもん》に入得《にっとく》すれば一句無《いっくな》し。
一句無《いっくな》き時《とき》、三玄無《さんげんな》し、(2)何《いず》れの処《ところ》にか更《さら》に三要路《さんようろ》を尋《たず》ねん。
(3)笑倒《しょうとう》す、済北《さいほく》の小廝児《しょうしじ》、(4)生鉄《さんてつ》の称鎚《しょうつい》、虫《むし》に蛀《は》まる。

《註》

(1)三玄三要＝[底]「『臨済録』に、『一句語に須《すべか》らく三玄門を具すべし。一玄門に須らく三要を具すべし』」。[補]臨済義玄の用いた学人接化の手段。その詳細について諸家に説がある。『人天眼目』一に、「汾陽《ふんよう》の（善）昭和尚云わく、『那箇《なこ》か是れ三玄三要底の句』。僧問う、『如何なるか是れ第一玄』。汾陽云わく、『親しく飲光《おんこう》の前に属す』。『如何なるか是れ第二玄』。汾陽云わく、『相を絶し言詮を離る』。『如何なるか是れ第三玄』。汾陽云わく、『明鏡照して偏無し』。『如何なるか是れ第一要』。汾陽云わく、『言中に作造無し』。『如何なるか是れ第二要』。汾陽云わく、『千聖、玄奥に入る』。『如何なるか是れ第三要』。汾陽云わく、『四句百非の外、尽《ことごと》く寒山の道を踏む』」。

(2)何處更尋三要路＝[誠]「ここに到って一塵一法をも立せざるなり」。

(3)笑倒濟北小廝兒＝[誠]「（笑倒は）おかしうてたえられぬ」。「小廝児」は、[誠]「こでっち」。[底]「同上（『臨済録』）に、『普化曰わく、〈臨済は小廝児〉』」。[補]小せがれ、こわっぱ。普化が臨済を評した語。【一八五】(2)参照。

(4)生鐵稱鎚被蟲蛀＝[誠]「一句中に三玄門を具し、一玄門に三要路有りと云うの当体を頌す」。[補]「生鉄」は、純粋な鉄。堅牢なものの喩え。「称鎚」は、正しくは秤鎚。秤の分銅。「蛀」は、きくいむし。むしばむ。

《意訳》

三玄三要

一句の中に三つの奥深い入り口があり、
一つの奥深い入り口の中に、三つの大事な路がある。
大事な路から、奥深い入り口に入っていく。
奥深い入り口に入っていくと一句もない。
一句もないと三つの奥深い路もない。
このうえどこに三つの大事な路を求められようか。
臨済の小童《こわっぱ》が何を言われたやらお笑いぐさだ。
鍛え抜いた鉄の分銅も虫に食われてしまったようなものだ。

【五二】風穴垂語云若立一塵

風不起兮雲不揚、千年家國忽喪亡。
一歌一拍村田樂、笑倒魯戈撝夕陽。

《訓読》

(1)風穴《ふけつ》、垂語《すいご》して云《い》わく、若《も》し一塵《いちじん》を立《りっ》すれば
(2)風《かぜ》起《お》こらず、雲《くも》揚《あ》がらず、千年《せんねん》の家国《かこく》、忽《たちま》ち喪亡《そうぼう》す。
(3)一歌《いっか》一拍《いっぱく》、村田楽《そんでんがく》、笑倒《しょうとう》す、(4)魯戈《ろか》の夕陽《せきよう》を撝《まね》くことを。

《註》

(1)風穴垂語＝[底]「『碧巌』六十一則に、『風穴、垂語して云わく、〈若《も》し一塵を立すれば家国興盛、一塵を立せざれば家国喪亡す〉。雪竇、拄丈を拈じて云わく、〈還って同生同死底の衲僧有りや〉』」。

(2)風不起兮雲不揚＝[誠]「一塵を立せず」[底]「『史記』高祖本紀に、『高祖、筑《ちく》を撃ちて、自ら歌詩を為《つく》りて曰わく、〈大風起こって雲飛び揚がる、威、海内に加えて故郷に帰る〉』」。

(3)一歌一拍村田樂＝[誠]「一塵を立す」「或いは歌い、手拍子をうち」。「村田楽」は、[底]「石門の（善）来禅師の『村田楽』の偈（『江湖風月集』上）に、『意舞伴歌、取次に行《つら》なり、鼓声嘈雑、笛悠揚たり。玉堂金馬は吾が事に非ず、土甕の新蒭、晩粒芳し』」。[補]『虚堂録犂耕』一に、「村野の雑楽なり」。

(4)魯戈撝夕陽＝[誠]「家国興盛」[底]「『淮南子』覧冥訓に、『魯の陽公、韓と難を搆《かま》う。戦酣《たけなわ》にして日暮る。戈を援《ひ》きて撝く。日、之《これ》が為に反ること三舎』」。[補]「撝」は、さしまねく。指図する。

《意訳》

風穴和尚が垂示して言った。「もしひとかけらの塵でも揚がれば」風穴和尚のいう、ひとかけらの塵でも揚がらぬと風も起こらぬし、雲も揚がらない。千年続いた国も忽ちに滅んでしまった。今はただ村の人たちが集まって、楽しく村祭りの歌を歌ったり手拍子をとったりしている。昔魯《ろ》の国の王様が国を守るために戈《ほこ》で夕日をひきかえしたというような話は、今となってはお笑いぐさだ。

【五三】又

興國好須隨汝後、亡家何必在吾前。同生同死無人問、七尺烏藤壁上眠。

《訓読》

又《ま》た

(1)国《くに》を興《おこ》すことは好《よ》し須《すべか》らく汝《なんじ》が後《しりえ》に随《したが》うべし、(2)家《いえ》を亡《ほろぼ》すことは何《なん》ぞ必《かなら》ずしも吾《わ》が前《まえ》に在《あ》らん。(3)同生同死《どうしょうどうし》、人《ひと》の問《と》う無《な》し、(4)七尺《しちしゃく》の烏藤《うとう》、壁上《へきじょう》に眠《ねむ》る。

《註》

(1)興國好須隨汝後＝誠「一塵を立し家国を興盛することは、汝風穴の後《しりえ》に随い伴僧をしよう」「一二は『老胡の知を許して、老胡の会を許さず』（『碧巌録』一則、頌古評唱）と云うの句法」。

(2)亡家何必在吾前＝誠「又た一塵を立せず家国喪亡することは、風穴、月船の伴僧をしやれ」。

(3)同生同死無人問＝誠「此の話に付いて雪竇は拄杖を拈じて『還って同生同死底の衲僧有りや』と問うたが、今月船は、拄杖を拈じてかような事は問いはせぬぞ」。

(4)七尺烏藤壁上眠＝誠「そりゃなぜならば…」。補「烏藤」は、黒い藤葛の杖。黒塗りの拄杖。『五家正宗賛助桀』十八、円照の章に、「烏は黒なり。藤杖、黒粼皴《こくりんしゅん》（黒く魚鱗形のしわがある）なるが故に、烏藤と云う」。

《意訳》

また

家国を興すことにかけては、風穴和尚の後ろについて伴僧を致しましょう。

家国を亡ぼすことについては、風穴も私の後ろについて伴僧をなされ。

昔雪竇《せっちょう》はこの公案を拈提して、拄杖《しゅじょう》を取り上げて、「さあここで私と一緒に生まれ一緒に死ぬような衲僧はおらぬか」と問われたが、今はそんなことを問う人もいない。

何となれば私の拄杖は今もう壁に掛かったままですっかり眠ったきりですから。

【五四】僧問大龍色身敗壊

色身敗壞人何在、好賣布單問大龍。
將謂春山花似錦、飛隨澗水去無蹤。

《訓読》

(1)僧《そう》、大龍《だいりょう》に問《と》う、色身敗壊《しきしんはいえ》

(2)色身敗壊《しきしんはいえ》、人何《ひといず》くにか在《あ》る、(3)好《よ》し布単《ふたん》を売《う》って大龍《だいりょう》に問《と》う。
(4)将《まさ》に謂《おも》えり春山《しゅんざん》、花《はな》、錦《にしき》に似《に》たりと、(5)飛《と》んで澗水《かんすい》に随《したが》って去《さ》って蹤無《あとな》し。

《註》

(1)僧問大龍色身敗壊＝[底]「『会元』(八)に、『白兆(志)円の法嗣、大龍の智洪禅師。僧問う、〈色身敗壊す。如何なるか是れ堅固法身〉。師曰わく、〈山花開いて錦に似たり、澗水湛えて藍の如し〉』」。[補]『碧巌録』八十二則。「色身」は、物質的な身体。堅固法身は決して壊れない真如そのものである身体。

(2)色身敗壊人何在＝[誠]「(敗壊は)四大分離」「不敗壊底の人、何《いず》くにか在る」。

(3)好賣布單問大龍＝[誠]「三千里、布単を売却して特に来って大龍に問う」。「売布単」は、[底]「同上(『五灯会元』十三)、疎山(匡)仁禅師の章に、『某甲《それがし》、三千里、布単を売却して、特に此の事の為に来る』」。[補]家財を売り払って参師問法すること。

(4)將謂春山花似錦＝[誠]「おもうていた、『春山、花、錦に似たり』、是れが堅固法身じゃと」。「将謂」は、【二】(4)参照。

(5)飛隨澗水去無蹤＝誠「四大分離、眼光落地の時はどうぞ……」「敗壊してしもうた」「その花が……。さすれば是れ此の敗壊せざる底、真の堅固法身は畢竟那裏《なり》にか在る。人人面門、大龍に着いて看よ」。補「澗水」は、谷川の水。

《意訳》

僧が大龍和尚に「形ある者は壊れるが、壊れないものは何か」と問うた

この肉体はやがて朽ちて無くなってしまうが、人は一体どこに行くのか。

家財道具を売り払って大龍和尚のところに聞きに行こう。

この春の山がまるで錦を敷いたように鮮やかで、これこそ堅固法身だと思っていたが、

花は散って風に吹かれ、あの谷川の流れに随って一体どこに行ってしまったのか、何のあとかたもない。

【五五】殃崛摩羅値長者婦産難

有婦産難、賢歩聖趨。
纔說不殺、兒泣呱呱。

《訓読》

(1)殃崛摩羅《おうくつまら》、長者《ちょうじゃ》の婦《ふ》の産難《さんなん》に値《あ》う

(2)婦《ふ》有《あ》り産難《さんなん》す、(3)賢歩《けんほ》し聖趨《しょうわし》る。
(4)纔《わず》かに不殺《ふせつ》と説《と》けば、児《じ》泣《な》いて(5)呱呱《ここ》。

《註》

(1)殃崛摩羅＝底「『（禅林）類聚』（十二、神異）に、『殃崛摩羅、因みに持鉢して城に入る。一《ひとり》の長者の家に到り、其の婦の産難に値う。長者、告げて云わく、〈沙門は是れ仏弟子、何の方便有って、我が家の産難を救い得ん〉。殃崛云わく、〈我、乍《たちま》ち道に入り、未だ此の法を知らず。当に去って仏に問うて、却来《きゃらい》して相い報ずべし〉。乃ち遽《にわ》かに返って仏に白《もう》して、具《つぶさ》に上の事を陳《の》ぶ。仏、告げて云わく、〈汝、速やかに去って説け、我、賢聖の法あってより来《このかた》、未だ曾て殺生せず、と〉。殃崛、仏の所説に依って、往いて長者に告ぐ。者の婦、之《これ》を聞いて、当時に分免す。母子平安なり』」。補アングリマーラ。央掘摩羅とも。釈尊在世時、外道の法を信じて多くの人を殺し、指を集めて首飾りとしていたため指鬘外道《しまんげどう》と呼ばれた。のち釈尊に教化されて比丘となった。托鉢の際、人々から罵られ傷つけられたが忍辱に努め、ついに阿羅漢果を得た。

(2)有婦産難＝誡「長者の家に…」。

(3)賢歩聖趨＝誡「（賢歩は）そこで殃崛摩羅、遽かに反って仏に白す処」「（聖趨は）仏告げて云く、『汝、速やか に去って説け、我、賢聖の法あってより来、未だ曾て殺生せず』と云う処」。

(4)纔説不殺＝誡「我、賢聖の法を得てより殺生せず」。

(5)呱呱＝誡「尽大地、此にもかしこにも『おわいおわい』」。底「『説文』に、『小児の泣き声なり』。○『書』の益稷に、『啓、呱呱として泣く』」。

《意訳》

アングリマーラが長者の婦人の難産に出会う

昔アングリマーラが托鉢をしていて、ある長者の家に立ち寄ってみると、その長者の婦人が難産で苦しんでいた。

そこでアングリマーラはすぐさま走って世尊のもとに行き、教えを請い、そしてまた言われたとおりすぐに走って戻ってその教えを説いた。

その婦人に対して世尊のおっしゃったとおり「自分は悟りの法を得てからというもの、いまだかつて生き物を殺したことがない」と説いて聞かせると、子供は無事生まれてオギャーオギャーと元気な産声を上げた。

【五六】潙山到國清受戒

一自靈山別、三回作國王。
舊盟猶可問、拄杖不爭長。

《訓読》

(1)潙山《いさん》、国清《こくせい》に到《いた》って受戒《じゅかい》す

一《ひと》たび(2)霊山《りょうぜん》に別《わか》れてより、三回《みたび》、国王《こくおう》と作《な》る。

旧盟《きゅうめい》、猶《な》お問《と》うべし、(3)拄杖《しゅじょう》、長《なが》きことを争《あらそ》わず。

《註》

(1)潙山到國清受戒＝底「『伝灯』（九）に、『潙山の霊祐禅師。百丈の海に嗣ぐ』。○『（禅林）類聚』（十一、戒律）に、『潙山、沙弥と作《な》りし時、天台国清に往いて受戒す。寒山、預め知りて、拾得と同《とも》に松門に往いて接す。師、纔《わず》かに到れば、二人、路傍より跳び出し、大虫（虎）の吼《く》を作すこと三声。師、対《こた》うること無し。山曰わく、〈霊山に一別してより、今に至るに迄《およ》んで、還って記得すや〉。師、亦た対うること無し。拾得、拄杖を拈じて云わく、〈你《なんじ》、這箇を喚んで甚麼《なに》とか作す〉。師、亦た対うること無し。山云わく、〈休《や》めよ休めよ、問うことを用いざれ。他《かれ》、別れてより後、已《すで》に三生、国王と作り来り、総に忘却し了われり〉』」。誡「霊山一別跡猶詳、両度三回作国王。寒拾不知盟血煖、依然拄杖奈此長（霊山一別、跡猶お詳し、両度三回、国王と作る。寒拾は知らず、盟血煖なるを、依然として拄杖、此の長きを奈《いかん》せん）。右、本頌の註解ぞ」。

(2)靈山＝補印度王舎城の東北にある山。霊鷲山・耆闍崛山とも。釈尊が『法華経』などの経典を説いた場所とされる。

(3)拄杖不争長＝誡「是れ箇の這箇《しゃこ》の一拄杖に於いては、長短を争わず」「霊山会上より直に今に到って不変易なるものぞ」。

《意訳》

潙山が国清寺を訪れて受戒した

潙山はひとたび霊鷲山《りょうじゅせん》に別れてから、

三回国王として生まれ変わった。
もう忘れてしまったなどと言って嘆かずに、昔のよしみをなお問うてみなさい。
この拄杖は今も昔も変わりはしませんぞ。

【五七】興化罰克賓

一場法戰克賓窮、五貫罰錢興化通。
永夜幽人眠不得、蕭蕭秋雨送梧桐。

《訓読》

(1)興化《こうけ》、克賓《こくひん》を罰《ばっ》す
(2)一場《いちじょう》の法戦《ほっせん》、克賓窮《こくひんきゅう》し、(3)五貫《ごかん》の罰銭《ばっせん》、興化通《こうけつう》ず。
(4)永夜幽人《えいやゆうじん》、眠《ねむ》ること得《え》ず、(5)蕭蕭《しょうしょう》たる秋雨《しゅうう》、梧桐《ごとう》を送《おく》る。

《註》

(1)興化罰克賓＝底「『伝灯』（十二）に、『臨済（義）玄の法嗣、興化存奨《そんしょう》禅師。克賓維那に謂いて曰わく、〈汝、久しからずして当に唱道の師（禅機なき説教師）と為るべし〉。克賓曰わく、〈這《こ》の保社（仲間）に入らず〉。師曰わく、〈会し了わって入らざるか、会せずして入らざるか〉。曰わく、〈没交渉《もっきょうしょう》〉。師、便ち打つ。乃ち衆に白《もう》して曰わく、〈克賓維那、法戦勝たず。銭五貫を罰とし、飯を一堂に設けよ。仍って飯を喫することを得ざれ〉。

便ち院を提《お》い出す』」。

(2)一場法戦克賓窮＝誡「興化存奬大禅師の一場の法戦に於いては、さても不憫や克賓窮す」「嶮中の手」「(窮は)把住」。

(3)五貫罰銭興化通＝誡「克賓維那の五貫の罰銭を取って、興化通りがよい」「手中の嶮」「(通は)放行」。補「窮」「通」は、『易』に、「窮すれば変じ、変ずれば通ず」。

(4)永夜幽人眠不得＝誡「一二の句を分けて聞かせると、秋の頃なれば…」「一二に於いて興化、克賓を罰する底の誵訛《ごうか》を頌し出しておいて、三四に至って其の注釈を下したものぞ」。補「幽人」は、世俗を離れた人。隠者。

(5)蕭蕭秋雨送梧桐＝誡「聞けば物寂しく、秋雨、梧桐を送るを聴きつつ、何やら気がかりで眠れぬ」。補「長恨歌」に、「春風桃李花開く夜、秋雨梧桐葉落つる時」。「梧桐」は、あおぎり。秋に早く葉が落ちる。

《意訳》

興化が克賓《こくひん》を罰した

興化禅師と克賓との法戦では、克賓が負けてにっちもさっちもいかなくなった。

五貫文の罰銭を科して興化は我が意を得たようなもの。

一晩中私は一睡もできず、

蕭々《しょうしょう》と降る秋の雨が桐に降りつけているのを聴いていた。

【五八】女子出定

江水漫漫江雁悲、行人千里誤歸期。
玉堂三月空階雨、好及榮華未落時。

《訓読》

(1)女子《にょし》出定《しゅつじょう》

(2)江水漫漫《こうすいまんまん》、江雁《こうがん》悲《かな》しむ、(3)行人千里《こうじんせんり》、帰期《きき》を誤《あやま》る。
(4)玉堂三月《ぎょくどうさんげつ》、空階《くうかい》の雨《あめ》、(5)好《よ》し栄華《えいが》の未《いま》だ落《お》ちざる時《とき》に及《およ》べ。

《註》

(1)女子出定＝誠「字面《じづら》は只だ是れ閨怨《けいえん》の詩なり。箇中、女子出定の端的あり。親しく眼を着けて見よ」。底「『〈禅林〉類聚』（九、尼女）に、『文殊師利、霊山会上、諸仏の集処に在って、一女子の、仏に近づきて坐して三昧に入るを見る。文殊、仏に白《もう》して言わく、〈云何《いかん》ぞ此の女、仏坐に近づくことを得たる〉。仏云わく、〈汝、但だ此の女を覚して、三昧より起《た》たしめて、汝自ら之《これ》に問え〉。文殊、女子を遶《めぐ》ること三匝《さんそう》、指を鳴らすこと一下、乃至、梵天に托上して、其の神力を尽くせども、出すこと能わず。仏云わく、〈仮使《たと》い百千の文殊も、亦た此の女の定を出すことを得ず。下方、四十二恒沙の国土を過ぎて、罔明《もうみょう》菩薩有り、能く此の女の定を出さん〉。須臾に罔明、地より涌出して、仏前に作礼す。仏、勅して、此の女の定を出《い》でしむ。罔明、即ち女子の前に於いて指を鳴らすこと一下、女子、是に於いて定より出ず』」。誠「只だ是れ門前の路、往復行大歩。中間に一片の方甎《ほうせん》有り、汝等踏む、諸人、什麼《なん》と為《し》てか看ざる」（『古尊宿語録』五祖法演語録に類似の句あり）。

(2)江水漫漫江雁悲＝誠「見渡せば江水漫漫、のびろくはてしもない。『江雁悲しむ』は、只だ江雁の鳴いたを云う」。

(3)行人千里誤歸期＝誠「どこの行人じゃやら、千里旅客となって、帰期を誤り江水辺にあちらこちらと漂泊しておる」。

(4)玉堂三月空階雨＝誠「夫の留守、『空』字を置く」「雨声を聴くにつけて夫を思う」。補「玉堂」は、宮殿の美称。また、寵愛する妃の居室。

(5)好及榮華未落時＝誠「雨に打たれて栄華の色が香の落ちざる内、容顔美麗衰えざる内に帰ってくだされと云うて含める」「(及は)帰り及ぶ」。「栄華未落」は、底「『楚辞』に、『栄華の未だ落ちざるに及んで』」。

《意訳》

女子出定

見渡せば河の水は果てしもなく続いて、雁《かり》が悲しげな声で鳴いて飛んでいく。

旅人は千里の旅に出たまま、まだ帰れないでいる。

その主人の留守を守る人は、立派な宮殿の、ちょうど三月、誰もいない階《きざはし》のあたりで、主は帰ってこぬかとばかり愁いに満ちて、ただ雨の音を聞いている。

そうして、どうか、この栄華の色の落ちないうちに帰ってきてほしいと願っている。

【五九】潙山心識微細流注

人道潙山業識乾、七年流注似奔湍。
険崖句子清風起、有主沙彌不敢瞞。

《訓読》

(1)潙山《いさん》心識《しんしき》微細《みさい》の流注《るちゅう》

(2)人《ひと》は道《い》う、潙山《いさん》業識《ごっしき》乾《かわ》くと、(3)七年《しちねん》の流注《るちゅう》、奔湍《ほんたん》に似《に》たり。
(4)険崖《けんがい》の句子《くす》、清風《せいふう》起《お》こる、(5)有主《うしゅ》の沙弥《しゃみ》、敢《あ》えて瞞《まん》ぜず。

《註》

(1)潙山心識＝底「『虚堂瑞巌録』に、『潙山、仰山に問う、〈寂子《じゃくす》が心識、微細の流注、無にし来ること幾年ぞ〉。仰山、敢えて答えず、却って云わく、〈和尚、無にし来ること幾年ぞ〉。潙山云わく、〈老僧、無にし来ること已《すで》に七年〉。潙山又た問う、〈寂子は如何《いかん》〉。仰山云わく、〈慧寂、正に閙《さわが》し〉』」。補この話、『伝灯録』『五灯会元』などに見えず。「微細流注」は、心意識に生じるかすかな煩悩の不断の流れ。

(2)人道潙山業識乾＝誠「皆な多くは道《い》う、潙山、業識を無にし来り尽き切ったと」。

(3)七年流注似奔湍＝誠「子細に点検し看来れば、七年の業識流注は騰する急奔湍に似たり」。補「奔湍」は、急流。早瀬。

(4)険崖句子清風起＝誠「仰山が『慧寂、正に閙なり』と云うた険崖の一句子は、普天匝地《ふてんそうち》、清風起こると云う者ぞ」。「険崖句」は、底「『百丈広録』に、『潙山曰わく、〈寂子、甚だ険崖の句有り〉』」。補知的な理解では呑みこめない句。意路不到の句。

(5)有主沙彌不敢瞞＝誠「有主の沙弥仰山、潙山に対して敢えて瞞ぜず」。「有主沙弥」は、底「『会元』（九）に、『仰山の慧寂禅師。潙山の祐に嗣ぐ。潙山、問うて曰わく、〈汝は是れ有主の沙弥か、無主の沙弥か〉。師曰わく、〈有主〉。曰わく、〈主、什麼《いず》れの処にか在る〉。師、西より東に過《よぎ》って立つ』」。補師匠のいる沙弥。

《意訳》

潙山、仰山《きょうざん》に心識の微細の流注を問う

多くの人は潙山が一切の迷いを断ちきったように言うが、
七年間もの心の迷いは、まるで激しい河の流れのようである。
仰山が「私は大忙しです」と答えた一句は、まるで一陣の清風を起こしたようなものである。
さすがすぐれた師匠を持つ弟子は、決して人を欺くようなことはしない。

【六〇】僧問香嚴如何是佛法大意嚴曰今年霜降早蕎麥總不收

無地無錐只麼休、幾人問佛鬧啾啾。
秋來殊覺霜降早、蕎麥今年總不收。

《訓読》

(1)僧《そう》、香厳《きょうげん》に問《と》う、如何《いか》なるか是《こ》れ仏法《ぶっぽう》の大意《たいい》。厳曰《げんい》わく、今年《こんねん》、霜降《しもふ》ること早《はや》し、蕎麦《きょうばく》、

　【六〇】僧問香嚴如何是佛法大意嚴曰今年霜降早蕎麥總不收

総《そう》に収《おさ》めず

(2)地《ち》無《な》く錐《すい》無《な》く、只麼《しも》に休《きゅう》す、(3)幾人《いくにん》か仏《ぶつ》を問《と》うて、閙啾啾《にょうしゅうしゅう》。

(4)秋来《しゅうらい》、殊《こと》に覚《おぼ》ゆ、霜《しも》降《ふ》ること早《はや》きことを、(5)蕎麦今年《きょうばくこんねん》、総《そう》に収《おさ》めず。

《註》

(1)僧問香嚴＝[底]「同上（『五灯会元』九）、潙山（霊）祐の法嗣、香厳智閑禅師の章」。

(2)無地無錐只麼休＝[誠]「さて此の香厳はどうぞ。卓錐の地無し。卓するものもない。ひたすらに休歇《きゅうけつ》して罷《や》め居る」。「無地無錐」は、[底]「同章（『五灯会元』香厳章）、師の頌に、『去年の貧は未だ是れ貧にあらず、今年の貧は始めて是れ貧。去年の貧は猶お卓錐《たくすい》の地有るがごとし、今年の貧は錐も也《ま》た無し』。〇『漢書』食貨志に、『秦民、富む者は田、阡陌を連ね、貧しき者は錐を立つるの地無し』」。[補]「只麼」は、ただ…だけ。ひたすら…するのみ。

(3)幾人問佛閙啾啾＝[誠]「此《かく》の如き香厳に幾人か仏を問うて、甚だかまびすしい」。「啾啾」は、[底]「『文選』羽猟の賦の註に、『啾啾は衆声なり』」。[補]鳥虫獣や女子亡霊などが、か細い声でなく形容。「閙」は、さわがしい。

(4)秋來殊覺霜降早＝[誠]「去年の貧は猶お卓錐の地有り、今年の貧は地も無く卓すべき錐も無いと云って、只麼に休し切った香厳ぞ」「（殊は）格別に」。

(5)蕎麦今年總不收＝[誠]「その故…」。

《意訳》

ある僧が香厳に質問をした。「仏法の真理とはどのようなものですか」。香厳は答えて言った。「今年は霜の降りるのが早いので、霜に弱い蕎麦《そば》は、全く収穫できなかった」香厳の境界というものは、全くすり切れて錐《きり》で突く地面ほども無く、ひたすら休し切っている。一体どれだけの人が、この香厳にやれ仏がどうだのとやかましく質問したことか。
秋がやってきて、霜の降りるのが早いと特に感じられるが、
霜に弱い蕎麦は今年は一切収穫できぬ。

【六二】僧問香林如何是祖師西來意林曰坐久成勞

坐久成勞、前躬後仰。
借手香林、滿意搔痒。

《訓読》

(1)僧《そう》、香林《きょうりん》に問《と》う、如何《いか》なるか是《こ》れ祖師西来意《そしせいらいい》。林曰《りんい》わく、(2)坐久成労《ざきゅうじょうろう》

坐久成労《ざきゅうじょうろう》、(3)前《まえ》に躬《くぐ》まり後《しりえ》に仰《あお》のく。
(4)手《て》を香林《きょうりん》に借《か》って、(5)満意《まんい》に痒《かゆ》りを掻《か》かしむ。

《註》

(1)僧問香林＝底「『会元』（十五）、雲門（文）偃の法嗣、香林の澄遠《ちょうおん》禅師の章」。誠「坐久成労〔頂門、竪に亜す摩醯眼《まけいがん》〕、前躬後仰〔肘後、斜に懸く奪命符〕。借手香林〔眼を瞎却し、符を卸却す〕、満意掻痒〔趙州、東壁に葫蘆《ころ》

を掛く」（頂門云云は大慧宗杲の偈）」。補『碧巌録』十七則、本則。

(2)坐久成勞＝補長いこと坐っていてくたびれた。

(3)前躬後仰＝誡「足が痛いやら」。底「『禅苑清規』坐禅儀に、『左に傾き右に側《そばだ》ち、前に躬まり後に仰《あお》のくことを得ざれ』」。

(4)借手香林＝誡「退屈のあまり、手を香林の遠禅師に借りて」。

(5)滿意搔痒＝誡「意《こころ》一盃、痒《かゆ》い処を掻かしむ」。

《意訳》

僧が香林禅師に問うた。「禅のぎりぎりの真意とはどんなものですか」。香林は答えた。「長いこと坐っていてくたびれた」

長いこと坐ってくたびれた。

前にかがんだり後ろにのびをしたり、足が痛く、肩が凝って難儀をしている。

そこで香林の手を借りて、

思う存分に背中の痒い所でも掻いてもらいたい。

【六二】秀才問長沙

諸佛百千名已傳、不知何土示隨緣。

秋風黄鶴樓前色、期你得閑題一篇。

《訓読》

(1)秀才《しゅうさい》、長沙《ちょうさ》に問《と》う

(2)諸仏《しょぶつ》百千《ひゃくせん》、名《な》已《すで》に伝《つた》わる、(3)知《し》らず、何《いず》れの土《ど》にか随縁《ずいえん》を示す。

(4)秋風黄鶴楼前《しゅうふうこうかくろうぜん》の色《いろ》、期《き》す、(5)你《なんじ》が閑《かん》を得《え》て一篇《いっぺん》を題《だい》せんことを。

《註》

(1)秀才問長沙＝[底]「『会元』(四)に、『南泉(普)願の法嗣、長沙の景岑《けいしん》禅師。秀才有り、〈千仏名経〉を看て、問うて曰わく、〈百千の諸仏、但だ其の名を見るのみ。未審《いぶか》し、何れの国土にか居して、還って物を化するや也《ま》た無《いな》や〉。師曰わく、〈黄鶴楼、崔顥《さいこう》、詩を題して後、秀才、還って曽て題するや也た未だしや〉。曰わく、〈未だ曽て題せず〉。師曰わく、〈閑を得て一篇を題取せば好し〉』」。[補]「秀才」は、科挙受験の有資格者。崔顥の「黄鶴楼」詩は、【三六】(2)参照。

(2)諸佛百千名已傳＝[誠]「(伝は)経中に伝わる」。

(3)不知何土示隨縁＝[誠]「是れ箇の那一身、知らず、何れの国土世界にか随縁化物を示す」。[補]「随縁」は、縁に随って衆生を教化すること。

(4)秋風黄鶴樓前色＝[誠]「おりしも秋風吹く時節、黄鶴楼前の風色けしき」「三四、太《はなは》だ陥虎《かんこ》の機有り」。

(5)期你得閑題一篇＝[誠]「秀才が閑暇を得て、一篇の詩を題せんことを」。

《意訳》

ある科挙受験者が長沙禅師に問うた
百千の諸仏の名前はすでに伝わっているが、
今一体どこにそのお姿を現されているか分からない。
秋風が吹く黄鶴楼《こうかくろう》の前の景色を、
どうかあなたが閑《ひま》のある時を見つけて一篇の詩に書いてくれないだろうか。

【六三】玉澗頌雲門北斗藏身之縁

南斗現身北斗藏、雲門脚跛謾彷徨。
雖然玉澗無雙眼、五祖誣人不自量。

《訓読》

(1)玉澗《ぎょっかん》、雲門北斗蔵身《うんもんほくとぞうしん》の縁《えん》を頌《じゅ》す
(2)南斗《なんと》に身《み》を現《あらわ》し、北斗《ほくと》に蔵《かく》る、(3)雲門《うんもん》、脚跛《あしな》えて、謾《みだ》りに彷徨《ほうこう》す。
(4)然《しか》も玉澗《ぎょっかん》、双眼無《そうげんな》しと雖《いえど》も、(5)五祖《ごそ》、人《ひと》を誣《し》う、自《みずか》ら量《はか》らず。

《註》

(1)玉澗頌雲門北斗蔵身＝[底]「『林間録』に、『廬山玉澗の林禅師、雲門北斗蔵身の因縁の偈を作って曰わく、〈北斗蔵身、為《ため》に挙揚す、法身、此れより露堂堂。雲門、他家の子を賺殺《れんさつ》（すかす、たぶらかす）して、直に如今《いま》に至って謾《みだ》りに度量す〉。五祖の戒禅師は、雲門の的孫にして、機弁有り。嘗て祖峰の法席を罷めて、山南に游ぶ。林に見《まみ》えて、偈を作るの意を問う。林、眼を挙げて之《これ》を視る。戒曰わく、〈若《も》し果たして此《かく》の如くならば、雲門、一銭に直《あ》たらず。公も亦た当に両目無かるべし〉。遂に去る。林、竟《つい》に言う所の如し。而して戒も、暮年に亦た一目を失す』」。「雲門北斗蔵身」は、誡「僧、雲門に問う、『如何なるか是れ透法身の句』。門云わく、『北斗裏に身を蔵す』」（『伝灯録』十九、雲門の章）。

(2)南斗現身北斗蔵＝誡「さてこの雲門は…」「北斗蔵身の因縁を此の一句に頌し了われり」。補「南斗」は、南斗六星。いて座附近の六星。二十八宿では斗宿。北斗は死を司り、南斗は生を司るとされた。

(3)雲門脚跛謾彷徨＝誡「是れ箇の雲門、脚跛《な》えて、南斗の傍ら北斗の辺りを謾りに彷徨し、あちらへ身を現じ、こちらへ身を蔵して居るぞ」「（彷徨は）立ちもとおる」。底「『会元』（十五、雲門の章）に、『師、睦州に参ず。乃ち門を扣《たた》く。州、門を開き、便ち擒住《きんじゅう》して曰わく、〈道《い》え道え〉。師、疑義す。州、便ち推し出して曰わく、〈秦時の轆轢讃《たくらくさん》〉。遂に門を掩って、師の一足を損ず』」。○『正字通』に、『跛は、補火の切。波。足、長短偏なり』」「（彷徨は）『正韻』に、『彷徨は、猶お徘徊のごとし』」。補「跛」は、片方の足が不自由なこと。

(4)雖然玉澗無雙眼＝誡「三四の著語。『福重不受（福《さいわ》い重ねて受けず）』『禍単不行（禍《わざわ》い単《ひとえ》に行われず）』」。

(5)五祖誣人不自量＝誡「五祖戒公が、『若《も》し果たして是《かく》の如くならば、雲門は一文銭に直たらず』と云うたけれども、五祖戒公、自分も亦た暮年に一眼を失す。是れ自らを量らざるなり」。「五祖」は、底「『会元』（十五）に、『五祖の師戒《しかい》禅師。双泉の（師）寛に嗣ぐ』」。補「誣」は、罪のない人に罪をきせてそしる。

《意訳》

玉澗《ぎょっかん》和尚が雲門の「北斗裏に身を蔵《かく》す」の公案を頌でうたった
南の星に身を現し、北斗に身を蔵す。
雲門も足が萎えてただウロウロとうろつきまわるばかり。
さてこの公案に頌を作った玉澗和尚は、五祖師戒《ごそしかい》和尚の言うとおり両目を失ったが、
果たしてその五祖も人のことをみだりに言いふらしたが、自分のことは分からずに片目を失ってしまった。

【六四】仲秋

月色孤圓萬象明、盤山眼裏好添青。
無端光境倶亡盡、此夕何人問洞庭。

《訓読》

仲秋《ちゅうしゅう》

(1)月色孤円《げっしょくこえん》にして万象明《ばんしょうあき》らかなり、(2)盤山眼裏《ばんざんがんり》、好《よ》し青《あお》を添《そ》う。
(3)端無《はしな》く光境《こうきょう》、倶《とも》に亡《ぼう》じ尽《つ》くす、(4)此《こ》の夕《ゆうべ》、何人《なんぴと》か洞庭《どうてい》を問《と》う。

《註》

(1)月色孤圓萬象明＝誠「仲秋賞月の当体、一句に頌し尽くし了わったぞ」「箇の…なりという当体に至っては」。

底「『伝灯』（七）に、『馬祖の法嗣、盤山の宝積《ほうしゃく》禅師。衆に示して曰わく、〈心月孤円にして万象を呑む。光、境を照らすに非ず、境も亦た存するに非ず。光境、倶に亡ず、復《ま》た是れ何物ぞ〉』」。

(2)盤山眼裏好添青＝誠「此に置いては、盤山眼裏、ひとしお面白いけしきじゃ」「（好は）『嗟呼《ああ》、今宵の月は』と賞する心から」「（青は）一重の青」。

(3)無端光境倶亡盡＝誠「此に於いては賞すべき月もなく、賞する底の人もないぞ」「（光境は）てらすも、てらさるる境も」。補「無端」は、【四七】(4)参照。

(4)此夕何人問洞庭＝誠「それじゃのに此の夕、何人か洞庭の秋月を問う。御苦労な事じゃ」。補瀟湘八景の一つに「洞庭秋月」がある。

《意訳》

仲秋

仲秋の月が皓々《こうこう》と照らして、すべてのものをありありと映し出している。
盤山《ばんざん》和尚の目に一層彩りを添えている。
思いがけなく月の光も月を見る人もなくなってしまって、
一体この宵に洞庭湖の月を誰が見ようと言うのか。

【六五】又

馬祖翫時無主賓、長沙用處有疎親。
呑三吐七甚巴鼻、要見十分秋色新。

《訓読》

又《ま》た

(1)馬祖《ばそ》翫《もてあそ》ぶ時《とき》、主賓《しゅひん》無《な》く、(2)長沙《ちょうさ》用《もち》いる処《ところ》、疎親《そしん》有《あ》り。

(3)三《さん》を呑《の》み七《しち》を吐《は》く、甚《なん》の巴鼻《はび》ぞ、(4)十分《じゅうぶん》、秋色《しゅうしょく》の新《あら》たなるを見《み》んと要《よう》す。

《註》

(1)馬祖翫時無主賓＝[誠]「江西馬祖、百丈・西堂・南泉と月を翫ぶ時は主賓無く」「一二、一万八千貫目の処を二つに掛け分けて」「主賓無く疎親有りと一印に印定して、軽重分量を究め出した者」。「馬祖翫時」は、[底]「前出」（【四三】(1)）。[補]「主賓」は、師家と学人。賓主とも。

(2)長沙用處有疎親＝[誠]「又た長沙の岑大虫《しんだいちゅう》（景岑）、仰山と此の月を用いる処には疎親有り」。「長沙用処」は、[底]「『伝灯』（十、長沙景岑章）に、『師、因みに庭前に月に向かう。仰山云わく、〈人人尽《ことごと》く這箇《しゃこ》の事有り。只だ是れ用不得〉。師云わく、〈恰《あたか》も是《しか》り。請う、汝、用いよ〉。仰山云わく、〈作麼生《そもさん》か用いん〉。師、乃ち仰山を踢倒《とうとう》す』」。

(3)呑三吐七甚巴鼻＝[誠]「投子の大同禅師の云う『三箇四箇を呑却し、七箇八箇を吐却する』とは、是れ甚《なん》の巴鼻《はび》ぞ」「差し引き結び算した処はどうならば」。「呑三吐七」は、[底]「同上（『伝灯録』十五）に、『投子の同禅師。僧問う、

〈月未だ円《まど》かならざる時は如何《いかん》〉。師云わく、〈三箇四箇を呑却す〉。云わく、〈円かにして後は如何〉。師云わく、〈七箇八箇を吐却す〉』」。「甚巴鼻」は、[誠]「どうしたとらまえ処ぞ」。[底]「明僧独立《どくりゅう》（性易）曰わく、『巴鼻は、唐人の常談なり。巴は鼻端の拿撮《ださつ》すべきが如きなり。此れ把《と》るべきの物なり』」。

(4)要見十分秋色新＝[誠]「もそっとしてとらまえ処が有るかと思うたに、格別事もない。これがとり処じゃった」。

《意訳》

また

昔馬祖が、百丈、西堂、南泉たちと共に月見をした時には、「正に好し修行するに」「正に好し供養するに」と言ったり、あるいは南泉が払袖《ほっしゅう》して去ったりして、お互い主賓《しゅひん》も無いが、長沙が、仰山と月見の問答をした時には、良し悪しがあった。

投子大同禅師が、「月がまだ満ちていない時は、三箇四箇を呑却《どんきゃく》し、月が満ちた時には七箇八箇を吐却《ときゃく》する」と言われたが、これは一体何を言っているのかとらえどころがない。今日は十分に秋の景色を楽しみなされ。

【六六】山行値雨寄友

枯者枯兮榮者榮、春山伐木自丁丁。

行過藥嶠曾遊地、且倚松根待雨晴。

《訓読》

(1)山行《さんこう》、雨《あめ》に値《お》うて友《とも》に寄《よ》す

(2)枯《か》るる者《もの》は枯《か》れ栄《さか》ゆる者《もの》は栄《さか》ゆ、(3)春山伐木《しゅんざんばつぼく》、自《おのずか》ら丁丁《とうとう》。
(4)行《ゆ》いて薬嶠《やっきょう》、曽《かつ》て遊《あそ》ぶの地《ち》に過《よぎ》らば、且《しばら》く松根《しょうこん》に倚《よ》って(5)雨《あめ》の晴《は》るるを待《ま》て。

《註》

(1)山行値雨寄友＝誡「群玉府を放開して、人に与えて満意に収拾せしむる底の偈ぞ。事理、倶に到ると云う者」。

(2)枯者枯兮榮者榮＝底「『会元』（五）に、『石頭（希）遷の法嗣、薬山《やくさん》の惟儼《いげん》禅師。道吾、雲巌、侍立する次いで、師、枯栄の二樹を指して、道吾に問うて曰わく、〈枯るる者が是か、栄ゆる者が是か〉。吾曰わく、〈栄ゆる者が是〉。師曰わく、〈灼然として一切処、光明燦爛《さんらん》にし去る〉。又た雲巌に問う、〈枯るる者が是か、栄ゆる者が是か〉。巌曰わく、〈枯るる者が是〉。師曰わく、〈灼然として一切処、放って枯淡にし去らしむ〉。高沙弥、忽ちにして至る。師曰わく、〈枯るる者が是か、栄ゆる者が是か〉。弥曰わく、〈枯るる者は他《かれ》の枯るるに従《まか》せ、栄ゆる者は他の栄ゆるに従す〉。師、道吾、雲巌を顧みて曰わく、〈不是《ふぜ》、不是〉』」。

(3)春山伐木自丁丁＝誡「春山おりしも樵《きこり》して、音響、谷にひびいて丁丁」。補「丁丁」は、斧で木を伐る音。【五】(2)参照。

(4)行過藥嶠曾遊地＝誡「行きて親しく薬山を過り至らば」。補「薬嶠」は、薬山に同じ。

(5)待雨晴＝誡「各各雨の晴るるを待たれよ」。

《意訳》

山を行き、雨に遇って友に寄せる
枯れる者は枯れて、栄える者は栄え、
春の山に木を伐りに行き、樵《きこり》の音が谷に響いている。
山に入って行き、かつて遊んだ薬山の辺りに到ったならば、
昔薬山のいた松の木の根本にでも寄りかかって雨の晴れるのを待ったらよいであろう。

【六七】開爐

大地山河不是塵、分明露出法王身。
暁來霜氣侵趺坐、靜撥爐灰待墮薪。

《訓読》

(1)開炉《かいろ》
(2)大地山河《だいちせんが》、是《こ》れ塵《ちり》ならず、(3)分明《ふんみょう》に露出《ろしゅつ》す法王身《ほうおうしん》。
(4)暁来霜気《ぎょうらいそうき》、趺坐《ふざ》を侵《おか》す、(5)静《しず》かに炉灰《ろかい》を撥《はら》って堕薪《だしん》を待《ま》つ。

《註》

(1)開爐＝底「『勅修清規』に、『十月初一日、開炉。方丈大相看《だいしょうかん》』。補陰暦十月一日、僧堂内に暖房用の炉を開くこと。

(2)大地山河不是塵＝誠「尽大地森羅万象草木瓦礫、悉く皆な是れ塵ではないぞ」。底「『会元』（十）に、『興教の（洪）寿禅師。普請の次いで、堕薪を聞いて省有り。偈に曰わく、〈樸落《ぼくらく》、他物に非ず、縦横、是れ塵にあらず。山河及び大地、全く法王身を露す〉』」。補興教堕薪の因縁。興教は天台徳韶の法嗣、興教洪寿（九四四～一〇二二）。『虚堂録』三、同録を承けた『宗門葛藤集』などは誤って永明延寿（九〇四～九七五）とする。

(3)分明露出法王身＝誠「全うに露出す、是れ箇の大法王身」。

(4)曉來霜氣侵趺坐＝誠「五更暁け方、霜威凜烈たる気、趺坐しておる其の膝頭に侵し透って寒さが厳しい」。

(5)靜撥爐灰待墮薪＝誠「処から定より起って、先ず今朝は十月朔日、開炉の日の事なれば、炉灰を撥って、大地及び山河、全く是れ法王身なる堕薪を待つ」。

《意訳》

開炉

山河大地みな塵ではない。

森羅万象みなはっきりと真実の姿をあらわしている。

明け方になって寒さが身にしみ結跏趺坐《けっかふざ》を組んだ膝頭が冷える。

静かに坐禅より立ち上がって炉の灰を開いて、興教洪寿禅師が薪の落ちる音を聞いて悟ったというが、その薪の落ちるのでも待とうかな。

【六八】布薩

我昔所造諸悪業、長笛一聲人倚樓。
一切我今皆懺悔、又随月色過羅浮。

《訓読》

(1)布薩《ふさつ》

(2)我昔所造諸悪業《がしゃくしょぞうしょあくごう》、(3)長笛一声《ちょうてきいっせい》、人《ひと》、楼《ろう》に倚《よ》る。

(4)一切我今皆懺悔《いっさいがこんかいさんげ》、(5)又《ま》た月色《げっしょく》に随《したが》って羅浮《らふ》を過《す》ぐ。

《註》

(1)布薩＝[底]「『玄応音義』に、『此れは訛略なり。応に鉢羅帝提舎耶寐《はらていだいしゃやび》と云うべし。此には我対説と云う。相い向かって罪を説くを謂うなり。旧に浄住と云うは、義翻なり』」。[補]半月に一度（満月と新月の日）、同一地域の僧侶が集まって戒条を読み上げ、罪を告白懺悔する集会。禅門では古来月の十五日と晦日に僧俗一堂に会し各自の罪過を懺悔し、善法を増長することを念願した。

(2)我昔所造諸悪業＝[誠]「観世音菩薩、昨夜銭を将《も》って胡餅を買う」。[底]「『華厳』普賢行願品の偈に、『我昔所造諸悪業、皆由無始貪嗔痴。従身語意之所生、一切我今皆懺悔』」。

(3)長笛一聲人倚樓＝[誠]「著語。達磨宗旨下の懺悔の文ぞ」。[底]「趙嘏《ちょうか》の詩」。[補]趙嘏の「長安秋夕」（『三体詩』二）に「雲物凄涼として曙を払って流れ、漢家の宮闕、高秋を動かす。残星数点、雁、塞を横ぎり、長笛一声、人、楼に倚る」。

(4)一切我今皆懺悔＝［誠］「手を放下すれば、則ち元来是れ箇の饅頭」。

(5)又随月色過羅浮＝［誠］「著語。この月景色を見ては、じっとしては居らぬやら」。［底］「虚堂の頌」。［補］『虚堂録』五、「口を開くこと舌頭上に在らず」に、「一世に含糊して分暁無し、口を開くこと何ぞ嘗て舌頭に在らん。万古業風、吹いて尽きず、又た月色に随って羅浮を過ぐ」。「羅浮」は、広東省にある羅浮山。道教の聖地で、葛洪が仙術を得たところ。

布薩《ふさつ》

《意訳》

私が今日までに造ったさまざまな悪業。
ちょうど笛の音が聞こえて、人は楼閣に登って聞き惚れている。
私は今すべてを懺悔します。
この月景色に見とれてまた羅浮山《らふざん》を過ぎていきます。

【六九】偶成

眞如凡聖是閑語、生死涅槃皆夢言。
茅宇不關春寂寞、赴齋僧在落花村。

《訓読》

偶成《ぐうせい》

(1)真如凡聖《しんにょぼんしょう》、是《こ》れ閑語《かんご》、(2)生死涅槃《しょうじねはん》、皆《み》な夢言《むごん》。
(3)茅宇《ぼうう》関《と》ざさず、春寂寞《はるせきばく》、(4)斎《さい》に赴《おもむ》く僧《そう》は落花《らっか》の村《むら》に在《あ》り。

《註》

(1)眞如凡聖是閑語＝[誠]「実相真如じゃの凡じゃの聖じゃのと云う、皆な是れ閑語ぞ」。[底]「『伝灯』(七)盤山(宝)積の章に、『真如凡聖、皆な是れ夢言、仏及び涅槃、並びに増語《ぞうご》(仮名《けみょう》の意)と為す』」。

(2)生死涅槃皆夢言＝[誠]「又た生死涅槃じゃの不生不滅じゃの菩提じゃの煩悩じゃのと云うも、皆な悉く夢幻空華の言と云うもの」。

(3)茅宇不關春寂寞＝[誠]「そんならば其の閑語でも無く夢言でも無い処はどうぞ…」「(不関は)あけひろげて」。
[補]「茅宇」は、かやぶきの質素な家。茅屋。

(4)赴齋僧在落花村＝[誠]「向こう見やれば、定めて時《とき》(斎)に行く僧と見える。あれあの春風花を吹き散ずる村里《むらざと》を」。

《意訳》

偶成

やれ真如だ凡だ聖だと言うのもみなたわごと。
生死だ涅槃だ言うのもまたこれ寝言に過ぎない。
今は茅葺《かやぶ》きの住まいの門も閉ざさずに、春はすっかり静まりかえり、
御斎《おとき》によばれていく僧が、花散る村里の辺りを歩いていくだけだ。

【七〇】又

須彌百億黄金土、一佛統御日當午。
誰子跉跰五十年、西窓剪燭梧桐雨。

《訓読》

又《ま》た

(1)須弥《しゅみ》百億《ひゃくおく》、黄金土《おうごんど》、(2)一仏統御《いちぶつとうぎょ》、日《ひ》、午《ご》に当《あ》たる。
(3)誰《た》が子《こ》ぞ跉跰《れいへい》五十年《ごじゅうねん》、(4)西窓《せいそう》、燭《しょく》を剪《き》る、梧桐《ごとう》の雨《あめ》。

《註》

(1)須彌百億黄金土＝誠「此の須弥百億、無量無辺三千大千世界、悉く皆な是れ黄金国土ぞ」。底「『智度論』に、『百億の日月、百億の須弥山、百億の四天王等の諸天、是れを三千大千世界と名づく。是《かく》の如き等の無量無辺の三千大千世界を名づけて一仏土と為す』。○『大慧広録』に、『金輪統御す、三千界』」。

(2)一佛統御日當午＝誠「一一皆な是れ只だ箇の一仏統御の国土に入り、大日輪、正に午に当たるまっぴる中」「末を指して済度教化する地ぞ」。

(3)誰子跉跰五十年＝誠「それに誰が子ぞ、跉跰と落ちぶれ切って、袖乞いをして他国に馳せ廻って居ること五十年ほど、さりとては気の毒千万なものじゃ」「(誰子は)だれが家の窮子ぞ、の意」。底「『法華』信解品に、『跉跰辛苦五十余年』。○『玄応音義』に、『跉跰は、孤独にして依怙《えこ》無きなり』」。補長者窮子の喩え。法華七喩の一つ。信解品に、「此れは是れ我が子なり。我が生む所なり。某の城中に於いて、吾を捨てて逃走し、伶俜《さまよ》いて辛苦すること五十余年」。「竛竮」は、しょんぼり落ち込んださま。また、せかせか行くさま。

(4)西窓剪燭梧桐雨＝誠「余り気の毒さに、月船も此の庭の梧桐の葉に雨の降り灑《そそ》ぐ夜もすがら、西窓に燭を剪り不愍千万に思う事じゃ」。補李商隠の「夜雨、北に寄す」（『唐詩選』七）に、「何当《いつ》か共に西窓の燭を翦り、却って巴山夜雨の時を話《かた》らん」。「梧桐雨」は、あおぎりに降る雨。【五七】(5)参照。

《意訳》

また

須弥山《しゅみせん》を千百億並べたような黄金の土地に、

ひとりの仏様が真っ昼間に統御なさっている。

どこの子であろうか、落ちぶれて乞食をしながら五十年ばかりも彷徨しているが、

私は憐れに思われて、西の窓辺に灯燭を剪《き》りながら、庭の梧桐の葉に降り注ぐ雨の音に聞き入っている。

【七二】山寺訪然公

夕陽郊外路斜通、鐘動青青黯黯中。
劈佛然公尚無恙、撥灰何敢見玲瓏。

《訓読》

山寺《やまでら》に(1)然公《ねんこう》を訪《と》う

夕陽《せきよう》(2)郊外《こうがい》、路《みち》(3)斜《なな》めに通《つう》ず、(4)鐘《かね》は動《うご》く、青青黯黯《せいせいあんあん》の中《うち》。
(5)劈仏《へきぶつ》の然公《ねんこう》、尚《な》お恙無《つつがな》し、(6)灰《はい》を撥《はら》って何《なん》ぞ敢《あ》えて玲瓏《れいろう》を見《み》ん。

《註》

(1)然公＝補未詳。その名に因み丹霞天然の故事を詠み込む。

(2)郊＝底「『爾雅』釈地に、『邑外、之《これ》を郊と謂う』」。

(3)斜＝誠「うねりくねって」。補路が曲がりくねっている。

(4)鐘動青青黯黯中＝誠「もはや此のあたりが然公の居寺近くかとながむれば…」。「青青黯黯」は、底「『会元』(五)丹霞(天)然の章に、『僧有り、到り参ず。山下に於いて師を見て、乃ち問う、〈丹霞山、什麼《いず》れの処に向かってか去る〉。師、山を指して曰わく、〈青黯黯の処〉』。○虚堂の頌に、『青青黯黯たり一望の中』」。補「黯」は、くらいさま。

(5)劈佛然公尚無恙＝誠「仏を劈《つんざ》いて焼いた。丹霞の然を云う。故に今其の字を以て劈仏然公と置いた者ぞ」。「劈仏」は、底「『禅儀外文』に、『丹霞劈仏の手を袖す』」。補「劈」は、さく、刃物で二つに切り裂く。「無恙」は、底「『爾雅』釈詁に、『恙は憂なり』。註に、『今人、恙無しと云うは、憂え無きを謂うなり』」。

(6)撥灰何敢見玲瓏＝誠「今此の然公どのは…。とりちがえはせぬ」「玲瓏は、此では舎利を指して云う」「此の一句、大いに此の然公の為にする処があるぞ」。底「『会元』丹霞の章に、『師、慧林寺に於いて天の大いに寒きに遇う。木仏を取って火に焼いて向かう。院主、訶して曰わく、〈何ぞ我が木仏を焼くを得たる〉。師、杖子を以て灰を撥って曰わく、〈吾、焼いて舎利を取る〉。主曰わく、〈木仏、何ぞ舎利有らん〉。師曰わく、〈既に舎利無ければ、更に両尊を取って焼かん〉』」。補『仏光録』に、「老僧が舎利、天地を包む、空山に向かって冷灰を撥うこと莫かれ」。「玲瓏」は、玉が触れ合って鳴る清らかな音。

《意訳》

山寺に然公を訪ねる

夕日が暮れかかる郊外に、路は曲がりくねっている。
ちょうど夕暮れの鐘の音が、薄暗い中に響いてくる。
仏像を焼いて舎利を取ろうとした丹霞の然公は、今もお変わりないようだ。
灰をあばいてどうしてわざわざ舎利を探そうとするのか、そんなことは必要ない。

【七二】雪

北風吹雪雪斜斜、雪裏行人路轉遐。
白雪不爲白雪色、勿將白雪擬梅花。

《訓読》

(1)雪《ゆき》

北風《ほっぷう》、雪《ゆき》を吹《ふ》いて雪《ゆき》(2)斜斜《しゃしゃ》、(3)雪裏《せつり》の行人《こうじん》、路《みち》、転《うた》た遐《はる》かなり。

(4)白雪《はくせつ》、白雪《はくせつ》の色《いろ》を為《な》さず、白雪《はくせつ》を将《もっ》て(5)梅花《ばいか》に擬《ぎ》すること勿《な》かれ。

《註》

(1)雪＝誠「此の頌、天に倚る長剣、人の与《ため》に看しむと云う者ぞ」。
(2)斜斜＝誠「ちらちらと飛び散る」。補雨や雪などの降るさま。
(3)雪裏行人路轉遐＝誠「この折しも窓を開いて見やれば…」「(転遐は)遠い上にも又た遠い」。
(4)白雪不爲白雪色＝誠「この大地山川漫漫たる…」。
(5)擬梅花＝誠「白梅の花に擬しなぞらう」。

《意訳》

雪

北風が雪を吹き散らし、ちらちら雪が舞い飛んでいる。
その雪の中を旅人が、遠い上にもまた遠くへ歩いている。
白雪は白雪の色をしているのではない。
白雪を白梅の花と間違うなよ。

【七三】牡丹

一枝濃艶露華寒、曾傍他家錦障看。

今日庭前親指出、又令王老倚闌干。

《訓読》

牡丹《ぼたん》

(1)一枝濃艶《いっしのうえん》、露華寒《ろかさむ》し、(2)曽《かつ》て他家《たけ》の錦障《きんしょう》に傍《そ》うて看《み》る。

今日庭前《こんにちていぜん》、(3)親《した》しく指出《ししゅつ》す、(4)又《ま》た王老《おうろう》をして闌干《らんかん》に倚《よ》らしむ。

《註》

(1)一枝濃艶露華寒＝誠「さて此の牡丹花はどうぞ…」「(濃艶は)色つやの好き、うるおい有るを云う」「(露華寒は)清く塵垢けのぬけてきれいなを云う」。補「露華」は、露の光。

(2)曾傍他家錦障看＝誠「曽てよその大名の奥座敷の金屏風につきそうて看る」。補「錦障」は、錦で作った囲い幕。誠拙書入れのようにここでは屏風などを言うのであろう。

(3)親指出＝誠「面のあたりに親しく指出す」。

(4)又令王老倚欄干＝誠「それに付いては、又た南泉をして、ご苦労ながら欄干に倚らしむ」「時の人、此の一株の花を見ること夢の如くに相い似たり」。「王老」は、底「『(祖庭)事苑』に、『南泉普願《なんせんふがん》禅師。姓は王氏。常に自ら王老師と称す』」。○『会元』(三)南泉の章に、『陸大夫、師に向かって道《い》わく、〈肇《じょう》法師、也《ま》た甚だ奇怪なり。道《い》わく、天地と我と同根、万物と我と一体、と〉。師、庭前の牡丹花を指して曰わく、〈大夫、時の人、此の一株の花を見るに、夢の如くに相い似たり〉』」。

《意訳》

牡丹

この牡丹の花の色つやの良いことはどうだろうか。清くけがれなく何ともすがすがしい。かつてよそのお庭で金屏風に寄り添うて見たものだが、今日はこの庭で親しく指し示すことができる。また昔の南泉に、ご苦労ながら「世間の人はこの一株の花を見るのは、まるで夢のようだ」と言わせて、欄干《らんかん》に寄り添わせる。

【七四】薬師〔掌上安一壺〕

何者是病、何者爲藥。
把捉一壺、不敢放却。

《訓読》

(1)薬師《やくし》〔掌上《しょうじょう》に一壺《いっこ》を安《お》く〕
(2)何者《なにもの》か是《こ》れ病《やまい》、何者《なにもの》をか薬《くすり》と為《な》す。
(3)一壺《いっこ》を把捉《はそく》して、(4)敢《あ》えて放却《ほうきゃく》せず。

《註》

(1)薬師＝誠「此の頌、新板とは前後しておるぞ」。

(2)何者是病、何者爲藥＝誠「薬師如来、脱体現成、七顚八倒、面前に現出して居るぞ」。

(3)把捉一壺＝誠「さて此の薬師は掌中に一壺を把捉して」。補薬師如来は左手に薬壺を持つ姿が一般的。

(4)不敢放却＝誠「ちっとはさし置いてもよかりそうな者じゃに、なげ出しほりやりはせぬ」。

《意訳》

薬師如来〔掌の上に一つの薬壺を載せる〕

一体何が病で、
何が薬というのか。
この薬師如来は手のひらの上に一壺の薬を持って、
ちっとも手放しはせぬ。

【七五】又

衆生無病、是稱醫王。
更求無病藥、欲獻此醫王。

《訓読》

又《ま》た
(1)衆生《しゅじょう》、病《やまい》無《な》し、(2)是《こ》れを医王《いおう》と称《しょう》す。

更《さら》に無病《むびょう》の薬《くすり》を求《もと》めて、此《こ》の医王《いおう》に献《けん》ぜんと欲《ほっ》す。

《註》

(1)衆生無病＝誠「一切衆生、本来病無し」。

(2)是稱醫王＝誠「是れを薬師医王如来と称し名づく」。「医王」は、底「『維摩』仏国品に、『大医王と為り、善く衆病を療す。病に応じて薬を与え、服行を得しむ』」。補仏菩薩を衆生の心の病を療す医者に譬えた語。

(3)更求無病薬＝誠「それじゃのに一切衆生は更にそのうえ無病の薬を求めて」。底「杯渡禅師の『一鉢の歌』(『伝灯録』三十)に、『何れの処にか、更に無病の薬を求めん』」。

(4)欲獻此醫王＝誠「此の本来無病の大医王薬師如来に献じ奉らんと欲し思う」。

《意訳》

また

一切衆生には本来病はない。

これを本当の医王と呼ぶのである。

それ以上、さらに無病の薬を求めて、

医王如来に献じようとする（よけいなことだ）。

【七六】離雪山像

有路須出、無家何之。
天上天下、巍巍如斯。

《訓読》

(1)雪山《せっせん》を離《はな》るる像《ぞう》

(2)路《みち》有《あ》り須《すべか》らく出《い》ずべし、(3)家《いえ》無《な》し何《いず》くにか之《ゆ》く。

(4)天上天下《てんじょうてんげ》、(5)巍巍如斯《ぎぎにょし》。

《註》

(1)離雪山像＝〔補〕出山釈迦像。釈尊が雪山（ヒマラヤ）での六年の苦行の末、明星を見て成道の後、山を下りる像。ただし雪山での成道は禅門のみに伝えられる誤伝。実際にはブッダガヤの菩提樹下で成道。

(2)有路須出＝〔誠〕「放行」「須らく雪山を出ずべし」。

(3)無家何之＝〔誠〕「把住」「この出山仏はどこへ之くぞ、ととがめて置いて、そこで三四に至って」。

(4)天上天下＝〔誠〕「然し乍《なが》ら此の出山は、天上天下、一切事建立し来ったものぞ」。

(5)巍巍如斯＝〔誠〕「巍巍堂堂たること是《かく》の如しぞ、と托上したもの」。〔底〕「『法華』普門品に、『巍巍たること是の如し』」。

《意訳》

雪山を下ってゆく像

すでに道はついている、さあ出て行きなさい。
もう帰る家はないので、一体どこにこれからいくのか。
この広い天下に、
巍々堂々としたる事、この通りである。

【七七】又

冷坐六年、蘆芽穿膝。
容易出山、沈吟三七。

《訓読》

又《ま》た
(1)冷坐六年《れいざろくねん》、(2)蘆芽《ろが》、膝《ひざ》を穿《うが》つ。
(3)容易《ようい》に山《やま》を出《い》でず、(4)沈吟三七《ちんぎんさんしち》。

《註》

(1)冷坐六年＝［誠］「さて此の釈迦はどうぞ。奥雪山に入ってより冷地に坐断六年」。［底］「『修行本起経』六年勤苦品に、『端坐六年、形体羸痩《るいそう》、皮骨相い連なる』」。
(2)蘆芽穿膝＝［誠］「千辛万苦、積功累徳、限り無き骨折りじゃったぞ」。［底］「『(禅林)類聚』(二、仏祖)に、『法華の挙禅師。僧問う、〈如何なるか是れ仏〉。師云わく〈蘆芽、膝を穿つ〉』。○『観仏三昧経』に、『一《ひとり》の天子有り、名づけて悦意と曰う。地生草の、菩薩（釈迦）の肉を穿ち、上に生じて肘《ひじ》に至るを見て、諸天に告げて曰わく、〈奇なるかな男子、苦行すること乃ち爾《しか》り。食せざること多時〉』〔云云〕」。

(3)容易出山＝誠「ところが容易に山を出るから」。

(4)沈吟三七＝誠「果然として沈吟三七、あまりたやすく出山した故、跡《あと》がむずかしいとみえる」。底「『因果経』に、『仏成道して、初めの一七日に、〈我が法、妙にして能く受くる者無し〉と思惟す。二七日に、衆生の上中下の根を思惟す。三七日に、〈誰か応に先ず法を聞くべき〉と思惟す』」。

《意訳》

また

雪山《せっせん》に入って冷たい山の中で六年間煩悩を断ちきって坐られて、その苦労の有様は、蘆《あし》の芽が膝を穿《うが》つほどであった。ところがたやすく山を下りてしまったものだから、さて説法したものか、三七、二十一日の間悩み苦しまれた。

【七八】又

智慧徳相、奇哉奇哉。

勅點龍馬、跛鼈出來。

《訓読》

又《ま》た

(1)智慧徳相《ちえとくそう》、奇《き》なるかな奇《き》なるかな。

(2)龍馬《りゅうめ》を勅点《ちょくてん》すれば、跛鼈《はべつ》出《い》で来《きた》る。

《註》

(1)智慧徳相、奇哉奇哉＝誠「一二、見性成道の処を云う」「…と喋し将《も》ち来った処、鉄橛子の如くに似たり」「〈奇哉奇哉は〉あら不思議や」。底「『仏祖通載』（二十）に、『清涼澄観曰わく、〈世尊、初め正覚を成じて、歎じて曰わく、奇なるかな、我、今、普く一切衆生を見るに、如来の智慧徳相を具有す。但だ妄想執著を以て、証得すること能わず〉』」。補『華厳経』如来出現品に見える句であるが（【二七】(2)）、華厳宗第四祖の清涼澄観が「徳相」の二字を加えて釈尊の見星悟道の句とした。

(2)勅點龍馬、跛鼈出來＝誠「三四は、出山の処を云うぞ」「あの飛龍馬を勅点すれば、あしなえガメが出で来る」。底「『会元』（十二）に、『守廓侍者。徳山に問うて曰わく、〈従上の諸聖、甚麼《いず》れの処に向かってか去る〉。山曰わく、〈作麼《そも》、作麼〉。師曰わく、〈飛龍馬を勅点すれば、跛鼈《はべつ》出頭し来る〉』」。補「勅点」は、勅命によって点呼すること。「龍馬」は、優れた馬。駿馬。「跛鼈」は、びっこのすっぽん。期待外れということ。

《意訳》

また

何と不思議な、何と不思議な、
一切の衆生はみな如来の智慧徳相を具有している、と成道の後叫ばれた。
さて天にも昇る龍馬を呼び出してみれば、
なんとあしなえの亀が出てきた。

【七九】又

六年冷坐、三七思惟。
狭路逢著、汝是阿誰。

《訓読》

又《ま》た

(1)六年冷坐《ろくねんれいざ》、(2)三七思惟《さんしちしゆい》。

(3)狭路《きょうろ》に逢著《ぶじゃく》す、汝《なんじ》は是《こ》れ(4)阿誰《あた》ぞ。

《註》

(1)六年冷坐＝誠「この釈迦はどうぞ…」。

(2)三七思惟＝誠「それから又た…」。

(3)狭路逢著＝誠「今日分明に覿面《てきめん》に狭路に逢著し、鼻と鼻をつき合わせて問う」。底「『会元』(十九) 楊岐 (方)

会の章に、『一日、慈明、適《たまたま》出ず〔云云〕。師、問うて曰わく、〈狭路に相い逢う時、如何《いかん》〉。明曰わく、〈你《なんじ》、且《しばら》く軃避《たひ》（回避）せよ。我、那裏《なり》に去り去らんことを要す〉』」。補すれ違いの出来ない狭い路で面と向かって出くわすこと。

(4)阿誰＝底「『三国志』龐統が伝に、『向《さき》の者の論、阿誰をか是と為す』」。補「あすい」とも。だれ。

《意訳》

また
六年間も雪山《せっせん》の下で坐り抜いて、
更に二十一日間考え抜いた。
今日は目の当たり出会って、
あなたは誰ですかと尋ねる。

【八〇】艸座釋迦

未起艸座、現諸威儀。
手脚全露、意気漸衰。
瓚、稽首人天大導師。

《訓読》

(1)草座釈迦《そうざしゃか》

未《いま》だ草座《そうざ》を起《た》たず、(2)諸《もろもろ》の威儀《いぎ》を現《げん》ず。
(3)手脚《しゅきゃく》全《まった》く露《あらわ》し、(4)意気《いき》漸《ようや》く衰《おとろ》う。
(5)聻《にい》、(6)稽首《けいしゅ》す人天《にんでん》の大導師《だいどうし》。

《註》

(1)艸座＝[底]「『因果経』に、『菩薩、即ち自ら思惟す、〈過去の諸仏、何を以て座と為して無上道を成ずる〉。即《すなわ》ち自ら知る、草を以て座と為すと。釈提桓因《しゃくだいかんいん》、化して凡人と為《な》り、浄軟草を執る。菩薩、問うて曰わく、『汝、名は何等ぞ』。答う、『吉祥と名づく』。又た言わく、『汝の手中の草、此れ得べけんや不《いな》や』。此に於いて吉祥、即《すなわ》ち便ち草を授け、以て菩薩に与う。因って発願して言わく、『菩薩成道せば、願わくは先ず我を度せ』。菩薩、受け已《お》わって、敷いて以て座と為して、草上に於いて結跏趺坐す」。[補]釈尊成道の際、吉祥童子が奉った草を敷いて座とした。ゆえにこの草を吉祥草と名づく。茅に似た湿地に生える草という。

(2)現諸威儀＝[誠]「諸の威儀を現じ露したぞ」。[底]「『維摩』弟子品に、『滅定を起たずして、諸《もろもろ》の威儀を現ず』」。

[補]「威儀」は、規律に則った立ち居振る舞い。また威厳に満ちた態度。

(3)手脚全露＝[誠]「手元脚元全く露し」。

(4)意気漸衰＝[誠]「珍御の服を脱し弊衣を着し、小乗に応追する様子」。

(5)聻＝[誠]「そりゃ。聻は指す辞」。[補]『諸録俗語解』に、「按ずるに、多く疑いの辞にて、『何じゃ』『どうじゃ』と問いかける処に用ゆ」。

(6)稽首＝誠「これはこれはと稽首す」。底「『書』の『舜典』の註に、『稽首は、首、地に至る』」。

《意訳》

草座の釈迦

まだ吉祥童子の施した草の座も立たないうちに、
仏様の姿をあらわされた。
全身をあらわされたものの、
ぼろ衣で意気消沈した様子だ。
さてこれは一体何か。
これこそ人天の大導師、恭しく稽首し奉る。

【八二】龍女成佛圖

志意和雅、慈悲仁讓。
偏照十方、達罪福相。
龍神恭敬、天人戴仰。
一自往南、絶無此樣。

《訓読》

⑴龍女成仏図《りゅうにょじょうぶつず》

⑵志意和雅《しいわげ》、慈悲仁譲《じひじんじょう》。
偏《あまね》く十方《じっぽう》を照《て》らして、⑶罪福《ざいふく》の相《そう》に達《たっ》す。
龍神《りゅうじん》恭敬《くぎょう》し、⑷天人戴仰《てんにんたいごう》す。
⑸一《ひと》たび南《みんなみ》に往《ゆ》きしより、⑹絶《た》えて此《こ》の様《よう》無《な》し。

《註》

(1)龍女成佛＝[底]「『法華』提婆品に、『文殊師利言わく、娑竭羅《しゃから》龍王の女《むすめ》有り、年始めて八歳、智慧利根にして善く衆生の諸根行業を知る〔云云〕。慈悲仁譲、志意和雅にして、能く菩提に至る〔云云〕。時に龍王の女、忽ちに前に現れ、頭面に礼敬し、却って一面に住し、偈を以て讃じて曰わく、〈深く罪福の相を達し、偏く十方を照らす。微妙浄法身、具相三十二。八十種好を以て、用て法身を荘厳す。天人の戴仰する所、龍神咸《ことごと》く恭敬す。一切衆生の類、宗奉せざる者無し〔云云〕〉。当時の衆会、皆な龍女の、忽然の間に変じて男子と成り、菩薩の行を具して、即ち南方無垢世界に往き、宝蓮華に坐して等正覚を成じ、三十二相八十種好あって、普く十方一切衆生の為に妙法を演説するを見る』」。

(2)志意和雅＝[誠]「是れ箇の龍女は志意温和雅正」「龍女成仏の様子。提婆品をば、其のまま牒し来って賛し得た者ぞ」。

(3)達罪福相＝[誠]「罪福の相に達明なり」。[補]迷いと悟りの本質を深く究めている。

(4)天人戴仰＝[誠]「天人、頂戴瞻仰す」。

(5)一自往南＝誠「此の龍女、一たび南方無垢世界に往き、華鮮如来と化してより已来《このかた》」。補「南」は、南方無垢世界。

前註(1)参照。

(6)絶無此様＝誠「絶え切って此《かく》の如き様子無し」。

《意訳》

龍女成仏の図

この龍女は志《こころざし》が温和で雅《みやび》やかで、

慈悲深く仁徳すぐれている。

あまねく十方を照らし、

罪福の相に達明して、

龍神たちも恭敬し、

人天界の者も敬い仰ぐ。

ひとたび南方に行って成仏してからというもの、

もうこのような姿は拝まれぬ。

【八二】三教聖人〔本朝所謂酢吸三聖者也〕

無味也無、早汚其口。

依俙醋罋、髣髴醤瓿。

《訓読》

(1)三教聖人《さんきょうせいじん》〔本朝《ほんちょう》に所謂《いわゆ》る(2)酢吸《すすい》の三聖《さんしょう》なる者《もの》なり〕
(3)無味《むみ》も也《ま》た無《な》し、早《はや》く其《そ》の口《くち》を汚《けが》す。
(4)醋罋《そおう》に依俙《いき》として、(5)醤瓿《しょうほう》に髣髴《ほうふつ》たり。

《註》

(1)三教聖人＝底「或ひと曰わく、『趙子昂《ちょうすごう》曰わく、〈日本人、誤って仏印、東坡、山谷の三酸を以て三聖人と為す〉』」。補釈迦、老子、孔子の三人が一つの甕を囲み、中の酢を嘗めておのおの眉をしかめている図。三教の一致を表現したもの。三聖を仏印了元、蘇東坡、黄山谷の三人とする伝えもある。
(2)酢吸＝誠「酢壺かかえて居る図」。
(3)無味也無＝誠「無味と云う者も也た無し」。
(4)依俙醋罋＝誠「そりゃどうぞ、醋罋のようにもある」。「依俙」「髣髴」は、底「『正字通』に、『依俙は、猶お髣髴のごとし。髣髴は、猶お依俙のごとし。聞見審《つまび》らかならざるの貌』」。補「醋罋」は、酢を入れるかめ。「罋」は「甕」の異体字。
(5)髣髴醤瓿＝誠「醤油瓿のようにもあり」。補「醤瓿」は、醤《ひしお》を入れるかめ。

《意訳》

三教の聖人〔日本で言うところの「酢吸の三聖」である〕

無味といってもそれもない、
早くすでにその口を汚している。
酢の入った甕《かめ》のようでもあり、
醤油の甕のようでもある。

【八三】維摩

従癡有愛、衆生無邊。
只許汝神力、不許汝默然。

《訓読》

(1)維摩《ゆいま》

(2)痴《ち》より愛《あい》有り、衆生《しゅじょう》無辺《むへん》。
(3)只《た》だ汝《なんじ》が神力《じんりき》を許《ゆる》して、(4)汝《なんじ》が黙然《もくねん》を許《ゆる》さず。

《註》

(1)維摩＝補維摩詰。『維摩経』の主人公の名。印度の毘舎離《びしゃり》城に住む長者。釈尊の言い付けで病気見舞いに訪れた文殊菩薩らと問答を交わし、不二の法門を開演する。その前身を古の金粟如来とする説については出典不明。
(2)従癡有愛＝誠「此の維摩は、『無辺の衆生、皆な痴より愛有る故に、我、疾を生ず』と云うたが」。底「『維摩』

問疾品に、『痴より愛有り、則ち我が病生ず』」。補 維摩の病気見舞いに訪れた文殊菩薩に対して維摩の答えた語。

(3)只許汝神力＝誠「汝が大神通力を現すを許す。いこう乗りあがり喜ぶな」。

(4)不許汝默然＝誠「三句、老胡の知を許す。四句、老胡の会を許さず」(『碧巌録』一則、頌古評唱)。「默然」は、底「(『維摩経』)入不二法門品に、『文殊師利、維摩詰に問う。〈我等、各自に説き已わる。仁者、当に説くべし、何等か是れ菩薩入不二法門〉。時に維摩詰、默然として言無し』」。

《意訳》

維摩

愚かさの故に愛欲を生じ、
衆生の苦悩は限りない。
あなたの神力は許しても、
あなたの黙っているのは許さぬぞ。

【八四】又

請飯借座、滿面慚惶。
虎頭下筆、墻壁生光。

《訓読》

又《ま》た

(1)飯《はん》を請《こ》い座《ざ》を借《か》る、(2)満面《まんめん》の慚惶《ざんこう》。
(3)虎頭《ことう》、筆《ふで》を下《くだ》せば、(4)墻壁《しょうへき》、光《ひかり》を生《しょう》ず。

《註》

(1)請飯借座＝誠「香積如来に飯を請い、須弥灯王仏に座を借る」「一二は抑、三四は揚」。「請飯」は、底「(『維摩経』)香積仏品に、『維摩詰、座を起たずして衆会の前に居し、菩薩を化作《けさ》す。相好光明、威徳殊勝にして、衆会を蔽うて、之《これ》に告げて曰わく、〈汝、往いて上方の界分、四十二恒河沙の如き仏土を度《わた》って、国有り、衆香と名づく。仏を香積と号す。諸《もろもろ》の菩薩と方に共に坐して食す。汝、往いて彼に到って、我が辞の如く曰え。維摩詰、世尊の足下に稽首し、敬を致すこと無量、起居を問訊す。少病少悩、気力安きや不《いな》や。願わくは世尊所食の余を得て、当に娑婆世界に於いて、仏事を施作して、此の小法を楽《ねが》う者をして、大道を弘むることを得しむべし。亦た如来をして名声普く聞かしむべし〔云云〕〉。是に於いて香積如来、衆香の鉢を以て香飯を盛り満たして、化菩薩に与う〔云云〕』」。「借座」は、底「(『維摩経』)不思議品に、『維摩詰、文殊師利に問うて言わく、〈仁者、無量千万億阿僧祇の国に遊ぶ。何等の仏土にか、好上妙の功徳成就する師子の座有る〉。文殊師利言わく、〈居士、東方、三十六恒河沙の国を度って、世界有り、須弥相と名づく。其の仏を須弥灯王と号す。今、現に在《いま》す。彼の仏身の長《たけ》八万四千由旬、其の師子座の高さ八万四千由旬にして、厳飾《ごんじき》第一なり〉。是に於いて長者維摩詰、神通力を現ず。即時に彼の仏、三万二千の師子の座の、高広厳浄なるを遣わし、維摩詰の室に来り入らしむ〔云云〕』」。
(2)満面慚惶＝誠「何も貰い物借り物の故、『満面の慚惶』と受けて云うたものぞ」。
(3)虎頭下筆＝誠「ところが顧愷之《こがいし》なる者が纔《わず》かに筆を下せば」。底「『（仏法）金湯編』に、『顧愷之、字は長康、小字は虎頭。画に工《たくみ》なり。一日、瓦官寺の殿壁に於いて維摩の像を画く。戸を開けば、光明、寺を照らす〔云云〕』」。補顧愷之は、中国東晋の画家。字は長康。かつて虎頭将軍となったことから顧虎頭の称がある。
(4)墻壁生光＝誠「墻壁、忽ちに大光明を発生す」。

《意訳》

また

維摩居士は昔香積《こうしゃく》如来にご飯を請い、須弥灯王《しゅみとうおう》仏に座を借りた。
何もかも貰い物借り物で大恥をかいたが、
その維摩居士の姿を虎頭《ことう》が筆で画くと、
画いた壁から光が生じた。

【八五】又

毛呑巨海、芥納須彌。
古佛既去、文不在茲。

《訓読》

又《ま》た

毛《もう》(1)、巨海《こかい》を呑《の》み、芥《け》に須弥《しゅみ》を納《い》る。

古仏《こぶつ》(2)既《すで》に去《さ》る、文《ぶん》(3)、茲《ここ》に在《あ》らざらんや。

《註》

(1)毛呑巨海、芥納須彌＝誠「さてこの維摩はどうぞ。…と云う。此の如き不思議の大神通妙用があるぞ」「一二、双柱の句法」。底「(『維摩経』)不思議品に、『維摩詰言わく、〈唯《いい》、舎利弗。諸仏菩薩に解脱有り、不可思議と名づく。若《も》し菩薩の、是の解脱に住する者は、須弥の高広を以て芥子の中に内《い》れて増減する所無し。須弥山王の本相、故《もと》の如し。而も四天王、忉利《とうり》の諸天、己が入る所を覚らず知らず、唯だ応に度すべき者は乃ち須弥の、芥子の中に入るを見る。是れを不可思議解脱の法門と名づく。又た四大海の水を以て一毛孔に入るに、魚鼈黿鼉《ぎょべつげんた》水性の属を嬈《なや》まさず。而も彼の大海の本相、故の如し。諸龍鬼神阿修羅等、己が入る所を覚らず知らず。此の衆生に於いて、亦た嬈ます所無し〉』」。

(2)古佛既去＝誠「此の如き古仏の此の金粟如来維摩居士は、何《いず》くにか去って」。底「古仏」は、「『碧巌』八十四則の評に、『維摩は乃ち過去の金粟如来』」。

(3)文不在茲＝底「『論語』子罕に、『文王既に没すれども、文、茲に在らざらんや』」。補「文」は、礼楽文化。ここでは仏法の意。

《意訳》

また
ひとすじの毛の中に大海を呑み込み、
ひとつぶの芥子の中に須弥山を容れる。
もう古仏はとっくに世を去ったが、
その教えは今もここにあるではないか。

【八六】又

臥疾毘耶、悲生慷慨。
好敕文殊、慰彼癡愛。

《訓読》

又《ま》た
(1)疾《やまい》に毘耶《びや》に臥《ふ》す、(2)生《しょう》を悲《かな》しんで慷慨《こうがい》す。
好《よ》し(3)文殊《もんじゅ》に勅《ちょく》して、(4)彼《か》の痴愛《ちあい》を慰《い》せしむ。

《註》

(1)臥疾毘耶＝[誠]「何故の病気ぞ」。[底]「(『維摩経』)方便品に、『毘耶離《びやり》大城の中に長者有り、維摩詰と名づく〔云云〕。方便を以て、身に疾有ることを現ず』」。[補]「毘耶」は、印度の都市ヴァイシャーリー。

(2)悲生慷慨＝誠「病性相い分けた一切衆生を愛し悲憐して慷慨嘆大息す」。「慷慨」は、底「『慧琳音義』に、『憤壮慨歎太息なり』」。
(3)敕文殊＝底「(『維摩経』) 問疾品」。補【八三】(1)参照。
(4)慰彼癡愛＝誠「『痴より愛有り、我が疾生ずる』と慷慨歎大息して居る維摩を慰しなぐさめしむるがよいぞ」。

《意訳》

また
維摩居士が毘耶城《びやじょう》で病の床に伏している。
一切の衆生を憐れみ悲しんでいる。
そこで文殊に命じて、
維摩居士の嘆きを慰めてあげるがよい。

【八七】又

佛身無爲、法門不二。
示疾毘耶、有甚麼事。

《訓読》
又《ま》た

(1)仏身無為《ぶっしんむい》、(2)法門不二《ほうもんふに》。
(3)疾《やまい》を毘耶《びや》に示《しめ》す、(4)甚麼《なん》の事《じ》か有《あ》る。

《註》

(1)佛身無爲＝誠「さあ此の維摩は『仏身無為、諸数に堕せず』と云い」。底「(『維摩経』)弟子品に、『仏身は無為にして、諸数に堕せず。(此の如き身に、当に何の疾か有るべき。当に何の悩か有るべき)』」。補「無為」は、原因や条件(因縁)によって生成されたものではない、常住不変の存在をさす語。涅槃の異名。

(2)法門不二＝誠「又た『菩提の法門、元来不二』と云うたが」。補「不二」は、無差別平等の教え。【八三】(4)参照。

(3)示疾毘耶＝誠「夫れじゃのに、疾を毘耶城裏に示す」。

(4)有甚麼事＝誠「仏身無為なれば、何も疾を示す事はありそもないものを」「維摩に一拶したもの」。

《意訳》

また

仏身は生じることも滅することもない常住不変であり、
菩薩の法門は不二であるのに、
わざわざ維摩は毘耶城に疾《やまい》を示して、
一体何をしようというのか。

【八八】文殊

佛見法見、前三後三。
鐵圍放逐、不容對談。

《訓読》

(1)文殊《もんじゅ》

(2)仏見法見《ぶっけんほっけん》、(3)前三後三《ぜんさんごさん》。

(4)鉄囲《てっち》に放逐《ほうちく》して、対談《たいだん》を容《ゆる》さず。

《註》

(1)文殊＝誠「恁麼《いんも》に賛し将《も》ち来られては、さすがの文殊も手脚を置くに所なけん」。

(2)佛見法見＝底「『会元』（一、釈迦牟尼仏の章）に、『世尊、因みに文殊、忽ちに仏見法見を起こし、世尊の威神に、二鉄囲山に摂向《せっこう》せらる』。〇『（起世）因本経』に、『四大洲、八万の小洲、諸余の大山須弥山王の外に於いて、別に一山有り。名づけて鉄囲と云う』」。補 仏についての執見と、法についての執見。

(3)前三後三＝補【一一】(2)参照。

(4)鐵圍＝補 鉄囲山。仏教の世界観で、須弥山を囲む九山八海の最外輪にあるという鉄で出来た山。文殊が仏見法見を起こして放逐された所。

《意訳》

文殊

仏見法見を起こして、
鉄囲山《てっちせん》に放逐され、
前三三後三三と言って、
対談することもかなわぬ。

【八九】又

妙徳無得、大智不知。
鼻孔相似、七佛祖師。

《訓読》

又《ま》た
(1)妙徳《みょうとく》は無得《むとく》、(2)大智《だいち》は不知《ふち》。
(3)鼻孔《びくう》相《あ》い似《に》たり、(4)七仏《しちぶつ》の祖師《そし》。

《註》

(1)妙徳無得＝誠「真の妙徳に至っては無得な者ぞ」。「妙徳」は、底「『(翻訳)名義集』に、『文殊師利、此には妙徳と云う』」。
(2)大智不知＝誠「真の大智に至っては不知な者ぞ」「…と云うて、一二でしっかりと文殊を面前把捉し来っておいて」。「大智」は、底「同上（『名義集』）に、『文殊は、能証の大智を表わす』」。
(3)鼻孔相似＝誡「さて此の文殊は…」。補顔がよく似ている。『一山語録』上に、「水牯牛と寒山子と、頭角殊なりと雖も、鼻孔相い似たり」。
(4)七佛祖師＝誡「まぎれもない七仏の祖師」。底「『百丈広録』に、『文殊は是れ七仏の祖師』」。補『虚堂録犂耕』五に、「経に、七仏の文無し。吾が宗に往往に『文殊は七仏の師』と言う者は、『百丈録』を本と為す」。

《意訳》

また

真の妙徳は何も得る所のないものであり、
真の大智は何も知る所のないものである。
文殊といっても我々と同じ顔つきであるが、
それでいてまぎれもない七仏の祖師であるぞ。

【九〇】又

暮雲歸鳥碧層巒、人在金剛窟裏看。
稽首智光開五字、三三前後不相瞞。

《訓読》

又《ま》た

(1)暮雲帰鳥《ぼうんきちょう》、碧層巒《へきそうらん》、(2)人《ひと》は金剛窟裏《こんごうくつり》に在《あ》って看《み》る。
(3)稽首《けいしゅ》す智光《ちこう》の五字《ごじ》を開《ひら》くことを、(4)三三前後《さんさんぜんご》、相《あ》い瞞《まん》ぜず。

《註》

(1)暮雲帰鳥碧層巒＝[誠]「暮雲帰鳥、岫に帰り」「文殊の全体左右、脱体現成」。[補]「碧層巒」は、碧く重なり合う山の峰峰。

(2)人在金剛窟裏看＝[誠]「それじゃに五台山中の金剛窟裏に在って、文殊に相見せようと思うぞ。早く錯《あやま》り了われりではないか」。「金剛窟」は、[底]「文殊・無著相見の処なり。後来、之《これ》を金剛窟と謂う」。[補]五台山華厳寺内にあったという窟。『碧巌録』三十五則、本則評唱に、「文殊、均提《きんだい》童子（文殊の侍者）をして、送って門首に出でしむ。無著、童子に問うて云わく、『適来道《い》う、〈前三三、後三三〉と。是れ多少ぞ』。童子云わく、『大徳』。著、応喏す。童子云わく、『是れ多少ぞ』。又た問う、『此れは是れ何なる寺ぞ』。童子、金剛の後面を指す。著、首《こうべ》を回《めぐ》らすや、化寺と童子と、悉く隠れて見えず、只だ是れ空谷なり。彼処《かしこ》をば後来、之を金剛窟と謂う」。

【一一】(2)参照。

(3)稽首智光開五字＝[誠]「今日、月船、親しく稽首す、智光の五字の総持門を開くことを。智光は文殊を云う」。「五字」は、[底]「『文殊の五字陀羅尼』一巻、不空訳」。[補]『金剛頂経瑜伽文殊師利菩薩法』（『大正蔵』二十）に、文殊が五字陀羅尼「阿羅跛者嚢《あらはしゃのう》」を説いたとある。

(4)三三前後不相瞞＝[誠]「無著に対しても、此の智光文殊は一点も相い瞞ぜず」。

《意訳》

また

翠《みどり》つらなる山の峰に雲は帰り、鳥も巣に戻っていく。

しかし人は五台山の金剛窟の中に在ってみている。

文殊が五字真言を説かれたことに稽首します。

前三三後三三などと言っても、人をだますものではないぞ。

【九二】又

師子吼空花雨來、無端大地絶纖埃。
機前逼佛吹毛劍、不敢等閑掛五臺。

《訓読》

又《ま》た

師子《しし》、空《くう》に吼《ほ》えて花雨《かう》来《きた》る、端無《はしな》く(1)大地《だいち》、纖埃《せんない》を絶《ぜっ》す。

(2)機前《きぜん》、仏《ほとけ》に逼《せま》る吹毛《すいもう》の剣《けん》、(3)敢《あ》えて等閑《なおざり》に五台《ごだい》に掛《か》けず。

《註》

(1)大地絶纖埃＝誠「纖埃を絶し清浄国土となる」。

⑵機前逼佛吹毛劍＝誠「（吹毛は）一振りの吹毛の剣」。底「『大蔵一覧』に、『五百菩薩、宿命智を得て、億多劫所作の重罪を知り、以て憂悔するが故に、無生を証せざる時に、文殊師利、其の念を知り已わって、大衆の中に於いて刀を把《と》って仏を害せんとす。仏言《のたま》わく、〈若《も》し我を害せんと欲せば、為《ため》に善く我を害せよ〉。文殊、仏に白して云わく、〈何を名づけてか、我を害せんと欲せば、為に善く我を害せよ、と為す〉。仏、因って広く説く、〈一切諸法は、皆な幻化の如し。若し能く是《かく》の如くならば、是れ善く我を害するなり〉。菩薩、是れに由って、照らかに宿罪は皆な幻化の如くなることを知って、無生忍を得たり。五百菩薩、異口同音に偈を説いて言わく、〈文殊大智士、深く法の源底に達し、自ら手に利剣を握り、持して如来の身に逼ること剣の如し。仏も亦た爾《しか》り。一相にして二有ること無し。無相にして所生無し。是の中、云何《いかん》が殺さん〉』」。補「機前」は、物事が起こる前。考えたり言葉を発したりする前。機先。

⑶不敢等閑掛五臺＝誠「今に至るまで掌握裏にしっかりと把捉して居る」。「五台」は、底「『一統志』太原府、『五台山は、五台県の東北一百四十里に在り。世に伝う、北方に文殊師利所居の地有り。清涼山と曰うは即ち此れなり』」。

《意訳》

また

獅子が空にほえて、花の雨を降らしてきた。
思いがけなくも尽大地、清浄国土となった。
はたらきに出る前に仏様にも逼る勢いの吹毛剣《すいもうけん》を、

今あえてなおざりに五台山に掛けたりはしない、しっかりとつかまえておるぞ。

【九二】又

青山萬疊鎖煙嵐、無著今朝來自南。
凡聖同居多少衆、不將前後數三三。

《訓読》

(1)又《ま》た
(2)青山万畳《せいざんばんじょう》、煙嵐《えんらん》を鎖《と》ざす、(3)無著《むじゃく》、今朝《こんちょう》、南《みんなみ》より来《きた》る。
(4)凡聖同居《ぼんしょうどうご》、多少《たしょう》の衆《しゅ》、前後《ぜんご》を将《もっ》て三三《さんさん》を数《かぞ》えず。

《註》

(1)又＝誠「就中透逸《なかんずく》」。
(2)青山萬疊鎖煙嵐＝誠「此の文殊の五台山の様子はどうぞ。千峰万峰、千重万畳と盤屈として、深く煙霞翠嵐を鎖ざす」。
(3)無著今朝來自南＝補五台山の金剛窟で文殊と対談したという無著。【一一】(2)参照。
(4)凡聖同居多少衆＝誠「さて此の文殊の五台山中はどうぞ…」。

《意訳》

また
みどりの山が幾重《いくえ》にも重なり合って、もやの掛かった山並みを鎖ざしている。

今朝無《む》著《じゃく》は南方からやってきた。

さてこの文殊の五台山中には、悟った者も凡夫も共にいるが、一体どれだけいるのだろうか。

前後三三などとはとても数え尽くされぬ。

【九三】又

五字總持一字無、三三前後謾塗糊。

龍宮所化知何許、小女靈山來獻珠。

《訓読》
又《ま》た
(1)五字《ごじ》の総持《そうじ》、一字《いちじ》も無《な》し、(2)三三前後《さんさんぜんご》、謾《みだ》りに塗糊《とこ》す。
(3)龍宮《りゅうぐう》の所化《しょけ》、知《し》んぬ何許《いくばく》ぞ、(4)小女《しょうにょ》、霊山《りょうぜん》に来《きた》って珠《たま》を献《けん》ず。

《註》
(1)五字總持一字無＝誡「この文殊菩薩の五字の総持、月船が点検し看来れば一字も無し」。「総持」は、底「『(翻訳) 名義集』に、『陀羅尼、総持と翻ず』」。補「総持」は、陀羅尼の意訳。【九〇】(3)参照。

(2)三三前後謾塗糊＝[誠]「それじゃに此の文殊は前三後三なぞと云い出したのは、謾りに塗糊してしもうたと云う者」。「塗糊」は、[誠]「相い分からぬ様に成った」。[底]「大慧（宗）杲の頌に、『却来して当面に塗糊を受く』。○蓋し糊塗と同じ。『字典』に、『糊塗は、不分暁なり』」。[補]塗り立てる、飾り立ててごまかす。

(3)龍宮所化知何許＝[誠]「此の文殊菩薩は龍宮に往って衆生を化度なされたと云うが、龍宮の海中、所化の衆生、其の数いかばかりかを知らず」。[底]「『法華』提婆品に、『智積菩薩、文殊師利に問う、〈仁、龍宮に往いて、所化の衆生、其の数幾何《いくばく》ぞ〉。文殊師利言わく、〈其の数無量なり、称計すべからず。口の宣ぶる所に非ず、心の測る所に非ず（云云）〉』」。

(4)小女靈山來獻珠＝[誠]「唯だ小若い歳の龍女一人のみ、霊山に来って珠を献ずるばかりじゃ」。[底]「同上（『法華』提婆品）に、『龍女に一の宝珠有り、価直三千大千世界なり。持して以て仏に上《たてまつ》る』」。

《意訳》

また

文殊菩薩の五字の陀羅尼といっても、元々一字もないものだ。

それをわざわざ前三三後三三などと言って訳も分からぬ事を言いふらす。

この文殊は昔龍宮に行って衆生を済度したというが、一体どれほどの衆生を救ったというのか。

ただ一人の少女が霊山に来て珠を献じただけではないか。

【九四】普賢

行願未満、象生六牙。
又何去、聞道娑婆説法華。

《訓読》

普賢《ふげん》

(1)行願《ぎょうがん》未《いま》だ満《み》たず、(2)象《ぞう》、六牙《ろくげ》を生《しょう》ず。
(3)又《ま》た何《いず》くにか去《さ》る、聞道《きくなら》く、(4)娑婆《しゃば》に法華《ほっけ》を説《と》くと。

《註》

(1)行願未満＝誠「行願未だ満たざる已前、已《すで》に此の大白象王は」。
(2)象生六牙＝底「同上（『法華』）、普賢勧発品に、『是の人、若《も》しくは行き、若しくは立ち、此の経を読誦せば、我、爾《そ》の時、六牙の白象王に乗り、大菩薩衆と倶に其の所に詣り、自ら身を現じて供養守護して、其の心を安慰せん』」。
(3)又何去＝誠「是れ箇の大行普賢菩薩は…」。
(4)娑婆説法華＝誠「此の娑婆世界中に今尚お盛んに法華を説く」。底「同上（『法華』普賢勧発品）に、『世尊、我、宝威徳上王仏の国に於いて、遥かに此の娑婆世界に法華経を説くを聞いて〔云云〕』」。

《意訳》

普賢

普賢菩薩はその行願がまだ満たないうちに、六つの牙を持った白象に乗ってあらわれた。そして一体どこへ去っていったのか。聞く所では、今もなおこの娑婆世界で法華を説いておられるそうだ。

【九五】観音

黒風吹船舫、飄墮羅刹國。那時急轉身、念彼觀音力。

《訓読》

観音《かんのん》

(1)黒風《こくふう》、船舫《せんぼう》を吹《ふ》いて、(2)羅刹国《らせつこく》に飄堕《ひょうだ》す。(3)那時《なじ》、急《きゅう》に身《み》を転《てん》じて、(4)彼《か》の観音《かんのん》の力《ちから》を念《ねん》ぜよ。

《註》

(1)黒風吹船舫＝誠「若《も》し人一切衆生、大海中に黒くなって大風大雨大難に逢う」。補「黒風」は、あらい風、暴風。

(2)飄墮羅刹國＝誠「吹き流されて…」。「黒風吹船舫、飃墮羅刹国」は、底「同上（『法華』）、普門品」。

(3)那時＝誠「さ、其の時」。

(4)念彼觀音力＝底「同上（『法華』普門品）」。

《意訳》

観音

大海を航海中に大風に吹かれて、羅刹の国に吹き流された時に、その時こそすぐに身を転じて、彼の観音様の力を念じなさい。

【九六】又

塞斷耳根、伐却聞性。鵲噪鴉鳴、欲供觀世音淨聖。

《訓読》

又《ま》た

耳根《にこん》(1)を塞断《そくだん》し、聞性《もんしょう》を伐却《ばっきゃく》す。鵲噪鴉鳴《じゃくそうあみょう》(2)、観世音《かんぜおん》浄聖《じょうしょう》に供《きょう》せんと欲《ほっ》す。

《註》

(1)塞断耳根、伐却聞性＝誠「是れが観世音菩薩耳根円通の当体」。補「聞性」は、音声の有無に関わらず常に存在する聴覚の本性。【一〇二】(2)参照。

(2)鵲噪鴉鳴、欲供観世音浄聖＝誠「上件、是《かく》の如く円通無礙の当体に到っては、鵲はチウチウ、烏はガアガアも悉く皆な金剛の正体なれば、是れを以て観世音の浄聖に供ぜんと欲するなり」。補「鵲噪鴉鳴」は、カササギやカラスが鳴きさわぐこと。「観世音浄聖」は、底「同上（『法華』普門品）」。

《意訳》

また

耳の感覚器官を塞《ふさ》いで、
その聞くものを断ち切る。
カラスの鳴くのも鵲《かささぎ》の噪《さわ》ぐのもみな悉く、
浄く尊い観世音菩薩に供養しようとしている。

【九七】又

大火所焼、大水所漂。
険處回首、月在晴霄。

《訓読》

又《ま》た

(1)大火《たいか》に焼《や》かれ、大水《だいすい》に漂《ただよ》わさる。

(2)険処《けんじょ》に首《こうべ》を回《めぐ》らさば、(3)月《つき》は晴霄《せいしょう》に在《あ》り。

《註》

(1)大火所焼、大水所漂＝誠「若《も》し人一切衆生…」。底「同上（『法華』普門品）に、『設《たと》い大火に入るも、火、焼くこと能わず。是の菩薩の威神力に由るが故に。大水の為に漂わされんに、其の名号を称えば、即ち浅処を得ん』」。

(2)険處囘首＝誠「此《かく》の如く険処に在っても、一回首を回らして看よ」。

(3)月在晴霄＝誠「どこでも此の観音は出現ぞ。然れども真箇の観音は一二で看よ」。

《意訳》

また

火に焼かれ、

水に溺れた時、

そのような窮地にいるときこそ頭をめぐらして看よ。

月は晴れ渡った空にあるごとく、観音様はいつもあなたの側にいますよ。

【九八】又〔瓶柳在側〕

善財不敢出門庭、蹋遍南方百十城。
家醜難藏補陀境、春風瓶裏柳枝青。

《訓読》

又《ま》た〔(1)瓶柳《びょうりゅう》、側《かたわ》らに在《あ》り〕
(2)善財《ぜんざい》、敢《あ》えて門庭《もんてい》を出《い》でず、(3)蹋遍《とうへん》す南方百十城《なんぽうひゃくじゅうじょう》。
(4)家醜《かしゅう》、蔵《かく》し難《がた》し、(5)補陀《ふだ》の境《きょう》、(6)春風瓶裏《しゅんぷうびょうり》、柳枝青《りゅうしあお》し。

《註》

(1)瓶柳在側＝[補]楊柳観音にこの像容がある。

(2)善財不敢出門庭＝[誠]「善財、うけようて自分の門庭を一歩も踏み出ざるに」。「善財」は、[底]「生まるる時、種種の宝財涌出す。故に善財と名づく。『華厳』入法界品に詳し」。[補]善財童子は『華厳経』入法界品に見える。教えを求めて五十三人の善知識を遍歴する。

(3)蹋遍南方百十城＝[誠]「(蹋遍は)残る処も無く踏著」。[底]「『三蔵法数』に、『文殊、遂に善財をして南方に往かしむ。先ず徳雲比丘に参じ、次第に展転指示して、終わり普賢菩薩に参じ、即ち一切仏刹微塵数の三昧門を得たり。善財、是の如《かく》く一百十城を歴て、五十三の善知識に参ず。是れを五十三参と為す』」。

(4)家醜難藏＝[誠]「家醜は家私と同じ」「(難蔵は)掩い蔵し難し」。[補]「家醜」は、家の醜態、家の恥。家風を謙遜して言ったもの。

(5)補陀境＝底『華厳』入法界品に、『〈南方に山有り、補怛洛伽《ほたらか》と名づく。彼に菩薩有り、観自在と名づく〉。時に善財童子、漸次に遊行して彼の山に至る。其の西面巌谷の中を見るに、泉流縈映《えいえい》し、樹林蓊鬱《おううつ》たり。香草柔軟、右旋して地に布《し》く。観自在菩薩、金剛宝石の上に於いて結跏趺坐す。無量の菩薩、皆な宝石に坐し、恭敬囲繞して、為に大慈悲の法を宣説す」。

(6)春風瓶裏柳枝青＝誠「是れが蔵し難き処の補陀落境中家醜ぞ。真の観音を見んと要せば、一二句に於いて眼を着けて看よ」。

《意訳》

また〔柳を生けた瓶がそばにある〕

善財童子は自分の家の庭を一歩も出ずに、
南方百十もの町を歩き廻ってきた。
観音様も補陀落《ふだらく》では家の恥は隠せない。
春風に吹かれて瓶に挿した柳の枝も青々と芽を吹いている。

【九九】又〔右持蓮華左抱小兒〕

諸佛同慈、衆生同悲。
紅蓮在手、能賺小兒。

《訓読》

又《ま》た〔(1)右《みぎ》に蓮華《れんげ》を持《じ》し、左《ひだり》に小児《しょうに》を抱《いだ》く〕
(2)諸仏同慈《しょぶつどうじ》、衆生同悲《しゅじょうどうひ》。
(3)紅蓮《ぐれん》、手《て》に在《あ》り、(4)能《よ》く小児《しょうに》を賺《すか》す。

《註》

(1)右持蓮華左抱小兒＝補子安観音などの像容か。
(2)諸佛同慈、衆生同悲＝誠「一二、『十句観音経』の意なり」「十方一切の諸仏如来と大慈大悲心を同じうして、一切衆生を済度し抜苦与楽する観音菩薩ぞ」。底「『楞厳』に、『一には、上、十方諸仏の本妙覚心に合《かな》って、仏如来と同一の慈力有り。二には、下、十方一切六道の衆生に合って、諸《もろもろ》の衆生と同一の悲仰あり』」。
(3)紅蓮在手＝誠「此の如き観音…」。
(4)能賺小兒＝補「賺」は、機嫌を取りなだめる。

《意訳》

また〔右手に蓮華を持ち、左手に幼子を抱いている〕
観音様は一切の諸仏と同じ大慈を持ち、
一切の衆生と同じ大悲心を持っているというが、
今この観音さまは蓮の花を手にして、
幼子をあやして下さっている。

【一〇〇】又〔柳枝洒水〕

枝頭滴滴、乃漱乃濯。
咄哉観世音、打濕袈裟角。

《訓読》

又《ま》た〔(1)柳枝《りゅうし》、水《みず》を洒《そそ》ぐ〕
(2)枝頭滴滴《しとうてきてき》、(3)乃《すなわ》ち漱《すす》ぎ乃《すなわ》ち濯《あら》う。
(4)咄哉《とっさい》、観世音《かんぜおん》、(5)袈裟角《けさかく》を打湿《たしつ》す。

《註》

(1)柳枝洒水＝補 楊柳観音などの像容か。
(2)枝頭滴滴＝誠「楊柳枝頭、浄水滴滴」「（滴滴は）そそぐ貌」。
(3)乃漱乃濯＝誠「其の滴りを以て…」。底「陶潜が詩（『時運』）に、『洋洋たる平津、乃ち漱ぎ乃ち濯う』」。
(4)咄哉＝補「咄」は、叱咤する声。『助語審象』下に、「『これはさて』と訳す。其のことの不満を叱することばなり」。
(5)打濕袈裟角＝誠「あったら御自分の御袈裟がぬれまするぞ」。底「『会元』（十四）梁山（縁）観禅師の章に、『僧問う、〔云云〕〈忽然として傾湫倒岳《けいしゅうとうがく》の時は如何《いかん》〉。師、座を下りて把住して曰わく、〈却って老僧が袈裟角を湿せしむること莫かれ〉』」。

《意訳》

また〔柳の枝で水をそそいでいる〕

柳の枝に水をそそいだ、その一滴一滴で、
口をすすいだり、顔を洗ったりする。
ほら、観音さまよ。
ご自分の袈裟もぬらしてしまったぞ。

【一〇二】又〔拄頭観瀑〕

聞與無聞、生滅圓離。
飛流千尺、隻手拄頤。

《訓読》

又《ま》た〔(1)頤《おとがい》を拄《ささ》え瀑《たき》を観《み》る〕
(2)聞《もん》と無聞《むもん》と、生滅円離《しょうめつえんり》。
飛流千尺《ひりゅうせんじゃく》、隻手《せきしゅ》、頤《おとがい》を拄《ささ》う。

《註》

(1)拄頭観瀑＝補「拄頤」は、ほおづえ。滝見観音の像容か。
(2)聞與無聞、生滅圓離＝誠「観世音菩薩は耳根円通の薩埵なれば、聞も生も滅も、一切皆な円融遠離と云う者ぞ」。
底「『楞厳』（六）に、『音声の性に動静あれば、聞の中に有無を為す。声の無きとき、無聞と号すれども、実に聞の性無きに非ず。声の無きとき、既に滅無し。声の有るとき、亦た生ずるに非ず。生滅二つながら円離せり。是れ則ち常真実なり』」。

《意訳》

また〔頬杖をついて滝を眺めている〕

聞くも聞かぬも、

生ずるも滅するも、みな円満にして一切の汚れを離れた本性なので、

千尺の滝を、

片手であごを支えてご覧になっている。

【一〇二】魚籃

畫眉翠黛、滿面春風。

放下籃子、鱗鱗化龍。

《訓読》

(1)魚籃《ぎょらん》

(2)画眉翠黛《がびすいたい》、(3)満面《まんめん》の春風《しゅんぷう》。

(4)籃子《らんす》を放下《ほうげ》すれば、(5)鱗鱗《りんりん》、龍《りゅう》と化《け》す。

《註》

(1)魚籃＝誠「東林の照覚（常）総公が、東坡が偈の『谿声便是広長舌（云云）』、是れを能く料理した（【一五】(5)参照）と一般にして、又た別に思わくがあるぞ」。底「未詳。○『三才図会』人物の部に、南海観音の図を出す。其の相、女人にして手に魚籃を携う」。補 宋濂の『護法録』八、「魚籃観音像賛」に、「予、『観音感応伝』を按ずるに、唐の元和十二年、陜右の金沙灘《きんしゃだん》上に美艶《びえん》の女子有り。籃《かご》を挈《ひっさ》げて魚を鬻《ひさ》ぐ。人競うて之を室とせんと欲す。女曰わく、『妾《われ》、能く経を授く。一夕に能く普門品を誦する者に事《つか》えん』。黎明、能くする者二十。女、辞して曰わく、『一身、豈に衆夫に配するに堪えんや。請う、金剛経に易《か》えて、前の期の如くせん』。能くする者、復た其の半に居る。女、又た辞して、請うて法華経に易え、期するに三日を以てす。唯だ馬氏の子のみ能くす。女、礼を具して婚を成さしむ。門に入れば、女、即ち死す。死ぬれば即ち糜爛《びらん》して立ちどころに尽く。遽《にわ》かに之を瘞《うず》む。他日、僧有り、馬氏の子と同じくして、蔵《おさ》めしを啓いて之を観れば、唯だ黄金の鎖子骨《さしこつ》のみ存せり。僧曰わく、『此れ観音、示現して、以て汝を化するのみ』。言い訖《お》わって空に飛んで去る。是れより陜西、誦経の者多し」。

(2)畫眉翠黛＝誠「…粧をなし」「一二、魚籃観音の顔色容貌の美麗なるを云う」。補「翠黛」は、美人の青いまゆずみ。

(3)満面春風＝誠「面色一杯、どこども春風ののどかなる景色」。

(4)放下籃子＝誠「若《も》し知音の人に逢うて、纔《わず》かに籃子を放下し了われば」。

(5)鱗鱗化龍＝誠「其の籃中の鱗鱗、三十六鱗（鯉のこと）悉く皆な龍と化す」。

《意訳》

魚籃観音《ぎょらんかんのん》

魚籃観音さまは、まるで眉を画いたような美しいお顔で、
満面に春風を受けていらっしゃる。
籃《かご》を手放してしまうと、
魚はみな龍となって、天に昇っていった。

【一〇三】龍福千江老兄和尚手畫觀音大士高乾觀長老請贊月船禪慧謹拜手稽首爲之贊曰

千江水淨、一輪影沈。
能畫所畫、向背何尋。
咦、大慈大悲觀世音。

《訓読》

(1)龍福《りゅうふく》の(2)千江老兄和尚《せんこうろうひんおしょう》手画《しゅが》の観音大士《かんのんだいし》、(3)高乾《こうけん》の観長老《かんちょうろう》、賛《さん》を請《こ》う。月船禅慧《げっせんぜんね》、謹《つつし》んで(4)拝手稽首《はいしゅけいしゅ》、之《これ》が賛《さん》を為《つく》って曰《い》わく

(5)千江水浄《せんこうみずきよ》く、一輪影沈《いちりんかげしず》む。
(6)能画所画《のうがしょが》、向背何《こうはいなん》ぞ尋《たず》ねん。

【一〇三】龍福千江老兄和尚手畫観音大士高乾觀長老請贊月船禪慧謹拜手稽首爲之贊曰

(7)咦《い》、(8)大慈大悲観世音《だいずだいひかんぜおん》。

《註》

(1)龍福＝誠「駿州龍福寺。清見寺の末派なり」。底「寺の名」。補未詳。市毛弘子『巨鼇山清見興国禅寺の歴史』所載の末寺表に見えず。

(2)千江老兄和尚＝補月船の生家である秋元家の記録によれば、秋元長右衛門の子で月船の俗兄に当たり、龍福寺に住したという（今泉令子「小野の名僧　月船と物先」『新小野町郷土誌』）。

(3)高乾観長老＝誠「高乾院、岳陽の観長老」。補岳陽宗観。宝暦十一年（一七六一）、高乾院第二十二世喝巌智連の法嗣として前堂転位、同院第二十三世。

(4)拜手稽首＝底「『書』の『洛誥』に、『周公、拜手稽首して曰わく、〈朕、子を明辟《めいへき》に復す〉』」。

(5)千江水浄、一輪影沈＝誠「観音の面目脱体現成、好箇の観音菩薩ぞ」「千江水浄く、一輪影沈む。是れが即ち真の観音」「水浄きときは則ち一輪影沈む」。補『普灯録』十八、此庵守浄の章に、「千江水有りて千江の月」。

(6)能畫所畫、向背何尋＝誠「上、此《かく》の如き真の観音に到っては、能画の向背、所画の向背、何ぞ尋ねん」。補「能画所画」は、描く主体と描かれる客体。「向背」は、顔を向けることと背けること。

(7)咦＝誠「『何ぞ尋ねん』と一切掃蕩し了わって置いて…」。補『字彙』に、「大いに呼ぶなり。又た笑う貌」。

(8)大慈大悲観世音＝誠「どなたかと思ったら大慈大悲観世音、と建立し来ったものぞ」「一二で実相真如の観音を脱体現成して置いて、三四に到って一切事掃蕩し了わって、『咦』とやって置いて、『大慈大悲観世音』と建立し来ったものぞ」。

《意訳》

駿河の龍福寺の千江老和尚が手ずから観音さまを画いて、高乾院の観長老が賛を請うた。

私月船は恭しく拝んで賛を書いた

どの川も水が浄く澄んで、

お月様の影がその中に映っている。

画く者も画かれるものも、

紙に向かって画く者も紙を背に画かれるものもどこにあろうか。

さてここが分かるかな。

大慈大悲の観音さまは目の前に現れているぞ。

【一〇四】達磨

狼毒之腸、生鐵之面。

手脚未彰、半身先現。

《訓読》

(1)達磨《だるま》

(2)狼毒《ろうどく》の腸《ちょう》、生鉄《さんてつ》の面《めん》。

(3)手脚《しゅきゃく》未《いま》だ彰《あらわ》れず、(4)半身《はんしん》先《ま》ず現《げん》ず。

《註》

(1)達磨＝[誠]「江府湯島麟祥院に在り。峨山和尚の請」。
(2)狼毒之腸、生鐵之面＝[誠]「この達磨大師はどうぞ。砒《ひ》霜狼毒《そうろうどく》の肝腸、生鉄鋳成すが如き面目」。「狼毒」は、[底]「『本草綱目』に、『狼毒、葉は商陸及び大黄に似て、茎葉の上に毛有り〔云云〕』。○『雲臥紀談』に、『狼毒砒霜、口を下すを容《ゆる》さず』」。[補]「狼毒」は、毒草の名。また残虐残忍なこと。「生鉄」は、純粋な鉄。堅牢なものの喩え。【五二】(4)参照。
(3)手脚未彰＝[誠]「この達磨の…」。[補]口絵の達磨画賛では「手脚未露」となっている。
(4)半身先現＝[補]上半身のみを描いた半身達磨の像容。

《意訳》

達磨

この達磨は猛毒のはらわたを持ち、
鉄で鍛えたような面構《つらがま》え。
まだ手足もあらわれないうちに、
半身をまずあらわした。

【一〇五】又

揚子江空、少林月冷。
纔趨雪庭、隻履過嶺。

《訓読》

又《ま》た(1)
揚子江《ようすこう》(2)空《むな》しく、少林《しょうりん》(3)、月《つき》冷《ひ》ややかなり。
纔《わず》(4)かに雪庭《せってい》に趨《わし》れば、隻履《せきり》(5)、嶺《みね》を過《す》ぐ。

《註》

(1)又＝誠「一二は繞路、三四は直路、直路中に繞路あり、繞路中に直路があるぞ」。

(2)揚子江空＝誠「一二に達磨の面目、脱体現成ぞ」。「揚子江」は、底「『一統志』応天府、『大江の源、四川岷山より出ず。湘・漢・予章の諸水に合して、都城の西南より来り、西北を経て鎮江を過ぎ、東流して海に入る。本府の界に在る者凡そ二百余里を揚子江と名づく』」。補『碧巌録』一則、本則に「帝、契《かな》わず。達磨、遂に江（揚子江）を渡って魏に至る」。

(3)少林＝底「『伝灯』(三)達磨の章に、『嵩山《すうざん》の少林寺に寓止し、面壁して坐す。終日黙然たり。人、之《これ》を測ること莫し。之《これ》を壁観婆羅門《へきかんばらもん》と謂う』。○『一統志』河南府、『少林寺は登封県の西、少室山の北麓に在り。後魏の時、建つ。梁の時、達磨、此に居し、面壁すること九年』」。

(4)纔趨雪庭＝誠「纔かに此の達磨の雪庭に趨る間に。髪を容れざる底ぞ」。補「雪庭」は、【三〇】(3)参照。

(5)隻履過嶺＝誠「はや已に隻履を携えて葱嶺《そうれい》を過ぐ」。補「隻履」は、【二八】(2)参照。

《意訳》

また

揚子江には誰もいなく、
少林寺の月は冷ややかに輝いている。
すぐさま二祖が達磨のいる雪の庭に走っていったが、
達磨はとっくに片方のくつを持って葱嶺《そうれい》を越えて行かれてしまった。

【一〇六】又

積雪過膝、輕心慢心。
面壁年老、高寒難禁。

《訓読》

又《ま》た

(1)積雪《せきせつ》、膝《ひざ》を過《す》ぐ、軽心慢心《きょうしんまんしん》。
(2)面壁《めんぺき》、年《とし》老《お》いて、高寒《こうかん》、禁《た》え難《がた》し。

《註》

(1)積雪過膝、輕心慢心＝誠「さて此の達磨は、大乗の根有る二祖神光が来って、積雪、膝を過ぐる処に堅く立って法を求めてすら、『軽心慢心、小徳小智を以て真乗を冀《ねが》わんと欲する、徒《いたず》らに勤苦を労するのみ』と云う、此の達磨ぞ」。底「『伝灯』(三)達磨の章に、『十二月九日の夜、天、大いに雪を雨《ふ》らす。神光、堅く立ちて動ぜず。遅明《あけるころおい》、積雪、膝を過ぐ。師、憫れんで問うて曰わく、〈汝、久しく雪中に立ちて、当に何事をか求むべき〉。光、悲涙して曰わく、〈惟だ願わくは、和尚慈悲、甘露門を開いて広く群品を度せ〉。師曰わく、〈諸仏無上の妙道は、曠劫に精勤して行じ難きを能く行じ、忍に非ざるを而も忍ぶ。豈に小徳小智、軽心慢心を以て真乗を冀わんと欲せば、徒らに勤苦に労せん〉』」。

(2)面壁年老、高寒難禁＝誠「此の如き達磨故に、仏心宗を継ぎ得る底の者もなければ…」。

《意訳》

また

二祖は達磨の教えを受けようと雪の降る庭に立ち尽くして、とうとう雪が膝の上まで来てしまった。

しかしそれでもなお達磨は「そのような軽はずみな心や思い上がった心で真実の教えを求めてはならぬ」と言って二祖を退けられる。

しかし、その壁に向かって坐っている達磨ももはや年老いた。

とてもこの雪の寒さには耐えられぬ。

【一〇七】又

九年面壁、空腹高心。
誰在門外、積雪轉深。

《訓読》

又《ま》た
(1)九年面壁《くねんめんぺき》、空腹高心《くうふくこうしん》。
(2)誰《たれ》か門外《もんげ》に在《あ》る、積雪《せきせつ》、転《うた》た深《ふか》し。

《註》

(1)九年面壁、空腹高心＝誠「一二、慈明の問答の語を牒して置いたものぞ」。底『続灯』慈明（楚）円の章に、『僧問う、〈達磨九年面壁の意旨、如何《いかん》〉。師曰わく、〈空腹高心〉』」。補「高心」は、高慢の心。

(2)誰在門外＝誠「だれやら達磨の少室の門外に在る」。

《意訳》

また
九年間も面壁されたとは、
中身は空っぽなのに悟ったつもりなのか。
一体門の外には誰がいるのだろうか。
積雪は一層深い。

【一〇八】又

至人不遙、眼睛突出。
容易趨庭、積雪過膝。

《訓読》

又《ま》た

(1)至人《しじん》、遥《はる》かならず、(2)眼睛《がんぜい》、突出《とっしゅつ》す。
容易《ようい》に(3)庭《にわ》に趨《わし》れば、(4)積雪《せきせつ》、膝《ひざ》を過《す》ぐ。

《註》

(1)至人不遙＝誠「此の至人達磨は遥かならず、遠方に居りはせぬぞ」。底「『伝灯』(三)達磨の章に、『僧神光という者有って曰わく、〈近く聞く、達磨大士、少林に住止すと。至人、遥かならず。当に玄境に造《いた》るべし〉。乃ち彼《かしこ》に往き、晨夕参承す。師、常に端坐して牆《かべ》に面し、誨励を聞くこと莫し〔云云〕』」。
(2)眼睛突出＝誠「即今面前に碧眼睛を突出して居るぞ」。
(3)趨庭＝誠「此の達磨の門庭に趨り入れば」。底「『論語』季氏に、『(孔)鯉《り》、趨って庭を過《よぎ》る』」。
(4)積雪過膝＝誠「此の少林門庭へは、容易に足ぶみはならぬぞ」。

《意訳》

また
道を究めた人は決して遠くにはいない。

いま目の前にめんたまをひんむいておるぞ。
容易に庭を走り過ぎようとすれば、
積雪が膝のあたりまできても達磨は振り向いてはくれぬぞ。

【一〇九】又

一葦渡江、隻履過嶺。
東土西天、追迹認影。

《訓読》

又《ま》た
(1)一葦《いちい》、江《こう》を渡《わた》り、(2)隻履《せきり》、嶺《みね》を過《す》ぐ。
(3)東土西天《とうどさいてん》、迹《あと》を追《お》い影《かげ》を認《と》む。

《註》

(1)一葦渡江＝[誠]「此の達磨は梁の武帝に見《まみ》えてから、一葦、揚子江を渡り」。「一葦」は、[底]「『詩』の衛風に、『誰か河広しと謂う、一葦せば杭せん』」。[補]達磨が蘆《あし》の葉に乗って揚子江を渡ったという蘆葉達磨の伝説。『景徳伝灯録』『五灯会元』などには見えないが、『五家正宗賛』達磨の章に、「帝、契わず。遂に蘆を折って江を渡り、少林に至る」。また『仏祖統紀』三十七、大通元年条に「円悟云わく、『後人伝えて、〈蘆を折って江を渡る〉と。未だ所出を詳らかにせず』」。『詩経』衛風に見える「一葦」は、小舟の譬喩。
(2)隻履過嶺＝誠「それより又た…」。
(3)東土西天、追迹認影＝誠「然りしより爾来《このかた》、直に今に至るまで、東土西天、此の達磨の迹を追い、影を認む」。
補「東土西天」は、中国と印度。ここでは日本と中国を言うか。

《意訳》

また

達磨は武帝にまみえてから葦の葉に乗って揚子江を渡り、それからまた片方のくつをぶら下げて葱嶺《そうれい》を越えて行かれた。それからというもの中国でもこの日本でも、達磨の後を追いかけて、その姿を写している。

【二一〇】又

一葦過揚子、九年坐少林。
相逢不相識、明月落波心。

《訓読》

又《ま》た

【二一〇】又

(1)一葦《いちい》、揚子《ようす》を過《わた》り、(2)九年《くねん》、少林《しょうりん》に坐《ざ》す。
(3)相《あ》い逢《お》うて相《あ》い識《し》らず、(4)明月《めいげつ》、波心《はしん》に落《お》つ。

《註》

(1)一葦過揚子＝誠「この達磨は、曽て一葦に乗じて揚子江を過る」。

(2)九年坐少林＝誠「又た九年面壁して嵩山少林寺に坐す」。

(3)相逢不相識＝誠「鼻と鼻とつき合わせても相い識らず」「是の如《かく》く達磨大師には、梁王も闔国の人も皆な相い逢うて相い知らず、達磨宗は東土西天に至って今に盛んに行わるるぞ」。補『碧巌録』一則、本則評唱に、「武帝追憶して、自ら碑文を撰して云わく、『嗟夫《ああ》、之《これ》を見て見ず、之に逢って逢わず、今も古も、之を怨み之を恨む』」。

(4)明月落波心＝誠「是れで達磨の面目を見るならば、達磨、影を認むるぞ」「此の達磨は隻履を携えてどこへ行ってしもうた。跡かたちもない様子」「三四は、魏使宋雲が葱嶺《そうれい》で達磨に逢うたけれども、知らずして見逃したと云う意なり」。補「波心」は、川や湖の中央。無学祖元の「氷」（『貞和集』三）に「大地変じて生鉄の面と成り、明月の波心に落つるを容《ゆる》さず」。

《意訳》

また
達磨は葦の葉に乗って揚子江を渡って行かれて、
九年間も嵩山の少林寺で坐られたが、
梁の武帝も誰も達磨に会いながら達磨をご存じない。

達磨が去ったあとには、ただ明月が水面《みなも》を空しく照らすばかり。

【一一二】又

一華開五葉、傳法救群迷。
搔首風前立、祖師不自西。

《訓読》

又《ま》た
(1)一華《いっけ》、五葉《ごよう》を開《ひら》き、(2)法《ほう》を伝《つた》えて群迷《ぐんめい》を救《すく》う。
(3)首《こうべ》を搔《か》いて風前《ふうぜん》に立《た》つ、(4)祖師《そし》、西《にし》よりせず。

《註》

(1)一華開五葉＝誠「伝法の偈を一二に牒しておいたもの」。底「『伝灯』（三）達磨伝法の偈に、『吾、本《もと》、茲《こ》の土に来ることは、法を伝え迷情を救わんとなり。一華五葉を開き、結果自然に成る』」。補達磨から五代の祖師を経て禅宗の花が開く、達磨の法が五家に分かれて花開くなど、様々な解釈がある。
(2)傳法救群迷＝誠「『吾、本、茲の土に来ることは、法を伝えて迷情を救わんとなり』と達磨は云うたぞ」。
(3)搔首風前立＝誠「風前に立って、待てど暮らせど」。「搔首」は、底「『詩』の邶風《はいふう》（「静女」）に、『愛《あい》として見えず、首を搔いて踟躕《ちちゅう》す』」。補頭をかく。心の落ちつかない不安な時の動作。

(4)祖師不自西＝誠「達磨は元来東土に来りはせぬぞ。不来東土、不往西天、是れ之《これ》を真の達磨と云うぞ。此の達磨に於いては、未だ東土に来らざる已前、已に一華五葉、法を伝えて群迷を救い了わって居るぞ」。補『景徳伝灯録』十八、玄沙師備章に、「達磨、東土に来らず、二祖、西天に往かず」。

《意訳》

また

達磨は法を伝えて、迷える者を救うためにはるばる印度から中国にやってきて、
一つの花が見事に五つの葉に開かれた。
頭を掻《か》いて待てど暮らせど、
達磨は元々西からやってきたりはせぬぞ。

【一一三】又

一葦過揚子、隻履瘞熊耳。
鼠口拔象牙、欲補汝缺齒。

《訓読》

又《ま》た

(1)一葦《いちい》、揚子《ようす》を過《す》ぎ、隻履《せきり》、熊耳《ゆうじ》に瘞《うず》む。

(2)鼠口《そこう》に象牙《ぞうげ》を抜《ぬ》いて、(3)汝《なんじ》が欠歯《けっし》を補《おぎな》わんと欲《ほっ》す。

《註》

(1)一葦過揚子、隻履瘞熊耳＝[誠]「…と、此の二句に於いて達磨を分明に面前に捉得して来って置いて」。「瘞」は、[底]「『字彙』に、『於計の切。音は意。埋なり、蔵なり』」。「熊耳」は、[底]「『一統志』河南府、『陝州の東、熊耳山は乃ち達磨の葬処。其の塔、尚お存す』」。[補]『五灯会元』一、達磨の章に、「熊耳山に葬り、塔を定林寺に立つ。後、三歳、魏の宋雲、使を西域に奉じて回るとき、祖に葱嶺《そうれい》に遇う。（中略）門人、壙《はかあな》を啓《ひら》くに逮《およ》んで、唯だ空棺にして、一隻の革履のみ存す」。

(2)鼠口抜象牙＝[誠]「看来れば此の達磨は当門の歯（前歯）が欠けて居る故に、月船が今日鼠口に象牙を抜いて」。[底]「『抱朴子』外篇（「清鑒」）に、『虎の尾は狸の身に除《つ》かず、象牙は鼠口より出《い》でず』。○『仏光録』（「寒山拾得同軸」）に、『老鼠の口中、象牙無し』」。[補]「鼠口、象牙を出さず」は、劣った人物の口から勝れた言葉が出ることはないという意。『東帰集』（別源円旨著）の「感侍者を送る」に、「老胡の欠歯、君を煩わして補わしむ、鼠口中に向かって象牙を抜く」。

(3)欲補汝缺歯＝[誠]「汝達磨の当門の欠歯を補い入れてやろうと欲す」。「欠歯」は、[底]「雪堂行禅師の頌に、『達磨、当門に両歯を欠く』。○相い伝えて云わく、流支《るし》、光統《こうず》、論に初祖に屈し、不憤なり。遂に当門の両歯を打ち落とすと。蓋し叢林の口実（口伝）なるのみ」。[補]達磨の前歯が欠けていたという説は、『虚堂録犂耕』五に、「叢林、古より伝説すらく、『達磨、教者と論議す。教師怒って、如意を擲《なげう》って、師の当門の双歯に中《あ》たって欠落す』と。然れども僧史に載せず」。とある。また、『碧巌録』六十七則、頌古評唱の「没板歯老漢」に対して『種電鈔』は、

「達磨、毒に中《あ》たって、当面の歯を欠く」と註し、毒薬によるとする説もあったらしい。

《意訳》

　また

達磨は葦の葉に乗って揚子江を渡って行かれて、
熊耳山にその片方の草履を埋められた。
達磨は前歯が抜けていたので、鼠の口から象牙を抜いて
欠けた歯のかわりに入れてあげよう。

【一一三】又

眼睛活、鼻孔垂。
咄咄咄、空相思。
喚來與老僧洗脚、非驢非馬非祖師。
只許你會、不許你知。

《訓読》

又《ま》た

(1)眼睛活《がんぜいかっ》し、鼻孔《びくう》垂《た》る。

(2)咄咄咄《とつとつとつ》、(3)空《むな》しく相《あ》い思《おも》う。
(4)呼《よ》び来《きた》せ、老僧《ろうそう》が与《ため》に洗脚《せんきゃく》せしめん、(5)驢《ろ》に非《あら》ず、馬《ば》に非《あら》ず、祖師《そし》に非《あら》ず。
(6)只《た》だ你《なんじ》が会《え》を許《ゆる》す、你《なんじ》が知《ち》を許《ゆる》さず。

《註》

(1)眼睛活、鼻孔垂＝[誠]「達磨面目、脱体現成ぞ」「一二、是《かく》の如く捉得し将《も》ち来って置いて」「面目むき付けておいて」。

(2)咄咄咄＝[補]「咄」は、叱咤する声。【一〇〇】(4)参照。

(3)空相思＝[誠]「是の如き達磨をば闔国《かっこく》の人…」「(空は)字眼《じがん》ぞ」。[補]【一一四】(3)参照。

(4)喚來與老僧洗脚＝[誠]「是の如き達磨をば、今日呼び来せ。老僧月船がために洗脚せしめん」。[底]「『碧巌』第一則の頌」。

(5)非驢非馬非祖師＝[誠]「此の達磨に於いては…」「掃蕩門」。[底]「同上(『碧巌』一則頌古)の評に、『這裏《しゃり》に到って、喚んで驢と作さんが則ち是か、喚んで馬と作さんが則ち是か、喚んで祖師と作さんが則ち是か』」。

(6)只許你會、不許你知＝[誠]「你等諸人が会を許して、你ら諸人の知を許さず」。[底]「同上(『碧巌』一則頌古)の評に、『只だ老胡の知を許して、老胡の会を許さず』」。

《意訳》

また

この達磨はめんたまはぎょろりと活きており、

鼻はまっすぐについている。
こらっこらっこら、この達磨の面《つら》が分からぬか。
達磨がいなくなったなどというて、国中の人が空しく思っているらしいが、
達磨をここに呼んでこい、ワシの足でも洗わせよう。
この達磨は驢馬《ろば》でもなく馬でもなく祖師でもない。
この達磨を会得したと言うならまだ良いが、
少しばかり知った程度では許さぬぞ。

【一一四】又

不來東土不西歸、一對眼睛面上輝。
闔國相追又相憶、豈堪残月扣幽扉。

《訓読》

又《ま》た

(1)東土《とうど》に来《きた》らず西帰《せいき》せず、(2)一対《いっつい》の眼睛《がんぜい》、面上《めんじょう》に輝《かがや》く。
(3)闔国《かっこく》相《あ》い追い、又《ま》た相《あ》い憶う、(4)豈《あ》に残月《ざんげつ》の幽扉《ゆうひ》を扣《たた》くに堪《た》えんや。

《註》

(1)不來東土不西歸＝誠「真箇の達磨、脱体現成ぞ」。補【一一一】(4)参照。

(2)一對眼睛面上輝＝誠「東土にも来らず西天にも帰らず、即今面前、分明に一対の碧眼睛、面門上に燦爛として居るぞ」。

(3)闔國相追又相憶＝誠「上、此の如き達磨をば、国こぞって一国中の人が相い追い、又た空しく相い憶うのみぞ」。底「同上（『碧巌』一則）の頌に、『闔国の人追うとも再び来らず、千古万古、空しく相い憶う』」。

(4)豈堪殘月扣幽扉＝誠「それについては、残月の幽扉を照らし扣くにたえられぬ」「ここらに於いては容易の看を成すまいぞ。又た能く人を殺し、又た人を活する底の手段有るぞ」。補「幽扉」は、静かなとびら。

《意訳》

また

達磨は元々東に来たこともないし、西に帰って行ったわけでもない。
二つのめんたまは今も顔について輝いている。
国中の人が追いかけて空しく達磨の帰りを思っているが、
折から残月が誰もいないこの門扉を扣《たた》くかのように照らしているのには堪えられぬ。

【一一五】又

西天十萬八千里、寒暑三周未到東。

髣髴夜來盈尺雪、從他兒子立庭中。

《訓読》

又《ま》た

(1)西天十万八千里《さいてんじゅうまんはっせんり》、(2)寒暑三周《かんじょさんしゅう》、未《いま》だ東《ひんがし》に到《いた》らず。
髣髴《ほうふつ》たり夜来《やらい》(3)盈尺《えいしゃく》の雪《ゆき》、(4)従他《さもあらばあれ》、児子《じし》の庭中《ていちゅう》に立《た》つことを。

《註》

(1)西天十萬八千里＝[誠]「此の達磨、何れの処にか有るぞ。放過すること莫かれ」「西天竺は東土を去ること十万八千里」。[底]「『伝灯』（二十五）に、『報恩の（慧）明禅師。僧問う、〈如何なるか是れ西来意〉。師曰わく、〈十万八千、真に跋渉す、直下に西来して東に到らず〉』」。

(2)寒暑三周未到東＝[誠]「寒暑三周は且《しばら》く置く、普通年遠より已来、直に今に至るまで、お出《い》ではないぞ。達磨はまだ東土へおいではないぞ」。[底]「同上（『伝灯録』三）、達磨の章に、『師、重溟に汎《う》かび、凡そ三周の寒暑にして南海に達す。実に梁の普通八年丁未歳（五二七）九月二十一日なり』」。

(3)盈尺＝[底]「『文選』謝恵連が雪の賦に、『尺に盈《み》つれば則ち瑞を豊年に呈す。丈に袤《あが》れば則ち沴《れい》を陰徳に表す』」。

(4)従他兒子立庭中＝[誠]「従他、児子、又た二祖の如く盈尺の雪庭中に立つことを」「寒暑三周未だ東に到らず、達磨元来東土に来らず、二祖又た西天に往かざるもの故に…。然らば此の達磨は、畢竟何れの処に向かってか捉得したものぞ」。

《意訳》

また
達磨は西天十万八千里の彼方から、
寒暑三年を経ても、まだ東土にはおいでにならぬ。
一尺もふり積る雪を見ていると、そのころのことが思い浮かばれる。
二祖のように達磨の児孫《じそん》はこの雪の中に立つのが良かろう。

【一一六】又

一箇葬在熊耳、一箇攜履夜走。
若謂一點水墨兩處成龍、勸君更盡一盃酒。

《訓読》

又《ま》た
(1)一箇《いっこ》は熊耳《ゆうじ》に葬在《そうざい》し、(2)一箇《いっこ》は履《り》を携《たずさ》えて夜走《よるわし》る。
(3)若《も》し一点《いってん》の水墨《すいぼく》、両処《りょうしょ》に龍《りゅう》と成《な》ると謂《い》わば、(4)君《きみ》に勧《すす》む更《さら》に一盃《いっぱい》の酒《さけ》を尽《つ》くせ。

《註》

(1)一箇葬在熊耳＝誠「一箇の達磨は熊耳に葬在し」。補【一一二】(1)参照。
(2)一箇攜履夜走＝誠「又た一箇の達磨は履を携えて葱嶺《そうれい》の方へ夜走る」。

(3)若謂一點水墨兩處成龍＝誠「若し有る人これを『一点の水墨、両処に龍と成る』と言わば」「（両処は）熊耳と葱嶺に応ずるぞ」。底「『会元』（十七）に、『黄龍の（智）明禅師。胡巡検と公安の二聖に到る。胡問う、〈達磨、梁の武帝に対《こた》えて云わく、廓然無聖、と。公安、甚麼《なん》と為《し》てか却って二聖有る〉。師曰わく、〈一点の水墨、両処に龍と成る〉』。○『事文類聚』（前集巻四十、技芸部、画者）に、『張僧繇《ちょうそうよう》、金陵の安楽寺に於いて、両龍を画いて睛《ひとみ》を点ぜず、毎《つね》に云わく、〈之《これ》に点ぜば、即ち飛び去らん〉。人、以て誕妄なりと為し、因って其の一に点ず。須臾《しゅゆ》に雷電、壁を破り、一龍、天に上る。一龍、睛を点ぜざる者、見に在り』」。補張僧繇は、中国南北朝時代、梁の画家。

(4)勧君更盡一盃酒＝底「王維が詩」（『三体詩』一、「元二の安西に使いするを送る」）。

《意訳》

また

一箇の達磨は熊耳山《ゆうじさん》に葬られ、
もう一箇の達磨は片方のくつを持って印度に夜帰って行った。
もし一点の水墨が二つの龍になったと言われるならば、
さあ君にもう一杯の酒を勧めよう。（もっと修行せよとのこと）

【一一七】又

廓然無聖無功徳、馬面牛頭謁帝王。
少室峰前雪過膝、還云分髄付神光。

《訓読》

又《ま》た

(1)廓然無聖《かくねんむしょう》、無功徳《むくどく》、(2)馬面牛頭《ばめんごず》、帝王《ていおう》に謁《えっ》す。
(3)少室峰前《しょうしつほうぜん》、雪《ゆき》、膝《ひざ》を過《す》ぐ、(4)還《ま》た云《い》う、髄《ずい》を分《わ》かって神光《しんこう》に付《ふ》すと。

《註》

(1)廓然無聖無功徳＝誠「さて此の達磨はどうぞ。梁王、『如何なるかこれ聖諦第一義《しょうたいだいいちぎ》』と問えば、『廓然無聖』。又た、『寺を建て僧を度す、何の功徳か有る』と問えば、『無功徳』」「…と、一句に達磨の全体左右、賛し尽くし切ってあるぞ」。底「『伝灯』(三)達磨の章に、『武帝、問うて曰わく、〈朕、即位してより已来《このかた》、寺を造り、経を写し、僧を度すこと、勝《あ》げて紀すべからず。何の功徳か有る〉。師曰わく、〈並びに功徳無し〉(云云)。帝、又た問う、〈如何なるか是れ聖諦第一義〉。師曰わく、〈廓然無聖〉。帝曰わく、〈朕に対する者は誰ぞ〉。師曰わく、〈識らず〉』」。

(2)馬面牛頭謁帝王＝誠「帝王に拝謁謁見した。此《かく》の如く面皮厚い達磨ぞ」。

(3)少室峰前雪過膝＝誠「それのみならず此の達磨は此の折りしも…」。「少室」は、底「『広輿記』河南府、『嵩山の東を太室と曰い、西を少室と曰う。少林寺有り、少室の北麓に在り。後魏の時、建つ。講堂の後ろ、立雪亭は、即ち慧可、達磨に侍して、雪深くして腰に至るの処なり』」。

(4)還云分髄付神光＝誡「還た云う、髄を分かって二祖神光に付すと。重重面の皮の厚い達磨ではあるぞ」。底「『伝灯』(三)達磨の章に、『九年に迄《いた》り、已《すで》に西のかた天竺に返らんと欲す。乃ち門人に命じて曰わく、〈時将《まさ》に至らんとす。汝等、盍《なん》ぞ各《おのおの》所得を言わざる〉。時に門人の道副、対《こた》えて曰わく、〈我が所見の如くんば、文字を執せず、文字を離れずして而も道用を為す〉。師曰わく、〈汝は吾が皮を得たり〉。尼総持曰わく、〈我、今、解する所、慶喜の、阿閦《あしゅく》仏国を見るが如し。一見して更に再見せず〉。師曰わく、〈汝は吾が肉を得たり〉。道育曰わく、〈四大は本《もと》空、五陰は有に非ず。而も我が見処は一法も得べき無し〉。師曰わく、〈汝は吾が骨を得たり〉。最後に慧可、礼拝して後、位に依って立つ。師曰わく、〈汝は吾が髄を得たり〉』(云云)」。

《意訳》

また

達磨は梁の武帝に「廓然無聖」と言い、また「無功徳」と答えられた。
馬の面《つら》か牛の頭か、何ら臆することもなく堂々と梁の武帝に謁見された。
少林寺の庭で雪が膝を過ぎるまで神光《しんこう》が立っていたが、
達磨は自らの髄《ずい》を分かって神光に授けるといわれた。

【一一八】又

折蘆北渡、攜履西還。
捉得捉得、面皮最頑。

《訓読》

又《ま》た

(1)蘆《ろ》を折《お》って北《きた》に渡《わた》り、(2)履《り》を携《たずさ》えて西《にし》に還《かえ》る。
(3)捉得捉得《そくとくそくとく》、(4)面皮《めんぴ》、最《もっと》も頑《がん》なり。

《註》

(1)折蘆北渡＝誠「蘆を折り一葦に乗じて、梁より北の方魏に渡り」。底「『正宗賛』達磨の章に、『蘆を折って江を渡り、少林に至る』」。
(2)攜履西還＝誠「それより又た履を携えて西天竺に還る」。
(3)捉得捉得＝誠「上、此《かく》の如き恁麽底《いんもてい》の達磨をば、今日分明にひっとらえた」。
(4)面皮最頑＝誠「捉得し来って見れば、頑愚なばか者」。

《意訳》

また

葦の葉に乗って北のかた魏の国に渡り、
くつを持って西のかた天竺へと帰って行った。

その達磨をとらえたぞ、とらえたぞ。
とらえてみれば面の皮の厚い愚か者であった。

【一一九】又

聖諦廓然何所標、相逢胡漢不同條。
孤鴻啼斷空江月、梁主休言更去招。

《訓読》

又《ま》た

(1)聖諦廓然《しょうたいかくねん》、何《いず》れの所標《しょひょう》ぞ、(2)相《あ》い逢《あ》う胡漢《こかん》、同条《どうじょう》ならず。
(3)孤鴻《ここう》啼《な》き断《だん》ず、空江《くうこう》の月《つき》、(4)梁主《りょうしゅ》言《い》うことを休《や》めよ、更《さら》に去《さ》って招《まね》かんと。

《註》

(1)聖諦廓然何所標＝誡「梁の武帝は、『聖諦第一義』と問えば、此の達磨、『廓然無聖』と答えたが、是れ何を指しあらわしたる処ぞ」。「所標」は、底「『円覚経』に、『修多羅《しゅたら》（経典）の教は、月を標する指の如し。若《も》し復た月を見れば、所標は畢竟じて月に非ざることを了知す』」。

(2)相逢胡漢不同條＝誡「是《かく》の如く…」「胡は達磨に掛かり、漢は武帝に掛かる」。補「同条」は、同じ枝筋。知音の間柄。『碧巌録』六十六則、頌古著語に、「同条に生まれ、同条に死す」。

(3)孤鴻啼斷空江月＝誠「是れが真の達磨であろうも知れぬぞ」「聖諦廓然の端的を見んと要せば、『孤鴻啼き断ず、空江の月』と云う、ここで見よ」。補「鴻」は、おおとり。ガンの一種。「空江」は、達磨が去り誰もいなくなった揚子江。

(4)梁主休言更去招＝誠「梁主言うことを休めよ、そのうえ西天に去って達磨を招き呼びよせようなぞと」。底「白雲（守）端の頌」。補『碧巌録』一則、本則評唱に、「端和尚に頌有り、云わく、「一箭《いっせん》尋常、一鵰《いっちょう》を落とす、更に一箭を加うるは已に相い饒《ゆる》す。直に少室峰前に帰って坐す、梁主言うことを休めよ、更に去って招かんと」。

《意訳》

また

達磨は梁の武帝に「聖諦第一義《しょうたいだいいちぎ》」を問われ「廓然無聖」と答えられたが、これは一体何をあらわすのか。

達磨と武帝は共に出会ったが、同じ道を歩いているわけではない。

鴻《おおとり》が一羽、誰もいない揚子江を照らす月に向かって啼き叫んでいるが、梁の武帝よ、これ以上達磨を呼び戻そうなどと言うなよ。

【一二〇】又

棲棲泛江、兀兀面壁。

雪冷風寒、何當辨的。

《訓読》

又《ま》た

(1)棲棲《せいせい》として江《こう》に泛《う》かび、(2)兀兀《ごつごつ》として壁《かべ》に面《む》かう。

(3)雪冷《ゆきひ》ややかに風寒《かぜさむ》し、(4)何《なん》ぞ当《まさ》に的《てき》を弁《べん》ずべき。

《註》

(1)棲棲泛江＝誠「すごすごと梁の武帝の処を去って」。「棲棲」は、底「『伝灯』（三）達磨の章、般若多羅の偈に、『独り自ら棲棲として暗に江を渡る』」。○『会元』（一、達磨の章）に、『栖栖』に作る。○『正字通』に、『棲、栖と同じ』」。補「棲棲」は、せわしく落ち着かない様。またさびしく落ちぶれた様。

(2)兀兀面壁＝誠「痴痴兀兀として九年間壁に面かう」。「兀兀」は、底「『字典』に、『兀兀は、不動の貌』」。

(3)雪冷風寒＝誠「此の嵩山少林は高山なれば…」。

(4)何當辨的＝誠「この達磨の九年面壁の端的をば弁別し得る底の者はおるまい、断臂の師僧神光ならでは、の意」。底「『碧巌』第一則の頌」。補『碧巌録』一則、頌古に、「聖諦廓然、何ぞ当に的を弁ずべき。朕に対する者は誰ぞ、還って識らずと云う」。

《意訳》

また

すごすごと揚子江を渡り、

少林寺で兀兀《ごつごつ》とひたすら面壁された。
少林寺の雪は冷たく風は寒いが、
いつになったら面壁の端的《たんてき》が分かろうか。

【一二二】又

東土西天無祖師、普通年遠業風吹。
夜來少室峰前雪、埋却渾身總不知。

《訓読》

又《ま》た
(1)東土西天《とうどさいてん》、祖師《そし》無《な》し、(2)普通年遠《ふつうねんおん》、業風《ごっぷう》吹《ふ》く。
夜来《やらい》(3)少室峰前《しょうしつほうぜん》の雪《ゆき》、(4)渾身《こんしん》を埋却《まいきゃく》するも総《そう》に知《し》らず。

《註》

(1)東土西天無祖師＝誠「真正に看来れば、東土西天にも本来祖師と云う者無し」「『達磨、東土に来らず、二祖、西天に往かず』（【一一二】(4)参照）と云う語より出ず」「第一句、把住」。

(2)普通年遠業風吹＝誠「是れより普通年已来、直に今日に到るまで匝地《そうち》に業風吹き満ちておるぞ」「普通年遠は達磨に付いて云うもの」「第二句、放行」。底「（普通は）前出」（達磨が渡来した時の梁の年号。【一一五】(2)参照）。

補「業風」は、悪業の報いを風に譬えたもの。『虚堂録』五、「口を開くこと舌頭上に在らず」に、「万古業風、吹いて尽きず」。

(3)少室峰前雪＝誠「少室峰前の大雪」。

(4)埋却渾身總不知＝誠「…と。此の如く喪身失命を避けず、法の為に大親切なる底の漢でなくては、此の達磨宗を吸ってみることはできぬぞ」「(渾身は)全身」。

《意訳》

また

達磨は元来東土にも西天にもいない。
普通年以来、今日に至るまで、ずっと変わらず悪業の報いの風が吹き満ちている。
昨晩以来、少林寺の庭には雪が降り続いているが、
この雪の中に全身を埋めてしまっても気がついていない。

【一一三】又

觀音大士、傳佛心印。
隻履西歸、不得其信。

《訓読》

又《ま》た
(1)観音大士《かんのんだいし》、仏心印《ぶっしんいん》を伝《つた》う。
(2)隻履《せきり》、西《にし》に帰《かえ》って、(3)其《そ》の信《しん》を得《え》ず。

《註》

(1)観音大士、傳佛心印＝誠「此の達磨大士は他の者ではないぞ。観音大士、西天竺より仏心印を伝えて東土に渡り来ったものぞ」。底「『碧巌』第一則に、『達磨、遂に江を渡って魏に至る。帝、後に挙して志公（宝誌）に問う。志公曰わく、〈陛下、還って此の人を識るや否や〉。帝曰わく、〈識らず〉。公曰わく、〈此れは是れ観音大士、仏心印を伝う〉』」。

(2)隻履西帰＝誠「隻履、西天竺へ帰ってより」。

(3)不得其信＝誠「爾《しか》し来《よ》り直に今に至るまで、其の音信おとずれを聞き得ず」。

《意訳》

また
この達磨大師は元は観音さまで、
お釈迦様の本当の心を伝え得るために、お越しになったのだ。
それが片方のくつをぶら下げて天竺へ帰ってしまってからというもの、
その便りを聞くことはない。

【一二三】又

隻履西歸、一華東布。
後代兒孫、證烏作鷺。

《訓読》

又《ま》た

(1)隻履《せきり》、西《にし》に帰《かえ》り、(2)一華《いっけ》、東《ひんがし》に布《し》く。
(3)後代《こうだい》の児孫《じそん》、烏《う》を証《しょう》して鷺《ろ》と作《な》す。

《註》

(1)隻履西歸＝誠「隻履を携えて西天に帰り」。
(2)一華東布＝誠「一華五葉、東土に布き設け施した」。補「一華」は、【一一二】(1)参照。
(3)後代兒孫、證烏作鷺＝誠「爾《しか》し来《よ》り直に今に至るまで、後代の児孫、驢鞍橋《ろあんきょう》を認めて阿爺《あや》の下頷《あがん》と作す者が多いぞ」。補『槐安国語』十八則、頌古評唱に、「学道の人、纔《わず》かに只だ者《こ》の本具底の自性を了じて足らくのみ。本来円明、本来自在。鴉を喚んで鷺と作さざれ。奴を認めて郎と称せざれ」。

《意訳》

また

達磨さまが片方のくつを携えて天竺へ帰ってからというもの、
東土にはひとつの花が開き、その教えが広まった。

ところが後の児孫《じそん》たちは、
まるで烏《からす》のことを鷺《さぎ》だというようにとんだ取り違いをしている。

【一二四】又

指心見性、數遇毒藥。
斷臂得髓、一坑埋却。

《訓読》

又《ま》た
(1)指心見性《ししんけんしょう》、(2)数《しばしば》毒薬《どくやく》に遇《あ》う。
(3)断臂得髄《だんぴとくずい》、(4)一坑《いっきょう》に埋却《まいきゃく》す。

《註》

(1)指心見性＝誠「さて達磨大士は、はるばる西天より東土に来って、『直指人心、見性成仏』と唱え起こした」。
(2)数遇毒薬＝誠「それについては光統《こうず》律師・流支《るし》三蔵等より、数《しばしば》毒薬に遇う」。底「『伝灯』〔三〕達磨の章に、『時に魏氏、釈に奉じ、禅雋《ぜんしゅん》、林の如し。光統律師、流支三蔵は乃ち僧中の鸞鳳なり。師の道を演べ、相を斥《しりぞ》け心を指すを覩《み》て、毎《つね》に師と論議して、是非蜂起す。師、遐《はる》かに玄風を振るい、普く法雨を施す。而れども偏局の量、自ら堪任せず、競って害心を起こして、数毒薬を加う〔云云〕』」。

(3)斷臂得隨＝誠「恁麼底《いんもてい》の達磨、又た其の弟子神光二祖に断臂得髄」。補「得髄」は、【一一七】(4)参照。
(4)一坑埋却＝誠「父子一坑に埋却す。『諸方は火葬、我が這裏《しゃり》は総に活埋』(『臨済録』)と云う手段」。

《意訳》

また

さて達磨大師ははるばる西天より東土に渡ってきて「直指人心《じきしにんしん》、見性成仏《けんしょうじょうぶつ》」と説かれたが、
何度も毒殺されるという目に遇われた。
最後に自らの臂《ひじ》を断ちきった二祖神光に自分の法の真髄を授けられたが、
さてこの二人共々一緒に穴に埋めてしまおう。

【一二五】又

棲棲復棲棲、歸來坐少室。
無暇分皮髓、全身棺裏失。

《訓読》

又《ま》た
(1)棲棲《せいせい》復《ま》た棲棲《せいせい》、(2)帰《かえ》り来《きた》って少室《しょうしつ》に坐《ざ》す。
(3)皮髄《ひずい》を分《わ》かつに暇《いとま》無《な》し、(4)全身《ぜんしん》、棺裏《かんり》に失《しっ》す。

《註》

(1)栖栖復栖栖＝[誠]「さて此の達磨は、東土西天、魏海梁江とあちらこちらこそつきまわって」。[補]「栖栖」は、「棲棲」に同じ。【一二〇】(1)参照。

(2)歸來坐少室＝[誠]「あげくのはてに帰り来って、少室に九年間面壁打坐」。

(3)無暇分皮髓＝[誠]「此の達磨は、皮髄を分かつに寸暇いとまはあるまい」。[補]「皮髄」は、【一一七】(4)参照。

(4)全身棺裏失＝[誠]「大いに急ぎあわてて西天へ帰った故…」「是れ之《これ》を達磨円覚大師と謂うなり」。[底]「同章(『伝灯録』三、達磨章)に、『魏の宋雲、使を西域に奉じて廻《かえ》り、師に葱嶺《そうれい》に遇う。手に隻履を携え、翩翩《へんぺん》として独り逝くを見る。雲問う、〈師、何《いず》くにか往く〉。師曰わく、〈西天に去る〉。又た雲に謂いて曰わく、〈汝が主、已に世を厭う〉。雲、之《これ》を聞いて、茫然として師に別れて東に邁《ゆ》く。復命するに曁《およ》んで、即ち明帝、已に登遐《とうか》す。孝荘の即位に逮《およ》んで、雲、具《つぶさ》に其の事を奏す。帝、壙《はかあな》を啓かしむれば、惟《た》だ空棺にして、一隻の革履のみ存せり』」。

《意訳》

また

さてこの達磨は西天から来たかと思えば、梁に行ったり魏に行ったり、落ち着きはない。
ようやく帰って少林寺で九年間面壁された。
ところが弟子たちに皮や髄を分けるヒマもなく、
あわてて全身を棺桶の中に失ってしまった。

【一二六】又

一過葱嶺、天竺茫茫。
頼有隻履、欲獻我皇。

《訓読》

又《ま》た
(1)一《ひと》たび葱嶺《そうれい》を過《す》ぐれば、(2)天竺茫茫《てんじくぼうぼう》。
(3)頼《さいわ》いに隻履《せきり》有《あ》り、(4)我《わ》が皇《こう》に献《けん》ぜんと欲《ほっ》す。

《註》

(1)一過葱嶺＝誠「この達磨、熊耳峰より一たび葱嶺を過ぐれば」。「葱嶺」は、底「『西域記』に、『葱嶺は、贍部洲の中に拠り、東西南北各数千里、崖嶺数百重。幽谷険峻、恒に氷雪を積む。寒風勁烈、多く葱を出すが故に葱嶺と謂う』」。補現在のパミール高原。【一二五】(4)参照。

(2)天竺茫茫＝誠「遥かに天竺国に向かって路茫茫」。補「茫茫」は、はるかに遠いさま。

(3)頼有隻履＝誠「たのみに思うには手中に隻履有り」。

(4)欲獻我皇＝誠「此の隻履を以て、我が天竺国裏の皇帝国王におみやげにせんと思う」「我皇とは何ぞ。眼を着けて看よ。須らく別に好思量《こうしりょう》有ることを知るべし」。「我皇」は、底「『晋書』楽志に、『亹亹《びび》たる我が皇、天に配して光を垂る』」。補菩提達磨は祖国の王に九年後の帰国を約した。『五灯会元』一、達磨の章に、「師、震旦《しんだん》の縁熟し、行化の時至ることを念《おも》って、乃ち先ず祖塔を辞し、次に同学に別る。後に王の所に至って、慰めて之を勉《はげ》まして曰わく、『当に白業《びゃくごう》を勤修し、三宝を護持すべし。吾、去《ゆ》くこと晩《おそ》きに非ず。一九にして即ち回《かえ》らん』」。

《意訳》

また

ひとたび葱嶺を過ぎてから、
天竺までの道は遠くはるか。
さいわいに片方のくつを持ってきたので、
これを天竺の王様のおみやげにしよう。

【一二七】又

説箇直指、早是迂曲。
死盡活人、分張皮肉。

《訓読》

又《ま》た

(1)箇《こ》の直指《じきし》と説《と》くも、早《はや》くも是《こ》れ迂曲《うきょく》。
(2)活人《かつにん》を死尽《しじん》して、(3)皮肉《ひにく》を分張《ぶんちょう》す。

《註》

(1)説箇直指、早是迂曲＝誠「此の達磨大士が『直指人心、見性成仏』と直々に説くだも、早く是れ迂曲にし了われりと云うものぞ」「(迂曲は)回り遠い」。底「『無門関』に、『箇の直指と説くも、已に是れ迂曲』」。

(2)死盡活人＝誠「しかしながら此の達磨は、活人を死尽する底の手段を以て」。

(3)分張皮肉＝誠「皮肉骨髄を広大十成に分張す」。底「中峰本禅師の頌に、『皮肉骨髄を分張して、人をして路に不平を見しむ』」。補「分張」は、分け与える。「皮肉」は、【一一七】(4)参照。

《意訳》

また

達磨大師は「直指人心《じきしにんしん》」などと説かれたが、

それでもはやまわりくどい。

生きた人間をも殺しつくす手段をもって、

皮肉骨髄《ひにくこつずい》をそれぞれの弟子に分け与えられた。

【一二八】又

大破六宗、單傳一印。

印刓無文、擧世不信。

《訓読》

又《ま》た

(1)大《おお》いに六宗《ろくしゅう》を破《は》し、単《ひとえ》に(2)一印《いちいん》を伝《つた》う。
(3)印刓《いんつぶ》れて文無《もんな》し、(4)世《よ》を挙《あ》げて信《しん》ぜず。

《註》

(1)大破六宗＝誠「有相宗・無相宗等の邪宗を悉く破り了わって」「高祖が六国を滅して大唐四百余州、大漢の世となしたる語の意あり（六国を滅したのは秦の始皇帝）」。底「『伝灯』（三）達磨の章に、『時に二師有り、一は仏大先と名づけ、一は仏大勝多と名づく。本、師と同じく仏陀跋陀に小乗の禅観を学ぶ。仏大先、既に般若多羅尊者に遇い、小を捨てて大に趣き、師と化を並ぶ。時に二甘露門と号す。而も仏大勝多、更に途を分かちて六宗と為す。第一有相宗、第二無相宗、第三定慧宗、第四戒行宗、第五無得宗、第六寂静宗、各《おのおの》己解を封じて別に化源を展ぶ。聚落崢嶸《そうこう》として、徒衆甚だ盛んなり。大師、喟然《いぜん》として歎じて曰わく、〈彼の一師、已に牛跡に陥つ。況んや復た支離繁盛にして六宗を分かつ。我、若《も》し除かずんば、永《とこしな》えに邪見に纏《まと》われん〉。言い已わって、微《すこ》しく神力を現じて、第一有相宗の所に至る。〈下に六宗を破する語有り〉。既にして六衆、咸《ことごと》く誓って帰依す』」。

(2)一印＝誠「仏心宗の一印」。

(3)印刓無文＝誠「其の仏心宗の一印、つぶれて信ぜず」。「印刓」は、底「『漢書』韓信が伝に、『印を刻んで刓《つぶ》るれども、忍んで予《あずか》ること能わず』」。補「刓」は、すり減る。

(4)擧世不信＝誠「世を挙げて信ぜず、是れより此の仏心宗、教外別伝達磨宗、東土西天に今に至るまで盛んに行わるるぞ」。底「『法華』従地涌出品に、『世を挙げて信ぜざる所』」。

《意訳》

また

有相宗《うそうしゅう》、無相宗《むそうしゅう》などの六つの邪宗を悉く破りおわって、

仏心宗《ぶっしんしゅう》の一印を伝えられた。

その仏心宗の印もつぶれて、

今は世間でも誰も信ずるものはいない。

【一二九】又〔手持楞伽〕

諸佛法印、匪從人得。

爲有斯經、栖栖去國。

《訓読》

又《ま》た〔手《て》に楞伽《りょうが》を持《じ》す〕

(1)諸仏《しょぶつ》の法印《ほういん》、人《ひと》より得《う》るに匪《あら》ず。

(2)斯《こ》の経《きょう》有《あ》るが為《ため》に、(3)栖栖《せいせい》として国《くに》を去《さ》る。

《註》

(1)諸佛法印、匪從人得＝誠「此の達磨大士は…と仰せられたが」。底「『伝灯』(三)達磨の章」。

(2)爲有斯經＝誠「只だ斯の『楞伽』一巻有るが為に」。補『五灯会元』一、達磨の章に、「祖、又た曰わく、『吾に〈楞伽経〉四巻有り。亦た用って汝に付す。即ち是れ如来心地の要門なり。諸《もろもろ》の衆生をして開示悟入せしめよ』」。

(3)栖栖去國＝誠「西天竺国を去り離れて東土へ御出でがあった」「人より得るに匪ざる者ならば、此の一巻の経は何れの処より得来ったぞ」。「栖栖」は、底「『碧巌』六十七則の頌に、『当時、志公老を得ずんば、也《ま》た是れ栖栖として国を去る人ならん』」。補【一二〇】(1)参照。

《意訳》

また〔手に楞伽経を持っている〕

諸仏の伝えた大事な教えは、
人から得られるものではない。
この楞伽経一巻があるために、
すごすごと印度の国から渡って見えた。

【一三〇】又〔渡蘆〕

廓然無聖、對朕者誰。

眴衣蘆葉秋江冷、莫是栖栖去國時。

《訓読》

又《ま》た〔渡蘆《とろ》〕

(1)廓然無聖《かくねんむしょう》、(2)朕《ちん》に対《たい》する者《もの》は誰《た》ぞ。

(3)眴衣蘆葉《じゅんえろよう》、秋江冷《しゅうこうひ》ややかなり、(4)是《こ》れ栖栖《せいせい》として国《くに》を去《さ》る時《とき》なること莫《な》しや。

《註》

(1)廓然無聖＝誠「…は、達磨の答話」。

(2)對朕者誰＝誠「梁武の語。一二で達磨も梁の武帝も一串に索し来って置いて」。

(3)眴衣蘆葉秋江冷＝誠「恁麼底《いんもてい》の達磨、身に眴衣を纏《まと》い、脚には蘆葉を踏んで」。「眴衣」は、底「『(翻訳)名義集』に、『屈眴《くつじゅん》、此には大細布と云う。木綿の華心を緝《あつ》めて織り成す。其の色は青黒。即ち達磨所伝の袈裟なり』」。補屈眴布で製した袈裟。屈眴はアラビア語で木綿のことという。達磨が天竺より伝え、六祖慧能まで伝持されたという。『伝灯録』五、慧能の章に、「(慧能の)塔中に達磨の伝うる所の信衣有り。〔西域の屈眴布なり。木綿の華心を緝めて織り成す。後人、碧絹を以て裏と為す〕」。

(4)莫是栖栖去國時＝誠「是とは上を受けて云う辞。大唐国を去って西天へ帰る時か、帰る時じゃそうな」。

《意訳》

また〔渡蘆の達磨〕

達磨は「廓然無聖」と答え、

梁の武帝は「朕に対する者は誰ぞ」と問うた。

達磨はその後、身に粗末な衣をまとい、脚は蘆葉を踏んで、秋風の冷ややかな揚子江を渡っていった。

これはさっさと大唐国を去って西天に帰って行く時ではないか。

【一三二】又

何等家私、單傳直指。

一葦過江、當門無齒。

《訓読》

(1)又《ま》た
(2)何等《なんら》の家私《かし》ぞ、(3)単伝直指《たんでんじきし》。
(4)一葦《いちい》、江《こう》を過《わた》れば、(5)当門《とうもん》、歯《は》無《な》し。

《註》

(1)又＝誠「揚抑褒貶、把住放行、間に髪を容れざる処があるぞ。看よ」。
(2)何等家私＝誠「此の達磨は何等の家業身上ぞ」「把住」。補「家私」は、家財、私財。転じて家風、宗風。『五家正宗賛助桀』七、葉県の章に、「家裏に蓄うる所の私財なり。臨済の家私は、所謂る三要三玄・四賓主・四料揀等なり」。

(3)單傳直指＝誠「この達磨の家私は単伝直指」「放行」。補【三〇】(1)参照。

(4)一葦過江＝誠「是《かく》の如く達磨は一葦に乗じて、一たび江を過ぎ越え渡り来られたらば」「放行」。

(5)當門無齒＝誠「流支《るし》（三蔵）・光統《こうず》（律師）の毒害に遇うて、当門に歯無し」「把住」。補【一一二】(3)参照。

《意訳》

また

一体達磨はどんな家風だろうか。

単伝だの直指などと言われる。

葦の葉に乗って揚子江を過ぎて行かれたが、

毒を盛られて前歯が欠けた。

【一三二】又

遙遙一葦泛江隈、盡力風前喚不回。

夜雨梧桐秋半過、梁王長在鳳凰臺。

《訓読》

又《ま》た

(1)遥遥《ようよう》たる一葦《いちい》、江隈《こうわい》に泛《う》かぶ、(2)力《ちから》を尽《つ》くして風前《ふうぜん》、喚《よ》べども回《かえ》らず。
(3)夜雨《やう》梧桐《ごとう》、秋半《あきなか》ば過《す》ぐ、(4)梁王《りょうおう》は長《ひさ》しく鳳凰台《ほうおうだい》に在《あ》り。

《註》

(1)遙遙一葦泛江隈＝誠「此の達磨大師は、遥遥たる一葦に乗じて、西天竺国の方へ泛かべ行かるるぞ」。補「江隈」は、川の曲がった処。

(2)盡力風前喚不回＝誠「其れに付いては、闔国の人来って…」。

(3)夜雨梧桐秋半過＝誠「夜雨蕭蕭として梧桐にふり灑《そそ》ぎ、秋半ば過ぎ行くけれども」。補「梧桐」は、あおぎり。【五七】(5)参照。

(4)梁王長在鳳凰臺＝誠「梁の武帝は長しく鳳凰台に在り、古殿深沈としてまだ夢覚めぬ様子」。「梁王」は、底「『南史』梁武本紀に、『高祖武皇帝、諱《いみな》は衍、字は叔達、小字は練児、南蘭陵中都の人なり。姓は蕭氏、斉と同じ。五世の祖、斉に仕う。梁王に封ぜられ、和帝宝融の禅を受けて皇帝の位に即く』」。補「鳳凰台」は、南京保寧寺にあったという建造物。達磨と武帝が相見した場所ともいう。『虚堂録』五、「達磨、梁の武帝に見《まみ》ゆ」に、「玉簫吹き徹す鳳凰台、古殿深沈として暁未だ開けず。満地の落花、春已に過ぐ、緑陰空しく鎖ざす旧莓苔」。

《意訳》

また

この達磨大師は、葦の葉に乗ってはるばる揚子江を渡って行かれた。
国中の人が風前に力の限り喚んでも帰りはせぬ。

夜来の雨が蕭々《しょうしょう》として梧桐に降り注ぎ、秋も半ば過ぎようとしているが、梁の武帝はまた達磨大師がもどって来てくれないかと、鳳凰台にたたずんで待っている。

【一三三】又

一葦何之、闔國人追。
命根未斷、分髓分皮。

《訓読》

(1)又《ま》た

(2)一葦《いちい》、何《いず》くにか之《ゆ》く、(3)闔国《かっこく》の人《ひと》追《お》う。
(4)命根《みょうこん》、未《いま》だ断《だん》ぜず、(5)髄《ずい》を分《わ》かち皮《ひ》を分《わ》かつ。

《註》

(1)又＝誠「抑揚褒貶、把住放行がそなわってあるぞ」。
(2)一葦何之＝誠「さて此の達磨は一葦に乗じて、何くにか之く」。
(3)闔國人追＝誠「はて、こなたをば一国中の人が追い廻り尋ね廻るぞ」。
(4)命根未斷＝誠「恁麼底《いんもてい》の達磨、今日真正に看来れば、生死の命根、未だ断ぜず」。
(5)分髓分皮＝誠「未だ断ぜざるから…」。

《意訳》

また

さて達磨大師は葦の葉に乗って、一体どこに行かれたやら。
国中の人が追いかけ廻った。
まだ命が断たれぬと見えて、
弟子達に髄を分かつやら皮を分かつなどといわれた。

【一三四】又〔兆殿司圖〕

此心擬向那邊安、揚子江頭蘆葦寒。
錯爲兆公被描貌、全身現出一毫端。

《訓読》

(1)又《ま》た〔兆殿司《ちょうでんす》、図《ず》す〕
(2)此《こ》の心《しん》、那辺《なへん》に向《む》かって安《やす》んぜんと擬《ぎ》す、(3)揚子江頭《ようすこうとう》、蘆葦《ろい》寒《さむ》し。
(4)錯《あやま》って兆公《ちょうこう》の為《ため》に描貌《びょうぼう》せられて、(5)全身現出《ぜんしんげんしゅつ》す、一毫端《いちごうたん》。

《註》

(1)又＝誠「尾張公の請。蘆葉の達磨」。

(2)此心擬向那邊安＝誠「さて此の達磨は、求むるに不可得なる処ぞ。此の心を那辺に安着させおこうとするぞ」。補『五灯会元』一、達磨の章に、「可曰わく、『我が心、未だ寧《やす》からず。乞う師、与《ため》に安んぜよ』。祖曰わく、『心を将《も》ち来れ。汝が与に安んぜん』。可、良久《りょうきゅう》して曰わく、『心を覓《もと》むるに、了《つい》に不可得なり』。祖曰わく、『我、汝が与に安心し竟わりぬ』」。

(3)揚子江頭蘆葦寒＝誠「蘆葉達磨の様子。脱体…ぞ」。

(4)錯爲兆公被描貌＝誠「是《かく》の如き達磨が、ふと錯って兆殿司の為に其の形容を描貌せられて」。「兆公」は、底「『延宝伝灯録』（十一）に、『南禅大道（一）以禅師の法嗣、吉山明兆《きちざんみんちょう》殿主。破草鞋と号す。淡州の人なり。久しく大道に参じ、脚跟下の事を明かす。出世を要《もと》めず、職、知殿に充《あ》つ。天性、丹青の妙を得て、常に画三昧を以て仏事を作す〔云云〕』」。補室町時代、東福寺の画僧。一三五二～一四三一。「描貌」は、底「『正韻』に、『人物を描画して、其の状に類するを貌と曰う』」。

(5)全身現出一毫端＝誠「蘆葉にうち乗ったる達磨の全身、のこる処もなく現出す」。補「毫端」は、筆先。

《意訳》

また〔兆殿司の筆〕

さてこの心は一体どこに向かって安んずることができようか。
揚子江を葦の葉に乗って渡っていくが何とも寒々としている。
それがどうしたことか、兆殿司にその姿を画かれて、
一筆によって全身をあらわしてしまった。

【一三五】又〔背身〕

無面目漢、壁觀恂恂。
神光來也、急須轉身。

《訓読》

又《ま》た〔背身《はいしん》〕
(1)無面目《むめんもく》の漢《かん》、(2)壁観《へきかん》(3)恂恂《じゅんじゅん》。
(4)神光来也《しんこうらいや》、(5)急《きゅう》に須《すべか》らく転身《てんじん》すべし。

《註》

(1)無面目漢＝誠「背身向こうむきの達磨なれば」。
(2)壁観＝誠「壁に向かって壁観面壁」。補 達磨は壁観婆羅門と呼ばれた。【一〇五】(3)参照。
(3)恂恂＝誠「動かずしっかりとして居る様子」。底「『増韻』に、『厳謹の貌』」。補「恂恂」は、ねんごろな様。
(4)神光来也＝誠「ヤイ背身の達磨どの、神光が来《き》たったぞ」。「神光」は、底「『会元』（二）に、『二祖慧可《えか》大師は、武牢の人なり〔云云〕。洛陽龍門の香山に抵《いた》り、宝静禅師に依って出家し、終日宴坐す。八歳を経て、寂黙の中に於いて、倏《たちま》ち一の神人を見る。謂いて曰わく、〈将に果を受けんと欲す。何ぞ此に滞まるや。大道、遥かなるに匪《あら》ず、汝、其れ南せよ〉。祖、神助なるを知って、因って名を神光と改む。其の師、曰わく、〈神、汝をして南せしむるは、斯れ則ち少林の達磨大士、必ずや汝の師ならん〉。祖、教を受けて少室に造《いた》る』」。
(5)急須轉身＝誠「身を転じてこちらへ向かっしゃれ」。

《意訳》

また〔背身の達磨〕

達磨は後ろを向いて坐ったままで顔も分からぬ。
ただ壁に向かってつつしみ深くじっと坐ったまま。
神光がやってきたぞ。
身を転じてこっちを向きなされ。

【一三六】又

混沌學壁觀、九年坐儱侗。
借手立雪人、暗中摸鼻孔。

《訓読》

又《ま》た

(1)混沌《こんとん》、壁観《へきかん》を学《まな》ぶ、(2)九年坐《くねんざ》して儱侗《ろうとう》。
(3)手《て》を雪《ゆき》に立《た》つ人《ひと》に借《か》って、(4)暗中《あんちゅう》に鼻孔《びくう》を摸《さぐ》らしむ。

《註》

(1)混沌學壁観＝誠「無面目なり。背面の様子。勿論達磨を壁観婆羅門《へきかんばらもん》と云うぞ」。「混沌」は、底「『事物紀原』

に、『形・気・質具わって未だ離れず、故に混沌と曰う』」。補のっぺらぼうの混沌。『荘子』応帝王に、「南海の帝を儵《しゅく》と為し、北海の帝を忽《こつ》と為し、中央の帝を渾沌と為す。儵と忽と、時に相い与《とも》に渾沌の地に遇う。渾沌、之を待つこと甚だ善し。儵と忽と、渾沌の徳に報いんことを謀りて、曰わく『人皆な七竅《しちきょう》（目鼻などの七穴）有りて、以て視聴食息す。此れ独り有ること無し。嘗《こころ》試みに、之を鑿《うが》たん』と。日に一竅を鑿つに、七日にして渾沌死せり」。

⑵九年坐儱侗＝誡「少林に九年坐して未だ大器を成さず、儱侗瞞盰《まんかん》ケロリ詰めて居る」。「儱侗」は、底「『正字通』に、『儱侗は、未だ器を成さざるなり』」。

⑶借手立雪人＝誡「此の如きこの背面達磨が…」。

⑷暗中摸鼻孔＝誡「昔年十二月九日、夜黒い暗中に鼻孔をさぐらせた。此の鼻孔とは是れ何等の鼻孔ぞ。人人摸索着して看よ」。

《意訳》

また

後ろ向いたままじっと壁に向かって、
九年間ぼんやり坐っている。
幸いに二祖が雪の中に立ちすくんで法を求めてきたおかげで、
真っ暗がりのなかに鼻面《はなづら》をなぞらせた。

【一三七】二祖

無所知處、了了常知。
庭雪盈尺、得髓者誰。

《訓読》

(1)二祖《にそ》
(2)所知《しょち》無《な》き処《ところ》、(3)了了《りょうりょう》として常《つね》に知《し》る。
(4)庭雪《ていせつ》、尺《しゃく》に盈《み》つ、(5)髄《ずい》を得《う》る者《もの》は誰《た》ぞ。

《註》

(1)二祖＝補 二祖慧可。【一三五】(4)参照。
(2)無所知處＝誠「一二に於いて二祖を賛し尽くして居るぞ」。
(3)了了常知＝誠「了了分明に常に知る」。底「『伝灯』(三)達磨の章に、『慧可曰わく、〈我、已に諸縁を息《や》む〉。師曰わく、〈断滅を成し去らざること莫きや否や〉。可曰わく、〈断滅を成さず〉。師曰わく、〈何を以て験として、断滅せざると云う〉。可曰わく、〈了了として常に知るが故に、之《これ》を言うとも及ぶべからず〉。(師曰わく、〈此れは是れ諸仏の伝うる所の心体なり。更に疑うこと勿かれ〉)』。○『宗鏡録』に、『了了として知るとも所知無し』」。
(4)庭雪盈尺＝誠「少林門庭の積雪、尺に盈つ中に立って」。
(5)得髓者誰＝誠「達磨の髄を得る者は誰ぞ。こなたではないか」。補「得髄」は、【一一七】(4)参照。

《意訳》

二祖

何も知るところがない処で、
はっきりと知っている。
庭の雪が膝まで埋まっているが、
さて達磨の髄を得た者は誰であろうか、この二祖ではないか。

【一三八】四睡

睡熟不掩、人斑虎斑。
一嘯風起、萬里朱殷。

《訓読》

(1)四睡《しすい》
(2)睡《ねむ》り熟《じゅく》して掩《おお》わず、(3)人斑《じんぱん》虎斑《こはん》。
(4)一嘯《いっしょう》風《かぜ》起《お》これば、(5)万里《ばんり》朱殷《しゅあん》。

《註》

(1)四睡＝底「豊干・寒山・拾得・虎と抱交して睡る。世に之《これ》を画いて『四睡の図』と称す。然れども未だ拠る所を見ず」。補典拠未詳だが、南宋の無準師範（『貞和集』）、大川普済（『大川語録』）、偃渓広聞（『偃渓語録』）

などに「四睡」と題した偈がある。豊干は、【一四三】⑴、寒山は、【一四四】⑴、拾得は、【一四七】⑴参照。

⑵睡熟不掩＝[誠]「豊干も寒山拾得も虎も、皆な睡熟して、たわいもなく尻尾も頭も蔵《かく》さず」。

⑶人斑虎斑＝[誠]「人斑露《あらわ》れ、虎斑露れ」。[底]「或庵（師）体禅師の頌に、『人斑を見ず、虎斑を見る』」。[補]『句双葛藤鈔』「虎斑は見易く人斑は見難し」の註に、「目前は見易《やすき》ぞ。自己は見難《がたき》ぞ。久参上士の無為無事の肌が見《みえ》ぬこと也」。虎のまだら模様を見るのはたやすいが、人の内心を窺うのは難しいことを言う。

⑷一嘯風起＝[誠]「さて四睡中の虎が一嘯して風起これば」。

⑸萬里朱殷＝[誠]「皆な喰らいふせて食い殺して千里万里血だらけぞ」。[底]「『唐文粋』李華が「古戦場を弔うの文」に、『秦、長城を起て、海を竟《きわ》めて関と為す。生霊を荼毒して、万里朱殷』。○『左伝』、「左輪朱殷」の注に、『朱は血の色。血の色久しければ則ち殷殷。音、煙に近し。今人、赤黒を謂いて殷色と為す』」。[補]「朱殷」は、赤黒い色。時が経ち黒ずんだ血の色。

《意訳》

四睡の図

寒山拾得《かんざんじっとく》と豊干《ぶかん》と虎がぐっすり眠って、頭も尻尾も隠さずにいる。
人も虎のまだら模様も現れている。
ひとたび虎が目を覚まして一吠え嘯《うそぶ》けば風が起こって、
獲物を喰い殺してあたり一面血だらけになってしまおう。

【一三九】又

睡美不知、滿山風雨。
將謂諸聖來現、出林猛獸大怒。

《訓読》

又《ま》た
(1)睡《ねむ》り美《び》にして知《し》らず、満山《まんざん》の風雨《ふうう》。
(2)将《まさ》に謂《おも》えり、諸聖《しょしょう》来《き》たり現《げん》ずと、(3)林《はやし》を出《い》ずる猛獣《もうじゅう》、大《おお》いに怒《いか》る。

《註》

(1)睡美不知、滿山風雨＝誠「四睡共に能く眠って、限りなき満山の風光景色をも知らず」。

(2)將謂諸聖來現＝誠「諸聖、此所へ御出現あって、大いに如法殊勝なことと思っていたらば」。補「将謂」は、【四】(3)参照。「諸聖」は、豊干・寒山・拾得を指す。豊干は阿弥陀の、寒山は文殊の、拾得は普賢の化身とされた。

(3)出林猛獸大怒＝誠「もっての外なことで、山を出ずる猛猛しい獣が大いに怒号し、あらび廻り吼え廻る」。補「猛獣」は、豊干が乗っていたという虎を指す。

《意訳》

また
寒山拾得と豊干と虎とここによく眠って、
あたりが雨風なのも知らない。

諸仏菩薩が出現されたとばかり思うていたが、猛獣が林から出てきて大いに吼えているだけだ。

【一四〇】又

同流異類、鬪頭打睡。低聲低聲、腥風滿地。

《訓読》

又《ま》た

(1)同《どう》流《る》異《い》類《るい》、(2)頭《こうべ》を闘《たたか》わしめて打睡《たすい》す。(3)低声低声《ていせいていせい》、(4)腥風《せいふう》、地《ち》に満《み》つ。

《註》

(1)同流異類＝誠「豊干と寒山拾得と、異類の虎と」。「同流」は、底「『伝灯』（二十七）寒山の章に、『豊干、寒山に告げて曰わく、〈汝、我と五台に遊ばば、即ち我が同流、若《も》し我と去《ゆ》かずんば、我が同流に非ず〉』（云云）」。「異類」は、底「『列子』黄帝に、『虎の人に与《お》ける、類異なれども、己を養う者に媚ぶることは、順なればなり』」。

(2)闘頭打睡＝誠「頭をつきあわせて一所に睡を打す」。

(3)低聲低聲＝誠「目を覚ますな、目を覚ますな」。

(4)腥風満地＝誠「目を覚ましたらたまらぬぞ。此の虎が一嚼みに食い殺して…」。

《意訳》

また

寒山拾得と豊干の人間と、動物の虎とが、一緒になって頭をつきあわせて眠っている。静かにしろ、静かにしろ。もし起こしてしまったら虎に喰い殺されて、なまぐさい風が吹きわたるであろう。

【一四二】又

癡頑能相聚、與大蟲爲伍。那箇夢先醒、江山日正午。

《訓読》

又《ま》た

(1)痴頑《ちがん》、能《よ》く相《あ》い聚《あつ》まる、(2)大虫《だいちゅう》と伍《ご》を為《な》す。(3)那箇《なこ》か夢《ゆめ》先《ま》ず醒《さ》む、(4)江山《こうざん》、日《ひ》正《まさ》に午《ご》。

《註》

⑴癡頑能相聚＝誠「豊干・寒山・拾得等の痴頑、一所に相い聚まって」。

⑵與大蟲爲伍＝誠「大虫と仲間組み合い能く熟睡して居る」。「大虫」は、底「『本草綱目』釈名に、『虎、或いは於菟《おと》と曰い、大虫と曰い、李耳と曰う』」。

⑶那箇夢先醒＝誠「此の四睡の中、那箇か先ず眠り醒む」。

⑷江山日正午＝誠「江山もはや真っ昼じゃ」。補「江山」は、山河に同じ。

《意訳》

また

寒山拾得と豊干と愚か者が集まって、
虎と仲間になってよく眠っている。
誰が先に夢から覚めるであろうか、
もはやあたりは真っ昼間だというのに。

【一四二】又

朝睡暮睡、無他無自。

若又擧頭、一棒打出。

《訓読》

又《ま》た

(1)朝睡《ちょうすい》暮睡《ぼすい》、(2)他《た》無《な》く自《じ》無《な》し。

(3)若《も》し又《ま》た頭《こうべ》を挙《こ》せば、(4)一棒《いちぼう》に打出《たしゅつ》せん。

《註》

(1)朝睡暮睡＝誠「さて此の豊干・寒山・拾得・虎の、一所に頭を聚めて、朝から晩まで晩から朝まで（睡っている）」。

(2)無他無自＝誠「自他差別もなく睡って居るぞ」。

(3)若又擧頭＝誠「此の四睡の中どれでも目を醒まして頭を挙せば」。

(4)一棒打出＝誠「一棒に打《たた》き出してしまうぞ。許しおきはせぬぞ」。

《意訳》

また

朝から晩まで、

自他差別もなく、よく眠っている。

この中で誰か目を覚ませば、

一棒くらわせてあげよう。

【一四三】豊干

萬徳不將來、與誰遊五臺。
虎威難近傍、一嘯起風雷。

《訓読》

(1)豊干《ぶかん》

(2)万徳《まんとく》将《も》ち来《きた》らず、(3)誰《たれ》と与《とも》にか五台《ごだい》に遊《あそ》ばん。
(4)虎威《こい》、近傍《きんぼう》し難《がた》し、(5)一嘯《いっしょう》、風雷《ふうらい》起《お》こる。

《註》

(1)豊干＝[底]「『伝灯』（二十七）に、『天台豊干禅師は、何許《いずこ》の人ということを知らず。天台山国清寺に居す。髪を剪《き》って眉に斉しくし、布裘《ふきゅう》を衣《き》る。人或いは仏理を問わば、止《た》だ〈随時〉の二字を答う。嘗て道歌を誦唱し、虎に乗って松門に入る』（云云）」。

(2)萬徳不將來＝[誠]「さて此の豊干は、『万徳将ち来らず』と云うたが、既に是れ万徳将ち来らずならば」「『万徳将ち来らず』と云う一句、豊干の全体を賛し尽くして居るぞ」。[底]「同章（『伝灯録』豊干章）に、『一日、寒山問う、〈古鏡未だ磨せず、如何《いかん》が照燭せん〉。師曰わく、〈氷壺、影像無し、猨猴《えんこう》、水月を探る〉。曰わく、〈此れは是れ照燭せざるなり。更に請う、師、道《い》え〉。師曰わく、〈万徳将ち来らず、我をして什麼《なん》とか道《い》わしめん〉。寒拾、倶に礼拝す』」。

(3)與誰遊五臺＝[誠]「尋常、誰と与にか天台の松門を出入して、五台或いは天台あたりを遊び廻るぞ」。「遊五台」

は、底「前出」（【一四〇】(1)参照）。

(4)虎威難近傍＝誠「しかしながら此の豊干の猛虎、威猛猛しうして近傍し難し」。

(5)一嘯起風雷＝誠「此の虎が一声嘯《うそぶ》き吼《ほ》えたならば、大風雷が起こるぞ」。

《意訳》

豊干

この豊干は「何の徳も持ち合わさぬ」と言われたが、
誰と共に五台あたりを遊び廻るのだろうか。
しかしながらこの猛虎は威猛《たけだけ》しくて近寄りがたい。
この虎が一声吼《ほ》えたら大風雷が起こるぞ。

【一四四】寒山

看經不識義、標月未忘指。
捉得捉得、何等面觜。

《訓読》

(1)寒山《かんざん》

(2)経《きょう》を看《かん》じて義《ぎ》を識《し》らず、(3)月《つき》を標《ひょう》して未《いま》だ指《ゆび》を忘《ぼう》ぜず。

(4)捉得捉得《そくとくそくとく》、(5)何等《なんら》の面觜《めんし》ぞ。

《註》

(1)寒山＝底「『伝灯』（二十七）に、『天台寒山子は、本、氏族無し。始め豊県の西七十里に寒・明の二巌有り、其の寒巌の中に於いて居止するを以て、名を得たり。容貌枯悴《こすい》、布襦《ふじゅ》零落、樺皮を以て冠と為し、大木屐《ぼくげき》を曳く』〔云云〕」。

(2)看經不識義＝誠「一巻の経を看閲して経の義味を識らず、是れ之《これ》を寒山と云うぞ。勿論画を云わず知るべし」。
補 寒山は経巻を持った姿に、拾得は箒を持った姿に描かれる。

(3)標月未忘指＝誠「又た月を標し指して、未だ指を忘ぜず。ジッと月を指して居る様子」。「標月」は、底「前出」（【一一九】(1)）。補「指月」の喩え。真理を月に、それを指し示す経典を指に喩える。

(4)捉得捉得＝誠「是の如《かく》き寒山、今日分明に捉得」。

(5)何等面觜＝誠「此の寒山は是れ何等の面つきぞ。驢腮馬頷《ろさいばがん》か文殊か普賢か。看よ看よ」。

《意訳》

寒山

この寒山はお経を読んでも意味がわからぬ。
月を指さしてその指を忘れられぬ。
この寒山をつかまえたぞ、つかまえたぞ。
一体どんな面《かお》つきであろう。

【一四五】又

落花芳艸、天台春老。
誰子嬉嬉、終日把掃。

《訓読》

又《ま》た

(1)落花芳草《らっかほうそう》、天台春老《てんだいはるお》ゆ。
(2)誰《た》か子《こ》ぞ嬉嬉《きき》として、(3)終日《ひねもす》把掃《はそう》す

《註》

(1)落花芳艸、天台春老＝[誡]「…と、先ず一二に天台の境致風光を述べておいた者。しかしながら境致風光の会をなすことなかれ。寒山の面目はこの一二に在り」。「天台」は、[底]「『一統志』台州府、『天台山は、天台県の西一百一十里に在り。高さ一万八千丈、周廻八百里。前に石橋《しゃっきょう》有り』」。

(2)誰子嬉嬉＝[誡]「嬉嬉として此の天台岩畔、落花芳草の辺りに遊びまわって」。「嬉嬉」は、[底]「『博雅』に、『戯なり』。『増韻』に、『游なり』。○『会元』（十九）仏灯（守）珣禅師の章に、『君見ずや寒山老、終日嬉嬉として、長年把掃す』」。

(3)終日把掃＝[誡]「終日箒を把《と》り携えて、掃除ばかりしておる」「勿論始めより了《お》わりまで、画の様子を能く云うたものぞ」。

《意訳》

また
花が散り始め、夏草がかぐわしい。
天台山の春も終わり頃で、
だれが遊び廻っていることだろう。
拾得は相変わらず一日中箒《ほうき》を持っている。

【一四六】又

咄哉咄哉、三界輪廻。
齋後鐘沈餘菜滓、竹筒攜自國清來。

《訓読》

又《ま》た
(1)咄哉咄哉《とっさいとっさい》、三界輪廻《さんがいりんね》。
(2)斎後《さいご》、鐘沈《かねしず》んで菜滓《さいし》余《あま》る、(3)竹筒《ちくとう》携《たずさ》えて国清《こくせい》より来《きた》る。

《註》

(1)咄哉咄哉、三界輪廻＝[誠]「さて此の寒山はどうぞ。人を見るごとに『咄哉咄哉、三界輪廻』と是の如《かく》く云う、是れ箇の寒山ぞ」「一一二、寒山の語を牒し置いたものぞ」。[底]「寒山子の語」(『寒山子詩集』閭丘胤の序)。[補]「咄」

は、叱咤する声。【一〇〇】(4)参照。
(2)齋後鐘沈餘菜滓＝誡「此《かく》の如き寒山、国清に於いて飯台坐の鐘が鳴ってしもうて、菜や汁、大家の食い物、残り余る」。補「菜滓」は、野菜の残りかす。くず。
(3)竹筒攜自國清來＝誡「其の菜滓の余りを竹筒に収め貯えて、国清寺より天台寒岩中へ帰り来る」。底「竹筒」は、「『寒山詩』序に、『拾得、国清寺に在って、食堂を知《つかさど》る。尋常、余残の菜滓を竹筒の内に収貯す。寒山若《も》し来らば、即ち負い去る』」。

《意訳》

また

さてさて、
この迷いの世界をさまよってばかり。
御斎《おとき》もすんで鐘が鳴り終わり、菜っ葉の残りを
竹筒《たけづつ》に入れて国清寺より帰ってくる。

【一四七】拾得

天台霞色秀、峨嵋山月新。
動著苕帚、萬里風塵。

《訓読》

(1)拾得《じっとく》

(2)天台《てんだい》、霞色秀《かしょくひい》で、峨嵋《がび》、山月新《さんげつあら》たなり。
(3)苕帚《ちょうそう》を動著《どうじゃく》すれば、(4)万里風塵《ばんりふうじん》。

《註》

(1)拾得＝底「『伝灯』（二十七）に、『天台の拾得は、名氏を言わず。因みに豊干禅師、山中に径行して、赤城の道の側らに至り、児の啼《な》く声を聞いて、遂に之《これ》を尋ぬるに、一子を見る。数歳可《ばか》り。初めは牧牛子と謂う。之《これ》に問うに及んで云わく、〈孤にして此《ここ》に棄てらる〉と。豊干、乃ち名づけて拾得と為す』」。

(2)天台霞色秀、峨嵋山月新＝誠「峨嵋は、此の拾得は峨嵋山普賢の再来故に。天台は、拾得が寒山・豊干と共に遊戯する処」「一二に於いて拾得を描貌し来て置いて」。「峨嵋」は、底「『一統志』に、『眉州、峨眉山は、州城の南二百里に在り』。○『峨眉山志』に、『昔、蒲翁、山に入り、普賢大士の真相を見る。茲《こ》れより迹《あと》を顕す』」。補四川省にある山。普賢菩薩の霊場として信仰を集める。寒山が文殊の、拾得が普賢の化身であることは、『寒山子詩集』閭丘胤の序に、「寒山は文殊、迹《あと》を国清に遯《のが》る。拾得は普賢、状、貧子の如し」。

(3)動著苕帚＝誠「若《も》し此の拾得が纔《わず》かに苕帚を動著したことならば」。補「苕帚」は、葦や荻などの草の穂で作ったほうき。「じょうしゅう」とも。

(4)萬里風塵＝誠「天台霞色秀ずるも、峨嵋山月新たなるも、此の風塵が吹き起こって、千里万里、悉く皆な塵だらけであろう」。

《意訳》

拾得

天台山も見事な夕霞《ゆうがすみ》に包まれて、
峨眉山《がびさん》も月が新たに出ている。
こんな景色も拾得がもし箒《ほうき》を振るったならば、
どこもかしこも塵《ちり》ほこりだらけになるだろう。

【一四八】寒山拾得同軸

擲帚抛經、圖箇什麼。
鐘動國清、白雲朶朶。

《訓読》

(1)寒山拾得同軸《かんざんじっとくどうじく》
(2)帚《ほうき》を擲《なげう》ち経《きょう》を抛《なげう》って、(3)箇《こ》の什麼《なに》をか図《はか》る。
(4)鐘《かね》、国清《こくせい》に動《うご》く、(5)白雲朶朶《はくうんだだ》。

《註》

(1)寒山拾得同軸＝補寒山と拾得が一軸に描かれた図。

(2)擲帚抛經＝誠「此の寒山と拾得とは帚を投げ捨て、経巻を投げやって」。
(3)圖箇什麼＝誠「なにを図り望むぞ」。
(4)鐘動國清＝誠「飯台坐の鐘が国清に動く」「殺人刀活人剣」。
(5)白雲朶朶＝誠「白雲朶朶と簇《むら》がり起こったるを望んで、あれへやって行くつもりと見える」。

《意訳》

寒山拾得一軸の図

寒山と拾得は経典を投げ捨て箒《ほうき》を投げ捨てて、
一体何をしようとしているのか。
飯台座の鐘が国清寺に鳴っているが、
二人は白雲が朶々として簇《むら》がりおこるあたりへ行くつもりだろうか。

【一四九】又

五臺雲散、峨嵋月懸。
國淸寺裏偸僧飯、滿肚喫來只麼眠。

《訓読》

又《ま》た

(1)五台《ごだい》、雲散《くもさん》じ、峨嵋《がび》、月懸《つきかか》る。
(2)国清寺裏《こくせいじり》に僧飯《そうはん》を偸《ぬす》んで、(3)満肚《まんと》に喫《きっ》し来《きた》って只麽《しも》に眠《ねむ》る。

《註》

(1)五臺雲散、峨嵋月懸＝誠「一二、寒山拾得の全体、脱体現成」。補五台山は文殊菩薩の、蛾嵋山は普賢菩薩の聖地。
(2)國清寺裏偸僧飯＝誠「是の如《かく》き寒山拾得はどうぞ…」。
(3)滿肚喫來只麼眠＝誠「此の寒山拾得が眠りは尽未来際、醒めると云うことはないぞ」。

《意訳》

また

五台山の雲はちりじりに散じて、
峨眉山《がびさん》には月がかかっている。
国清寺の雲水のご飯を盗んで、
腹一杯に食べてただひたすら眠っている。

【一五〇】又

者邊普賢、那邊文殊。
更有一箇、天台山國清寺裏東壁上葫蘆。

《訓読》

又《ま》た
者辺《しゃへん》は普賢《ふげん》、那辺《なへん》は文殊《もんじゅ》。
更《さら》に一箇《いっこ》有《あ》り、天台山国清寺裏《てんだいさんこくせいじり》、東壁上《とうへきじょう》の葫蘆《ころ》。

《註》

(1)者邊普賢＝誠「者辺の拾得は普賢の再来」。補「者辺」は、こちら。這辺に同じ。那辺（あちら）の対。
(2)那邊文殊＝誠「那辺の寒山は文殊の再来」。
(3)更有一箇＝誠「者辺那辺の外、そのうえ更に那一箇有り」。
(4)東壁上葫蘆＝誠「普賢に非ず、文殊に非ず、寒山拾得に非ず、是れ什麼《なん》ぞ」。底「『趙州録』に、『僧問う、〈如何なるか是れ祖師西来意〉。師云わく、〈東壁上に葫蘆を掛くること、多少の時ぞや〉』」。補「葫蘆」は、瓢箪。

《意訳》

また
こちらは拾得で普賢の再来、
あちらは寒山で文殊の再来。
更にもうひとりいる。
天台山の国清寺の東の壁にかかったひょうたんと。

【一五二】又

一箇大行薩埵、一箇七佛祖師。
何以爲驗、弊帚殘經落韻詩。

《訓読》

又《ま》た

(1)一箇《いっこ》は大行《だいぎょう》の薩埵《さった》、(2)一箇《いっこ》は七仏《しちぶつ》の祖師《そし》。
(3)何《なに》を以《もっ》てか験《げん》と為《せ》ん、(4)弊帚残経《へいそうざんきょう》、落韻《らくいん》の詩《し》。

《註》

(1)一箇大行薩埵＝誠「一箇は普賢菩薩の再来の拾得」。補「大行」は、菩薩の修行。特に普賢菩薩の行をいう。「十仏名」に、「大聖文殊師利菩薩、大行普賢菩薩、大悲観世音菩薩」。

(2)一箇七佛祖師＝誠「一箇は文殊菩薩の再来の寒山」。「七仏祖師」は、【八九】(4)参照。

(3)何以爲驗＝誠「何を以てか霊験証験のしるしと為さん」。

(4)弊帚殘經落韻詩＝「弊帚、虫残せる経巻、落韻の詩、是れがまちがいもなき大行薩埵、七仏の験とする処ぞ」。「落韻詩」は底「『詩人玉屑』に『漁隠』を引いて云わく、『裴虔余《はいけんよ》が云わく、〈満額の鵝黄、金縷《きんる》の衣、翠翹《すいぎょう》浮動して玉釵《ぎょくさ》垂る。従教《さもあらばあれ》、水濺《そそ》ぎ羅襦の湿することを、疑うらくは是れ巫山行雨の帰るかと〉。〈広韻〉〈集韻〉〈韻略〉、垂と帰と、皆な韻を同じくせず。此の詩を落韻と為す』」。補「落韻詩」は、韻を踏んでいない詩。寒山の詩を抑下して言う。

《意訳》

また

ひとりは普賢菩薩の再来の拾得で、
ひとりは七仏の祖師である文殊菩薩の再来の寒山であるが、
一体何が証拠であろう。
すり切れた箒《ほうき》と、虫食いのした経巻、韻の踏んでいない詩、これが何よりの証拠だ。

【一五二】又

把梵書看、支竹帚息。
峨嵋及五臺、十年歸不得。

《訓読》

又《ま》た
(1)梵書《ぼんしょ》を把《と》って看《み》、(2)竹帚《ちくそう》を支《ささ》えて息《いこ》う。
(3)峨嵋《がびおよ》及び五台《ごだい》、(4)十年帰《じゅうねんかえ》ることを得《え》ず。

《註》

(1)把梵書看＝誠「一人の寒山は…」。補「梵書」は、梵字で記した書物。ここでは単に経巻の意。

(2)支竹帚息＝誠「又た一人の拾得は竹帚を支えて休息す」。
(3)峨嵋及五臺＝誠「是《かく》の如き寒山拾得、峨嵋及び五台の辺りへ」。
(4)十年歸不得＝誠「いつまでも梵書を把って看、竹帚を支えて息《いこ》いやすんでおるは、来時の路を忘却したと見える」。底「『寒山詩』に、『十年帰ることを得ざれば、来時の路を忘却す』」。

《意訳》

また

寒山は経典を手にとって看ていて、
拾得は竹箒を持って休息している。
元のすみかである峨眉山《がびさん》と五台山へは、
十年も帰ることがなかったので、もと来た道も忘れてしまったのだろう。

【一五三】又

梵書在手兮左卷右舒、禿帚隨身兮東搖西掃。
峨嵋掛半輪秋、五臺失來時道。
咦、天上人間不可討。

《訓読》

又《ま》た

(1)梵書《ぼんしょ》、手《て》に在《あ》り、左巻右舒《さけんゆうじょ》、(2)禿帚《とくそう》、身《み》に随《したが》う、東揺西掃《とうようさいそう》。
(3)峨嵋《がび》、半輪《はんりん》の秋《あき》を掛《か》け、(4)五台《ごだい》、来時《らいじ》の道《みち》を失《しっ》す。
(5)咦《い》、(6)天上人間《てんじょうにんげん》、討《たず》ぬべからず。

《註》

(1)梵書在手兮左巻右舒＝誠「…は、寒山」。補「左巻右舒」は、経巻を左右に巻いたり広げたりする。
(2)禿帚随身兮東搖西掃＝誠「…は、拾得」。
(3)峨嵋掛半輪秋＝誠「此の拾得は…」。
(4)五臺失來時道＝誠「寒山は…」「(失は)失却し取り失うた」。補【一五二】(4)参照。
(5)咦＝誠「はてさて」。
(6)天上人間不可討＝誠「天上界にも人間界にも、此の寒山拾得の蹤跡は討ぬるべからず」。

《意訳》

また
寒山は経典を手に持って左に右に巻いたり広げたりしている。
拾得は禿《ち》びた箒をもって東に西に自由に掃き掃除している。
拾得は峨眉山の秋の月をかかげて、
寒山は五台山から来た道を忘れてしまっている。

ああ、
天上界にも人間界にもこの寒山拾得の跡は探しても見あたらない。

【一五四】又〔寒山手展梵夾拾得旁覰之〕

何等文字、牛皮須穿。
毫氂生見、鐵圍那邊。

《訓読》

又《ま》た〔寒山《かんざん》、手《て》に(1)梵夾《ぼんきょう》を展《の》べ、拾得《じっとく》、旁《かたわ》らに之《これ》を覰《み》る〕
(2)何等《なんら》の文字《もんじ》ぞ、(3)牛皮《ぎゅうひ》、須《すべか》らく穿《うが》つべし。
(4)毫氂《ごうり》も見《けん》を生《しょう》ずれば、(5)鉄囲那辺《てっちなへん》。

《註》

(1)梵夾＝補 梵篋に同じ。文字を記した貝多羅葉を重ねた印度式の書物。ここでは単に経巻の意。
(2)何等文字＝誠「此の寒山が展べて居る梵夾は…」。
(3)牛皮須穿＝誠「拾得の傍より覰《うかが》い見る処は…」。底「『会元』〔五〕に、『薬山〔惟〕儼禅師。看経する次いで、僧問う、〈和尚、尋常《よのつね》、人の看経を許さず、甚麼《なん》と為《し》てか却って自ら看す〉。師曰わく、〈我、祇《た》だ眼を遮ることを図る〉。曰わく、〈某甲《それがし》、和尚を学ぶ。還って得んや也《ま》た無《いな》や〉。師曰わく、〈汝、若《も》し看せば、牛皮も也た須らく穿つべし〉』」。補『虚堂録犂耕』九に、「但だ文字に泥著して、意、文字に穿入するが故に、是れ牛皮の堅厚なりと雖も、也た須らく穿透すべし。痛く文字に著するを言うのみ」。

(4)毫氂生見＝誠「毫氂も此の梵夾の見を生ずれば」。

(5)鐵圍那邊＝誠「那辺の二鉄囲山の外へ貶向するぞ」。補「鉄囲」は、【八八】(4)参照。

《意訳》

また〔寒山は手に経典を持ち、拾得はそばからそれを見ている〕

この寒山の持っているお経は、どんな文字が書かれているのであろうか。
拾得がそばから覗《のぞ》いてみるが、牛の皮をも貫き通すほど見つめている。
ほんの僅かでも仏だの法だのとの思いを起こしたならば、
鉄囲山《てっちせん》の果てまで放り出されるであろう。

【一五五】布袋和尚

兜率閻浮、分身百億。
咦、莫是彌勒。

《訓読》

(1)布袋《ほてい》和尚《おしょう》

(2)兜率閻浮《とそつえんぶ》、(3)分身百億《ぶんしんひゃくおく》。
咦《い》、(4)是《こ》れ弥勒《みろく》なること莫《な》しや。

《註》

(1)布袋＝[底]「『伝灯』（二十七）に、『明州奉化県の布袋和尚は、未だ氏族を詳らかにせず。自ら名を契此《かいし》と称す。形裁腲脮《わいだい》にして、蹙額《せきがく》皤腹《はふく》なり。語を出すこと定め無く、寝臥、処に随う。常に杖を以て一布嚢を荷い、凡そ供身の具、尽《ことごと》く嚢中に貯う』〔云云〕」。

(2)兜率閻浮＝[誠]「兜率陀天、南閻浮提の中に」。「兜率」は、[底]「『（翻訳）名義集』に、『兜率陀、此には妙足と云う。新には覩史陀《とした》と云い、此には知足と云う』」。[補]六欲天の第四。弥勒菩薩の住処。「閻浮」は、[底]「同上（『名義集』）に、『閻浮提、此には勝金と云う。〈西域記〉に云わく、〈南贍部州、旧には閻浮提洲と曰う〉』」。

(3)分身百億＝[誠]「弥勒の分身千百億と云うが」。[底]「『伝灯』布袋の章に、『偈を説いて曰わく、〈弥勒真の弥勒、分身千百億。時時に時の人に示す、時の人、自ら識らず〉』」。

(4)莫是彌勒＝[誠]「是れ此の布袋和尚は、まちがいもなき弥勒菩薩ぞ」。

《意訳》

布袋和尚

弥勒菩薩は兜率天《とそつてん》にいてこの閻浮界《えんぶかい》に、
百億の分身を現される。
ああ、

この布袋和尚こそ弥勒菩薩ではないか。

【一五六】又

來自率陀天、嚢中只麼羶。
待人街上立、欲索一文錢。

《訓読》

又《ま》た
(1)率陀天《そつだてん》より来《きた》る、(2)嚢中《のうちゅう》、只麼《しも》に羶《なまぐさ》し。
(3)人《ひと》を待《ま》って街上《がいじょう》に立つ、一文銭《いちもんせん》を索《こ》わんと欲《ほっ》す。

《註》

(1)來自率陀天＝誠「此の布袋和尚は…」「一二で描貌し賛し得てあるぞ」。
(2)嚢中只麼羶＝誠「此の布袋の肩に担うておる…」。補「只麼」は、ただ〜だけ。
(3)待人街上立、欲索一文錢＝誠「此の三四に於いては、忍俊不禁《にんしゅんふきん》に諸人の為に注脚を下したものぞ」。底「同章（『伝灯録』二十七、布袋章）に、『師、街衢《がいく》に在って立つ。僧有って問う、〈和尚、這裏《しゃり》に在って、什麼《なに》をか作す〉。師曰わく、〈箇の人を等《ま》つ〉。曰わく、〈来れり、来れり〉。師曰わく、〈汝は是れ這箇《しゃこ》の人にあらず〉。曰わく、〈如何なるか是れ這箇の人〉。師曰わく、〈我に一文銭を乞《あた》えよ〉』」。

《意訳》

また

この布袋和尚は兜率天《とそつてん》から来て、

袋の中はただなまぐさいものばかり。

人を待って町の中に立って、

一文銭を恵んでもらおうと思っている。

【一五七】又〔倚舷對水月〕

心心是佛、水中撈月。
無底布嚢、全身出沒。

《訓読》

又《ま》た〔舷《ふなばた》に倚《よ》り水月《すいげつ》に対《たい》す〕

(1)心心《しんしん》是《こ》れ仏《ほとけ》、(2)水中《すいちゅう》に月《つき》を撈《すく》う。
(3)無底《むてい》の布嚢《ふのう》、(4)全身出没《ぜんしんしゅつもつ》。

《註》

(1)心心是佛＝誠「此の布袋和尚は、『心、是れ仏』と云うたが」。底「同章（『伝灯録』二十七、布袋章）に、『歌有って曰わく、〈只だ箇の心心、心、是れ仏、十方世界、最も霊物〉』」。

(2)水中撈月＝誠「それは水中に月を撈う様なものぞ」「著語注脚の意」。底「永嘉の『証道歌』に、『水中に月を捉う、争《いか》でか拈得せん』」。

(3)無底布嚢＝誠「此の布袋のふくろは無底の布嚢」。

(4)全身出没＝誠「無底の布嚢の中に全身出没」。

《意訳》

また〔船端《ふなばた》に依りかかり水に映った月を眺めている〕

布袋和尚はこの心こそ仏と説かれたが、

それはあたかも水中に月をとらえるようなものだ。

底のない布袋に、

全身がすっぽりそのまま出没するようだ。

【一五八】猪頭和尚

衣錦食猪肉、鼻孔何髣髴。

寧爲徐姉夫、莫作定光佛。

《訓読》

(1)猪頭和　尚《ちょとうおしょう》

(2)錦《にしき》を衣《き》て猪肉《ちょにく》を食《く》らう、(3)鼻孔《びくうなん》何ぞ髣髴《ほうふつ》たる。
(4)寧《むし》ろ徐姉夫《じょしふ》と為《な》るも、(5)定光仏《じょうこうぶつ》と作《な》ること莫《な》かれ。

《註》

(1)猪頭和尚＝底「『仏祖統紀』法運通塞志に、『後州の沙門志蒙は、徐氏なり。錦衣を衣て、喜んで猪頭を食らう。人の災祥を言うに、験あらずということ無し。人を呼んで〈小舅〉と為し、自ら号して〈徐姉夫〉と曰う。一日、三衢の吉祥寺に坐化す。遺言す、〈吾は是れ定光仏なり〉と。是に至って真身を奉じて祈祷す。神応、歇《つ》きず。世に之《これ》を猪頭和尚と目す』」。

(2)衣錦食猪肉＝誡「…是れ間違いなもき猪頭和尚ぞ」。

(3)鼻孔何髣髴＝誡「今此《ここ》に画き成された猪頭和尚、どうしてこのようにも能く似たぞ」。

(4)寧為徐姉夫＝誡「(寧は) 二つどりには」。補「姉夫」は、あねむこ。

(5)定光佛＝補過去仏の一。燃灯仏とも。過去世の釈迦に成仏の記別を与えたことが諸経に見える。

《意訳》

猪頭和尚

派手な錦の衣装を着て猪の肉を食べる。
この面構えは何とよく似たことか。
この者が徐のおじさんであっても、

決して定光仏《じょうこうぶつ》などにすることのないように。

【一五九】栽松道者

钁頭帯雨、株株手栽。
雙峰春老、遲汝再來。

《訓読》

(1)栽松道者《さいしょうどうじゃ》

钁頭《かくとう》、雨《あめ》を帯《お》ぶ、(2)株株《しゅしゅ》、手《て》ずから栽《う》う。
(3)双峰《そうほう》、春老《はるお》ゆ、(4)汝《なんじ》が再来《さいらい》を遅《ま》つ。

《註》

(1)栽松道者＝[底]『会元』（一）に、『五祖弘忍《ぐにん》大師は、蘄州《きしゅう》黄梅の人なり。先に破頭山中《はずさんちゅう》の栽松道者たり。嘗て四祖（道信）に請うて曰わく、〈法道、得て聞くべけんや〉。祖曰わく、〈汝、已に老いたり。脱《も》し聞くこと有るとも、其れ能く広く化せんや。儻《も》し能く再来せば、吾、尚お汝を遅《ま》つべし〉。廼《すなわ》ち去って水辺に行き、一女子の、衣を浣《あら》うを見る。揖《いっ》して曰わく〈寄宿すること、得んや否や〉。女曰わく、〈我に父兄有り、往いて求むべし〉。曰わく、〈諾せば、我即ち敢えて行かん〉。女、首肯す。遂に策《つえ》を回らして去る。女は周氏の季子なり。帰って輒《すなわ》ち孕《はら》む。父母、大いに悪《にく》んで、之《これ》を逐う。女、帰する所無し。日は里中に傭紡《ようぼう》し、夕は衆館の下に止まる。已にして一子を生む。以て不祥と為し、因って濁港の中に抛つ。明日、之《これ》を見れば、流れに泝《さかのぼ》って上る。気体鮮明なり。大いに驚いて、遂に之《これ》を挙ぐ。童と成り、母に随って乞食す。里中、呼んで無姓児と為す。一智者に逢う。歎じて曰わく、〈此の子、七種の相を欠く。如来に逮《およ》ばず〉。後、信大師に遇い、法を得て化を破頭山に嗣ぐ』」。補 五祖が栽松道者の再生であること、『宋高僧伝』『景徳伝灯録』などに見えず。『林間録』などに見える。

(2)株株手栽＝誠「株株樹樹、松の木を手ずから栽う」。

(3)雙峰＝底「『正宗記』道信の章に、『乃ち蘄の破頭山に居す』。注に、『今の所謂《いわゆ》る双峰山という者なり』」。

(4)遅汝再來＝誠「四祖大師が、栽松道者が生まれ換わって来るを遅つ」。

《意訳》

栽松道者

鍬を持って雨の中を、
一株一株手ずから松を植える。
双峰山《そうほうざん》の春はもう終わり頃になり、
四祖《しそ》大師はあなたが生まれ変わってくるのを待っている。

【一六〇】又

春老株株碧、雙峰帯雨栽。
若無浣紗女、不免入驢胎。

《訓読》

又《ま》た
(1)春《はる》老《お》いて株株碧《しゅしゅみどり》なり、(2)双峰《そうほう》、雨《あめ》を帯《お》んで栽《う》う。
(3)若《も》し浣紗《かんしゃ》の女《むすめ》無《な》くんば、(4)免《まぬが》れず、驢胎《ろたい》に入《い》ることを。

《註》

(1)春老株株碧＝誠「春老いて、あの木もこの木も碧なり」。
(2)雙峰帯雨栽＝誠「双峰山中へ此の道者が雨を帯んで栽え成した」。
(3)若無浣紗女＝誠「もし水辺の周家の一女子が無くんば」。
(4)不免入驢胎＝誠「驢胎か馬腹裏に入ることを免れず」。

《意訳》

また
春もおしまいになって、松も一株一株緑が鮮やかである。
双峰山《そうほうざん》で雨に濡れながら松を植えている。
もし水辺で洗濯している娘に逢わなければ、

驢馬《ろば》の胎内に宿ったことであろう。

【一六二】五祖送慧能

不知此山路、相隨至古渡。
江空一葦輕、弟子合搖艫。

《訓読》

(1)五祖《ごそ》、慧能《えのう》を送《おく》る

(2)此《こ》の山路《さんろ》を知《し》らず、(3)相《あ》い随《したが》って古渡《こと》に至《いた》る。
(4)江空《こうむな》しゅうして一葦軽《いちいかる》し、(5)弟子《でし》、合《まさ》に艫《ろ》を揺《ゆ》らすべし。

《註》

(1)五祖送慧能＝誠「第一句は奪命神符。第二句は法窟の爪牙。三四は『想い得たり那人か手を垂れて立つ、嬌羞、肯えて秋千に上らず』（韓偓「想得」）と云う底の処ぞ」。底「『会元』（一）に、『六祖慧能大師は、俗姓は盧氏』」。
補 慧能が弘忍から衣法を相続して南方へ逃れる際、弘忍自ら九江の渡し場まで慧能を送った故事。

(2)不知此山路＝誠「慧能の云うた語。『某甲《それがし》、此の山路を知らず』」。底「『（六祖）壇経』に、『慧能、三更に衣鉢を領得して云わく、〈能は本是れ南中の人、素より此の山路を知らず。如何が江口に出得せん〉。五祖言わく、〈汝、憂うることを須《もち》いざれ。吾、自ら汝を送らん〉。祖、相い送って、直に九江駅に至り、船に上げしむ。五祖、艫《ろ》を把《と》り、自ら揺らす。慧能言わく、〈請う、和尚、坐せよ。弟子、艫を揺らすべし〉』」。

(3)相随至古渡＝誠「知らずと云うについて、五祖黄梅大師も…」。

(4)江空一葦輕＝誠「九江駅古渡頭も夜半の事なれば、黄梅七百衆の中、誰知る者もなければ…」。補「一葦」は、小舟。【一〇九】(1)参照。

(5)弟子合搖艫＝誠「慧能の云うた語」。

《意訳》

五祖が慧能を送る

慧能が「私はこの山中の道が分かりません」と言った。

そこで五祖について渡し場まで行った。

渡しには誰もいなくて小舟は軽やかに進む。

ここは弟子である私が船の艫《ろ》を漕ぎましょう。

【一六二】六祖〔踏碓〕

腰石如山、踏碓幾月。

米熟欠篩、粃糠垺垺。

《訓読》

六祖《ろくそ》〔(1)碓《うす》を踏《ふ》む〕

(2)腰石《ようせき》、山《やま》の如《ごと》し、(3)踏碓《とうたい》、幾月《いくつき》ぞ。
(4)米熟《べいじゅく》して篩《ふるい》を欠《か》く、(5)粃糠《ひこう》(6)孛孛《ほつほつ》。

《註》

(1)踏碓＝補 六祖慧能が黄梅の五祖弘忍に参じ、八ヶ月間、碓房（米つき部屋）で唐臼を踏んでいた故事。

(2)腰石如山＝誠「腰石、重きこと山の如し」。「腰石」は、底「同上（『六祖壇経』）に、『石を腰にして米を舂《つ》く』」。

(3)踏碓幾月＝底「同上（『壇経』）に、『碓を踏むこと八箇余月』」。

(4)米熟欠篩＝底「同上（『壇経』）に、『五祖、問うて曰わく、〈米熟すや也《ま》た未だしや〉。能曰わく、〈米熟すること久し。猶お篩を欠くこと在り〉』」。

(5)粃糠＝補 しいな（かす米）と、ぬか。

(6)孛孛＝誠「乱れて紛紛。孛孛は塵の起こる貌」。底「『博雅』に、『塵の起つ貌』。○『寒山詩』に、『風至って其の中を攪せば、灰塵乱れて孛孛』」。

《意訳》

六祖〔碓を踏んでいる〕

慧能は腰に山のように重い石をつけて、
碓を何ヶ月も踏んでいる。
米は搗《つ》き終わったが篩《ふるい》にかけてくれる者がいない。

糠《ぬか》だけが紛々と飛び散っている。

【一六三】又

已不知字、何能解義。
黄梅碓頭、清風匝地。

《訓読》

又《ま》た

(1)已《すで》に字《じ》を知《し》らず、(2)何《なん》ぞ能《よ》く義《ぎ》を解《げ》せん。

(3)黄梅碓頭《おうばいたいとう》、清風匝地《せいふうそうち》。

《註》

(1)已不知字＝誠「この六祖は『字を知らず』と云うたが」。底「『壇経』に、『尼無尽蔵は、即ち志略が姑《おば》なり。常に〈涅槃経〉を読む。師（慧能）、暫く之《これ》を聴いて、即ち為に其の義を解説す。尼、遂に巻を執って字を問う。師曰わく、〈字は即ち識らず。義は即ち請う問え〉。尼曰わく、〈字すら尚お識らず、焉《いず》んぞ能く義を会せんや〉』」。

(2)何能解義＝誠「文字を知らぬ者が、何ぞ能く経文中の真実義を解せん」。

(3)黄梅碓頭、清風匝地＝誠「字を知らず義を解せざる処より…」。

《意訳》

また
慧能は字を知らない、
どうして経文の深い意味まで分かろうか。
黄梅で碓《うす》を踏んでいて、
涼やかな風が大地を吹き渡っている。

【一六四】又〔擔杵〕

獦獠無智、作息幾時。
粃糠未脱、擔杵何之。

《訓読》

又《ま》た〔杵《きね》を担《にな》う〕
(1)獦獠《かつりょう》無智《むち》、(2)作息《さくそく》、幾時《いくとき》ぞ。
粃糠《ひこう》未《いま》だ脱《だっ》せず。杵《きね》を担《にな》って何《いず》くにか之《ゆ》く。

《註》

(1)獦獠＝誠「えびすもの」。底「同上（『六祖壇経』）に、『五祖言わく、〈汝は是れ嶺南の人、又た是れ獦獠。若《なん》為《す》れぞ作仏するに堪えん〉』。○『韻会』に、『獦は居竭の切。虜《えびす》の別号。獠は魯皓の切。戎夷の別名。西南夷、之《これ》を獠と謂い、亦た獠に作る』」。補 中国西南地方の山岳に住んでいた少数民族。南方人を見下した言い方。
(2)作息＝底「『古詩源』『撃壌の歌』に、『日出ずれば作し、日入れば息《いこ》い、井を鑿《うが》ちて飲み、田を耕して食う。帝の力、何ぞ我に有らんや』」。補 働くことと休むこと。

《意訳》

また〔杵《きね》を担いでいる〕

南方の田舎者は無智で、
一体幾時《いくとき》働くのだろうか。
糠《ぬか》はまだ取れていないのに、
杵を担いでどこに行くのだろうか。

【一六五】又

斫倒菩提樹、打摧明鏡臺。
杵頭猶有柄、擔荷去還來。

《訓読》

又《ま》た

(1)菩提樹《ぼだいじゅ》を斫倒《しゃくとう》し、明鏡台《めいきょうだい》を打摧《ださい》す。

(2)杵頭《しょとう》、猶《な》お柄有《えあ》り、担荷《たんか》して去《さ》って還《ま》た来《きた》る。

《註》

(1)斫倒菩提樹、打摧明鏡臺＝[誠]「一二、不立一塵一法底、掃蕩門」。[底]「『壇経』神秀の偈に、『身は是れ菩提樹、心は明鏡台の如し。時時に勤めて払拭して、塵埃を惹《ひ》かしむること勿かれ』。慧能の偈に、『菩提、本、樹無し、明鏡、亦た台に非ず。本来無一物、何れの処にか塵埃を惹かん』」。[補]「斫」は、きる。

(2)杵頭猶有柄、擔荷去還來＝[誠]「三四、建立門」。

《意訳》

また

菩提樹を切り倒し、
明鏡の台を打ち砕く。
碓《うす》をつく杵《きね》にはまだ柄がついている、
それを担って去ってはまた帰ってくる。

【一六六】又〔擔柴〕

賣柴獦獠、鬧市彷徨。
容易側耳、般若金剛。

《訓読》

又《ま》た〔柴《しば》を担《にな》う〕

(1)売柴《ばいさい》の獦獠《かつりょう》、(2)閙市《にょうし》に彷徨《ほうこう》。

(3)容易《ようい》に耳《みみ》を側《そばだ》つ、般若金剛《はんにゃこんごう》。

《註》

(1)賣柴獦獠＝底「同上（『六祖壇経』）に、『慧能、艱辛貧乏、市に於いて柴を売る。時に一客の、経を誦するを見る。慧能、一たび経の語を聞いて、心、即ち開悟す。遂に客に問う、〈何の経をか誦す〉。客曰わく、〈金剛経〉。復《ま》た問う、〈何《いず》れの所より来って、此の経典を持する〉。客曰わく、〈我、蘄州《きしゅう》黄梅県の東禅寺より来る。其の寺は是れ五祖の忍大師、彼に在って化を主《つかさど》る〉』」。

(2)閙市彷徨＝誡「市町を柴を売り歩く様子。〈彷徨は〉徘徊たちもとおる貌」。補「閙市」は、さわがしい市場。

(3)容易側耳＝誡「天に倚る長剣、纔《わず》かに如何《いかん》と擬すれば、身を分かって両断と為す」。

《意訳》

また〔柴を担っている〕

柴を売る田舎者が、
町の中をうろついている。
何の声かと耳をそばだてれば、
金剛般若経だった。

【一六七】又〔碓坊唯有杵臼不見祖師〕

咄箇獦獠、不在碓坊。
七百高僧趁無跡、九江一葦水茫茫。

《訓読》

又《ま》た〔碓坊《たいぼう》、唯《た》だ杵臼《しょきゅう》のみ有《あ》って祖師《そし》を見《み》ず〕
咄《とつ》、箇《こ》の獦獠《かつりょう》、碓坊《たいぼう》に在《あ》らず。
(1)七百《しちひゃく》の高僧《こうそう》、(2)趁《お》うに跡無《あとな》し、(3)九江一葦《きゅうこういちい》、水茫茫《みずぼうぼう》。

《註》

(1)七百高僧＝誠「黄梅の七百の高僧」。底「『伝灯』(三)五祖(弘)忍大師の章に、『時に会下、七百余僧』。◯仏国白の頌に、『七百の高僧、夢裏の時、三更月下、独り南に帰る』(『禅林類聚』八、祖偈)」。
(2)趁無跡＝補『六祖壇経』に、「慧能、祖を辞し違《さ》り已《お》わり、発足して南行し、両月間中にして大庾嶺《だいゆれい》に至る。後を逐うもの数百人、来って衣鉢を奪わんと欲す」。
(3)九江＝補九江駅。【一六二】(2)参照。

《意訳》

また〔米つき部屋に杵《きね》と臼《うす》のみがあって、六祖はいない〕
やい、この田舎者め。
米つき小屋にもおらずにどこに行ったか。

黄梅の七百人もの高僧方が追いかけたが、跡も見あたらない。
九江の渡し場には、茫々たる川の流れを葦《あし》にも似た小舟が行くばかりだ。

【一六八】懶瓚

十年宰相、多慮多言。
煨芋漸熟、不起謝恩。

《訓読》

(1)懶瓚《らんさん》

(2)十年《じゅうねん》の宰相《さいしょう》、(3)多慮多言《たりょたごん》。
(4)煨芋《わいう》、漸《ようや》く熟《じゅく》す、起《た》って恩《おん》を謝《しゃ》せず。

《註》

(1)懶瓚＝底「『宋高僧伝』（十九）に、『釈の明瓚《みょうさん》は、未だ氏族生縁を知らず。初め遊方して、嵩山に詣《いた》る。普《ふ》寂《じゃく》、盛んに禅法を行う。瓚、往いて従う。然れば則ち、寂の心契を黙証す。人、推重すること罕《まれ》なり。尋いで衡岳に於いて閑居す。衆僧は営作し、我は則ち晏如たり。縦《たと》い詆訶《ていか》せらるとも、殊に愧恥無し。時に之《これ》を懶瓚と目《なづ》く』」。

(2)十年宰相＝底「同章（『宋高僧伝』明瓚章）に、『相国鄴公李泌《りひつ》、崔李が害を避け、南岳に隠る。而して潜かに瓚の所為を察して曰わく、〈常人に非ず〉と〔云云〕。中夜を候《うかが》い、李公、潜かに往いて謁す。席門を望んで、自ら賛して拝す。瓚、大いに詬《ののし》り、空を仰いで唾して曰わく、〈是れ将に我を賊せんとす〉。李、愈《いよいよ》鄭重を加え、唯だ拝するのみ。瓚、正に牛糞の火を発して、芋を出して之《これ》を啗《く》らう。良久して乃ち曰わく、〈以て地に席すべし〉。啗らう所の芋の半《なかば》を取って、以て授く。李、跪いて捧じ、尽《ことごと》く食いて謝す。李公に謂いて曰わく、〈慎んで多言すること勿かれ。十年の宰相を領取せん〉。李、拝して退く〔云云〕。後、終に相位に居す。一《ひとえ》に瓚の懸記の如し』」。

(3)多慮多言＝補『信心銘』に「多言多慮、転《うた》た相応せず」。懶瓚の「慎んで多言すること勿かれ」を承けていう。

(4)煨芋漸熟、不起謝恩＝誡「此の懶瓚脚跟下《きゃっこんか》を覰《み》んと要せばどうぞ…」。底「『林間録』懶瓚の章に、『唐の徳宗、其の名を聞いて、使いを遣わして之《これ》に詔す。使者、其の室に至って宣言す、〈天子、詔有り、尊者、当に起《た》って恩を謝すべし〉。瓚、方《まさ》に牛糞の火を撥《はら》いて、煨芋を尋ねて之《これ》を食らう。寒涕、頤《おとがい》に垂れ、未だ嘗て答えず。使者、之《これ》を笑い、且つ瓚に涕を拭わんことを勧む。瓚曰わく、〈我、豈に工夫の、俗人の為に涕を拭うこと有らんや〉。竟に致すこと能わずして去る』」。補「煨芋」は、埋み火で焼いた芋。

《意訳》

懶瓚《らんさん》

この懶瓚は李泌《りひつ》に「十年の宰相」などと予言したが、
それこそまさに「多慮多言」だ。
芋がようやく焼けたけれども、

立ち上がって恩を謝すこともしない。

【一六九】又

糞火芋熟、何物活計。
俗子在門、及早拭涕。

《訓読》

又《ま》た

糞火《ふんか》、芋熟《いもじゅく》す、何物《なにもの》の(1)活計《かっけい》ぞ。
(2)俗子《ぞくし》、門《もん》に在《あ》り、早《はや》く(3)涕《てい》を拭《ぬぐ》うに及《およ》べ。

《註》

(1)活計＝底「『聯珠詩格』白居易が詩（「履道居三首」）に、『厭うこと莫かれ、家貧しくして活計の微なることを』。注に、『活計は、猶お生生の計を言うがごとし』」。
(2)俗子＝補俗人に同じ。徳宗からの勅使をいう。【一六八】(4)参照。
(3)涕＝補はなみず。

《意訳》

また

牛糞で焼く芋はようやく焼けた。
一体どんな暮らしをしているのか。
俗人が門に立っているぞ、
早くその水洟《みずばな》を拭いたらどうか。

【一七〇】又

衆僧營作、我則晏如。
煨芋未熟、紫鳳銜書。

《訓読》

又《ま》た
(1)衆僧《しゅそう》は営作《えいさく》し、我《われ》は則《すなわ》ち晏如《あんじょ》たり。
煨芋《わいう》、未《いま》だ熟《じゅく》せず、(2)紫鳳《しほう》、書《しょ》を銜《ふく》む。

《註》

(1)衆僧營作、我則晏如＝補【一六八】(1)参照。
(2)紫鳳銜書＝底「司空曙が詩（『三体詩』二、『張芬が赦後に寄せらるるに酬ゆ』）に、『紫鳳、朝銜む五色の書』。○『晋書』載記、石季龍が伝に、『季龍、常に戯馬観に遊ぶ。観上に詔書を安ず。五色の紙、木鳳の口に在り。鹿盧廻転して、状、飛翔するが若《ごと》し』」。

《意訳》

また

多くの僧たちは一生懸命に働いているが、
私はこうしてのんびり暮らしている。
芋はまだ焼けていないのに、
天子様からの勅書が届いてしまった。

【一七二】馬祖扭百丈鼻頭

人在艸窠、野鴨飛過。
扭翻鼻孔、阿㖿阿㖿。

《訓読》

(1)馬祖《ばそ》、百丈《ひゃくじょう》の鼻頭《びとう》を扭《ひね》る

人《ひと》は(2)草窠《そうか》に在り、野鴨《やおう》飛び過《す》ぐ。
鼻孔《びくう》を扭翻《ちゅうほん》す、阿㖿阿㖿《あやあや》。

《註》

(1)馬祖扭百丈鼻頭＝底「『会元』（三）に、『百丈懐海《えかい》禅師。馬祖の（道）一に嗣ぐ』。○『（禅林）類聚』（二十、飛走）に、『百丈、因みに馬祖に侍して行く次いで、忽ち一群の野鴨子《やおうす》を見る。祖云わく、〈是れ甚麼《なん》ぞ〉。師云わく、〈野鴨子〉。祖云わく、〈甚《いず》れの処にか去る〉。師云わく、〈飛び過ぎ去る〉。祖、遂に師の鼻を把《と》り扭る。師、負痛失声し、阿哪阿哪と叫ぶ』」。

(2)艸窠＝補草むら。

《意訳》

馬祖が百丈の鼻頭をねじった。
草むらの中を人が歩いていて、そこを野鴨《のがも》が飛んでいった。
馬祖は百丈の鼻をねじり上げて、百丈はただ「あいたたー」と叫んだ。

【一七二】又

昨日鼻頭痛、今朝又不痛。
従此江西謾名模、楚鶏却是丹山鳳。

《訓読》

又《ま》た

(1)昨日《さくじつ》、鼻頭《びとう》痛《いた》し、今朝《こんちょう》、又《ま》た痛《いた》からず。
此《こ》れより江西《こうぜい》、(2)謾《みだ》りに名模《みょうぼ》す、(3)楚鶏《そけい》、却《かえ》って是《こ》れ丹山《たんざん》の鳳《ほう》。

《註》

(1)昨日鼻頭痛、今朝又不痛＝[底]「『会元』(三)百丈の章に、『馬祖、陞堂す。衆、纔《わず》かに集まる。師、出でて席を巻却す。祖、便ち下座す。師、随って方丈に至る。祖曰わく、〈我、適来《せきらい》、未だ曽て説話せず。汝、什麼《なん》と為《し》てか便ち席を巻却す〉。師曰わく、〈昨日、和尚に鼻頭を扭得せられて痛し〉。祖曰わく、〈汝、昨日、甚麼《いず》れの処に向かってか心を留むる〉。師曰わく、〈鼻頭、今日、又た痛からず〉。祖曰わく、〈汝、深く昨日の事を明らむ〉。師、作礼して去る』」。

(2)謾名模＝[誠]「めったになづけかたどる」。[補]「名模」は、名を付けたり形をなぞること。手探りで表現する。『碧巌録』九十四則、頌古に、「全象全牛も翳《えい》(眼病)に殊ならず、従来作者、共に名模す」。

(3)楚鶏却是丹山鳳＝[誠]「謾りに名模する当体」。[底]「同上(『五灯会元』三、百丈の章)に、『文公楊億居士、広慧に問うて曰わく、〈承る、和尚、言有り、一切の罪業は、皆な財宝の所生に因る、と〉(云云)。慧曰わく、〈楚鶏は是れ山丹の鳳にあらず〉』。○『事文類聚』(後集巻四十二、羽虫部、鳳)に、『〈尹文子〉に、〈楚人、山鶏を握る。路人、問う、何の鳥ぞ。之《これ》を欺いて曰わく、鳳凰なり。路人曰わく、我、鳳凰を聞くも、今始めて見る。汝、之《これ》を販《う》らんか。千金にて買わんことを請うも、与えず。加倍して乃ち之《これ》を与う。之を楚王に献ぜんと欲す。宿を経て死す。路人、其の千金を惜しむに遑《いとま》あらず、惟だ献ずることを得ざるを恨む。王、之を聞いて、其の己に献ぜんと欲することに感じて、召して厚く之に賜うこと、鳥を買うの金に過ぐること十倍せり〉』」。補『五灯会元』に見える本来の「楚鶏は是れ山丹の鳳にあらず」は、偽物を本物と取り違えてはならない、の意。「丹山鳳」は、鳳凰に同じ。『山海経』南山経に、「丹穴の山。(中略)鳥有り、其の状、鶏の如く、五采にて文《かざ》る。名を鳳皇と曰う」。

《意訳》

また

昨日は鼻が痛かった。
今朝はもう痛くない。
これより江西で、あれこれとなづけかたどった。
楚の国の鶏は丹山の鳳だといって、とんだ儲けものをしたようなものだ。

武渓集　巻上　【一七二】又

武渓集　巻上　終

武溪集　卷下

參學比丘海旭編

【一七三】丹霞燒佛

有佛無佛、劫火洞然。
汝若會取、罪犯彌天。

《訓読》

(1)丹霞《たんか》焼仏《しょうぶつ》

(2)有仏《うぶつ》無仏《むぶつ》、(3)劫火《ごうか》洞然《とうねん》。

(4)汝《なんじ》若《も》し会取《えしゅ》せば、罪犯《ざいぼん》弥天《みてん》。

《註》

(1)丹霞焼佛＝[誡]「画賛の会を作すこと莫かれ。一一是れ頌古なり。月船老師、親しく古人の因縁を頌し、将来汝ら諸人に布施する底ぞ」。[底]「『伝灯』（十四）に、『丹霞の天然《てんねん》禅師。石頭の（希）遷に嗣ぐ』。此の縁、上巻に出ず（【七二】(6)）」。

(2)有佛無佛＝誠「有仏底でも無仏底でも」。補【二八八】(2)参照。
(3)劫火洞然＝誠「丹霞に逢うてはたまらぬぞ」。底『仁王経』（不空訳）に、『劫火洞然として、大千、倶に壊す。須弥巨海、都《すべ》て磨滅して余無し』」。
(4)汝若會取＝誠「汝等諸人、若し此の丹霞焼仏の端的を会取せば」。

《意訳》

丹霞焼仏

仏はいますか、いまさざるか。
どちらでもこの丹霞にかかれば劫火に逢ったようにみな燃えてしまいますぞ。
あなた方がもしこの端的を会得すれば、
天一杯の罪だ。

【一七四】南泉斬猫

一猫兩堂競、是誰能擧令。
若人戴艸鞋、鮮血忽淋迸。

《訓読》

(1)南泉斬猫《なんせんざんみょう》

(2)一猫《いちみょう》、両堂《りょうどう》競《あらそ》う、(3)是《こ》れ誰《たれ》か能《よ》く令《れい》を挙《こ》す。
(4)若《も》し人《ひと》、草鞋《そうあい》を戴《いただ》かば、(5)鮮血《せんけつ》、忽《たちま》ち淋迸《りんぽう》せん。

《註》

(1)南泉斬猫＝底「『碧巌』六十三則に、『南泉、一日、東西の両堂、猫児を争う。南泉、見て、遂に提起して云わく、〈道《い》い得ば、即ち斬らず〉。衆、対《こた》うる無し。泉、猫児を斬って両段と為す』。○同上、六十四則に、『南泉、復た前話を挙して趙州に問う。州、便ち草鞋を脱いで、頭上に於いて載せて出ず。南泉云わく、〈子《なんじ》、若《も》し在らば、恰《あたか》も猫を救い得んに〉』」。

(2)一猫両堂競＝誠「一箇の猫児をば、東西の両堂の首座が競い争う」。

(3)是誰能擧令＝誠「上を受けて、誰か此の時に当たって、能くとりさばくもの、令を挙揚するであろうぞ。南泉が令を挙揚せいで誰が挙揚するものぞ」。補『碧巌録』六十三則、「道い得ば、即ち斬らず」の著語に、「正令当行、十方坐断」。「令」は、朝廷の法令。

(4)若人戴艸鞋＝誠「此の時、若し趙州が草鞋を戴かば」。

(5)鮮血忽淋迸＝誠「南泉の話を翻転し、将ち来って頌し得たる三四ぞ。南泉は、『汝若し在らば、恰も猫児を救い得ん』と云うたが、月船は『鮮血忽ち淋迸せん』と置いたぞ」。底「『従容録』九則の評に、『遼朝の廞《しん》上人、〈鏡心録〉を作って、〈南泉の輩、生を殺して罪を作る〉と訶す。文首座、〈無尽灯弁誤〉を作って、救って云わく、〈古本に、手を以て虚しく斫《き》る勢いを作す、と。豈《あ》に直に一刀両段、鮮血淋迸せんや〉』〔云云〕」。

《意訳》

南泉斬猫

一匹の猫を東西両堂の雲水が争った。
誰が一体この騒ぎを取りさばくのか。
もしわらじを頭に載せて行く者がいたら、
猫はぶった切られて、あたり一面血がほとばしったことであろう。

【一七五】又

南泉擧令、趙州來遲。
千古萬古、不救猫兒。

《訓読》

又《ま》た
(1)南泉《なんせん》、令《れい》を挙《こ》す、(2)趙州《じょうしゅう》、来《きた》ること遅《おそ》し。
(3)千古万古《せんこばんこ》、猫児《みょうじ》を救《すく》わず。

《註》

(1)南泉擧令＝誠「南泉が猫児を提起して正令を挙す」。
(2)趙州來遲＝誠「其の時に趙州、外より帰り来ること遅し」。「趙州」は、底「『伝灯』（十）に、『趙州従諗《じゅうしん》禅師。

南泉の（普）願に嗣ぐ』」。

(3)千古萬古、不救猫兒＝誠「尽未来際、只だ趙州の来ること遅きが為に…」。

《意訳》

また

南泉が猫を取り上げて騒動を処断した。
趙州が帰ってくるのが遅かった。
それで千年万年の後まで、
猫を救うことができない。

【一七六】又

手提猫兒、頭戴艸履。
湖海英靈、作甚麼伎。

《訓読》

又《ま》た

(1)手《て》に猫児《みょうじ》を提《ひっさ》げ、(2)頭《かしら》に草履《そうり》を戴《いただ》く。
(3)湖海《こかい》の英霊《えいれい》、(4)甚麼《なん》の伎《わざ》をか作《な》す。

《註》

(1)手提猫兒＝誠「南泉は…」。

(2)頭戴艸履＝誠「趙州は…」。

(3)湖海英靈＝誠「恁麽《いんも》の時に当たって、五湖四海の英霊衲子」。補「湖海」は、【二〇】(3)参照。「英霊」は、すぐれた人物。

(4)作甚麽伎＝誠「甚麽《なん》の伎倆はたらきをか作す」「道《い》い得ずんば猫児を救い得ずと云うものぞ」。「伎」は、底「『漢魏叢書』、劉陳が『人物志』に、『意を錯《みが》き巧を施す、是れを伎倆と謂う』」。

《意訳》

また

南泉は手に猫をひっつかまえて、
趙州は頭に草履を載せて行った。
天下のすぐれた雲水たちも、
何のはたらきも出来まい。

【一七七】又

虎面猫兒氣自豪、兩堂杜撰口叨叨。

腥風忽起南泉令、因是手中無利刀。

《訓読》

又《ま》た

(1)虎面《こめん》の猫児《みょうじ》、気《き》、自《おのずか》ら豪《ごう》、(2)両堂《りょうどう》の杜撰《ずさん》、口叨叨《くちとうとう》。
(3)腥風忽《せいふうたちま》ち起《お》こる南泉《なんせん》の令《れい》、(4)是《こ》れ手中《しゅちゅう》、利刀無《りとうな》きに因《よ》る。

《註》

(1)虎面猫兒氣自豪＝誠「猫の面は虎の面に似たものぞ。『虚堂』に見えたり」「（豪は）すぐれてたけだけしい」。

補『虚堂録』七、「猫子を求む」に、「堂上、新たに生まる虎面の狸《ねこ》」。

(2)両堂杜撰口叨叨＝誠「是の如《かく》き猫児をば、両堂の杜撰の首座、こっちの猫じゃそっちの猫じゃと争って…」。「杜撰」は、底「『野客叢書』に、『杜默《ともく》、詩を為《つく》るに、多く律に合わず。故に、事の、格に合わざる者を杜撰と為す』」。

○『宝訓音義』に、『杜撰、上は塞なり。下は造なり、述なり。言うこころは、古法に通ぜずして自ら造るなり。杜光庭が仏経を仮りて道経を作るが如し』」。「叨叨」は、底「『篇海』に、『多言なり』」。

(3)腥風忽起南泉令＝誠「『道《い》い得ば即ち斬らず』と云った処で、両堂の首座、一統に処を得ざるから…」。

(4)因是手中無利刀＝誠「是の如くなるは、南泉手中に利刀無きに因る。月船、頌し得て取妙なる処ぞ」。

《意訳》

また

虎のような面構えの猫は気も強い。

それにくらべて両堂の首座《しゅそ》は何ともいい加減で、言いあうばかりで埒《らち》があかぬ。
南泉が猫をぶった切るはたらきをして腥《なまぐさ》い風が起こったが、
これは南泉がよく切れる刀を持たぬからだ。

【一七八】趙州戴履

頭上戴履、鬼哭神悲。
祇可自救、不救猫兒。

《訓読》

趙州《じょうしゅう》、履《くつ》を戴《いただ》く
(1)頭上《ずじょう》に履《くつ》を戴《いただ》く、(2)鬼哭《きこく》し神悲《しんかな》しむ。
(3)祇《た》だ自救《じぐ》すべく、(4)猫児《みょうじ》を救《すく》わず。

《註》

(1)頭上戴履＝誠「此の趙州は…」。底「前出」(【一七四】(1))。
(2)鬼哭神悲＝誠「此の端的に到っては…」。補鬼神も歎き悲しむほどの凄まじさ。『碧巌録』五十九則、頌古に、「鬼号神泣」、『種電鈔』に、「趙州自在の高標に於いては、(中略)神鬼も也《ま》た且つ号泣して跡を避くなり」。
(3)祇可自救＝誠「月船、真正に看来れば、此の趙州は…」。

(4)不救猫兒＝誡「他の猫児は救わず」。

《意訳》

趙州が頭に履をのせた
この趙州和尚は頭に草履をのせて、
鬼神も嘆き悲しんだ。
この趙州和尚は自分は救えても、
猫の子一匹救えなかった。

【一七九】百丈

一事無奇特、有人問汝宗。
野狐身未脱、獨坐大雄峰。

《訓読》

百丈《ひゃくじょう》
(1)一事《いちじ》、奇特《きどく》無《な》し、(2)人《ひと》有《あ》って汝《なんじ》が宗《しゅう》を問《と》う。
(3)野狐身《やこしん》、未《いま》だ脱《だっ》せず、(4)独坐大雄峰《どくざだいゆうほう》。

《註》

(1)一事無奇特＝誠「此の百丈和尚に於いては、是れが是れと云う奇特玄妙無し」。底「『会元』(三)百丈の章に、『僧問う、〈如何なるか是れ奇特の事〉。師曰わく、〈独坐大雄峰〉』」。
(2)有人問汝宗＝誠「一事奇特無き底の百丈に…」。
(3)野狐身未脱＝誠「此の百丈はどうぞ。野狐身未だ脱せず」。補「野狐」は、【一八〇】(1)参照。
(4)獨坐大雄峰＝誠「『如何なるか是れ奇特の事。丈云く、独坐大雄峰』と答う話を以て結したものぞ。是れ之《これ》を百丈大智と謂うぞ」。

《意訳》

百丈

この百丈和尚にはなんら特別な事もない。
もし誰かがこの百丈和尚に「あなたの宗風は」と問えば、
野狐身はまだ脱していないが、
独りこの大雄峰に坐っていると答えよう。

【一八〇】又

不落不昧、幾生妖狐。
好與一掌、赤乎胡鬚。

《訓読》

又《ま》た

(1)不落不昧《ふらくふまい》、(2)幾生《いくしょう》の妖狐《ようこ》ぞ。

(3)好《よ》し一掌《いっしょう》を与《あた》うるに、赤《あか》いか胡鬚《こしゅ》。

《註》

(1)不落不昧＝誡「因果に落ちず、因果を昧《くら》まさず。不落と不昧と一串に串索」。底「同章（『五灯会元』三、百丈章）に、『師、上堂する毎《ごと》に一老人有り、常に衆に随って法を聞く。一日、衆退き、唯だ老人のみ去らず。師問う、〈汝は是れ何人ぞ〉。老人曰わく、〈某《それがし》は非人なり。過去迦葉仏の時に於いて、曽て此の山に住す。因みに学人、問う、大修行の人、還って因果に落つるや也《ま》た無《いな》や、と。某、対《こた》えて曰わく、因果に落ちず、と。遂に五百生、野狐の身に堕す。今請う、和尚、一転語を代わって、貴ぶらくは、野狐の身を脱せんことを〉。師曰わく、〈汝、問え〉。老人曰わく、〈大修行の人、還って因果に落つるや也た無や〉。師曰わく、〈因果を昧《くら》まさず〉。老人、言下に於いて大悟す。作礼して曰わく、〈某、已に野狐の身を脱す。住して山後に在り。敢えて乞う、亡僧《もうそう》の津送《しんそう》に依れ〉。師、維那をして白椎《びゃくつい》して、衆に告げしむ、〈食後、亡僧を送らん〉と。大衆、聚議す、〈一衆、皆な安し。涅槃堂、又た病人無し。何故ぞ是の如《かく》くなる〉。食後に師、衆を領じて山後の巌下に至り、杖を以て一の死野狐を挑出して、乃ち法に依って火葬す。師、晩に至り、上堂して前の因縁を挙す。黄檗、便ち問う、〈古人、錯《あやま》って一転語を祇対《したい》して、五百生の野狐身に堕す。転転錯たずんば、箇の甚麼《なに》とか作《な》るべき〉。師曰わく、〈近前来。汝に向かって道《い》わん〉。檗、近前し、師を打つこと一掌す。師、手を拍って曰わく、〈将に謂えり胡《こ》鬚赤《しゅしゃく》と。更に赤鬚胡《しゃくしゅこ》有り〉』」。

(2)幾生妖狐＝誡「此の不落と不昧との一語の誤りに因って、五百生来、妖狐の野狐身と堕したぞ」。

(3)好與一掌、赤乎胡鬚＝誡「今日此の百丈に好し一掌を与うるに」「此の百丈も赤鬚を垂れた野狐ぞ。好し一掌を与うるに」「胡は垂なり。たれひげ」。

《意訳》

また

不落因果《ふらくいんが》と不昧因果《ふまいいんが》と、

この一語によって幾《いく》たび野狐に生まれたことか。

ひとつ横面《よこっつら》に一掌を与えよう。

鬚《ひげ》が赤いかどうか。

【一八二】又

機前喝下、一聾三日。

獨坐雄峰、眼睛如漆。

《訓読》

又《ま》た

(1)機前喝下《きぜんかつげ》、(2)一聾三日《いちろうみっか》。
(3)独坐雄峰《どくざゆうほう》、(4)眼睛《がんぜい》、漆《うるし》の如《ごと》し。

《註》

(1)機前喝下＝誠「馬祖払子商量の上、機前一喝に於いて」。補「機前」は、【九一】(2)参照。

(2)一聾三日＝誠「百丈は一聾三日」。底「同章（『五灯会元』三、百丈章）に、『師、再び馬祖に参じ、侍立するの次いで、祖、縄牀角《じょうしょうかく》の払子を目視す。師曰わく、〈此の用に即するか、此の用を離するか〉。祖曰わく、〈汝、向後、両片皮《りょうへんぴ》を開いて、何を将《もっ》て人の為にせん〉。師、払子を取って竪起す。祖曰わく、〈此の用に即するか、此の用を離するか〉。師、払子を旧処に挂《か》く。祖、威を振るって一喝す。師、直に得たり三日耳聾することを』」。

(3)獨坐雄峰＝誠「爾《しか》し来《よ》り、此の百丈は独坐大雄峰」。補【一七九】(1)参照。

(4)眼睛如漆＝誠「此の三四、脳後に一重の光彩を添え得たぞ」。補『臨済録』示衆の「即便《すなわ》ち口を杜じて詞無く、眼は漆突に似て、口は匾担《へんたん》の如し」は、返答に窮する貌。なお、『世説新語』容止の「面は凝脂の如く、眼は漆を点ずるが如し。此れ神仙中の人なり」、『虚堂録』七の「相い逢う道人、双瞳を漆にす」は、瞳の黒く輝く怜悧の貌。

《意訳》

また

馬祖ははたらきの前に一喝を下し、

百丈は三日間耳が聞こえなかった。

後には奇特の事を問われ、「独坐大雄峰」と答えたが、
目玉はまるで漆のように真っ黒だ。

【一八二】華林

猛獣哮吼、裴休失心。
作何行業、南無大悲観世音。

《訓読》

(1)華林《かりん》

(2)猛獣哮吼《もうじゅうこうく》、(3)裴休失心《はいきゅうしっしん》。
(4)何《なん》の行業《ぎょうごう》をか作《な》す、(5)南無大悲観世音《なむだいひかんぜおん》。

《註》

(1)華林＝[底]「『伝灯』〈八〉に、『馬祖の法嗣、華林の善覚《ぜんかく》禅師。常に錫を持し、夜、林麓の間に出で、七歩に一たび錫を振るい、一たび観音の名号を称す。夾山《かっさん》の善会、庵に造《いた》り、問うて曰わく、〈遠く聞く、和尚、観音を念ずと。是なりや否や〉。師曰わく、〈然り〉〔云云〕。一日、裴休、之《これ》を訪ね、問うて曰わく、〈師、還って侍者有るや否や〉。師曰わく、〈一両箇有り〉。裴曰わく、〈什麽《いず》れの処にか在る〉。師、乃ち〈大空、小空〉と喚ぶ。時に二虎、庵の後より出ず。裴、之を観て驚悸す。師、二虎に語って曰わく、〈客有り、且《しばら》く去れ〉。二虎、

哮吼して去る。裴、問うて曰わく、〈師、何の行業を作して、斯《かく》の如きことを感得する〉。師、乃ち良久して曰わく、〈会すや〉。曰わく、〈会せず〉。師曰わく、〈山僧、常に観音を念ず〉』」。

(2)猛獣哮吼＝誠「此の華林和尚はどうぞ…」。

(3)裴休失心＝誠「如何なる黄檗下の裴休なるも驚きたまげた」。「裴休」は、底「『唐書』列伝に、『裴休、字は公美、孟州済源の人なり』」。補唐代の官僚。仏教に心を寄せ、圭峰宗密・黄檗希運に帰依。黄檗の説法を録した『伝心法要』の編者。

(4)作何行業＝誠「此の和尚、畢竟何の行業をか作す」。

(5)南無大悲観世音＝誠「是れ之《これ》を馬祖の法嗣、華林の善覚禅師と謂う」。

《意訳》

華林

猛獣はほえ、
裴休も驚きたまげた。
この和尚は何の修行をしたのか。
ただ南無大悲観世音と念じるばかり。

【一八三】石鞏〔逐鹿従馬祖庵前過〕

彼此是命、何不自射。
箭既離弦、天地懸隔。

《訓読》

(1)石鞏《しゃっきょう》〔鹿《しか》を逐《お》うて馬祖《ばそ》の庵前《あんぜん》より過《よぎ》る〕
(2)彼此《ひし》、是《こ》れ命《いのち》、何《なん》ぞ自《みずか》ら射《い》ざる。
(3)箭《や》、既《すで》に弦《つる》を離《はな》る、天地懸隔《てんちけんかく》。

《註》

(1)石鞏＝底「『伝灯』（六）に、『馬祖の法嗣、石鞏の慧蔵《えぞう》禅師。本、弋猟《よくりょう》を以て務と為し、沙門を見るを悪《にく》む。因みに群鹿を逐い、馬祖の庵前より過ぐ。祖乃ち之《これ》を迎う。蔵問う、〈和尚、鹿の過ぐるを見るや否や〉。祖曰わく、〈汝は是れ何人ぞ〉。曰わく、〈猟者なり〉。祖曰わく、〈汝、射を解《よ》くすや否や〉。曰わく、〈射を解くす〉。祖曰わく、〈汝、一箭に幾箇をか射る〉。曰わく、〈一箭に一箇を射る〉。祖曰わく、〈汝は射を解くせず〉。曰わく、〈和尚は射を解くすや否や〉。祖曰わく、〈射を解くす〉。曰わく、〈和尚は一箭に幾箇をか射る〉。祖曰わく、〈一箭に一群を射る〉。曰わく、〈彼此、是れ命、何ぞ他の一群を射ることを用いん〉。祖曰わく、〈汝、既に是《かく》の如きと知らば、何ぞ自ら射せざる〉。曰わく、〈若《も》し某甲《それがし》をして自ら射しめば、即ち手を下す処無けん〉。祖曰わく、〈這《こ》の漢、曠劫《こうごう》の無明煩悩、今日、頓《とみ》に息《や》む〉。蔵、当時に弓箭を毀棄して、自ら刀を以て髪を截り、祖に投じて出家す』」。

(2)彼此是命、何不自射＝誠「『彼此、是れ命』は石鞏底、『何ぞ自ら射ざる』は馬祖底」。

(3)箭既離弦、天地懸隔＝誠「石鞏の脚跟を見んと要せば、一二と云う、三四に全く眼を着けて看よ」。底「『三祖信心銘』に、『毫釐《ごうり》も差有れば、天地懸隔す』」。

《意訳》

石鞏〔鹿を追って馬祖の庵の前を通りかかった〕

石鞏は、馬祖が「一箭《いっせん》で一群を射る」と答えたのに対して、「あれもこれも尊い命だ」と答え、

馬祖は石鞏に「どうして自分自身を射る事をしないのか」と問うた。

箭はすでに弦《つる》を離れて、

天地遥かに飛んでいった。

【一八四】又

維凡維聖、置之轂中。
拗折弓箭、萬里清風。

《訓読》

又《ま》た

(1)維《こ》れ凡《ぼん》、維《こ》れ聖《しょう》、(2)之《これ》を轂《こう》の中《うち》に置《お》く。

(3)弓箭《きゅうせん》を拗折《ようせつ》すれば、(4)万里清風《ばんりせいふう》。

《註》

(1)維凡維聖＝[誠]「此の石鞏に於いては凡でも聖でも」。

(2)置之彀中＝[誠]「凡聖共にこれをやごろの中に置く。弓矢の及ぶ処を彀中と云うとあって、弓を張ってねらいつめた中なり」。「彀中」は、[底]「『荘子』徳充符に、『羿《げい》が彀中に遊ぶ』。郭註に、『弓矢の及ぶ所を彀中と為す』。○『唐語林』に、『太宗、新進士の綴行して出ずるを見て曰わく、〈天下の英雄、我が彀中に入る〉』」。[補]矢の射程範囲。

(3)拗折弓箭＝[誠]「恁麽底《いんもてい》の石鞏、一たび馬祖面前に弓箭を拗折すれば」。[底]「『会元』（五）に、『三平義忠禅師。初め石鞏に参ず。鞏、常に弓を張り箭を架けて来機を接す。師、法席に詣《いた》る。鞏曰わく、〈箭を看よ〉。師、胸を擘開して曰わく、〈此れは是れ殺人箭か、活人箭か〉。鞏、弓絃を弾ずること三下。師、便ち礼拝す。鞏曰わく、〈三十年、弓を張り箭を架け、只だ半箇の聖人を射得す〉といいて、便ち弓箭を拗折す』」。

(4)萬里清風＝[誠]「千里万里清風」。

《意訳》

また

果たしてこの石鞏は凡も聖も、

やごろの中に置いた。

弓矢をへし折ると、

万里ただ清風が吹き渡るばかり。

【一八五】普化

不是凡不是聖、喫生菜作驢鳴。
正好去、直裰如今裁得成。

《訓読》

(1)普《ふ》化《け》

(2)是《こ》れ凡《ぼん》ならず是《こ》れ聖《しょう》ならず、(3)生菜《さんさい》を喫《きっ》して驢鳴《ろめい》を作《な》す。
(4)当《まさ》に好《よ》し去《さ》るに、(5)直裰《じきとつ》、如今《いま》、裁《さい》し得《え》て成《な》る。

《註》

(1)普化＝底「同上（『五灯会元』四）に、『盤山（宝）積の法嗣、鎮州普化和尚は、何れの許《ところ》の人ということを知らず。盤山に師事し、密に真訣を受く。而も佯狂《ようきょう》として、言を出すに度無し。凡そ人を見れば、高下と無く、皆な鐸を振るうこと一声す。時に普化和尚と号す』」。

(2)不是凡不是聖＝誠「さて此の普化和尚は…」「…と一印に印定」。底「同章（『五灯会元』普化章）に、『臨済、一日、河陽・木塔の長老と、同《とも》に僧堂の内に在って坐す。正に説く、〈師、毎日、街市に在って掣風掣顛す。知るや、他《かれ》は是れ凡か、是れ聖か〉。師、忽ち入り来る。済、便ち問う、〈汝は是れ凡か、是れ聖か〉。師曰わく、〈汝、且《しばら》く道《い》え、我は是れ凡か、是れ聖か〉。済、便ち喝す。師、手を以て指して曰わく、〈河陽は新婦子《しんぷす》、木塔は老婆禅。臨済は小廝児《しょうしじ》、却って一隻眼を具す〉』『師、嘗て暮に臨済院に入り、生菜を喫す。臨済曰わく、〈這《こ》の漢、大いに一頭の驢に似たり〉。師、便ち驢鳴を作す』『師、将に示滅せんとす。乃ち市に入り、人に謂いて曰わく、〈我に一箇の直裰《じきとつ》を乞《あた》えよ〉。人、或いは被襖《ひおう》を与え、或いは布裘《ふきゅう》を与うも、皆な受けず。鐸を振るって去る。臨済、人をして送って一棺を与えしむ。師、笑って曰わく、〈臨済の廝児、饒舌なり〉。便ち之《これ》を受く。乃ち衆を辞して曰わく、〈我、明日、東門に去って死せん〉〔云云〕。自ら棺を擎《ささ》げて北門の外に出で、鐸を振るって棺に入って逝す。郡人、奔走して城を出でて、棺を掲げて之《これ》を視れば、已に見えず、唯だ鐸声の漸く遠きことを聞くのみ。其の由を測ること莫し』」。

(3)喫生菜作驢鳴＝誠「其の凡に非ず聖に非ざる底の端的はどうぞ…」。

(4)正好去＝誠「此《かく》の如き普化和尚、今正に好し、遷化し去るに」。補「正好」は、ちょうど都合がよい。

(5)直裰如今裁得成＝誠「葬礼道具はすっぱりと出来たぞ」。補「直裰」は、上衣と下袴が一体となった法衣。

《意訳》

普化

この普化和尚は凡夫でもなく聖人でもない。
生の野菜をかじりながら驢馬《ろば》の鳴き声をまねている。
遷化されるには今がちょうど好都合。
葬送の衣はもう出来上がっているぞ。

【一八六】又

明頭暗頭、四方八面。
與麼不與麼、齋在大悲院。

《訓読》

又《ま》た
(1)明頭暗頭《みょうとうあんとう》、四方八面《しほうはちめん》。
(2)与麼不与麼《よもふよも》、(3)斎《さい》は大悲院《だいひいん》に在《あ》り。

《註》

(1)明頭暗頭、四方八面＝誠「此の全編の字字、皆な普化の伝中の語を以て賛し得たものぞ」。底「同章（『五灯会元』普化章）に、『師、或いは城市、或いは塚間、一鐸を振るって曰わく、〈明頭来や明頭打、暗頭来や暗頭打、四方八面来や旋風打、虚空来や連架打〉。一日、臨済、僧をして捉住せしめて曰わく、〈総に不与麼に来る時は如何《いかん》〉。師、拓開して曰わく、〈来日、大悲院裏に斎有り〉』」。
(2)與麼不與麼＝誠「そうあるも、そうないも」。
(3)齋在大悲院＝誠「是れ之《これ》を普化和尚と云うぞ」。

《意訳》

また
普化和尚は毎日街で鈴を鳴らしながら、明頭来《みょうとうらい》や明頭打《みょうとうた》、暗頭来《あんとうらい》や暗頭打《あんとうた》、四方八面来《しほうはちめんらい》や旋風打《せんぷうた》と詠《うた》われた。
はたしてそうであろうが、そうでなかろうが、
御斎《おとき》は大悲院であるぞ。

【一八七】又

河陽新婦子、木塔老婆禪。
惟有風顚漢、搖鈴過市鄽。

《訓読》

又《ま》た

(1)河陽《かよう》は新婦子《しんぷす》、木塔《もくとう》は老婆禅《ろうばぜん》。
(2)惟《た》だ風顚漢《ふうてんかん》のみ有《あ》って、(3)鈴《すず》を揺《ゆ》らして市鄽《してん》を過《す》ぐ。

《註》

(1)河陽新婦子、木塔老婆禪＝誠「一二は、普化が臨済の事を云うた語を将ち来って、普化の賛に用い成した」。
補【一八五】(2)参照。
(2)惟有風顚漢＝誠「この風顚漢の普化和尚」。
(3)搖鈴過市鄽＝誠「間違いもなき普化和尚ぞ」。

《意訳》

また
河陽和尚は新しい花嫁のようで、
木塔長老は老婆のような禅だ。
ただこの風顛漢の普化和尚のみが、
鈴を振りながら町の中を歩いてゆく。

【一八八】又

背翻筋斗、蹈倒飯牀。
不凡不聖、恁麼風狂。

《訓読》

又《ま》た
(1)筋斗《きんと》を背翻《はいほん》し、(2)飯牀《はんしょう》を蹈倒《とうとう》す。
(3)凡《ぼん》ならず聖《しょう》ならず、(4)恁麼《いんも》に風狂《ふうきょう》。

《註》

(1)背翻筋斗＝誠「此の普化和尚、盤山の前に至っては…」。底「『伝灯』(七)に、『盤山の(宝)積禅師。将《まさ》に順世せんとす。衆に告げて曰わく、〈人の、吾が真を貌得する有りや否や〉。衆、皆な写し得たる真を将《もっ》て、師に呈す。師、皆な之《これ》を打す。普化、出でて曰わく、〈某甲《それがし》、貌得す〉。師曰わく、〈何ぞ老僧に呈せざる〉。普化、乃ち筋斗を打して出《い》ず。師曰わく、〈這《こ》の漢、向後、風狂の如くにして人を接し去ること在らん〉』。○『(祖庭)事苑』に、『斤斗は、木を斫《き》る具なり。頭重くして柯《え》軽し。之《これ》を用いるときは斗転ず。此の技を為す者、之《これ》に似る』。○『西湖佳話』(九)済顛が伝に、『済顛、太后に対《こた》えて道《い》う、〈貧僧は一箇の窮和尚、只だ打筋斗を会す。別に甚麼《いず》れの、娘娘に報答する無し。娘娘も也《ま》た貧僧を学んで、一箇の筋斗を打して転上し罷め〉と。一面に説き、一面に即ち頭、地に向かい、脚、天に朝し、一箇の筋斗、翻転し来る』〔云云〕」。補とんぼ返りを打つこと。

(2)蹈倒飯牀＝誠「又た臨済と施主家の斎に赴いては…」。底「『臨済録』に、『師、一日、普化と同じく施主家の斎に赴く。次いで、師問う、〈毛、巨海を呑み、芥、須弥を納《い》る、是れ神通妙用と為《せ》んか、本体如然たるか〉。普化、飯牀を蹈倒す』」。

(3)不凡不聖＝誠「是《かく》の如き普化は、凡かと思えば聖、聖かと思えば凡」。

(4)恁麼風狂＝誠「一二の句を受けて云う」。

《意訳》

また

この普化和尚はかつて盤山《ばんざん》和尚の所で「頂相《ちんそう》を画け」と言われてとんぼ返りをし、臨済と施主家の斎《とき》に出かけては飯台をひっくり返した。

普化は凡人でも聖人でもない。

この通りの気違いだ。

【一八九】黄檗

大唐國裏、無師無禪。後生可畏、打爺有拳。

《訓読》

(1)黄檗《おうばく》

(2)大唐国裏《だいとうこくり》、師《し》無《な》く禅《ぜん》無《な》し。

(3)後生《こうせい》畏《おそ》るべし、(4)打爺《たや》、拳《けん》有《あ》り。

《註》

(1)黄檗＝[底]「『伝灯』(九)に、『黄檗希運《きうん》禅師。百丈の(懐)海に嗣ぐ』」。

(2)大唐國裏、無師無禪＝[誠]「一二は、黄檗の云うた語を拈弄し将《も》ち来って置いたもの」。[底]「『碧巌』十一則(本則)に、『黄檗、衆に示して云わく、〈汝等諸人、尽《ことごと》く是れ噇酒糟《とうしゅそう》の漢。恁麼《いんも》に行脚せば、何れの処にか今日有らん。還って大唐国裏に禅師無きことを知るや〉。時に僧有り、出でて云わく、〈只だ諸方の、徒を匡《ただ》し衆を領ずるが如きんば、又た作麼生《そもさん》〉。檗云わく、〈禅無しとは道《い》わず、只だ是れ師無きのみ〉』」。

(3)後生可畏＝誠「上、是《かく》の如く云う底の和尚じゃが…」。底「『論語』子罕に、『子曰わく、〈後生、畏るべし。焉《いず》くんぞ来者の今に如《し》かざるを知らん〉』」。

(4)打爺有拳＝誠「此《かく》の如き黄檗に拳をあてがう臨済と云う偉者《えらもの》があるぞ。さすれば後生大いに畏るべし」。底「『仏光録』に、『是れ誰か打爺の拳を使うことを解くする』」。

《意訳》

　黄檗

黄檗禅師はかつて大唐国裏に、
禅も師もないと言われたが、
後生畏るべしで、
臨済という者が出て、黄檗に拳をくらわせる力量をもっていたぞ。

【一九〇】潙山仰山〔鴉銜紅柹〕

紅柹落前、師資穆穆。
非分一半、誰知生熟。

《訓読》

潙山《いさん》仰山《きょうざん》〔鴉《からす》、紅柹《こうし》を銜《ふく》む〕

⑴紅柿《こうし》、前《まえ》に落《お》つ、⑵師資穆穆《ししぼくぼく》。
⑶一半《いっぱん》を分《わ》かつに非《あら》ずんば、⑷誰《たれ》か生熟《しょうじゅく》を知《し》らん。

《註》

(1)紅柹落前＝誠「烏の銜《ふく》み来った処の、とくと能く熟した紅柿、潙山仰山の前に落つ」。底「『伝灯』（十一）に『潙山（霊）祐の法嗣、仰山慧寂《えじゃく》禅師。潙山と遊行する次いで、烏、一の紅柿を銜んで前に落とす。祐、将《もっ》て師に与う。師、接得して、乃ち水を以て洗い了わって、却って祐に与う。祐曰わく、〈子《なんじ》、什麽《いず》れの処より得来る〉。師曰わく、〈此れは是れ和尚の道徳の感ずる所なり〉。祐曰わく、〈汝も也《ま》た空然を得ず〉。即ち半を分かって師に与う」。

(2)師資穆穆＝誠「潙山と仰山との弟子師匠、穆穆として礼慇懃」「（穆穆は）むっくりと和合した様子」。底「（師資は）『老子』に、『善人は不善人の師。不善人は善人の資』」「（穆穆は）『広韻』に『和なり』」。

(3)非分一半＝誠「若《も》し此の潙山が仰山に一半を分かつに非ずんば」。

(4)誰知生熟＝誠「誰か此の紅柿の生熟を知らん」。

《意訳》

潙山と仰山〔烏が赤く熟した柿をくわえて来た〕

烏がくわえていた真っ赤に熟した柿が潙山と仰山の前に落っこちた。
師匠と弟子とお互い気心知れ合っている。
半分を分けてもらわないと、

誰が柿が生か熟しているかがわかろうか。

【一九二】香嚴

畫餅不充飢、捲衣下大潙。
白厓舊基在、春睡夕陽遲。

《訓読》

香厳《きょうげん》

(1)画餅《がびょう》、飢《う》えに充《み》たず、(2)衣《ころも》を捲《ま》いて大潙《だいい》を下《くだ》る。
(3)白厓《びゃくがい》、旧基《きゅうき》在《あ》り、(4)春睡《しゅんすい》、夕陽《せきよう》遅《おそ》し。

《註》

(1)畫餅不充飢＝底「『会元』（九）に、『香厳（智）閑禅師。潙山に参ず。山問う、〈我聞く、汝、百丈先師の処に在って、一を問われて十を答え、十を問われて百を答うと。此れは是れ汝が聡明霊利にして、意解識想、生死の根本なり。父母未生の時、試みに一句を道《い》え看ん〉。師、一問を被って、直に得たり茫然たることを。寮に帰って、平日看過する底の文字を将《もっ》て、頭より一句を尋ねて酬対せんと要するに、竟《つい》に得ること能わず。乃ち自ら嘆じて曰わく、〈画餅は飢えを充たすべからず〉（云云）。乃ち泣きて潙山を辞し、直に南陽の白厓山に過《いた》り、忠国師の遺跡を観《み》て、遂に憩止《けいし》す。一日、草木を芟《か》り除くに、偶《たまたま》瓦礫を抛《なげう》ち、竹を撃って声《おと》を作し、忽然として省吾す』」。

(2)捲衣下大潙＝誠「長年粥飯僧と成らんと云うて…」。補「捲衣」は、衣の裾をからげる。

(3)白厓舊基在＝誠「ところが幸いに…」。補「白厓」は、河南省南陽の白崖山。六祖の法嗣南陽慧忠が入った。

(4)春睡夕陽遲＝誠「是れ此れを香厳の智閑禅師と云うぞ」。

《意訳》

香厳

「画に描いた餅では腹はふくれない」と言って、泣く泣く潙山のもとを離れていった。

幸いに白厓の旧跡でひたすら掃除をして気がついた。

春にぐっすり眠って夕日も暮れかかっている。

【一九二】又

一撃忘所知、何必渉繁詞。

獨坐庵前竹、清風滿面吹。

《訓読》

又《ま》た

(1)一撃《いっきゃく》、所知《しょち》を忘《ぼう》ず、(2)何《なん》ぞ必《かなら》ずしも繁詞《はんし》に渉《わた》らん。
(3)独坐《どくざ》庵前《あんぜん》の竹《たけ》、清風《せいふう》、満面《まんめん》に吹《ふ》く。

《註》

(1)一撃忘所知＝[底]「同章（『五灯会元』香厳章）に、『師に頌有り、曰わく、〈一撃に所知を忘ず、更に修持を仮らず。動容に古路を揚げ、悄然《しょうぜん》の機に堕せず。処処、蹤跡無し、声色外の威儀。諸方達道の者、咸《み》な言う、上上の機と〉』」。

(2)何必渉繁詞＝[誠]「…と大慧の云うた処を、翻転して取らしめたものぞ」。[底]「『大慧普説』に、『山僧、昔年、曽て仏性（法泰）と道話す。此の因縁に及んで、仏性に謂って曰わく、〈香厳の此の頌、美なることは則ち美なり。然れども未だ繁詞を免れず。若《も》し某甲《それがし》に拠らば、只だ『一撃、所知を忘ず』というを消《もち》いて便ち了ぜん〉。仏性、大いに以て然りと為す』」。[補]「『繁詞』は、多くの言葉を費す。くだくだしくしゃべる。

(3)獨坐庵前竹、清風満面吹＝[誠]「上、是《かく》の如く大慧を抑し、香厳を揚し居いて…」。

《意訳》

　また
大慧《だいえ》禅師は、「一撃、所知を忘ず」の一句で十分だ、
他の句は繁雑で不要だ、と言われた。
独り庵の前の竹に向かって坐っていると、
満面に涼しい風が吹いてくる。

【一九三】又

一撃復一撃、清風八面吹。
若謂揚古路、猶未忘所知。

《訓読》

又《ま》た
一撃《いっきゃく》復《ま》た一撃《いっきゃく》、清風八面《せいふうはちめん》に吹《ふ》く。
(1)若《も》し古路《ころ》を揚《あ》ぐと謂《い》わば、猶《な》お未《いま》だ所知《しょち》を忘《ぼう》ぜず。

《註》

(1)若謂揚古路＝[誡]「是《かく》の如き香厳、若《も》し古路を揚ぐと謂わば」。[補]「揚古路」は、【一九二】(1)参照。

《意訳》

また
石が竹を一撃し、また更に一撃する。
そこに涼しい風が辺り一面に吹き渡る。
もしここに古《いにしえ》の道を挙揚《こよう》しているなどと言おうものなら、
とても今までの分別知識を忘じ去ったとは言われぬ。

【一九四】又

一撃一撃、無地無錐。
會與不會、別喚沙彌。

《訓読》

又《ま》た
(1)一撃一撃《いっきゃくいっきゃく》、地《ち》無《な》く錐《すい》無《な》し。
(2)会《え》と不会《ふえ》と、別《べつ》に沙弥《しゃみ》を喚《よ》べ。

《註》

(1)一撃一撃、無地無錐＝誠「香厳の面目、脱体現成」。底「『会元』（九）香厳の章に、『又た頌を成して曰わく、〈去年の貧は未だ是れ貧ならず、今年の貧は始めて是れ貧。去年の貧は猶お卓錐《たくすい》の地有り、今年の貧は錐《きり》も也《ま》た無し〉。仰山曰わく、〈如来禅は、子弟の会することを許す。祖師禅は、未だ夢にも見ざること在り〉。師、復《ま》た頌有って曰わく、〈我に一機有り、瞬目、伊《かれ》を視る。若《も》し人、会せずんば、別に沙弥を喚べ〉。仰山、乃ち潙山に報じて曰わく、〈且喜《しゃき》すらくは閑師弟、祖師禅を会す〉』」。

(2)會與不會、別喚沙彌＝誠「此の香厳はどうぞ…」「…と云う、此処《ここ》に放ってどこに如来禅・祖師禅と云う沙汰が有ろうか。如来禅と云う沙汰も祖師禅と云う沙汰も無き、是れ之《これ》を香厳と云うぞ」。

《意訳》

また

一撃一撃、
錐《きり》を突き立てるばかりの地もなく、その錐さえもない。
分かろうが分かるまいが、
別に小僧さんでも喚んで聞くが好い。

【一九五】龐居士

萬法不侶、吸盡西江。
漉籬價減、已矣老龐。

《訓読》

(1)龐居士《ほうこじ》
(2)万法《まんぼう》、侶《とも》たらず、(3)西江《せいこう》を吸尽《きゅうじん》す。
(4)漉籬《ろくり》、価減《あたいげん》ず、(5)已《や》んぬるかな老龐《ろうほう》。

《註》

(1)龐居士＝㊥『伝灯』(八)に、『馬祖の法嗣、襄州の居士龐蘊《ほうおん》。字は道玄。江西に之《ゆ》きて、馬祖に参問して曰わく、〈万法と侶たらざる者は是れ什麼人《なんぴと》ぞ〉。祖曰わく、〈汝が一口に西江の水を吸尽せんを待って、即ち汝に向かって道《い》わん〉。居士、言下に頓に玄要を領ず〔云云〕。初め東巌に住し、後、郭西の小舎に居す。一女を霊照《りんしょう》と名づけ、常に随う。竹漉籬を製して、之《これ》を鬻《ひさ》がしめて、以て朝夕に供す』」。

(2)萬法不侶＝誠「馬大師に問うた語」。

(3)吸盡西江＝誠「馬大師の答話」。

(4)漉籬＝補ざる。

(5)已矣老龐＝誠「もはやこれぎりじゃ」。

《意訳》

龐居士

昔、龐居士が馬祖大師に「あらゆる物と、ともにならないものは何ですか」と問うと、

馬祖大師は「西江の水を飲み干したら答えよう」と言われた。

竹の籠《かご》も値が安くなって、

龐居士ももはやどうしようもない。

【一九六】霊照女

沽諸竹漉籬、天下不酬價。

去矣勿遲回、爺爺今將化。

《訓読》

(1)霊照女《りんしょうにょ》

(2)沽《う》らんや諸《こ》の竹漉籬《ちくろくり》、(3)天下《てんか》、価《あたい》を酬《むく》いず。
(4)去《さ》れ、遅回《ちかい》すること勿《な》かれ、(5)爺爺《やや》、今将《いままさ》に化《け》せんとす。

《註》

(1)靈照女＝[補]龐居士の娘。【一九五】(1)参照。
(2)沽諸＝[底]「『論語』子罕に、『子貢曰わく、〈斯《ここ》に美玉有り、匵《ひつ》に韞《おさ》めて諸《こ》れを蔵せんや、善賈を求めて諸れを沽らんや〉』。註に、『沽は売なり』」。
(3)天下不酬價＝[誠]「此の霊照女が竹漉籠に於いては、四天下三千大千世界の人、誰も買い手はない」。
(4)去矣勿遅回＝[誠]「然らば誰も買い手は無いから…」。
(5)爺爺今將化＝[誠]「汝が爺龐居士は今将に化せんとす」。[底]「『伝灯』（龐蘊の章）に、『龐居士、将に入滅せんとす。女霊照をして、出でて日の早晩を視しめ、午に及んで以て報ぜしむ。女、遽《にわ》かに報じて曰わく、〈日、已に中せり。而も蝕すること有り〉。居士、戸を出でて観る次いで、霊照、即ち父の座に登り、合掌して坐亡す。居士、笑って曰わく、〈我が女、鋒捷《ほうしょう》なり〉。此に於いて七日を延べて化す』」。

《意訳》

霊照女

この竹籠《たけかご》を売ろうか。
天下の人、誰も買い手は無い。

トットと去るがよい、遅れるな。
あなたの父である龐居士《ほうこじ》はもう遷化しようとしているぞ。

【一九七】臨濟

五逆天崩、一喝雷奔。
都盧大地、作你兒孫。

《訓読》

(1)臨済《りんざい》
(2)五逆《ごぎゃく》、天崩《てんくず》れ、一喝《いっかつ》、雷奔《らいはし》る。
(3)都盧大地《とろだいち》、(4)你《なんじ》が児孫《じそん》と作《な》る。

《註》

(1)臨濟＝底「同上（『伝灯録』十二）に、『臨済義玄禅師。黄檗の（希）運に嗣ぐ』」。
(2)五逆天崩、一喝雷奔＝誠「この臨済はどうぞ…」「『五逆、天崩れ』は大機。『一喝、雷奔る』は大用」。底「『会元』（十九）に、『五祖（法）演禅師。僧問う、〈如何なるか是れ臨済下の事〉。師曰わく、〈五逆、雷を聞く〉』」。
(3)都盧大地＝誠「上、是《かく》の如き大機大用有る底の臨済なれば、おつすべて、尽大地」。「都盧」は、底「『放光般若音義』に、『都盧は、猶お総のごとし』」。

(4)作你兒孫＝誠「你が臨済五逆の児孫と作る」「痛快なる者」。

《意訳》

臨済

五逆罪の者が雷に打たれて天が崩れ、

一喝はその雷が轟《とどろ》くようだ。

大地すべて、

あなたの児孫になるであろう。

【一九八】又

吾宗到汝興、又向驢邊滅。

無端遇大風、甕裏走却鼈。

《訓読》

又《ま》た

(1)吾《わ》が宗《しゅう》、汝《なんじ》に到《いた》って興《おこ》り、(2)又《ま》た驢《ろ》辺《へん》に向《お》いて滅《めっ》す。

(3)端《はし》無《な》く大風《たいふう》に遇《あ》う、(4)甕裏《おうり》に鼈《べっ》を走却《そうきゃく》す。

《註》

(1)吾宗到汝興＝誠「黄檗の云うた語。吾が此の禅宗は、汝臨済に到って大いに世に興り」。底「『臨済録』に、『師、松を栽うる次いで、黄檗問う、〈深山裏に許多《あまた》を栽えて什麼《なに》をか作す〉。師曰わく、〈一には、山門の与《ため》に境致と作し、二には、後人の与に標榜と作さん〉と。道《い》い了わって、钁頭《かくとう》を将《もっ》て地を打すること三下。黄檗曰わく、〈然も是《かく》の如きと雖も、子《なんじ》、已に吾が三十棒を喫し了われり〉。師、又た钁頭を以て地を打すること三下、嘘嘘《きょきょ》の声を作す。黄檗曰わく、〈我が宗、汝に到って大いに後世に興らん〉。後に潙山、此の話を挙して仰山に問う、〈黄檗、当時、祇《た》だ臨済一人に嘱するか、更に人の在る有りか〉。仰山曰わく、〈有り。祇だ是れ年代甚遠なり。和尚に挙似せんことを欲せず〉。潙山曰わく、〈然も是の如きと雖も、吾も亦た知らんことを要す。但だ挙せよ看ん〉。仰山曰わく、〈一人、南を指して呉越に令行ぜん。大風に遇わば即ち止まらん〉』『師、遷化に臨む時、坐に拠って曰わく、〈吾が滅後、吾が正法眼蔵を滅却することを得ざれ〉。三聖《さんしょう》、出でて曰わく、〈争《いか》でか敢えて和尚の正法眼蔵を滅却せん〉。師曰わく、〈已後、人有って汝に問わば、他に向かって什麼《なん》とか道う〉。三聖、便ち喝す。師曰わく、〈誰か知らん、吾が正法眼蔵、瞎驢辺《かつろへん》に向《お》いて滅却することを〉。言い訖《お》わって端然として示寂す』」。

(2)又向驢邊滅＝誠「其の大いに世に興りたる是れ箇の臨済宗、又た驢辺に向いて滅す」。

(3)無端遇大風＝誠「此の臨済の正法眼蔵、瞎驢辺に向いて滅却したる底の端的はどうぞ…」「ここでの事が分からいでは臨済宗とは云われぬぞ」。補仰山が風穴延沼の出現と臨済宗の復興を予言した語（前註(1)の「大風に遇わば即ち止まらん」）をふまえる。「無端」は、【四七】(4)参照。

(4)甕裏走却鼈＝誠「…は、動くを得ず不自在なこと。ここでは只だ『止まる』を云う」。補「鼈」はスッポン。『虚堂録犂耕』二十八に「甕裏何曽走却鼈」を註して、「鼈の甕中に在るが如き、左に行き右に行き、前に歩し後《しりえ》に歩すも、終に甕内を出ることを得ず。故に云う、『何ぞ曽て鼈を走却せん』と」。

《意訳》

また

黄檗《おうばく》が「わが宗は汝の代になって大いに世に興るであろう」と言われたが、
この三聖《さんしょう》の瞎驢辺《かつろへん》に滅すと言われてしまった。
思いがけなく大風に遇い、風穴《ふけつ》の代で盛り返したものの、
甕《かめ》の中で鼈《すっぽん》が逃げ出すことはないように、もう無くなる畏れはない。

【一九九】又

去去來來、途中家舍。
此事猶疑、却回終夏。

《訓読》

又《ま》た

(1)去去来来《きょきょらいらい》、(2)途中家舎《とちゅうかしゃ》。
(3)此《こ》の事《じ》、猶《な》お疑《うたが》い、(4)却回《きゃうい》して夏《げ》を終《お》う。

《註》

(1)去去來來＝[誠]「この臨済はどうぞ。去去来来、夏を破って来り、夏を終えずして去る」。[底]「同上（『臨済録』）に、『師、大愚を辞して黄檗に却回《きゃうい》す。黄檗、来るを見て、便ち問う、〈這《こ》の漢、来来去去して、什麼《なん》の了期《りょうご》か有らん〉。師曰わく、〈祇《た》だ老婆心切なるが為なり〉』『上堂、〈一人有り、劫を論じ、途中に在って家舎を離れず。一人有り、家舎を離れて途中に在らず。那箇か人天の供養を受くべき〉』『師、半夏に黄檗に上り、住すること数日にして乃ち辞し去る。黄檗曰わく、〈汝、夏を破って来り、夏を終えずして去る〉。師曰わく、〈某甲《それがし》、暫く来り、和尚を礼拝す〉』。黄檗、遂に打って趁《お》い出だす。師、行くこと数里、此の事を疑い、却回して夏を終う』」。

(2)途中家舎＝[誠]「途中をも離れず、又た家舎にも在り、途中にも在り」。

(3)此事猶疑＝[誠]「恁麼底《いんもてい》の臨済、此の事、途中に猶お疑い」。

(4)却回終夏＝[誠]「黄檗に却回して夏を終う」「精密なる者」。

《意訳》

また

臨済は夏《げ》の途中でやって来ては夏の途中で去って行く。
途中でもあり家舎でもあるようだ。
しかしこの事についてなお疑い、
引き返して一夏《いちげ》、黄檗《おうばく》の下で過ごされた。

【二〇〇】又

諸方火葬、這裏活埋。
常在孤峰頂、不離十字街。
與麼不與麼、來日大悲院裏有齋。

《訓読》

又《ま》た

(1)諸方《しょほう》は火葬《かそう》、(2)這裏《しゃり》は活埋《かつまい》。
(3)常《つね》に孤峰頂《こほうちょう》に在《あ》り、(4)十字街《じゅうじがい》を離《はな》れず。
(5)与麼不与麼《よもふよも》、(6)来日《らいじつ》、大悲院裏《だいひいんり》に斎《さい》有《あ》り。

《註》

(1)諸方火葬＝誠「この臨済はどうぞ…」。底「同上（『臨済録』）に、『師、地を钁《かく》して曰わく、〈諸方は火葬、我が這裏は活埋〉』『上堂、〈一人は孤峰頂上に在って出身の路無く、一人は十字街頭に在って亦た向背無し。且《しばら》く道《い》え、那箇か前に在り、那箇か後ろに在る。維摩詰《ゆいまきつ》と作さざれ、傅大士《ふだいし》と作さざれ〉』」。
(2)這裏活埋＝誠「おっかなおやじぞ…」。補「這裏」は、ここ。
(3)常在孤峰頂＝誠「恁麼底《いんもてい》の臨済…」。補「孤峰頂」は、高く聳える峰の頂上。絶対・平等、超俗の世界。
(4)不離十字街＝誠「又た…」。補「十字街」は、繁華街の十字路。相対・差別、世俗の世界。
(5)與麼不與麼＝誠「是《かく》の如くなるも是の如くならざるも」。補【一八六】(2)参照。

(6)來日大悲院裏有齋＝誠「与麼底も不与麼底も…。是れ之《これ》を臨済慧照禅師と云うぞ」。

《意訳》

また

諸方では火葬のようだが、
わしの所では生き埋めにしてくれる。
常に人も寄りつけぬ高い孤峰頂上にありながら、
十字街頭を離れてはいない。
そうであろうがなかろうが、
明日大悲院で御斎《おとき》の振る舞いがあるぞ。

【二〇二】又

檗山痛棒似蒿枝、一頓更思復有誰。
暮色江村笛聲遠、梅花隔水亂參差。

《訓読》

又《ま》た

(1)檗山《ばくさん》の痛棒《つうぼう》、蒿枝《こうし》に似《に》たり、一頓《いっとん》、更《さら》に思《おも》う復《ま》た誰《たれ》か有《あ》る。

(2)暮《ぼ》色《しょく》江《こう》村《そん》、笛《てき》声《せい》遠《とお》し、梅《ばい》花《か》、水《みず》を隔《へだ》てて乱《みだ》れて参《しん》差《し》。

《註》

(1)檗山痛棒似蒿枝、一頓更思復有誰＝[誠]「臨済の示衆の語を七言二句に作り為して、臨済の説法と一糸毫も違いめはないぞ」。[底]「同上（『臨済録』）に、『師曰わく、〈大衆、夫れ法の為にする者は、喪身失命を避けざれ。我二十年、黄檗先師の処に在って、三度、仏法的的の大意を問い、三度、他《かれ》の杖を賜うことを蒙るも、蒿枝の払著するが如くに相い似たり。如今《いま》、更に一頓の棒を得て、喫せんことを思う。誰人か、我が為に行じ得ん〉。時に僧有り、衆より出でて曰わく、〈某甲《それがし》、行じ得ん〉。師、棒を拈じて他に与う。其の僧、接せんと擬す。師、便ち打つ』。○『野客叢書』に、『〈呉（曽）漫録〉に曰わく、〈食、頓と言うべし。世説に、羅友曰わく、一頓の食を乞わんと欲す〉。僕謂わく、頓の字、豈に惟れ食のみに用いるべけんや。〈前漢書〉に、〈一頓して成ず〉というが如き、是れ事を言うなり。〈唐書〉に、〈汝を打つこと一頓す〉と。是れ杖を言うなり。〈晋書〉に、〈一時、頓に両玉人有り〉と。是れ人を言うなり』〔云云〕」。[補]「蒿枝」は、よもぎの枝。

(2)暮色江村笛聲遠、梅花隔水亂參差＝[誠]「上、是《かく》の如き臨済を見んと要せば、『暮色江村、笛声遠し、梅花、水を隔てて乱れて参差』と云う。此の処に向かって、『臨済の宗風、五逆、雷の如し』と云う端的を親しく見得徹せいでは、臨済門下の飯は喫しにくい」。[補]「江村」は、川沿いの村。「参差」は、入り混じっている様。

《意訳》

また

黄檗《おうばく》の下で喫した痛棒は、あたかもよもぎの枝で頭を撫でるようで懐かしく、もう更に一棒をくらいたいものだが、誰か打ってはくれぬか。
夕暮れ時、村に笛の音が遠く聞こえる。
梅の花が川の向こうにあちこち入り乱れて咲いている。

【二〇二】又〔栽松〕

後人標榜、山門境致。
來與不來、钁頭打地。

《訓読》

又《ま》た〔(1)栽松《さいしょう》〕
後人《こうじん》の標榜《ひょうぼう》、山門《さんもん》の境致《きょうち》。
来《らい》と不来《ふらい》と、钁頭《かくとう》、地《ち》を打《う》つ。

《註》

(1)栽松＝底「前出」（【一九八】(1)参照）。

《意訳》

また〔松を植えている〕
臨済が松を植えたのは、ひとつには、山門に松を植えて後の人のしるべとなり、また山門の景色になる。
来ようが来まいが、
鍬《くわ》で地面を叩く。

【二〇三】徳山

道得道不得、棒頭乾坤黒。
末後一句多、豁公焉可測。

《訓読》

徳山《とくさん》

(1)道得《どうとく》、道不得《どうふとく》、(2)棒頭《ぼうとう》、乾坤黒《けんこんくら》し。
(3)末後《まつご》、一句多《いっくおお》し、(4)豁公《かっこう》、焉《いず》くんぞ測《はか》るべき。

《註》

(1)道得道不得＝誠「此の徳山はどうぞ、道《い》い得るも三十棒、道い得ざるも三十棒」。底『会元』(七)に、『徳山の(宣)鑑禅師。衆に示して曰わく、〈道い得るも也《ま》た三十棒、道い得ざるも也た三十棒〉』。
(2)棒頭乾坤黒＝誠「此の徳山の棒頭纔《わず》かに行ずれば、乾坤大地、黒漫漫ぞ」。
(3)末後一句多＝誠「一二で十成に托上しておいて、三四に到って」「上、是《かく》の如き大小徳山なれども、子細に看来れば、末後の一句多し」。底「徳山托鉢の縁。上巻に出ず」（【三九】参照）。
(4)豁公焉可測＝誠「此の一句多いこと過ぎた処に於いては、巌頭の豁公、どうして測り知ることがなろうぞ」。

《意訳》

徳山

徳山和尚は何か言い得ても三十棒、言い得なくても三十棒。
棒を行ずれば乾坤大地、真っ黒になる。
さすがの徳山和尚にしても、末後の一句は容易ではない。
巌頭《がんとう》にどうしておし測ることができようか。

【二〇四】蜆子和尚

笊籬無柄、攡蜆撈蝦。
神前酒盤、誰辨正邪。
紙錢堆裏春眠足、落日江頭風捲沙。

《訓読》

(1)蜆子《けんす》和尚《おしょう》

(2)笊籬《そうり》、柄無《えな》く、(3)蜆《けん》を攡《ろく》し蝦《か》を撈《ろう》す。

(4)神前《しんぜん》の酒盤《しゅばん》、(5)誰《たれ》か正邪《しょうじゃ》を弁《べん》ぜん。
(6)紙銭堆裏《しせんたいり》、春眠足《しゅんみんた》る、落日江頭《らくじつこうとう》、風《かぜ》、沙《すな》を捲《ま》く。

《註》

(1)蜆子和尚＝[底]「『伝灯』（十七）に、『洞山（良）价の法嗣、京兆の蜆子和尚は、何許《いずこ》の人ということを知らず。事跡、頗る異なり。居に定所無し。心を洞山に印せしより、俗に閩川《びんせん》に混ず。道具を畜えず、律儀に循《したが》わず。常日、江岸に沿って蝦蜆《かけん》（えび・しじみ）を採掇して、以て腹に充《あ》つ。暮るれば即ち東山白馬廟の紙銭の中に臥す。居民、目《なづ》けて蜆子和尚と為す。華厳の静禅師、之《これ》を聞いて、真仮を決せんと欲し、先ず潜かに紙銭の中に入る。深夜、師、帰る。把住して問うて曰わく、〈如何なるか是れ祖師西来意〉。師、遽《にわ》かに答えて曰わく、〈神前の酒台盤〉』」。
(2)笊籬無柄＝[誠]「さて此の蜆子和尚はどうぞ。柄無き笊籬を以て、蜆を摝し蝦を撈す」。[補]「笊籬」は、ざる。
(3)摝蜆撈蝦＝[補]「摝」「撈」ともに水中から物をすくい取ること。
(4)神前酒盤＝[誠]「纔《わず》かに西来意と問わば…」。[補]神前に御神酒を供えるための台。
(5)誰辨正邪＝[誠]「此の蜆子和尚の邪正真仮を誰か弁ぜん」。
(6)紙銭堆裏春眠足、落日江頭風捲沙＝[誠]「誰も邪正真仮を弁別する者もなければ…」。

《意訳》

蜆子和尚

柄《え》も無い笊《ざる》や籠《かご》をもって、
エビやシジミをすくいとった。

この和尚は西来意を問われると、「神前の御神酒《おみき》」だと答えた。
一体この和尚が本物か偽物か誰が見分けられるであろうか。
春の日に御廟の中の紙銭の屑《くず》の中でぐっすり眠り、
夕日が川岸に落ちる頃、風が砂を巻き上げている。

【二〇五】又

神前酒臺盤、眞假無人辨。
日晴風浪收、沿岸攎蝦蜆。

《訓読》

又《ま》た

(1)神前《しんぜん》の酒台盤《しゅだいばん》、(2)真仮《しんけ》、人《ひと》の弁《べん》ずる無《な》し。
(3)日晴《ひは》れて風浪収《ふうろうおさ》まり、(4)岸《きし》に沿《そ》うて蝦蜆《かけん》を攎《ろく》す。

《註》

(1)神前酒臺盤＝誠「祖師西来意の答話」。
(2)眞假無人辨＝誠「この和尚の真仮、人の弁ずる無し」。
(3)日晴風浪收＝誠「此の蜆子殿に於いては、千古万古、人の弁ずる無しと見えて、日晴れて風浪収まる折しも」。

(4)沿岸摝蝦蜆＝誠「岸に沿うて直に今に至るまで蝦蜆を摝して居らるる様子」。

《意訳》

また

この蜆子《けんす》和尚は祖師西来意を問われて、「神前の酒台盤」と答えられたが、その真贋を見分けるものはいない。

天気も晴れ渡り波風も静かで、

岸に沿ってエビやシジミをすくっている。

【二〇六】 船子夾山

江天将暮、風捲絲綸。

頻頻回顧、誰先翻身。

《訓読》

(1)船子夾山《せんすかっさん》

(2)江天将《こうてんまさ》に暮《く》れんとす、(3)風《かぜ》、糸綸《しりん》を捲《ま》く。

(4)頻頻回顧《ひんぴんかいこ》す、(5)誰《たれ》か先《ま》ず身《み》を翻《ほん》ず。

《註》

(1)船子夾山＝[底]「『会元』（五）に、『船子徳誠《とくじょう》禅師。薬山の（惟）儼に嗣ぐ』『夾山善会《ぜんね》禅師。船子の誠に嗣ぐ』。船子の章に、『師、道吾・雲巌と同道の交わりを為す。薬山を離るるに泊《およ》んで、乃ち二同志に謂って曰わく、〈公等、応に各《おのおの》一方に拠って、薬山の宗旨を建立すべし。予、率性疎野にして、唯だ山水を好み、情を楽しましめて自ら遣る。所能無きなり。他後、我が所止の処を知り、若《も》し霊利の座主に遇わば、一人を指し来れ。或いは琱琢《ちょうたく》に堪えば、将に生平の所得を授けて、以て先師の恩を報ぜんとす〉。遂に分携して、秀州の華亭に至る。一小舟を泛《う》かべて、縁に随って日を度り、以て四方往来の者を接す。時の人、其の高蹈を知ること莫し。因って船子和尚と号す。道吾、後に京口に到る。夾山を激勉して、師に参礼せしむ。師、便ち問う、〈大徳、甚麼《いず》れの寺にか住する〉。山曰わく、〈寺は住せず、住すれば即ち似ず〉（云云）。師、又た問う、〈垂糸千尺、意、深潭に在り。鉤《はり》を離るること三寸。子《なんじ》、何ぞ道《い》わざる〉。山、口を開かんと擬す。師に一橈《いちじょう》に水中に打落せらる。山、纔《わず》かに船に上る。師、又た曰わく、〈道え、道え〉。山、口を開かんと擬す。師、又た打つ。山、豁然として大悟す。乃ち点頭すること三下。師曰わく、〈江波を釣り尽くして、金鱗、始めて遇う〉。山、乃ち耳を掩う。師曰わく、〈如是、如是〉。遂に嘱して曰わく、〈汝、向後、直に須らく身を蔵《かく》す処、没蹤跡《もっしょうせき》なるべし。没蹤跡の処、身を蔵すこと莫かれ〉。山、乃ち辞し行き、頻頻に回顧す。師、遂に〈闍梨〉と喚ぶ。山、乃ち首を回らす。師、橈子を竪起して曰わく、〈汝、将に謂えり、別に有りと〉。乃ち船を覆して、水に入って逝す』」。

(2)江天将暮＝[誠]「華亭江上、将に日暮れんとする時分の様子」。

(3)風捲絲綸＝[誠]「洪波を釣り尽くして、始めて金鱗を得た処…」。[補]「糸綸」は、釣り糸。

(4)頻頻回顧＝[誠]「この釣り得たる処の夾山…」。

(5)誰先翻身＝誠「誰か先ず船を覆して身を翻す」。

《意訳》

船子と夾山

華亭《かてい》の川の上で日も暮れかかっている。

待望の魚を釣って、風が釣り糸を巻き上げている。

夾山が何度も何度も後ろを振り返るが、

一体誰が先ず身を翻すだろうか。

【二〇七】又

千尺絲綸、一江煙水。

鉤頭得鱗、聾人掩耳。

《訓読》

又《ま》た

(1)千尺《せんじゃく》の糸綸《しりん》、一江《いっこう》の煙水《えんすい》。

(2)鉤頭《こうとう》、鱗《りん》を得《え》たり、(3)聾人《ろうじん》、耳《みみ》を掩《おお》う。

《註》

(1)千尺絲綸、一江煙水＝誠「まちがいもなき船子和尚ぞ」。
(2)鉤頭得鱗＝誠「是の如き船子和尚、此の華亭江上に於いて、洪波を釣り尽くして、始めて是れ箇《か》の金鱗を得たり」。
(3)聾人掩耳＝誠「どのような金鱗を得たぞ…」。補「聾人」は、耳の聞こえない人。

《意訳》

また

この船子和尚は千尺の釣り糸を垂れて、
もやのかかる川の上で過ごした。
おかげでこの金鱗を釣り得たが、
どんな金鱗を得たのか、耳の聞こえない人も耳を掩うばかり。

【二〇八】又

一橈兩橈、寒濤競起。
瞥爾點頭、滿身泥水。

《訓読》

又《ま》た

(1)一橈両橈《いちじょうりょうじょう》、(2)寒濤《かんとう》、競《きそ》い起《お》こる。
(3)瞥爾《べつじ》として点頭《てんとう》、(4)満身泥水《まんしんでいすい》。

《註》

(1)一橈両橈＝誠「船子が一橈に水中に打落す。夾山纔《わず》かに船に上り来れば又た打つ。是れ両橈」。補「橈」は、船をこぐかい。なお「橈《たわ》む」の意味の場合の音は「橈《どう》」。

(2)寒濤競起＝誠「夾山、口を開かんと擬すれば、又た水中に打落する底の様子」。

(3)瞥爾點頭＝誠「寒濤競い起こる処に於いて夾山始めて大悟」。「瞥」は、底「『正字通』に、『瞥は匹滅の切。篇の入声。〈説文〉に、〈目を過すなり〉』」。補「点頭」は、うなずく。

(4)満身泥水＝誠「此の夾山が幾度か水中に打落せられて始めて瞥爾点頭した処はどうぞ。満身泥だらけ水だらけ」。

《意訳》

また

船子和尚が夾山を水の中に一梶《ひとかじ》で突き落とし、また上がってきたところを更に一梶突き落とした。

寒い波が次々競い起こった。

ようやくチラッと気がついてうなずいた。

全身泥水だらけだ。

【二〇九】又

無跡乎藏身、不藏乎無跡。
華亭風捲綸、萬里水天碧。

《訓読》

又《ま》た
(1)身《み》を蔵《かく》すに跡無《あとな》く、跡無《あとな》きに蔵《かく》れず。
(2)華亭《かてい》、風《かぜ》、綸《いと》を捲《ま》く、(3)万里水天碧《ばんりすいてんへき》なり。

《註》

(1)無跡乎藏身、不藏乎無跡＝誠「船子の云うた語を切り換え将《も》ち来って、一糸毫も違い目はないぞ」「…と、一二で船子和尚をそこへつきすえて直して、そこで三四で見よ」。
(2)華亭風捲綸＝誠「(華亭は)船子が舟渡しをしていた処。『風捲綸』とは、洪波釣り尽くして金鱗始めて遇う。此に至っては糸綸に用事はないぞ」。
(3)萬里水天碧＝誠「華亭江上、万里水天碧なり。どこを見ても水天一色ぞ」。

《意訳》

また
身をかくす跡形もなく、
跡形も無いところにも身をかくさない。

華亭の船着き場に風が釣り糸を巻き上げ、
どこまでも水と天とは澄み渡って碧いろだ。

【二一〇】又

沒蹤跡處、有人尋討。
離鉤三寸、子何不道。
點頭掩耳、渾崙呑棗。
頻頻回顧、珠傾栲栳。
江天雨晴、月色愈好。

《訓読》

又《ま》た

(1)沒蹤跡《もっしょうせき》の処《ところ》、(2)人《ひと》有《あ》って尋討《じんとう》す。
(3)鉤《はり》を離《はな》れて三寸《さんずん》、(4)子《なんじ》、何《なん》ぞ道《い》わざる。
(5)頭《こうべ》を点《てん》じて耳《みみ》を掩《おお》う、(6)渾崙《こんろん》に棗《なつめ》を呑《の》む。
(7)頻頻《ひんぴん》に回顧《かいこ》す、(8)珠《たま》、栲栳《こうろう》を傾《かたむ》く。
(9)江天《こうてん》、雨《あめ》晴《は》れて、月色《げっしょく》、愈《いよいよ》好《よ》し。

《註》

(1)没蹤跡處＝誠「この船子、『須らく身を蔵す処は没蹤跡なるべし』と云うたが」。

(2)有人尋討＝誠「夾山が有って尋討し来るを云う」。補「尋討」は、たずねさぐる。

(3)離鉤三寸＝誠「尋討し来ったに付いて、船子、夾山を接する処の底ぞ」。

(4)子何不道＝誠「『子何ぞ道わざる、道え道え』と責めらるる処に於いて、夾山大悟し了わったぞ。『子』は夾山を指す」。

(5)點頭掩耳＝誠「耳を掩う処はどうぞ。夾山大悟の様子。是《ここ》に至っては、船子証明の語を聞いても耳を掩って去ると云うものぞ」。

(6)渾崙呑棗＝誠「著語」。補ナツメを丸呑みにする。『句双葛藤鈔』に、「没滋味の義なり。根本は無味なり」。

(7)頻頻回顧＝誠「渾崙に棗を呑み大悟し了わったけれども、辞し去る処、頻頻に船子の方を回顧す」。

(8)珠傾栲栳＝誠「そこで船子が『闍梨』と喚び、橈子を竪起して、舟を覆して入水して逝し去ったる処は…」。底「『会元』（十九）仏鑑（慧）懃の章に、『師、円悟と同《とも》に語話する次いで、〈東寺、仰山に鎮海の明珠を問う因縁〉を挙す（云云）。師、悟に謂って曰わく、〈東寺は祇《た》だ一顆の珠を索《もと》む。仰山は当下に一栲栳を傾出す〉。悟、深く之《これ》を肯う』。○『正字通』に、『栲栳は、物を盛る器。即ち古の簝《りょう》なり。竹を屈《ま》げて之《これ》を為《つく》る』」。補かご一杯の珠玉を全て傾け出す。「栲栳」は、竹や柳で編んだ籠。なお、「東寺、仰山に鎮海の明珠を問う因縁」とは、『五灯会元』三、東寺如会の章に、「仰山、参ず。師問う、『汝は是れ甚処《いずこ》の人ぞ』。仰山曰わく、『広南の人』。師曰わく、『我聞く、広南に〈鎮海の明珠〉有りと。是なりや否や』。仰山曰わく『是』。師曰わく、『此の珠、如何《いかん》』。仰山曰わく、『黒月には即ち隠れ、白月には即ち現る』。師曰わく、『還《は》た将《も》ち得来るや無《いな》や』。仰山曰わく、『将ち得来る』。師曰わく、『何ぞ老僧に呈似せざる』。仰、叉手して近前して曰わく、『昨《さき》に潙山に到って、亦た此の珠を索《もと》められて、直に得たり、言の対《こた》うべき無く、理の伸《の》ぶべき無きことを』。師曰わく、『真の師子児、善能《よ》く哮吼す』」。

(9)江天雨晴、月色愈好＝誠「上、是《かく》の如く船子と夾山との出会いの様子を十成に述べて置いて、『江天雨晴れて、月色愈好し』と置いた処は、賛ずれども及ばず、毀《そし》れども及ばずと云う処ぞ。此に於いて相い見よ」。

《意訳》

また

船子和尚の何の跡形も留めない処に、
夾山が尋ねてやって来た。
釣り針三寸を離れて、
一句言えと責められて、夾山は大悟した。
夾山は頭を下げてお暇《いとま》し、船子和尚の言葉には耳も貸さなかった。
悟りを丸呑みにして、
頻りに振り返ったら、
明珠が竹籠の中にあって全部傾け尽くしたように、確かに法は伝わった。
華亭の空は雨が上がって晴れ渡り、

夜の月はいよいよ冴え渡る。

【二一二】倶胝和尚

豎指斷指、不見其指。
童子回頭、還我一指。

《訓読》

(1)倶胝《くてい》和尚《おしょう》

(2)指《ゆび》を竪《た》て指《ゆび》を断《た》つ、(3)其《そ》の指《ゆび》を見《み》ず。
(4)童子《どうじ》、頭《こうべ》を回《めぐ》らす、(5)我《われ》に一指《いっし》を還《かえ》せ。

《註》

(1)倶胝和尚＝底「『伝灯』（十一）に、『天龍和尚の法嗣、後州金華の倶胝和尚、凡そ参学の僧有って到れば、師、唯だ一指を挙げて、別の提唱無し。一童子有り、外に於いて、人に、〈和尚、何の法要を説く〉と詰《なじ》り曰われて、童子、指頭を竪起す。帰って師に挙似す。師、刀を以て其の指頭を断つ。童子、叫喚して走り出ず。師、召すこと一声、童子、首を回らす。師、却って指頭を竪起す。童子、豁然として領解す。師、将に順世せんとす。衆に謂って曰わく、〈吾、天龍一指頭の禅を得て、一生、用い尽くさず〉。言い訖《お》わって示滅す。先曹山《せんそうざん》（本寂）曰わく、〈倶胝承当の処、鹵莽《もうろ》なり〉』。○『荘子』則陽の註に、『鹵莽は、軽脱未だ略せず、其の分を尽くさざるなり』」。
(2)豎指斷指＝誠「此の和尚はどうぞ。童子、指を竪つれば、倶胝、指を断つ」。
(3)不見其指＝誠「一指を截断する底の当体」。
(4)童子回頭＝誠「童子、纔《わず》かに頭を回らす」。
(5)還我一指＝誠「我に一指を還し来れと云う、是れ之《これ》を倶胝和尚と云うぞ」。

《意訳》

倶胝和尚

童子は指を竪《た》て、倶胝和尚はその指を断ち切った。
もう指は見えない。
童子が振り向いたところで、
倶胝和尚は「さあわしに指を還せ」と逼《せま》る。

【二一二】又

放去一指、收來一指。
倶胝承當處莽鹵、一指一指。

《訓読》

又《ま》た
(1)放去一指《ほうきょいっし》、(2)収来一指《しゅうらいいっし》。
(3)倶胝承当《くていじょうとう》の処《ところ》、莽鹵《もうろ》、(4)一指一指《いっしいっし》。

《註》

(1)放去一指＝誠「此の和尚に於いてはどうぞ。放去するも只だ箇の一指」。補「放去・収来」は、放行・把住に同じ。
(2)收來一指＝誠「収来するも只だ箇の一指ぞ」。
(3)倶胝承當處莽鹵＝誠「是《かく》の如き此の和尚、承当の処は、先曹山（本寂）も云うて置いた通り、はなはだ莽鹵、わけもないことじゃ」。補【二一一】(1)参照。「承当」は、うけがうこと。会得すること。「莽鹵」は、ぞんざいなさま、がさつ、おおまか。鹵莽に同じ。
(4)一指一指＝誠「莽鹵底、作麼生。一指一指」。

《意訳》

また
この倶胝和尚は一指を放ち、
また一指を収めた。
しかしながら古の曹山《そうざん》和尚も指摘したように、倶胝和尚は甚だいい加減である。
それはどうしてかというと、何でも一指一指で押し通したところだ。

【二一三】定上座橋上逢三座主

禪河窮底、傍僧連忙。
去去、流水茫茫。

《訓読》

(1)定上座《じょうじょうざ》、橋上《きょうじょう》に三座主《さんざす》に逢《あ》う

(2)禅河《ぜんが》、底《そこ》を窮《きわ》む、(3)傍僧連忙《ぼうそうれんぼう》。
(4)去《さ》れ去《さ》れ、流水茫茫《りゅうすいぼうぼう》。

《註》

(1)定上座＝[底]「『会元』（十二）に、『定上座、臨済の玄に嗣ぐ』。〇『碧巌』三十二則の評に、『定上座、鎮州に在り、斎より回る。橋上に到り歇《いこ》う。三人の座主に逢う。一人、問う、〈如何なるか是れ、禅河深き処、須らく底を窮むべし〉。定、擒住《きんじゅう》して、橋下に抛向《ほうこう》せんと擬す。時に二座主、連忙して、救って云わく、〈休《や》めよ休めよ。是れ伊《かれ》、上座に触忤《そくご》す（さからう）。且《しばら》く望むらくは、慈悲せよ〉。定云わく、〈是れ二座主にあらずんば、他《かれ》の、窮めて底に到り去るに従《まか》せんに〉』」。

(2)禪河窮底＝[誠]「此の上座が禅河、底を窮むる底の端的はどうぞ」。

(3)傍僧連忙＝[誠]「一座主を擒住して橋上より橋下に抛向せんとする者故に、『伊、誤って上座に触忤す。望むらくは慈悲を以て許したまえ』と傍僧連忙」。[補]「連忙」は、あわてふためく。

(4)去去＝[誠]「まあしあわせに、傍僧に座主のお詫《わ》びで許され、命がたすかったぞ」。

《意訳》

定上座が橋の上で三人の座主と出会った

定上座が橋の上で、三人の座主とすれ違い、一人の座主から「禅河深き処、如何が底を窮むべき」と問われて、その座主を橋から河へ落とそうとした。

側にいた二人の座主があわてて命乞いをしてくれたので助かった。

早く去れ早く去れ、

河が茫々と流れているぞ。

【二一四】端師子

天資慈祥、戒檢不違。

師子奮迅、香象失威。

《訓読》

(1)端師子《たんしし》

(2)天資慈祥《てんしじしょう》、戒検違《かいけんい》せず。

(3)師子奮迅《ししふんじん》、(4)香象《こうぞう》、威《い》を失《しっ》す。

《註》

(1)端師子＝[底]「『会元』（十二）に、『湖州西余の浄端《じょうたん》禅師。龍華の（斉）岳に嗣ぐ』。〇『羅湖野録』浄端の章に、『斉岳禅師、杭の龍華に住す。道価、東呉に照映す。端、往いて参礼す。機縁相い契《かな》い、覚えず奮迅し、翻身して狻猊《さんげい》（獅子）の状を作す。岳、因って之《これ》を可とす。是れより叢林、雅《つね》に号して端師子と為す。端、天資慈祥、戒検違せず。飢を恤《あわ》れみ寒を問うこと、諸《こ》れを己《おのれ》に切なるが如くす』」。

(2)天資慈祥、戒検不違＝[誠]「此の和尚に於いてはどうぞ…」「一二は大機。天資慈祥、戒検違わざる端師子和尚、脱体現成」。[補]「天資慈祥」は、うまれつき慈しみ深く善良。

(3)師子奮迅＝[誠]「此の端師子が大活機用を露す処はどうぞ…」「三四は大用」。

(4)香象失威＝[誠]「如何なる大香象でも、此の獅子奮迅するに当たっては、余威を失しうしのうて、ひと縮みぞ」。[底]「永嘉の『証道歌』に、『香象奔波して威を失却す』」。[補]「香象」は、発情期の香気を帯びた象。

《意訳》

端師子

その性格は生まれつき慈しみ深く、
戒律にも背かない。
獅子奮迅のはたらきをすれば、
象でさえも威厳を失うぞ。

【二一五】政黄牛

橋上山萬層、橋下水千里。
一時復一時、黄犢不來此。

《訓読》

(1)政黄牛《せいおうぎゅう》

(2)橋上《きょうじょう》、山万層《やまばんそう》、橋下《きょうか》、水千里《みずせんり》。
(3)一時《いっとき》復《ま》た一時《いっとき》、(4)黄犢《こうとく》、此《ここ》に来《きた》らず。

《註》

(1)政黄牛＝[底]「『会元』（十）に、『杭州浄土院の惟正《いせい》禅師。浄土の素に嗣ぐ』。○『僧宝伝』に、『政黄牛』に作る」。[補]惟政（九八六～一〇四九）。法眼宗の僧。惟正とも。俗姓は黄氏、秀州（浙江省）の人。惟素の法を嗣ぎ、臨安浄土院に住す。黄牛に跨って外出したため、政黄牛と呼ばれた。

(2)橋上山萬層、橋下水千里＝[誠]「一二、政黄牛の偈をそのまま将ち来って置いて、三四に至って」。[底]「同章（『五灯会元』惟正章）に、『師、嘗て山中の偈を作って曰わく、〈橋上山万層、橋下水千里。唯だ白鷺鷥《はくろじ》有り、我を常に此に来って見る〉』」。

(3)一時復一時＝[誠]「此の政黄牛が仰いで橋上の山万層を見るも一時、俯して橋下の水千里を見るも亦た一時」。

(4)黄犢不來此＝[誠]「『此に』とは、一二の橋上橋下を云うぞ」。「黄犢」は、[底]「同章（『五灯会元』惟正章）に、『師、雅《つね》より黄犢に跨り出入することを愛す。軍持・巾鉢、悉く角上に挂く。市人、争って之《これ》を観る。師、自若たり』」。

補 黄色の仔牛。

《意訳》

政黄牛

この政黄牛が橋の上を仰いでみると山が万層に連なっている。
橋の下を見ると水が千里に流れている。
上を見ても下を見ても一時また一時、
いつも乗っていた黄の小牛はここに来はしないぞ。

【三一六】又

思惟國士筵、有口不談禪。
一頭黃犢、東牽西牽。

《訓読》

又《ま》た

(1)思惟《しゆい》す国士《こくし》の筵《えん》、(2)口《くち》有《あ》れども禅《ぜん》を談《だん》ぜず。
(3)一頭《いっとう》の黄犢《こうとく》、東《ひがし》に牽《ひ》き西《にし》に牽《ひ》く。

《註》

(1)思惟國士筵＝誠「此の政黄牛はどうぞ…」「一二は大機」。底「同章（『五灯会元』十、惟正章）に、『葉内翰清《しょうないかんせい》臣《しん》、金陵に牧《ぼく》たり。師を迎えて道を語る。一日、葉曰わく、〈明日、府に燕飲有り。師、固《もと》より律を奉ずるも、能く我が為に、少しく留まること一日して、清話を款《たた》かんや否や〉。（翌日、）師、一偈を留めて返す。曰わく、〈昨日、曽て今日を将《もっ》て期す、門を出でて杖に倚り又た思惟す。僧と為っては祇《た》だ合《まさ》に巌谷に居すべし、国士筵中、甚だ宜しからず〉』」。補「国士」は、国の中で最も優れた人物。

(2)有口不談禪＝誠「言語は間有り、此の法は無尽なり。所謂る造物者の無尽蔵なり、と云うて禅を談ぜず」。底「同章（『五灯会元』惟正章）に、『有るひと問うて曰わく、〈師、禅師を以て名づくも、乃ち禅を談ぜず。何ぞや〉。師曰わく、〈徒《いたず》らに言語を費やすは、吾、懶《ものう》し。寧ろ曲折を仮らんや。但だ日夜万象を煩わし、為に敷演せんのみ。言語は間《へだて》有り。而れども此の法は無尽。所謂る造物の無尽蔵なり〉』」。

(3)一頭黄犢、東牽西牽＝誠「是れ箇の政黄牛、平常の作活計は…」「三四は大用」。

《意訳》

また

この政黄牛は国士の筵に招かれても思惟して赴かず、
禅僧でありながら禅を説くこともなかった。
一頭の黄牛を引いて、
あちらこちらに自由気ままに過ごすばかりだ。

【三一七】又

國士筵中、不得便宜。
黄犢由來無鼻索、六橋煙雨艸離離。

《訓読》

又《ま》た
(1)国士筵中《こくしえんちゅう》、便宜《びんぎ》を得《え》ず。
(2)黄犢由来《こうとくゆらい》、鼻索《びさく》無《な》し、(3)六橋《ろっきょう》の煙雨《えんう》、草離離《くさりり》。

《註》

(1)國士筵中、不得便宜＝誠「さて此の政黄牛、一偈を留めて返るに、『昨日、曽て今日を将《もっ》て期す、門を出でて杖に倚り又た思惟す。僧と為っては祇《た》だ合に岩谷に居すべし、国士筵中、甚だ宜しからず』」。「便宜」は、底「劉向が『新序』に、『婁敬が曰わく、〈臣、願わくは、上に見《まみ》えて便宜の事を言わん〉』」。

(2)黄犢由來無鼻索＝誠「此の政黄牛が常常東に牽き西に牽きし処の黄犢はどうぞ。もとより鼻縄もなく、自由自在、かいばなしぞ」。補「由来」は、もともと。

(3)六橋煙雨艸離離＝誠「鼻索無く、かいばなしの黄犢なれば…。云われぬ境界」「真に草足り水足ると云う。純《じゅん》乎《こ》たり純乎たりと云う黄犢ぞ」。「六橋」は、底「『一統志』杭州府、『六橋は、西湖の蘇隄に在り』」。「離離」は、底「『文選』王粲（左思の『詠史』か）が詩に、『離離たり山上の苗』。註に、『離離は、軽細の貌』」。補草などがよく茂っているさま。

《意訳》

また

さてこの政黄牛は国士の筵に招かれたが、「これはふさわしくない」と言って出なかった。いつも乗っている黄色の牛は鼻に縄も着けないで自由自在、橋のたもとを通っていると、折からの雨が細ぼそと降って、まるであたりはもやがかかっているかのようで、草もよく茂っている。

【三一八】又

動以對靜、未始有極。
無靜無動、當門荊棘。
欲到上流飲我牛、誰家帆影懸秋色。

《訓読》

又《ま》た

(1)動《どう》は以《もっ》て静《じょう》に対《たい》し、未《いま》だ始《はじ》めより極有《きょくあ》らず。
(2)静《じょう》無《な》く動《どう》無《な》し、(3)当門《とうもん》の荊棘《けいきょく》。

(4)上流《じょうりゅう》に到《いた》って我《わ》が牛《うし》に飲《の》ましめんと欲《ほっ》す、誰《た》が家《いえ》の帆影《はんえい》ぞ、秋色《しゅうしょく》に懸《か》く。

《註》

(1)動以對靜、未始有極＝誠「この政黄牛が云うた、『動は以て静に対し、未だ始めより極有らず』はどうぞ」。底「『会元』（十）惟正禅師の章に、『皇祐元年（一〇四九）孟夏八日、衆に語って曰わく、〈夫れ動は以て静に対す。未だ始めより極有らず。吾、一たび動じて、年を歴ること六十有四、今、静にせん。然れども動静、本、何ぞ有らんや〉。是に於いて、泊然として逝す』」。

(2)無靜無動＝誠「又た『動無く静無し』と云うたはどうぞ」。

(3)當門荊棘＝誠「…と著語。一歩を進むること太《はなは》だ為し難し」。補『普灯録』四、白雲守端の章に、「門に当たって荊棘を栽うることを用いず」。

(4)欲到上流飲我牛、誰家帆影懸秋色＝誠「…と。是れ箇の政黄牛の面目を是《ここ》に於いて親しく徹見せば、動は以て静に対すと云うも、又た動無く静無しと云う端的も、始めて能く相い分かろうぞ」「…と云う、此の両句に到っては、月船師、老婆親切なる故に、政黄牛が面目、脱体現成して見せて在るぞ」。補「欲到上流飲我牛」は、許由《きょゆう》と巣父《そうほ》の故事。『高士伝』上に、「堯、（許由を）召して九州の長と為さんとす。由、之を聞くを欲せず、耳を潁水《えいすい》の浜に洗う。時に其の友巣父、犢を牽いて之を飲ましめんと欲す。由の耳を洗うを見て、其の故を問う。対《こた》えて曰く、（中略）巣父曰わく、『（中略）吾が犢の口を汚さん』と。犢を上流に牽いて之を飲ましむ」。

《意訳》

また

武渓集　巻下　【二一八】又

政黄牛が言われたが、動くということは静かに対して言うのであって、
はじめから究極があるわけではない。
動も静もない処こそ、
まさに行く手を阻むイバラのような問題である。
川の上流に行って私の牛に水を飲ませよう、
どこの家にも帆影には秋の気配が漂っている。

【二一九】又

遍界木盆大、眉棱漢月涼。
夜深人不見、一椀橘皮湯。

《訓読》

(1)又《ま》た
(2)遍界《へんがい》、木盆《もくぼん》大《おお》いに、(3)眉棱《びりょう》、漢月《かんげつ》涼《すず》し。
(4)夜《よ》深《ふ》けて人《ひと》見《み》えず、(5)一椀《いちわん》の橘皮湯《きっぴとう》。

《註》

(1)又＝誠「此の頌の中、新板には二首目に出でたり」。

(2)遍界木盆大＝誠「此の政黄牛はどうぞ。遍法界を自分の木盆と作して、乗り遊んで居ると云う人ぞ。右から見ても左から見ても、紛れもない政黄牛ぞ」。底「同章（『五灯会元』十、惟正章）に、『師、夏秋、好んで月を翫《もてあそ》ぶ。膝を大盆の中に盤し、池上に浮かべて、自ら其の盆を旋《まわ》して、吟笑して旦《あした》に達《いた》る。率《おおむ》ね以て常と為す』」。

(3)眉稜漢月涼＝誠「是《かく》の如き人故に、眉稜には平生漢月涼しきぞ。宝剣、眉間に輝くと云う意」。補「眉稜」は、眉毛のかど。「漢月」は、漢の時代の月。明月をいう。

(4)夜深人不見＝誠「上、是の如き政黄牛の平生の活計はどうぞ…」「『夜深けて人見えず、一椀の橘皮湯』と云う三四に於いては、光境相い共に忘尽し切ったる当体ぞ」。

(5)一椀橘皮湯＝誠「何ぞ薬石でも出すかと思えば、一椀の橘皮湯と云う。太清な和尚ぞ。物静かに淡泊な様子」。「橘皮湯」は、底「同章（『五灯会元』惟正章）に、『九峰の韶禅師、嘗て院に客たり。一夕、将に臥せんとす。師、之《これ》を邀《むか》えて曰わく、〈月色、此《かく》の如し。労生擾擾、之《これ》に対する者、能く幾人ぞ〉。峰、唯唯するのみ。久しくして童子を呼んで、熟炙《じゅくしゃ》せしむ。峰、方に饑《う》えて、薬石を作すと意《おも》えり。頃《しばら》く乃くあって、橘皮湯一盃なり。峰、匿笑して曰わく、〈無乃《むし》ろ太清なるか〉』」。

《意訳》

また

この政黄牛は大世界を木のお盆にして悠々と乗って遊んでいる。
眉を上げて明月を仰いで涼んでいる。
夜も更けて誰もいない。

おなかが減ったので虫押さえに一椀のミカンの皮のお湯をいただこう。

【二二〇】虚堂〔天澤棹長老請〕

虚空作布袴、針眼裏藏身。
天澤無涓滴、日多識已眞。

《訓読》

(1)虚堂《きどう》〔(2)天沢《てんたく》の(3)棹長老《とうちょうろう》の請《しょう》〕
(4)虚空《こくう》を布袴《ふこ》と作《な》し、針眼裏《しんがんり》に身《み》を蔵《かく》す。
(5)天沢《てんたく》、涓滴《けんてき》無《な》し、(6)日多《にった》、(7)識已《しんすで》に真《しん》なり。

《註》

(1)虚堂＝[底]「『増集続伝灯』(四)に、『径山の虚堂智愚《ちぐ》禅師。運庵の(普)巌に嗣ぐ』」。[補]中国南宋、臨済宗楊岐派の僧。一一八五～一二六九。日本の大応国師南浦紹明はその法嗣。
(2)天澤＝[補]江戸湯島の天沢山麟祥院。寛永元年(一六二四)、春日局の願いにより、徳川家光が寺地殿舎を寄進して創建。開山は渭川周瀏《いせんしゅうりゅう》。はじめ報恩山天沢寺と称したが、局の院号により天沢山麟祥院と改めた。
(3)棹長老＝[補]峨山慈棹《がさんじとう》(一七二七～一七九七)。高乾院の月船に従って出家、諸方歴参ののち、永田の月船のもとに帰る。のち月船の反対を押し切って松蔭寺の白隠慧鶴に参じ、白隠寂後、再び永田に帰る。明和六年

（一七六九）、麟祥院前住嫩桂宗郁《どんけいそういく》の法嗣として前堂転位。麟祥院に住すること十年。月船の寂後、永田に帰り、東輝庵第二世。寛政九年正月十四日寂。『近世禅林僧宝伝』巻之上に伝あり。

(4)虚空作布袴＝誠「此の和尚はどうぞ。虚空全体左右、布袴と作す」。底「『虚堂録』（八）に、「師、室中、垂語して曰わく、『己眼、未だ明らめざる底、甚《なに》に因ってか虚空を将《もっ》て布袴と作して著くる。地を画して牢と為す底、甚に因ってか者箇《しゃこ》を透って過ぎざる。海に入って沙を算うる底、甚に因ってか針鋒頭上に向かって足を翹《つまだ》つる』」。

(5)天澤無涓滴＝誠「三四、抑揚・殺活・把住放行が精密に備わって在るぞ」。「天沢」は、底「同上（『虚堂録』）、行状に、『小庵を望雲亭の東に創して、扁して〈天沢〉と曰い、就いて塔を築いて、帰蔵の地と為す』」。補「涓滴」は、しずく、したたり。極めて僅かなこと。

(6)日多＝底「同上（『虚堂録』）、新添、『日本の南浦知客を送る偈』に、『門庭を敲磕《こうこう》して細やかに揣摩《しま》す、路頭尽くる処、再び経過す。明明に説与す虚堂叟、東海の児孫、日に転《うた》た多からん』」。

(7)讖＝底「『類書纂要』に、『讖は符命の言、皆な隠諱の言にして、後に至って応験ある者なり』」。補讖言、予言。

《意訳》

虚堂〔天沢山の慈棹《じとう》長老の要請〕

虚空を袴《はかま》となして、
針の穴に身をかくすという。
天沢に住した虚堂の教えはひとしずくも漏らさぬ。

「東海の児孫、日に多からん」という予言は、すでに真のものとなっている。

【三二二】明慧上人

苅磨風煙、舍那妙體。
書信纔通、海潮大啓。

《訓読》

(1)明《みょう》慧《え》上人《しょうにん》
(2)苅磨《かるま》の風煙《ふうえん》、(3)舎那《しゃな》の妙体《みょうたい》。
(4)書信《しょしん》、纔《わず》かに通《つう》ずれば、(5)海潮《かいちょう》、大《おお》いに啓《ひら》く。

《註》

(1)明慧上人＝[誠]「此の明慧上人に於いては、真に無差別境界に至っておる」。[底]「『本朝高僧伝』に、『釈の高弁、明慧と号す。紀州在田郡の人なり〔云云〕。後鳥羽上皇、勅して、梅尾《とがのお》（栂尾）山を賜い、永く華厳興隆の地と為す。高山寺と号す』〔云云〕」。[補]鎌倉時代の華厳宗僧。一一七三～一二三二。諱は高弁。明恵房と号する。

(2)苅磨＝[底]「『明慧別伝』に、『上人、書を旧棲の紀州苅磨島に寄せて曰わく、〈島の自体を思えば、是れ欲界繋の法、顕形二色の種類、眼根の所取、眼識の所縁、八事倶生の体なり。色性即ち智なれば、悟らざる所無し。智性即ち理なれば、遍からざる所無し。理は即ち真如、真如は即ち法身無差別の理、理は即ち衆生界と更に差異無し。然れば非情と雖も、衆生の思いを隔つるべからず。何《いか》に況んや国土身は即ち如来十身の随一なり。盧舎那妙体の外の物に非ず。六相円融無碍の法門を談ずれば、島の自体、則ち国土身なり』〔云云〕」。

(3)舎那妙體＝誠「即ち是れ舎那の妙体と云う者ぞ」。

(4)書信纔通＝誠「此の如き明慧上人、栂尾山高山寺より、書簡を自分の旧棲の地苅磨島へ纔かに通達すれば」。

(5)海潮大啓＝誠「梵音海潮音、大いに啓開」。補『梅尾明恵上人伝記』上に、「暫し栖み馴れける紀州苅磨と云ふ嶋へ状を遣されける。（中略）使者、『此の御文をば、誰に付け候べき』と申しければ、『只其の苅磨の嶋の中にて、〈梅尾の明恵房の許《もと》よりの文にて候〉と高らか喚《よば》りて、打ち捨てて帰り給へ』とぞ仰せられける」。

《意訳》

明慧上人

苅磨《かるま》島の景色は、
そのまま盧舎那仏《るしゃなぶつ》の本体である。
手紙を苅磨島に出すと、
海潮音《かいちょうおん》が大いに返事をしてくれよう。

【二二二】佛光國師

法門無學、無明佛光。

汝如會取、敢過扶桑。

《訓読》

(1)仏光国師《ぶっこうこくし》

(2)法門《ほうもん》は無学《むがく》、無明《むみょう》は仏光《ぶっこう》。
(3)汝《なんじ》、如《も》し会取《えしゅ》せば、(4)敢《あ》えて扶桑《ふそう》に過《わた》らんや。

《註》

(1)佛光國師＝底「『延宝伝灯』(二)に、『宋の径山無準(師)範の法嗣、子元の祖元《そげん》禅師。無学と号す。明州の人なり。請に応じて本邦に来る。即ち弘安三年（一二八〇）なり。副元帥平時宗《ときむね》、請じて建長寺に住せしむ。五年の冬、円覚寺を建つ。請じて開山始祖と為す。勅して仏光円満常照国師と諡す』」。
(2)法門無學、無明佛光＝誡「…是れで仏光国師の全体左右、脱体現成」。
(3)汝如會取＝誡「汝仏光、如し法門無学、無明仏光と云う当体を会取せば」。
(4)敢過扶桑＝誡「扶桑国裏にふんぎって遥遥と過り来りはすまい」。「扶桑」は、底「『文献通考』に、『扶桑国は、大漢国の東二万余里に有り〔云云〕』。○今、日本を指す」。

《意訳》

仏光国師

法門は無学であり、
無明こそ仏光である。

もしこのところが会得できていたら、
わざわざ扶桑の国にまでお越しになることもなかったろうに。

【二二三】 圓應禪師

作甚空海、滅却佛燈。
永源觱沸、地裂天崩。

《訓読》

(1)円応禅師《えんのうぜんじ》

(2)甚《なん》の空海《くうかい》とか作《な》さん、(3)仏灯《ぶっとう》を滅却《めっきゃく》す。
(4)永源觱沸《えいげんひっふつ》し、(5)地裂《ちさ》け天崩《てんくず》る。

《註》

(1)圓応禅師＝［底］「『延宝伝灯』（十六）に、『寂室元光《じゃくしつげんこう》禅師は、作州の人なり。江州の刺史源（佐々木）氏頼、施すに雷渓《らいけい》を以てす。師、林泉の幽僻《ゆうへき》を愛し、永源寺を創す。勅して円応禅師と謚す』」。

(2)作甚空海＝［誠］「此の円応の当体はどうぞ…」。［底］「『寂室録』行状に、『小師道証、始め金剛乗教（真言宗）に入り、厥《そ》の祖弘法大師の肉身、尚お存すと聞いて、高野山に往いて壱《ひと》たび瞻礼せんことを祈る、弘法、夢を感じて曰わく、〈江州に寂室禅師と称する、即ち是れなり〉。証、洒《そそ》いで醒むるが如し。程を兼ねて北に走り、中路に一幢子《とうす》（頂相）を鬻《ひさ》ぐ者に遇う。展べて之《これ》を見れば、則ち師の真なり。証、意に之を異とす。既に瑞石山前に臻《いた》れば、墟落《きょらく》（集落）有り、高野と曰う。証、益《ますます》前夢の符会することを忻《よろこ》び、速やかに礼を師に授く』」。

⑶滅却佛燈＝誠「是れ此の仏灯を滅却し了わる。是れ円応の大機大用ぞ」。「仏灯」は、底「寂室、法を仏灯国師約翁《やくおう》の倹に嗣ぐ」。

⑷永源觱沸＝誠「其の仏灯を滅却し了わりたる当体はどうぞ…」。「觱沸」は、底「『詩』の小雅に、『觱沸たる檻泉』。註に、『觱沸は、泉の出ずる貌』」。補「永源」は、【一四】⑴参照。

⑸地裂天崩＝底「『山庵雑録』に、『雪巌欽禅師曰わく、〈破蒲団上に地裂け天崩る〉』」。

《意訳》

円応禅師

空海の再来などという事があろうか。
仏灯を滅却してしまった。
永源の泉は沸々とわいているが、
その昔、大地が裂け天も崩れるかの修行のあったことを忘れてはならぬ。

【三二四】大應國師

古帆掛未掛、靠倒老虚堂。

大唐國裏明明説、東海兒孫不證羊。

《訓読》

(1)大応国師《だいおうこくし》

(2)古帆掛未掛《こはんかみか》、(3)靠倒《こうとう》す老虚堂《ろうきどう》。

(4)大唐国裏《だいとうこくり》、明明《めいめい》に説《と》く、(5)東海《とうかい》の児孫《じそん》、羊《ひつじ》を証《しょう》せず。

《註》

(1)大應國師＝[底]「『延宝伝灯』(三)に、『建長の南浦《なんぽ》紹明《じょうみょう》禅師は、駿州の人なり。支那に入って徧《あまね》く諸尊宿に参ず。法を径山の虚堂の(智)愚に嗣ぐ。(咸淳)三年(一二六七)の秋、東帰す。筑の興徳、及び崇福に住す。嘉元三年(一三〇五)、勅して万寿を主《つかさど》らしむ。又た嘉元禅刹を興造して、師に詔して第一祖と為す。徳治二年(一三〇七)、平元帥(北条貞時)、請じて建長を董《ただ》さしむ。延慶元年(一三〇八)臘月二十九日、入滅す。諡を円通大応国師と謚す』」。

(2)古帆掛未掛＝[誠]「一片の古帆、掛底も不掛底も」。[底]「同章(『延宝伝灯』南浦章)に、『師、虚堂に謁す。堂、便ち問う、〈古帆未掛の時、如何《いかん》〉。師曰わく、〈蟭螟《しょうめい》眼裏の五須弥〉。堂曰わく、〈掛けて後は如何〉。師曰わく、〈黄河、北に向かって流る〉』」。

(3)靠倒老虚堂＝[誠]「都来将《も》ち来って靠倒す老虚堂」「此の一二に於いて大応国師を十成に賛し了わったものぞ。余は皆な余用」。[底]「『愚庵録』『建長明南浦四会録に題する偈』に、『靠倒す虚堂の老古錐』」。[補]「靠倒」は、倒すこと。

(4)大唐國裏明明説＝誠「是《かく》の如き底の大応国師故に、大唐国裏、虚堂和尚も明明に説与したぞ」。
(5)東海兒孫不證羊＝誠「東海の日多の児孫、羊を証せず」「(不証羊は)父の家業を克《よ》くするを云う。『日日に転《うた》た多からん』と云うも一意」。底「(不証羊は)『論語』子路に、『其の父、羊を攘《ぬす》んで、子、之《これ》を証す』」。

《意訳》

大応国師

古い帆が掲げられていていようがいまいが、
虚堂老禅師を蹴《け》倒した。
大唐国で虚堂和尚からはっきりと証明されたが、
師匠の過ちを弟子はあげつらったりはしないものだ。

【二二五】又

古帆未掛、乗流向東。
紹若明白、兒孫失宗。

《訓読》

又《ま》た
(1)古帆未掛《こはんみか》、(2)流《なが》れに乗《じょう》じて東《ひがし》に向《む》かう。

(3)紹《じょう》、若《も》し明白《めいはく》ならば、(4)児孫《じそん》、宗《しゅう》を失《しっ》せん。

《註》

(1)古帆未掛＝誠「此の大応国師に於いてはどうぞ。一片の古帆、未掛」「一二に於いて大応国師の全体左右、虚空に逼塞して、諸人の与《ため》に看しむる底ぞ」。

(2)乗流向東＝誠「直に流れに乗じて東海に向かう」。底「『虚堂録』真賛に、『日本の紹明侍者、請う。曰わく、〈紹、既に明白、語、宗を失わず。手頭簸弄《はろう》す金圏栗蓬、大唐国裏、人の会するなし。又た却って流れに乗じて海東に過《わた》る〉』」。

(3)紹若明白＝誠「什麼底の大応国師、若し明白ならば」「南浦紹明禅師と云うから、其の字を打す」「三四は余用」。

(4)児孫失宗＝誠「其の東海の児孫、宗旨の根本を失しうしなう」「三四、甚だ語、廉繊を帯ぶる処ぞ」。

《意訳》

また

古い帆がまだ掲げられていないが、
流れに乗って東に向かって帰って行かれた。
紹明《じょうみょう》禅師がもしも宗旨の眼が明白であるならば、
その児孫も宗旨を失うことはあるまい。

【二二六】大燈國師

蹈翻雲關、奪却龍寶。
虛空咬牙、出艸入艸。
不向針頭削鐵不敢問著、烏頭養雀兒底請和尚道。

《訓読》

(1)大灯国師《だいとうこくし》
(2)雲関《うんかん》を蹈翻《とうほん》し、龍宝《りゅうほう》を奪却《だっきゃく》す。
(3)虚空《こくう》、牙《げ》を咬《か》む、(4)出草入草《しゅっそうにっそう》。
(5)針頭《しんとう》に向《む》かって鉄《てつ》を削《けず》らざることは敢《あ》えて問著《もんじゃく》せず、烏頭《うず》、雀児《じゃくじ》を養《やしな》う底《てい》、請《こ》う和尚《おしょう》道《い》え。

《註》

(1)大燈國師＝[底]「『延宝伝灯』(二十)に、「大応国師の法嗣、宗峰妙超《しゅうほうみょうちょう》禅師は、播州の人なり。偏《あまね》く都下関東の諸尊宿に参ず(云云)。嘉暦丙寅(一三二六)、城北紫野に移り、庵居す。輦下の緇白、参扣帰附す。堂宇、欝として成り、開堂演法して、大徳寺と号す。花園上皇、師の道風を聆《き》いて、詔有って宮に入れ、特に興禅大灯国師の号を賜う。建武四年(一三三七)臘月二十二日午の時、端坐して偈を書して曰わく、『仏祖を截断して、吹毛、常に磨す。機輪転ずる処、虚空、牙を咬む』。筆を擲って寂す」。

(2)蹈翻雲關、脱却龍寶＝[誠]「此の大灯はどうぞ…。何《なに》でもたまるものではない」「一二に於いて大灯国師の大機大用、脱体し賛し尽くし得たぞ」。「雲関」は、[底]「同章(『延宝伝灯』宗峰章)に、『師、大応に万寿及び建長に従う。応、雲門の関の字を看しむ。一時、案上に鑰鎖《やくさ》を放在するに当たって、豁然として大悟す。投機の偈に曰わく、〈一回《たび》雲関を透過し了わって、南北東西、活路通ず。夕処朝遊、賓主没《な》し、脚頭脚底、清風を起こす〉』」。「龍宝」は、[底]「大徳寺の山号」。

(3)虚空咬牙＝[誠]「是《かく》の如き大灯の機輪転ずる処に於いては、虚空も之《これ》を為し牙を咬む」。[補]前註(1)参照。

(4)出艸入艸＝[誠]「恁麼底《いんもてい》の大灯故に、出草も又た得たり、入草も又た得たり」。[補]「出草」は、世俗の世界から超出すること。「入草」は、世俗の世界に入って化導すること。「落草」に同じ。

(5)不向針頭削鐵不敢問著、烏頭養雀兒底請和尚道＝[誠]「已下、月船老、大灯へ一拶」「大小大の大灯も、大寂定中より起《た》って手の舞い足の踏む処を知らずと云うものぞ」。[底]「『大灯録』開炉上堂に、『大徳門下、終に針頭に向かって鉄を削らざるは何ぞや』。又た臘八上堂に、『大徳、未だ嘗て烏頭、雀児を養うことを解《よ》くせずんばあらず』」。[補]「針頭削鉄」は、何もない所から更に奪い去ること。「烏頭養雀児」は、トリカブトの猛毒で雀を養うこと。ともに辛辣毒悪の手段をいう。

《意訳》

大灯国師

雲門の関の字を透過して、
龍の宝の珠を奪った。
大灯のはたらきはまるで虚空も牙を咬《か》むようなすさまじいものだ。
迷いの世界から抜け出ることも迷いの中に入り込むことも自由自在、

針のような細い先から鉄を削り取るようなことは敢えて問わないが、トリカブトの毒で雀を養う端的はいかがなものか、さあ和尚、言ってみよ。

【二二七】又

龍寶不珍、大徳無隣。
第五橋畔、風夕霜晨。

《訓読》

又《ま》た

(1)龍宝《りゅうほう》、珍《ちん》ならず、(2)大徳《だいとく》、隣《りん》無《な》し。
(3)第五橋畔《だいごきょうはん》、風夕霜晨《ふうせきそうしん》。

《註》

(1)龍寶不珍＝[誠]「一二に把住掃蕩し了わって」。
(2)大徳無隣＝[底]「『論語』里仁に、『子曰わく、〈徳、孤ならず、必ず隣有り〉』」。
(3)第五橋畔、風夕霜晨＝[誠]「是《かく》の如き大灯はどうぞ…」「三四は放行建立し来ったものぞ」「二十年来、乞食の業処」。[底]「『狂雲集』『大灯国師行状に題する頌』に、『風飡水宿《ふうさんすいしゅく》、人の記する無し、第五橋辺、二十年』」。

[補]大応国師から印可を受けた後、師命により京都で二十年間民間に隠れ、聖胎長養したことを指す。

《意訳》

また

龍宝は大して珍しくもないし、
大徳のまわりに慕う者とていない。
五条の橋のたもとで、
夕べの風に吹かれ、朝の霜にさらされて修行された。

【二二八】關山國師

雨灑風吹、老屋難支。
活計有幾、箍桶笊籬。

《訓読》

(1)関山国師《かんざんこくし》
(2)雨灑《あめそそ》ぎ風《かぜ》吹《ふ》く、(3)老屋《ろうおく》、支《ささ》え難《がた》し。
(4)活計《かっけい》、幾《いく》ばくか有《あ》る、(5)箍桶笊籬《ことうそうり》。

《註》

(1)關山國師＝底「『延宝伝灯』(二十一)に、『大灯国師の法嗣、関山慧玄《えげん》禅師は、信州の英産なり〔云云〕。洛に上り、大灯国師に参ず。一日、雲門の関の字を看て、豁然として大悟す。辞して濃の井深山に入り、草庵を盤結して、目に雲霄を看る。花園上皇、国師に詔すらく、〈朕、将に花園の離宮を以て、改めて梵刹と成し、関山をして住持せしめんとす。請う、預め標記せよ〉。国師、便ち正法山妙心寺の号を書して進呈す。乃ち州県をして旁《あまね》く師を求めしむ。天使、濃の山中に行き、之《これ》を得たり。師、詔に応ず。上皇、宣問請益す。特に宸奎を賜い、妙心を草創して、師を第一祖と為し、開法出世せしむ。勅して本有円成仏心覚性国師と諡す』」。

(2)雨灑風吹＝誠「此の関山国師、正法山妙心寺へ住山の様子はどうぞ。満床、雨灑ぎ風吹く」。

(3)老屋＝誠「老破屋」。

(4)活計有幾＝誠「此の関山国師に於いては、平生の活計、いくばかりどれほどあるぞ」。補「活計」は、【一六九】(1)参照。

(5)箍桶笊籬＝底「同章（『延宝伝灯』関山章）に、『一時、屋、漏る。師、急に召して曰わく、〈器物を持ち来れ〉。一童、亟《すみ》やかに笊籬（ざる）を持ち来る。師、大いに之《これ》を賞す。或るものは箍桶（おけ）を索め来る。〈師、叱して曰わく、〈者《こ》の鈍顢頇《どんまんかん》。何の用を作《な》すにか堪えん〉〉』。○箍、『正字通』に『攻呼の切、音は呼。俗、呼んで、篾《べつ》を以て物を束ぬるを箍と曰う』」。

《意訳》

関山国師

関山国師は雨がもれ風も吹き込み、
かろうじて支えた老屋に住まいしておられた。

どれほどの暮らしぶりだったのだろうか。

雨が漏って桶を持ってくるものを叱り、速やかに笊《ざる》を持って来た者を褒めた。

【二二九】又

庭前柏樹賊何在、漏處笊籬兒走過。
春満長安十萬戸、城隈古寺暮雲多。

《訓読》

又《ま》た

(1)庭前《ていぜん》の柏樹《はくじゅ》、賊《ぞく》、何《いず》くにか在《あ》る、(2)漏処《ろうしょ》の笊籬《そうり》、児《じ》、走過《そうか》す。
(3)春《はる》は満《み》つ長安《ちょうあん》の十万戸《じゅうまんこ》、城隈《じょうわい》の古寺《こじ》、暮雲多《ぼうんおお》し。

《註》

(1)庭前柏樹賊何在＝誠「此の関山は、柏樹子の語に賊の機があると云うたが、何の処にか有るぞ」。底「同章（『延宝伝灯』二十一、関山章）に、『師、室中、常に趙州柏樹子の話を拈じ、学人に示して曰わく、〈柏樹子の話に賊の機有り。汝等、作麼生《そもさん》か会する〉』」。

(2)漏處笊籬兒走過＝誠「その在る処はどうぞ…。是れが関山の賊の機ありと云う当体か」。

(3)春満長安十萬戸、城隈古寺暮雲多＝誠「上、是の如き関山を見んと要せば…。這裏《しゃり》に向かって親しく相見せば好し」。補「長安」は、ここでは京都。『槐安国語』一に、「叡岳三千房の雪月、長安十万戸の風煙」。

《意訳》

また

関山国師は「庭前の柏樹子《はくじゅし》の語に賊のはたらきがある」と言われたが、賊は一体どこにあるのだろう。

雨が漏って小僧が笊《ざる》を走って持ってきたところにあるのだろうか。

春は長安十万の家々に満ちて、

町外れの古寺には暮雲がたれ込めている。

【二三〇】又

法不正兮心不妙、庭前柏樹賊相看。

翻身風水泉頭去、無那長安雪後寒。

《訓読》

又《ま》た

(1)法正《ほうしょう》ならず心妙《しんみょう》ならず、(2)庭前《ていぜん》の柏樹《はくじゅ》、賊相《ぞくあ》い看《み》る。

(3)風水泉頭《ふうすいせんとう》に翻身《ほんしん》し去《さ》って、(4)長安雪後《ちょうあんせつご》の寒《さむ》きを那《いかん》ともすること無《な》し。

《註》

(1)法不正兮心不妙＝誠「一二に於いて関山を脱体し得、描貌し賛し得たものぞ」「第一は把住・掃蕩、第二は放行・建立」。

(2)庭前柏樹賊相看＝誠「其の正ならず妙ならざる処はどうぞ…」。

(3)翻身風水泉頭去＝誠「是《かく》の如き関山国師、一たび…」。底「同章（『延宝伝灯』二十一、関山章）に、『師、束装頂笠して曰わく、〈我、行脚し去らん〉。授翁の（宗）弼を相い携え、風水泉の樹下に到り、立ちながら出世の顚末を談じて、屹然として示化す』」。補『正法山六祖伝』に、「風水泉は、井の名。今に妙心の庫司の前に在り」。

(4)無那長安雪後寒＝誠「直に今に至るまで…」。

《意訳》

また

関山国師は正法山妙心寺を建てられたが、その法は正しくもなく、心も妙ではない。
庭前の柏樹子の話に賊のはたきがあるといわれたが、とくと見るがよい。
風水泉のほとりで身を転じて遷化されたが、
長安の町の雪後の寒さはどうしようもない。

【二三二】又

満床風雨不知貧、箍桶笊籬悩殺人。
家醜竟難遮掩處、又聞徽號下天宸。

《訓読》

又《ま》た

(1)満床《まんしょう》の風雨《ふうう》、貧《ひん》を知《し》らず、(2)箍桶笊籬《こうそうり》、人《ひと》を悩殺《のうさつ》す。
(3)家醜《かしゅう》、竟《つい》に遮掩《しゃえん》し難《がた》き処《ところ》、(4)又《ま》た聞《き》く徽号《きごう》の天宸《てんしん》より下《くだ》ることを。

《註》

(1)満床風雨不知貧＝誠「風雨が漏り灑《そそ》ぐけれども、徹底貧を知らず。さっぱりとお構いなし」。
(2)箍桶笊籬悩殺人＝誠「貧を知らずお構いなき処から、箍桶笊籬、大いに人を悩殺す」。
(3)家醜竟難遮掩處＝誠「上、是《かく》の如き国師の家醜…」。補「家醜」は、【九八】(4)参照。
(4)又聞徽號下天宸＝誠「一重の上に又た本有円成という徽号の禁廷より下ると云う。家醜を又た一重添えたぞ」。「徽」は、底「『爾雅』釈詁の疏に、『美善なり』」。「宸」は、底「『説文』に、『屋宇なり。賈逵《かき》が曰わく、〈後人、帝居を指して宸と曰う〉』」。補「本有円成」の諡号下賜は弘治三年（一五五七）。月船在世中の出来事とすると、宝暦六年（一七五六）の「光徳勝妙」国師号加号を指すことになる。

《意訳》

また

床一面に風が吹き込み雨が漏れても、貧乏とも思わない。
桶や笊《ざる》で雲水たちをとっちめた。
関山国師の恥を覆い隠すことは出来ない。
しかし、また国師号が天子様から下されたと聞いた。

【二三二】又

者裏有甚麼玄、無端得白頭弼。
摘茶體用不分、活計和根打失。

《訓読》

又《ま》た

(1)者裏《しゃり》、甚麼《なん》の玄《げん》か有《あ》る、端無《はしな》く(2)白頭《はくとう》の弼《ひつ》を得《え》たり。
(3)摘茶《てきちゃ》、体用《たいゆう》分《わ》かたず、活計《かっけい》、(4)根《ね》に和《わ》して打失《たしつ》す。

《註》

(1)者裏有甚麼玄＝誠「慧玄の玄の字を打す。（玄は）玄妙奇特」。
(2)白頭弼＝誠「授翁宗弼《じゅおうそうひつ》」。底「『延宝伝灯』（二十八）に、『関山国師の法嗣、妙心の授翁宗弼禅師は、京兆の人なり。俗名は藤房《ふじふさ》、後醍醐帝に仕え、黄門侍郎に至る。建武元年（一三三四）、窃かに脱して勇退す。城北巌倉《いわくら》に届《いた》り、不二《ふに》を拝して冠を裂き紱《ふつ》を投げ、髪を錯《そ》り納戒す。時に年三十八。暦応の初め（一三三八）、関山、詔に応じ、妙心を創開す。師、来って掛搭す。山、本有円成の話を看せしむ。一日、了然として投機す』」。

(3)摘茶體用不分＝誠「此の関山と授翁の師資の間に於いては…」「潙山と仰山は体用を分かち論じたけれども」。「摘茶」は、底「同上（『延宝伝灯』二十一）、関山の章に、『普請して茶を摘む次いで、細雨下り濺《そそ》ぐ。師、知事に謂って曰わく、〈奈何《いかん》ぞ清衆を霑湿《てんしつ》す。当に茶樹を伐り来って、庫下に就いて之《これ》を摘むべし〉』」。「体用」は、底「『伝灯』（九）潙山（霊）祐の章に、『普請して茶を摘む。師、仰山に謂って曰わく、〈終日茶を摘むに、只だ子《なんじ》が声を聞いて、子が形を見ず。請う、本形相を現ぜよ看ん〉。仰山、茶樹を撼《うご》かす。師曰わく、〈子は只だ其の用を得て、其の体を得ず〉。仰山曰わく、〈和尚は只だ其の体を得て、其の用を得ず〉。師曰わく、〈子に三十棒を放《ゆる》す〉』」。

(4)和根打失＝誠「茶樹を伐り来って、庫下に就いて摘みたる処ぞ」。

《意訳》

また

関山《かんざん》慧玄《えげん》というが、どこに玄妙なところがあろうぞ。

思いがけなくも白髪頭の授翁宗弼《じゅおうそうひつ》を法嗣として得られた。

潙山《いさん》と仰山《きょうざん》が茶を摘みながら体と用を論じられたが、

関山の暮らしぶりは茶の木を根っこから伐採してしまわれた。

【一二三三】又

滅却正法、死盡妙心。
花園雨過、隔葉靈禽。

《訓読》

又《ま》た

正法《しょうぼう》を滅却《めっきゃく》し、妙心《みょうしん》を死尽《しじん》す。
花園《はなぞの》、(1)雨過《あめす》ぐ、(2)葉《は》を隔《へだ》つる霊禽《れいきん》。

《註》

(1)雨過＝補 雨があがる。雨が降り過ぎる。
(2)隔葉霊禽＝誠「是に於いて限り無き好風趣が有るぞ」。補「霊禽」は、不思議な鳥。霊鳥。

《意訳》

また

正法を滅却し、
妙心を殺し尽くした。
花園では雨があがり、
葉っぱの向こうで霊妙な鳥が飛んでゆく。

【二三四】朝陽

山舎静朝暉、傍窓補衲衣。
停針纔欲語、風起白雲飛。

《訓読》

(1)朝陽《ちょうよう》

(2)山舎《さんしゃ》、朝暉《ちょうき》静《しず》かなり、(3)窓《まど》に傍《そ》うて衲衣《のうえ》を補《ほ》す。
針《はり》を停《と》めて(4)纔《わず》かに語《かた》らんと欲《ほっ》すれば、(5)風《かぜ》起《お》こって白雲《はくうん》飛《と》ぶ。

《註》

(1)朝陽＝[底]「相い伝う、昔、好事の漢有り、寺に入って、僧の、朝陽に向かって衲を補し、月に対して経を誦するを見て、其の清閑の儀相を愛して、画して以て図と為すのみ」。[補]画題の名。『臥雲日件録抜尤』に、「『陽に朝して破衲を穿ち、月に対して残経を了う』は、蓋《けだ》し王逢辰が句なり。是れに由って画工、意を設けて図を為し、之を『朝陽対月』と号《なづ》くるのみ」。

(2)山舎静朝暉＝[誠]「朝日のほんのりとさす処」。[補]「暉」は、日の光。

(3)傍窓補衲衣＝[誠]「窓に傍い倚って衲衣を補す」。[補]「衲衣」は、布片を縫い合わせて作った衣。僧侶の衣。

(4)纔欲語＝[誠]「纔《わず》かに人に対して語話せんと欲すれば」。

(5)風起白雲飛＝[誠]「風起こるに付けて、風につれて白雲飛ぶ」「『白雲を我が坐禅衣と為す』」(「鳳山山居」『大智禅師偈頌』)と云う大智禅師の句あり。又た『白雲を剪破して衲衣を補す』と云う古句も有り。又た窓に傍って補する処の継ぎ切れが風に翻るをも云う」。

《意訳》

朝陽

山の住まいに朝日が差して静かである。
窓の傍で僧衣を縫っている。
針を止めて誰かと話をしようとすると、
風が起こって白雲が飛んでいった。

【二三五】對月

残經猶未了、月下坐琅琅。
應是唐人譯、欲知義味長。

《訓読》

(1)対月《たいげつ》

(2)残経《ざんきょう》、猶《な》お未《いま》だ了《りょう》ぜず、(3)月下《げっか》、坐《ざ》して琅琅《ろうろう》。
応《まさ》に是《こ》れ(4)唐人《とうひと》の訳《やく》なるべし、(5)義味《ぎみ》の長《なが》きを知《し》らんと欲《ほっ》す。

《註》

(1)對月＝補【二三四】(1)参照。
(2)殘經＝誠「読み残しの経」。
(3)月下坐琅琅＝誠「其の未だ了ぜざる残経を、月下の月明かりに対して」「琅琅は、誦経の声」。「琅琅」は、底「古帆慈禅師の偈（『江湖風月集』下）に、『千古金沙灘《きんしゃだん》上の水、琅琅として猶お誦経の声を作すがごとし』」。
(4)唐人譯＝誠「（訳は）翻訳」。底「虚堂の頌に、『依前として我に唐人の訳を還して、始めて人の、是れ梵書なりと知る有り』」。
(5)欲知義味長＝誠「経中真実を究め知らんと欲し思うて読むとみるべし」。

《意訳》

対月

読んでいた途中のお経がまだ最後まで終わっていない。
月明かりのもとに坐ってろうろうと読んでいる。
これは中国の人の訳だから、
意味を慎重に味わって読もうと思う。

【二三六】天照太神

半面纔現、輝騰乾坤。

扶桑國裏無人辨、喚作光明遍照尊。

《訓読》

(1)天照太神《あまてらすおおみかみ》
(2)半面《はんめん》纔《わず》かに現《げん》ず、(3)乾坤《けんこん》に輝騰《きとう》す。
(4)扶桑国裏《ふそうこくり》、人《ひと》の弁《べん》ずる無《な》し、(5)喚《よ》んで光明遍照尊《こうみょうへんじょうそん》と作《な》す。

《註》

(1)天照太神＝[底]「『本朝高僧伝』神仙の部に、『皇太神宮は、伊弉諾《いざなぎ》の尊・伊弉冊《いざなみ》の尊の御子、天照皇太神の廟なり。聖武皇帝、東大寺を創せんとして、叡心、思付《しそん》したまう、〈国家、神に奉じ、今、仏宇を営む。知らず、神意に戻《もと》るや不《いな》や〈云云〉〉。帝、夢に、太神、告げて曰わく、〈日輪は是れ毘盧遮那《びるしゃな》なり。此の意を得て、営興を為せ〉。日輪の相を現じて、其の光、赫如たり』」。[補]天照大神の本地仏は大日如来（毘盧遮那仏）。

(2)半面纔現＝[誡]「天の岩戸より…」「一二に天照大神宮の当体を賛し得たものぞ」。[底]「『旧事本紀』に、『天照太神、神楽の音、高天の原を動《とどろ》かすを聞こしめして、且つ怪しみ且つ感《うご》きまして、窟の戸を細めに開け、其の消息《ありさま》を見そなわすに〈云云〉。此の時、天の光、宝の光、相い合うて群神《まちかんだち》を視そなわすに、面《おも》、新白《あらしろ》の珍素《うつしろ》し。仍《よ》って〈面白し〉と宣《のたま》う。窟の戸の間《ひま》より御目を出しまして覧《み》そなわす。庶神《もろがみ》、之《これ》を見て、悉く悦び、甚だ喜ぶ』」。

(3)輝騰乾坤＝[底]「『会元』（十五）雪竇（重）顕の章に、『今古に輝騰し、乾坤を把定《はじょう》す』」。

(4)扶桑國裏無人辨＝[誡]「是《かく》の如き天照大神はどうぞ…」。

(5)喚作光明遍照尊＝[誡]「光明遍照尊と名づけ仰ぎ奉る」。「光明遍照」は、[底]「『華厳探玄記』に、『盧舎那《るしゃな》とは、古来訳して、或いは三業満と云い、或いは浄満と云い、或いは広博厳浄と云う。今、更に梵本を勘《かんが》うるに、具には毘盧舎那と言う。盧舎那は、此には翻じて光明照と名づく。毘は、此には遍と云う。是れ光明遍照と謂うなり』」。

《意訳》

天照大神

天の岩戸より半身を表して、
この世界に光り輝いている。
この日本国にはだれもこの神様の事は知らない。
光明遍照尊と名付けて仰いでいる。

【二三七】菅相

雲蔽白日、雷轟紫宸。
千古萬古、自在天神。

《訓読》

(1)菅相《かんしょう》

(2)雲《くも》、白日《はくじつ》を蔽《おお》い、(3)雷《いかずち》、紫宸《ししん》に轟《とどろ》く、

千古万古《せんこばんこ》、自在天神《じざいてんじん》。(4)

《註》

(1)菅相＝底「『本朝高僧伝』神仙の部に、『天満大自在天神は、菅姓、諱は三、字は道真、世儒宗《よよ》たり。資生聡英、早く甲科を射る。文行忠良、名、翰林に翔ける。官、侍従と為り、右僕射に昇り、天子を補佐し、万機を摂行す。聖明察せず、讒誣《ざんぷ》を以て黜《しりぞ》けらる。延喜元年（九〇一）、太宰府の都督に左遷さる。三年二月二十五日、配所に薨ず。年五十九。未だ死せざるの先、疏を裁《つく》って天帝に訴え、没して威徳天と為る。遺霊、奮激して、天災、日《ひび》に起こる。大風吹き、火雷撃ちて、讒者、震死し、太子、夭亡す。玉体不予、人心恍懼《きょうく》す。因って遷謫を宥《ゆる》し、追って本官に復し、正二位を贈る』」。

(2)雲蔽白日＝誠「纔《わず》かに物を云えば、雲、白日を蔽い」「一二で菅相、真の威徳自在なる処、脱体賛し得て取り出して置いて」。

(3)雷轟紫宸＝誠「菅相が自ら疏《しょ》を裁って天帝に訴え、威徳天と為って、雷、紫宸に轟く処ぞ」。補「紫宸」は、天皇の御所。宮中。延長八年（九三〇）、内裏清涼殿に落雷して多くの官人が死傷、菅霊の祟りとして恐れられた。

(4)千古萬古、自在天神＝誠「上、是の如《かく》き菅丞相、千古万古の世の後、神徳照照たる大威能ある天満大自在天神と仰ぎ奉る」。

《意訳》

菅丞相《かんじょうしょう》

菅原道真公《すがわらのみちざね》の威徳によって雲がお日様を覆い隠し、

雷が宮中に鳴り響いた。
千年も万年も昔から、
天満大《てんまんだい》自在《じざい》天神《てんじん》として仰ぎたてまつられている。

【二三八】又〔渡宋〕

七字天封懸日月、一枝春色灑山河。
自従宋域求衣法、六十餘州寐語多。

《訓読》

又《ま》た〔渡宋《とそう》〕

(1)七字《しちじ》の天封《てんぽう》、日月《じつげつ》を懸《か》け、(2)一枝《いっし》の春色《しゅんしょく》、山河《さんが》に灑《そそ》ぐ。
(3)宋域《そういき》に衣法《えほう》を求《もと》めしより、(4)六十余州《ろくじゅうよしゅう》、寐語《みご》多《おお》し。

《註》

(1)七字天封懸日月＝誠「此の菅相はどうぞ。天満大自在と云う天帝より封じらるる七字」「(懸日月は)明らかなるを云う」「一二で渡宋天神、残る処無く脱体し得、賛し得て置いて」。底「清拙(正)澄禅師の天神の賛(『貞和集』二)に、『七字の天封、上蒼より格《いた》る』」。補『元亨釈書』十八、天満大自在天神の章に、「大政天、(道)賢に語って曰わく、『我は是れ上人の本国の菅丞相なり。忉利《とうり》天帝、我に字《なづ》けて日本大政威徳天と呼ぶ』」。

(2)一枝春色灑山河＝[誠]「又た此の天神は、一枝の春色、山河大地に灑ぎ満ちたる」「(春色は) 梅花を云う」。

(3)自従宋域求衣法＝[誠]「是《かく》の如き天神、一たび宋域に法衣を求めしより」。[底]「『本朝高僧伝』天神の伝に、『薩州の福昌禅刹瓶闢《そうびゃく》の日、古記を巌間に得たり。〈筑前州太宰府大威徳天神、太宋径山仏鑑禅師に参じて衣を受くるの記〉と題す〔云云〕。且《しばら》く形を円爾の室に現ず。裹巾《かきん》奇幅《きふく》、袖間に梅花一枝を挿して、弟子と作らんことを求む。爾、即ち指して仏鑑禅師（無準師範）に参ぜしむ。神、領じて去る。再び見《まみ》えて曰わく、〈我、親しく仏鑑の室に入れり〉。自ら腋下の衣袋を指して証と為す。爾来、天神入宋の像を図讃する者多し』」。

(4)六十餘州寐語多＝[誠]「直に今に到って、扶桑六十余州、ねごとだらけ」。

《意訳》

また〔渡宋天神〕

天帝より授かった七字の名前は日月よりも明らかであり、
一枝の梅花の香りは山河にそそいでいる。
衣法を求めて宋の国に渡ってからというもの、
日本の国ではどこもかしこも寝言ばかり言っている。

【二三九】又

太宰府中甚時節、大唐國裏獨從容。

若非天下梅花主、應是扶桑文字宗。

《訓読》

又《ま》た

(1)太宰府中《だざいふちゅう》、甚《なん》の時節《じせつ》ぞ、(2)大唐国裏《だいとうこくり》、独《ひと》り従容《しょうよう》。

若《も》し(3)天下梅花《てんかばいか》の主《しゅ》に非《あら》ずんば、応《まさ》に是《こ》れ扶桑文字《ふそうもんじ》の宗《そう》なるべし。

《註》

(1)太宰府中甚時節＝誠「此の菅丞相、一旦讒《ざん》に遇い、遷せられて太宰府都督に在り。是れ甚《なん》の時節ぞ」。

(2)大唐國裏獨從容＝誠「又た此の菅相は、大唐国裏、径山に登り、無準に謁して法衣を伝えた処は独り従容ぞ」。「従容」は、誠「やすらかなり」。底「『正韻』に、『舒緩の貌』」。

(3)天下梅花主＝底「径山の仏鑑禅師無準、菅相に示す偈」。補『菅神入宋授衣記』（『群書類従』神祇部）に、「天下梅花の主、扶桑文字の祖。這箇の正法眼、雲門答えて曰わく普《ふ》」。

《意訳》

また

大宰府に左遷されたのはいつのことであろうか。
遠く唐の国に渡って独り悠然としている。
もしも天下の梅花の主でなければ、
日本の国の学問の神様であろう。

【二四〇】天満宮〔圖華表前有梅松二樹不見神祠〕

風聲松老、月色梅癯。
不知神之所在、於彼乎於此乎。

《訓読》

天満宮《てんまんぐう》〔図《ず》に、(1)華表《かひょう》の前《まえ》に梅松《ばいしょう》の二樹《にじゅ》有《あ》り。神祠《しんし》を見《み》ず〕

(2)風声《ふうせい》、松老《まつお》い、(3)月色《げっしょく》、梅癯《うめや》す。

(4)神《かみ》の在《いま》す所《ところ》を知《し》らず、彼《かしこ》に於いてか此《ここ》に於いてか。

《註》

(1)華表＝補 神社の鳥居。

(2)風聲松老＝誠「風に吹きさらされて松の古びたる様子」。

(3)月色梅癯＝誠「月影が掛かって梅の梢の抽きんでた様子」。補「癯」は、細く痩せたさま。

(4)不知神之所在、於彼乎於此乎＝誠「天満大自在天神の在す所を知らず。彼の風声、松老いたる処か、此の月色、梅癯した処か」。底「『礼』の郊特牲の語」。

《意訳》

天満宮〔画中、鳥居の前に梅と松の二樹がある。社殿は見えない〕

風は静かに松は古びている。

月影に梅の梢《こずえ》は抽きんでている。

天神様のおわします処は存じ上げないが、
はてさてかの松の古枝のあたりか、この梅の梢のあたりであろうか。

【二四二】巴陵和尚〔住大龍寺〕

大龍實無眼、又不在澄潭。
何處笛聲起、千峰色若藍。

《訓読》

(1)巴陵和尚《はりょうおしょう》〔大龍寺《だいりゅうじ》に住《じゅう》す〕
(2)大龍《だいりゅう》、実《まこと》に眼無《めな》し、(3)又《ま》た澄潭《ちょうたん》に在《あ》らず。
(4)何《いず》れの処《ところ》にか笛声《てきせい》起《お》こる、千峰《せんぽう》、色《いろ》、藍《あい》の若《ごと》し。

《註》

(1)巴陵和尚＝誡「此の巴陵和尚は、月船老漢が看るに於いては、実に法乳の恩有る和尚故に、法乳の恩を酬ゆる底の賛ぞ」。補巴陵慈入。享保六年（一七二一）、長沙義空の法嗣として前堂転位、宝雲山大龍寺〔千葉県香取市／妙心寺派〕第二十七世。元文五年（一七四〇）、五十五歳で寂。「証心略記」には、巴陵は月船の人法上の師という記述があるが〔鈴木省訓「月船禅慧伝について」『宗学研究』三四、今泉令子「小野の名僧　月船と物先」『新小野町郷土誌』〕、【一】【二四二】の誡拙書入れもそれを裏付ける。

(2)大龍實無眼＝誠「斯の大龍はどうぞ。実に目無し」「実無眼、三字下し得て最も有か（ママ）」。底「雪竇の（重）顕、龍牙の、翠微に参ずるの縁を頌して曰わく、『龍牙山裏、龍に眼無し、死水、何ぞ曽て古風を振るわん』（『碧巌録』二十則）」。

(3)又不在澄潭＝誠「又た言うは、改めて此の大龍に於いては澄潭に在らず。澄み切ったる処にはおらぬ。恁麼《いんも》底《てい》の大龍の面目を、此の三四に向かって親しく徹見して、始めて得べし。さすれば笛声の起こるも、千峰の藍の如くなるも、皆な是れ大龍真の面目で有ろうぞ」「澄潭は、雪竇頌（『碧巌録』十八則）に、『無縫塔見れば応に難かるべし、澄潭には蒼龍の蟠ることを許さず』」。

(4)何處笛聲起、千峰色若藍＝誠「三四に至って、巴陵の真面目を描貌し賛し得て十成ぞ」。補『碧巌録』三十五則、頌古に、「千峰盤屈して、色、藍の如し」。

《意訳》

巴陵和尚〔大龍寺に住した〕

大龍には実には眼はない。
また澄みきった池にもおらぬ。
さてどこから笛の音が聞こえてくるのであろうか。
藍のような深い緑の連なる山々のあたりであろうか。

【二四二】緝因和尚〔諱紹熈〇松巌栽長老請〕

青山終不老、白髪獨従容。
應是緝熈處、手栽帶雨松。

《訓読》

(1)緝因和尚《しゅういんおしょう》〔諱《いみな》は紹熈《しょうき》〇(2)松巌栽長老《しょうがんさいちょうろう》の請《しょう》〕
(3)青山《せいざん》、終《つい》に老《お》いず、(4)白髪《はくはつ》、独《ひと》り従容《しょうよう》。
(5)応《まさ》に是《こ》れ緝熈《しゅうき》の処《ところ》なるべし、(6)手《て》ずから帯雨《たいう》の松《まつ》を栽《う》う。

《註》

(1)緝因和尚＝[補]緝因紹熈。鐘山慈恩寺（岐阜県郡上市／妙心寺派）の第六世。享保十三年（一七二八）、前住益瑞紹欣の法嗣として前堂転位。
(2)松巌栽長老＝[補]松巌紹栽。慈恩寺第七世。宝暦八年（一七五八）、緝因の法嗣として前堂転位。
(3)青山終不老＝[誠]「此の緝因和尚はどうぞ…」。
(4)白髪獨従容＝[誠]「其の老いざる青山と同じく、白髪黄頭していつでも相い替わらずして。画像の様子」。
(5)應是緝熈處＝[誠]「此の緝因和尚の法系相続して緝熈の処」。「緝熈」は、[底]「『詩』の大雅に、『穆穆たる文王、於《ああ》、緝熈にして敬《つつし》む』。注に、『緝は続、熈は明。亦た已まざるの意』」。[補]『詩経』毛伝に、「緝熈は、光明なり」。
(6)手栽帶雨松＝[誠]「其の法嗣松巌栽長老を云う」。

《意訳》

緝因和尚〔諱は紹熙。松巌紹栽《しょうさい》長老の要請〕

青山は老いることはない。
この緝因和尚の白髪も独りゆったりとしている。
真に緝因和尚の法統は明らかに伝えられ、
松巌和尚は手ずから雨の中で松を植栽えている。

【二四三】空印和尚〔諱圓虚〇嗣子滅道長老請〕

一印印破、虚空不圓。
築著磕著、八倒七顚。
披襟清泰、置枕萬年。
寧馨有子、偸得爺錢。
按圖買馬、東牽西牽。
吒、笑罷青山暮雨前。

《訓読》

(1)空印和尚《くういんおしょう》〔諱《いみな》は円虚《えんこ》〇嗣子《しし》(2)滅道長老《めつどうちょうろう》の請《しょう》〕

(3)一印《いちいん》に印破《いんぱ》す、虚空《こくう》円《まど》かならず。

　【二四三】空印和尚〔諱圓虚〇嗣子滅道長老請〕

(4)築著《ちくじゃく》磕著《かつじゃく》、八倒七顛《はっとうしちてん》。
(5)襟《えり》を清泰《せいたい》に抜《ひら》き、枕《まくら》を万年《まんねん》に置《お》く。
(6)寧馨《ねいけい》、子有《こあ》り、(7)爺銭《やせん》を偸《ぬす》み得《え》たり。
(8)図《ず》を按《あん》じて馬《うま》を買《か》う、(9)東《ひがし》に牽《ひ》き西《にし》に牽《ひ》く。
叱《しっ》、(10)笑《わら》い罷《や》む青山《せいざん》暮雨《ぼう》の前《まえ》。

《註》

(1)空印和尚＝補空印円虚。美濃の人。古月禅材に参ず。享保十九年（一七三四）、安住山清泰寺（岐阜県美濃市／妙心寺派）第九世龍頷禅輔（【二七八】参照）の法嗣として前堂転位、同寺第十世。宝暦年中（一七五一〜六四）、笠松郡代千種惟義の帰依を受けて万年山松林寺を開創。天明七年（一七八七）寂。寿八十四。『続禅林僧宝伝』第一輯巻之中に伝あり。

(2)滅道長老＝補滅道崇愚。宝暦十四年（一七六四）、空印の法嗣として前堂転位。松林寺第二世。

(3)一印印破＝誠「『一印に印破す』より『八倒七顛』に到るまでは、此の空印和尚の大機大用、脱体に描貌し得賛し得たものぞ」。補印可に同じ。『大慧普説』上に、「達磨、西天より箇の無文の印子を将ち得来って、二祖の面門を把《と》って、一印に印破す」。

(4)築著磕著＝補あちらにつきあたり、こちらにぶつかる。「磕」は、石がぶつかり合う音。『諸録俗語解』に、「ケッチリカッチリと訳す。物にいきあたる貌なり」、『句双葛藤鈔』に、「どこでも本分に築《つき》あて、磕《すり》当てたなり」。『碧巌録』二十七則、頌古著語に「襯著《しゅくじゃく》磕著」、『碧巌録種電鈔』に、「此に触れ彼に触る」。

(5)披襟清泰、置枕萬年＝誠「恁《いん》麽《も》底《てい》の此の和尚はどうぞ…」。底「空印和尚、初め清泰寺に住し、後、万年山松林寺を創す」。補 万年山松林寺は現廃寺。美濃国山県郡千疋村（岐阜県関市）にあった。

(6)寧馨有子＝誠「又た其の法嗣の人」。「寧馨」は、底「『晋書』王衍が伝に、『衍、字は夷甫、総角のとき、嘗て山濤に造《いた》る。濤、嗟歎す。良《やや》久しくして既に去る。目して之《これ》を送って曰わく、〈何物の老媼か、寧馨児を生む〉』」。

補 寧馨児は、幼時より優秀なる者をいう。

(7)偸得爺銭＝補 師の法を我が物とする。「爺銭」は、父親の財産。

(8)按圖買馬＝誠「一幅の図を按じ拈じ、以て馬一疋を買い得て」。底「柳文が『観八駿図説』に、『世の駿を慕う者、之《これ》を馬に求めずして、必ず是れを図の似たるに索む。故に終に駿を得る有ること能わざるなり』」。

(9)東牽西牽＝誠「その馬をば東に牽き西に牽く」「関東に持ち来って賛を請い、又た西の方美濃に持ち帰る」。

(10)笑罷青山暮雨前＝誠「『笑い罷む青山暮雨の前』という処に、重重に空印和尚の面目を脱体現成して、人の与《ため》に看せしむるものぞ」。

《意訳》

空印和尚〔諱は円虚。法嗣の滅道長老の要請〕

仏心の印をぶち破ってからというものは、
虚空も円かでなくなり、
あちらにもこちらにも突き当たり、
七転八倒してしまう。

清泰寺《せいたいじ》に住して、
万年山松林寺《まんねんざんしょうりんじ》を開かれた。
立派な後継を得て、
見事に和尚の法を継いでいる。
絵に画いた馬を求めても無駄だ。
東に西に引き回してどうなることか。
こら、やめろ。
笑いやんで青い山に夕暮れの雨がふりそそぐ。

【二四四】泰龍和尚

小往大來、野老眉開。
鱗皴拄杖、忽起雲雷。
雲雷起、虚空消殞鐵山摧。

《訓読》

(1)泰龍《たいりゅう》和尚《おしょう》
(2)小《しょう》往《ゆ》き大来《だいきた》る、(3)野老《やろう》、眉《まゆ》開《ひら》く。

(4)鱗皴《りんしゅん》たる拄杖《しゅじょう》、忽《たちま》ち雲雷《うんらい》を起《お》こす。
雲雷《うんらい》起《お》こる、(5)虚空《こくう》消殞《しょういん》し鉄山《てつざん》摧《くだ》く。

《註》

(1)泰龍和尚＝[補]泰龍崇篤（一六九二～一七六七）。俗姓鈴木氏、相模の人。元文四年（一七三九）、慈雲山龍興寺（東京都中野区／妙心寺派）要真宜弁の法嗣として前堂転位、同寺第七世。明和四年十月五日寂。『続禅林僧宝伝』第一輯巻之中に伝あり。なお、同伝はこの賛を誠拙周樗の作と誤り記す。

(2)小往大來＝[誠]「此の泰龍和尚はどうぞ。小往き大来る」「一二、泰龍の大機、又た泰字を頌す」。[底]「『易』に、『泰は、小往き大来る。吉にして亨《とお》る』」。

(3)野老眉開＝[誠]「脱体現成ぞ」「『王、宝殿に登り、野老謳歌す』と云うも、泰の字を頌す」。[補]「眉開」は、笑う貌。

(4)鱗皴拄杖＝[誠]「三四、泰龍の大機大用、又た龍の字を頌す」。[補]鱗のようなしわ模様のある拄杖。

(5)虚空消殞鐵山摧＝[誠]「なんでもかんでも、おたまりはない」。[底]「虚堂の頌」（『虚堂録』七、「日本の智光禅人に示す」）。

《意訳》

泰龍和尚

小が去って大が来《きた》り、
町の農家の老人達も笑顔で喜んでいる。
鱗《うろこ》のようなしわ模様の拄杖が、

龍となって雲雷を起こす。
雲雷が起こると、
天地万物みな影も形もない。

【二四五】白隠和尚

一手獨拍、作什麼聲。
星飛電轉、刀山火坑。
欲見其面、惡聞其名。
脚跟若是踟躕去、不免荊叢毒蘂生。

《訓読》

(1)白隠和尚《はくいんおしょう》
(2)一手独拍《いっしゅどくはく》、(3)什麼《なん》の声《こえ》をか作《な》す。
(4)星飛《ほしと》び電《いなずま》転《てん》ず、(5)刀山火坑《とうせんかきょう》。
(6)其《そ》の面《おもて》を見《み》んと欲《ほっ》し、其《そ》の名《な》を聞《き》かんことを悪《にく》む。
(7)脚跟《きゃっこん》、若《も》し是《こ》れ踟躕《ちちゅう》し去《さ》らば、免《まぬが》れず、(8)荊叢毒蘂《けいそうどくずい》の生《しょう》ずることを。

《註》

(1)白隠和尚＝補白隠慧鶴（一六八五～一七六八）。駿河の人。道鏡慧端の印可を受け、郷里の松蔭寺に住す。明和五年十二月十一日寂。その児孫大いに繁栄し、世に臨済宗中興の祖と称される。

(2)一手獨拍＝誠「一二三四で白隠和尚大機大用、辛辣の活手段を脱体に賛し得たものぞ」。底「『韓非子』功名に、『一手独り拍つ、疾しと雖も声無し』」。補白隠の創案になる隻手音声の公案をいう。

(3)作什麼聲＝誠「什麼の音声をか作す」。

(4)星飛電轉＝誠「此の隻手音声を纔《わず》かに聞かんと擬すれば…」。

(5)刀山火坑＝補地獄にあるという刀の山と火の穴。

(6)欲見其面、悪聞其名＝底「『佩文韻府』に、『世説』を引いて曰わく、『王長史、病す。守門の人の曰わく、〈一異人、門に在り〉。王、咲って曰わく、〈此れ必ず林公ならん〉。阮光禄曰わく、〈其の言を聞くを欲して、其の面を観るを悪《にく》む〉。此れ則ち林公が形、信《まこと》に醜し」。

(7)脚跟若是踟躕去＝誠「汝等諸人、此に鵠林老師の面前に到って…」。「踟躕」は、底「『文選』潘岳が詩の註に、『踟躕は、進まざるの貌』」。

(8)荊叢毒蘂＝補イバラの藪と毒のしべ。『荊叢毒蘂』は白隠が宝暦八年（一七五八）に刊行した語録の名。

《意訳》

白隠和尚

片手を打って、
一体どんな声がするのか。

この声を聞こうとすれば星が飛び雷が走るぞ。
剣の山や火の海を越えてゆく覚悟がなければ、片手の声は聞こえぬぞ。
そのお顔を見ようとしても、
名前を聞くのもいやになる。
もし白隠和尚の前に出て足が縮み上がると、
荊棘《けいきょく》から毒の蘂《しべ》が出てくることはさけられぬぞ。

【二四六】性海和尚

覺湛澄圓、吸盡百川。
無照無寂、白浪滔天。
滔天白浪難廻避、人在巨鼇背上眠。

《訓読》

(1)性海和尚《しょうかいおしょう》
(2)覚湛澄円《かくたんちょうえん》、(3)百川《ひゃくせん》を吸尽《きゅうじん》す。
(4)照《しょう》無《な》く寂《じゃく》無《な》し、(5)白浪滔天《はくろうとうてん》。
(6)滔天《とうてん》の白浪《はくろう》、廻避《かいひ》し難《がた》し、(7)人《ひと》は巨鼇背上《きょごうはいじょう》に在《あ》って眠《ねむ》る。

《註》

(1)性海和尚＝誠「清見の陽春和尚に嗣ぐ」。補性海慧丈。享保十四年（一七二九）、清見寺陽春主諾の法嗣として前堂転位。同寺第十世。明和元年（一七六四）十月十五日寂。

(2)覺湛澄圓＝誠「此の性海和尚はどうぞ。覚湛澄円、百川を吸尽す。一二で大機大用を云う」「覚湛澄円で性の字を指す」。底「『楞厳』に、『妙覚湛然として、法界に偏周す』、又た、『覚湛明の性』、又た、『覚海の性は澄円なり』」。

(3)吸盡百川＝誠「『吸尽百川』で海の字を打す」。

(4)無照無寂＝誠「此の和尚に於いては、照無く寂無し。照でもなく寂でもなく」「寂照の字を分かって用ゆ」。

(5)白浪滔天＝誠「其の無照無寂の当体はどうぞ…」。

(6)滔天白浪難廻避＝誠「此の滔天の白浪に到っては避けよけ処もない」「畳み上げの句法ぞ」。

(7)人在巨鼇背上眠＝誠「此の時に当たって、性海和尚は巨鼇背上に在って安安《やすやす》と安眠高臥して御座る。是れ之《これ》を性海和尚と云うぞ」。「巨鼇」は、底「清見寺の山号」。補海中で神仙の住む五山を背に載せているというオオウミガメ。

《意訳》

性海和尚

本性はどこまでも澄み円《まど》かである。
あらゆる川の水を吸い尽くして、

何物も照らすでもなく、静まりかえっているわけでもない。
逆巻く白浪は天にも達するばかり。
天にも届くばかりの白浪は避けようもない。
そんな中で、大亀の背中でのんびり眠っているのがこの性海和尚だ。

【二四七】要關和尚〔大道山長安寺中興〕

有要有玄關路難、誰言大道透長安。
伽梨撩亂春雲暖、一炷檀香對翠巒。

《訓読》

(1)要関和尚《ようかんおしょう》〔大道山長安寺《だいどうざんちょうあんじ》の中興《ちゅうこう》〕

(2)要《よう》有《あ》り玄《げん》有《あ》り関路《かんろ》難《かた》し、(3)誰《たれ》か言《い》う、大道長安《だいどうちょうあん》に透《とお》ると。
(4)伽梨《ぎゃり》撩乱《りょうらん》として春雲《しゅんうん》暖《あたた》かなり、(5)一炷《いっしゅ》の檀香《だんこう》、翠巒《すいらん》に対《たい》す。

《註》

(1)要關和尚＝補 要関禅楧。享保二十一年（一七三六）、畳秀山開善寺（埼玉県本庄市／妙心寺派）第九世馬翁楚鞋の法嗣として前堂転位。同寺第十世。また大道山長安寺（東京都台東区／妙心寺派）の第四世として諸堂を復興、安永三年（一七七四）六月十日寂（『御府内寺社備考』八十一、長安寺の項）。

(2)有要有玄關路難＝誠「仏祖といえども、此の関を透過し難しと云うものぞ」。補「有要有玄」は、臨済の三玄三要をいう。

(3)誰言大道透長安＝誠「それじゃのに、誰か言う、『大道、長安に透る』と。長安寺の中興故に持ち込んだものぞ」。補『碧巌録』五十二則、本則評唱に、「僧問う、『如何なるか是れ道』。(趙)州云わく、『墻外底』。僧云わく、『這箇の道をば問わず、大道を問う』。州云わく、『大道、長安に透る』」。

(4)伽梨撩亂＝誠「(繚乱は)ヒラヒラとして」。補「伽梨」は、僧伽梨。三衣のうちの大衣。袈裟のこと。「撩乱」は、入り乱れる。

(5)一炷檀香對翠巒＝誠「玩味して知るべし。解すべからず」。補「翠巒」は、青青とした山。

《意訳》

要関和尚〔大道山長安寺の中興〕

大事なところもあり奥深いところもあって、この関門を通るのは難しい。
それなのに一体誰が「大道は長安に透る」などと言うのであろうか。
見事なお袈裟をまとって、春の雲も暖かである。
一炷の白檀の香を緑深い山に向かって焚いている。

【二四八】鐘銘

乾坤大器一模脱、生佛由來絶度量。
誰把杵頭先下手、夢回豐嶺五更霜。

《訓読》

鐘銘《しょうめい》

乾坤《けんこん》の大器《たいき》、(1)一模《いちも》に脱《だっ》す、(2)生仏由来《しょうぶつゆらい》、度量《どりょう》を絶す。
(3)誰《たれ》か杵頭《しょとう》を把《と》って先《ま》ず手《て》を下《くだ》す、(4)夢《ゆめ》は回《めぐ》る豊嶺《ほうれい》五更《ごこう》の霜《しも》。

《註》

(1)一模脱＝補 一模脱出。鋳型から同じものを鋳造する。『碧巌録』三十一則、本則著語に、「曹渓の様子、一模に脱出す」。
(2)生佛由來絶度量＝誠「此の乾坤一模に脱出したる鐘に於いては、衆生でも仏でも元より意度思量、及ぶ処ではないぞ」。
(3)誰把杵頭先下手＝誠「上、是の如き此の大鐘に…」。
(4)夢回豊嶺五更霜＝誠「纔《わず》かに手を下せば大音声を発して…」「一切衆生の生死長夜の…」。底「（豊嶺は）『山海経』に、『豊山に九鐘有り。是れ霜を知って鳴る』」。補「夢回」は、夢から覚める。「豊嶺」は、『山海経』に見える豊山。そこにある九鐘は、霜が降ると自然に鳴るという。「五更」は、夜明け前の時刻。【四六】(2)参照。

《意訳》

鐘銘

この天地の大きな器を写し取って、
衆生でも仏でももともと計りがたい。
誰が一体まず一番に撞木《しゅもく》を取ってこの鐘を撞《つ》くのだろうか。
この大鐘を撞くと、古《いにしえ》の豊山の鐘が明け方に霜が降りると自然に鳴ったというが、そんな夢も
覚めるだろう。

【二四九】降龍鉢

一鉢水清冷、火龍墮厥中。
跳出跳不出、千山萬山雨濛濛。

《訓読》

(1)降龍鉢《こうりゅうはつ》
(2)一鉢《いっぱつ》、水清冷《みずせいれい》、(3)火龍《かりゅう》、厥《そ》の中《なか》に堕《だ》す。
(4)跳出跳不出《ちょうしゅつちょうふしゅつ》、(5)千山万山《せんざんばんざん》、雨濛濛《あめもうもう》。

《註》

(1)降龍鉢＝底「仏、迦葉の火龍を鉢中に降す。『因果経』に詳なり」。補釈尊が火を崇拝する優楼頻螺迦葉《うるびんらかしょう》の石

室に止宿した際、そこにいた凶暴な火龍を降伏して鉢の中にとじこめ、迦葉を教化した因縁。

(2)一鉢水清冷＝誠「一鉢水清冷と澄み切ったる処へ」。

(3)火龍墮厥中＝誠「火焔の燃え上がったる龍、その鉢の中に堕す」。

(4)跳出跳不出＝誠「此の龍が一旦鉢の中へ降った事ならば、おどり出てもおどり出いでも」。

(5)千山萬山雨濛濛＝誠「どこもかしこも千山万山、大雨大夕立であたらになった様子」。

《意訳》

降龍鉢

鉢の中の水は澄み切って清らかであり、
火を吹く龍もその中に落ちてしまう。
そこから躍り出ようが出まいが、
あたり千山万山一面大雨だ。

【二五〇】如意

一箇閑家具、通身是鐵作。
晉人用處親、擊碎珊瑚樹。

《訓読》

(1)如意《にょい》

(2)一箇《いっこ》の閑家具《かんかぐ》、(3)通身是《つうしんこ》れ鉄作《てっさ》。
(4)晋人《しんひと》、用処親《ゆうじょした》し、(5)珊瑚樹《さんごじゅ》を撃砕《げきさい》す。

《註》

(1)如意＝補 僧侶が講義の時などに威儀を正すために持つ、孫の手をかたどった法具。

(2)一箇閑家具＝誠「斯の一箇の如意はどうぞ」。補「閑家具」は、無用の道具。

(3)通身是鐵作＝誠「通身全身残る処なく、是れ鉄を以て作り成した者ぞ」。

(4)晉人用處親＝誠「此の鉄如意を、昔年晋人の石崇《せきすう》が」。底「『晋書』石崇が伝に、『崇、貴戚王愷《おうがい》・羊琇《ようしゅう》が徒と、奢靡を以て相い尚ぶ。武帝、毎《つね》に愷を助く。嘗て珊瑚樹を以て之《これ》に賜う。高さ二尺許《ばか》り。枝柯扶疎、世に比《たぐ》い罕《まれ》なる所なり。愷、以て崇に示す。崇、便ち鉄如意を以て之《これ》を撃つ。手に応じて砕く。愷、既に惋惜し、又た以て己が宝を疾《にく》むと為す。声色、方に厲《はげ》し。崇曰わく、〈多く恨むるに足らず。今、卿に還さん〉。乃ち左右に命じて、悉く珊瑚樹を取らしむ。高さ三四尺なる者、六七株有り。条幹、俗を絶し、光彩、日に耀く。愷が比《たぐ》いの如き者、甚だ衆《おお》し。愷、怳然《こうぜん》として自失す』」。

(5)撃砕珊瑚樹＝誠「其の用処の親しき処はどうぞ…」。

《意訳》

如意

この一箇の何の変哲もない道具は、

全部鉄で出来ている。
晋の石崇《せきすう》がこれを用いると、
珊瑚の樹もうち砕く。

【二五二】象

普賢不騎、放之峨嵋。
叱、鼻孔恁麼垂。

《訓読》

象《ぞう》

(1)普賢《ふげん》の騎らず、(2)之《これ》を峨嵋《がび》に放《はな》つ。
(3)叱《しつ》、鼻孔《びくう》、恁麼《いんも》に垂《た》る。

《註》

(1)普賢不騎＝誠「此の象はどうぞ…」。補 普賢菩薩は象に騎る。【九四】(2)参照。
(2)放之峨嵋＝誠「之とは象を指す」。
(3)叱＝誠「一二で間違いもない象を出しておいて、叱と此の象を一叱して」。

《意訳》

象

普賢もこの象にはのらないで、
峨眉山《がびさん》に放った。
コラッ、
鼻はこんなに長いぞ。

【二五二】虎

爪牙靠山、聲光振地。
漢家有人、思彼溲器。

《訓読》

虎《とら》

(1)爪牙《そうが》、山《やま》に靠《よ》り、(2)声光《せいこう》、地《ち》に振《ふ》るう。
(3)漢家《かんけ》、人《ひと》有《あ》り、(4)彼《か》の溲器《しゅうき》を思《おも》う。

《註》

(1)爪牙靠山＝誠「虎は獰獰しい爪牙を具した者故、『爪牙』と云うて虎を云う」「『龍の水を得たるが如く、虎の山に靠るに似たり』(『碧巌録』三十一則、垂示)と云う句有り。又た『虎の山に靠る時、威獰を長ず』(『景川録』『西源録』『槐安国語』等に類句あり）と云う句も有り」。「爪牙」は、底「『韓非子』二柄に、『夫れ虎の能く狗《いぬ》を服する所以の者は、爪牙なり』」。補処を得てその本領を発揮すること。

(2)聲光振地＝誠「其の虎の声光、地に振るう。一たび嘯《うそぶ》き吼《ほ》ゆれば大地振るい動かす」。底「雪竇（重）顕の頌（『碧巌録』八十五則）に、『落落たる声光、皆な地に振るう』」。

(3)漢家有人＝誠「李広を云う」。底「『西京雑記』に、『李広、兄弟と共に冥山の北に猟し、臥虎を見る。之《これ》を射るに、一矢にして即ち斃《たお》る。其の頭を以て溲器と為す。今、銅を鋳て之に象る。猛を服するを示すなり』」。

(4)思彼溲器＝誠「いばりするうちはしびんと成りて用いたるを、今此の虎に対して思うことなり」。補「溲器」は、便器、おまる、しびん。「溲」は「溲」の本字。

《意訳》

虎

虎は山で爪や牙をあらわにして猛威を振るい、

その声は大地を震えさせる。

昔中国の漢には李広《りこう》という者がいて、

虎の頭を溲瓶《しびん》にして使って勇猛ぶりを鼓舞したことを思い起こす。

【二五三】鷺

水碧沙明、斂影收聲。
機若不息、豈有魚行。

《訓読》

鷺《さぎ》

(1)水碧《みずみどり》に沙明《すなあき》らかなり、(2)影《かげ》を斂《おさ》め声《こえ》を収《おさ》む。
(3)機《き》、若《も》し息《や》まずんば、(4)豈《あ》に魚《うお》の行《ゆ》く有《あ》らんや。

《註》

(1)水碧沙明＝誠「この白鷺はどうぞ。水碧に沙明らかなる辺にじっとして、足を翹《つまだ》て立って動かざる様子」。
(2)斂影收聲＝誠「画に描いた鷺の様子。言わずして知りぬべし」。
(3)機＝補前句の「影を斂め声を収」めるはたらきと解する。
(4)豈有魚行＝誠「鷺の翹ち立ちたる其の脚下へは、なんど魚の行く有らんや」「鷺が少しでも動けば、其の脚下をば魚が行き過ぎ透りはせぬぞ」。

《意訳》

鷺

水も碧に砂も明らかな岸辺で、
影を収め声をひそめてじっと鷺が立っている。

このままじっと心の働きが止まったままなら、
足下を魚が泳ぐことがあろうか、いやあるまい。

【二五四】白澤

汝能言語、誰卜吉凶。
軒轅東狩、其怪潜蹤。

《訓読》

(1)白沢《はくたく》

(2)汝《なんじ》能《よ》く言語《ごんご》す、(3)誰《たれ》か吉凶《きっきょう》を卜《ぼく》せん。
(4)軒轅《けんえん》、東《ひがし》に狩《か》り、(5)其《そ》の怪《かい》、蹤《あと》を潜《ひそ》む。

《註》

(1)白澤＝底「『広博物志増刪』に『黄帝内伝』を引いて曰わく、『帝、巡狩して、東のかた海に至り、桓山に登る。海浜に於いて白沢神獣を得たり。能く言《ものい》う。万物の情に達す。天下鬼神の事を問う。古より精気、物と為り、游魂、変を為す者、凡そ万一千五百二十種。白沢、之《これ》を言う。帝、以て之を図写せしめ、以て天下に示す。帝乃ち辟邪《へきじゃ》の文を作り、以て之を祀る』」。〇『伝灯』（十六）楽普（元）安禅師の章に、『家に白沢の図有れば、必ず是《かく》の如きの妖怪無し』」。

(2)汝能言語＝誠「汝、此の白沢神獣はどうぞ。汝能くものいい、ものがたりす」。
(3)誰卜吉凶＝誠「誰が汝に就いて万事万物の吉凶を卜し占い始めたぞ」。
(4)軒轅東狩＝誠「昔日に軒轅氏黄帝が東狩の時に此の白沢を得て、古来より今に至る」。「軒轅」は、底「『史記』五帝本紀に、『黄帝は少典の子、姓は公孫、軒轅と名づく』」。
(5)其怪潛蹤＝誠「其の一万一千五百余種も有る数《あまた》の妖怪、悉く皆な蹤を潜め、蔵《かく》し処無くなってしもうた」。

《意訳》

白沢

汝は人の言葉を話すことができるというが、
誰が汝によって吉凶を占い始めたのか。それは黄帝だ。
黄帝すなわち軒轅が東に狩りをしておまえを得てからというもの、
数多《あまた》の妖怪達もなりを潜めてしまった。

【二五五】牧童

牛背晩風、笛裏明月。
歸不歸、前溪橋斷路蕪沒。

《訓読》

牧童《ぼくどう》

(1)牛背《ぎゅうはい》の晩風《ばんぷう》、(2)笛裏《てきり》の明月《めいげつ》。

(3)帰《かえ》るや帰《かえ》らざるや、(4)前渓《ぜんけい》、橋《はし》断《た》えて路《みち》蕪没《ぶぼつ》す。

《註》

(1)牛背晩風＝誠「この牧童はどうぞ。牛の上に乗って、日暮れ方、風光に対し居る」。

(2)笛裏明月＝誠「笛の曲に『関山月の曲』と云う有り。牛背上に跨って笛を吹いて居る裏《うち》、月の上りたる様子」。

(3)帰不帰＝誠「二二で牧童の当体を述べておいて、此の牧童が帰るか帰らぬか」。

(4)前渓橋斷路蕪沒＝誠「橋断えて無くなって、渓辺の路も草が生え塞がって、帰る路も無いが、此の牧童は帰るや帰らざるや」「是《かく》の如き牧童を賦成した処には、大狼毒肝腸、人を殺すに眼を眨せざる底の活手が在るまいものでもないぞ」。補「蕪没」は、雑草が茂っておおいかくす。茂った雑草の中におおいかくされる。

《意訳》

牧童

牛の背に乗って日暮れの風に吹かれている。

笛を吹きならすとお月様も昇ってきた。

さてこの牧童は帰れるかどうか。

前の川の橋も無くなって、道には草が茂って通れないぞ。

【二五六】又

水足艸足、牛且欲眠。
我家不遠、羌笛聲聲落日前。

《訓読》

又《ま》た
(1)水足《みずた》り草足《くさた》り、牛且《うしか》つ眠《ねむ》らんと欲《ほっ》す。
(2)我《わ》が家遠《やとお》からず、(3)羌笛声声《きょうてきせいせい》、落日《らくじつ》の前《まえ》。

《註》

(1)水足艸足＝誠「水もたらふく草もたらふく飲んだり食ったりした故」。底「白雲（守）端の偈に、『牛、山中に来って、水足り草足る』」。
(2)我家不遠＝誠「此の牛を牽いて居る処の牧童はどうぞ…」。
(3)羌笛聲聲落日前＝誠「日暮れ掛けて有れども、落ち着きかえって羌笛を吹いておる様子」。補「羌笛」は、異民族の吹く笛。羌は中国西部に住んでいた異民族の名。

《意訳》

また
水も飲んで草もたらふく食べて、
この牛も眠ろうとしている。

牧童の家は遠くないので、
笛を吹きながら夕暮れの道を帰って行く。

【二五七】廓庵十牛圖見牛

青山鎖翠、何處回避。
眨上眉毛、不出異類。

《訓読》

(1)廓庵十牛《かくあんじゅうぎゅう》の図《ず》、見牛《けんぎゅう》
(2)青山《せいざん》、翠《みどり》を鎖《と》ざす、(3)何《いず》れの処《ところ》にか回避《かいひ》せん。
(4)眉毛《びもう》を眨上《そうじょう》すれば、(5)異類《いるい》を出《い》でず。

《註》

(1)廓庵＝底「『会元』(二十)に、『大随(元)静の法嗣、梁山廓庵の師遠《しおん》禅師。十牛の図、并びに頌有って、世に行わる』」。補『十牛図』には数種類あるが、廓庵師遠のものが最も行われた。「見牛」は第三図。
(2)青山鎖翠＝誠「是《ここ》に於いて見るもの聞くもの、悉く皆なとりもなおさず真の牛ぞ」。
(3)何處回避＝誠「左氏右氏、脚前脚後、悉く皆な是れ此の牛なれば、何処にか回避せん。避けよける処はない」。
(4)眨上眉毛＝誠「此の当体に至っては、纔《わず》かに眉毛を眨上すれば」。底「『伝灯』(七)三角山の(総)印禅師の章に、『若《も》し此の事を論じて、眉毛を眨上すれば、早已《すで》に蹉過なり』」。補 眉をつり上げて目を見開く。
(5)不出異類＝誠「依然として異類を出ず」「眉毛を剔《は》ね起こせば白雲万里（遥か彼方）と云う語ぞ」。

《意訳》

廓庵禅師十牛図のうち、見牛

真の牛を求めて緑深い山に入って探してみたが、どこにも見あたらない。
一体どこに隠れようというのか。
さて眉を上げてよく見てみると、
やはりもとのままの畜生だ。

【二五八】十牛一軸

不是妙兮不是玄、更無一法可攀縁。
古人特地生頭角、搪揬南邊復北邊。

《訓読》

十牛一軸《じゅうぎゅういちじく》

(1)是《こ》れ妙《みょう》ならず是《こ》れ玄《げん》ならず、(2)更《さら》に一法《いっぽう》の攀縁《はんえん》すべき無《な》し。
(3)古人《こじん》、特地《とくち》に頭角《ずかく》を生《しょう》ず、(4)搪揬《とうとつ》す南辺《なんぺん》、復《ま》た北辺《ほくへん》。

《註》

(1)不是妙兮不是玄＝誠「妙玄の字を割っていうたものぞ」「一二は掃蕩門・建立門」。

(2)更無一法可攀縁＝誠「不玄不妙の当体に至ってはどうぞ。とりつき寄りつくべきはないぞ」。「攀縁」は、底「『楞厳』に、『仏、阿難に告ぐ、〈汝、今、諸《もろもろ》の衆生と与《とも》に、攀縁心を用《もっ》て自性と為す〉』」。補対象に随って心が生起すること。外物を認識すること。「攀」は、よじる。

(3)古人特地生頭角＝誠「しかるに古人廓庵は、えりわざ斯の牛の頭角を生ず」。補「特地」は、わざわざ。

(4)搪揬南邊復北邊＝誠「生じた上に、其の牛の頭角が南辺また北辺と突き当たる」。「搪揬」は、底「『晋書』周顗《しゅうぎ》が伝に、『庾亮《ゆりょう》、嘗て顗に謂って曰わく、〈諸人、咸《ことごと》く君を以て楽広《がくこう》に方《くら》ぶ〉。顗曰わく、〈何ぞ乃ち無塩《むえん》（醜女の名）を刻画して、西施に唐突せしむるや〉』」。

《意訳》

十牛図一軸

この牛は玄でも妙でもない。
なにもとりつくものもない。
ところが古人廓庵《かくあん》はわざわざ頭に角を生やして、
南かはたまた北かに突き当たってしまう。

【二五九】梅

一枝復一枝、香骨玉爲肌。
驛使今將去、隴頭寄與誰。

《訓読》

梅《うめ》

(1)一枝《いっし》復《ま》た一枝《いっし》、(2)香骨《こうこつ》、玉《ぎょく》を肌《はだえ》と為《な》す。
(3)駅使《えきし》、今将《いままさ》に去《さ》らんとす、(4)隴頭《ろうとう》、誰《たれ》にか寄与《きよ》せん。

《註》

(1)一枝復一枝＝誠「此の一枝もあの一枝も」。

(2)香骨玉爲肌＝誠「梅の花は皆な玉を肌と為す」。補「香骨」は、梅のこと。楊平洲の「紅梅」詩（『聯珠詩格』十二）に、「頼《さいわ》いに月明の痩影を留むるを得て、苦心香骨、天真を見《あら》わす」。

(3)驛使今將去＝誠「隴頭の駅使、飛脚殿は今将《まさ》に帰り去らんとす」。「駅使」は、底「（陸凱が）『范曄（に贈る）詩』に、『梅を折って駅使に逢い、隴頭の人に寄与す。江南、所有無し、聊《いささ》か一枝の春を送らん』」。補駅馬によって公文書や私信を送る使者。

(4)隴頭寄與誰＝誠「此の一枝梅を折って、何人にか与えたがよかろうな」。補「隴頭」は、陝西省と甘粛省の境にある隴山のほとり。

《意訳》

梅

あの一枝もこの一枝も
梅は香り高い玉のような花をつけている。
駅の使いはもう帰ろうとしているが、
この梅の枝を隴頭の誰にあげようか。

【二六〇】菊

陶令罷官還、籬花霜後斑。
白衣殊未到、満目是青山。

《訓読》

菊《きく》

(1)陶令《とうれい》、官《かん》を罷《や》めて還《かえ》る、(2)籬花《りか》、霜後《そうご》、斑《はん》なり。
(3)白衣《びゃくえ》、殊《こと》に未《いま》だ到《いた》らず、(4)満目《まんもく》、是《こ》れ青山《せいざん》。

《註》

(1)陶令罷官還＝誠「陶淵明、彭沢県の令官故、令官を罷めて自分の宅へ還る」。底「『晋書』隠逸伝に、『陶潜、字は元亮、彭沢の令と為る。郡、督郵を遣わして県に至らしむ。吏、白《もう》す、〈応に束帯して之《これ》に見《まみ》ゆべし〉。潜、歎じて曰わく、〈吾、五斗米の為に腰を折り、拳拳《けんけん》として郷里の小人に事《つか》うること能わず〉。印を解いて県を去る』

『潜、嘗て九日酒無し。宅辺の叢菊の中に出でて、坐すること久しくす。忽ちに江州の刺史王弘、白衣の人をして酒を送って至らしむ。便ち此に於いて忻然《きんぜん》として独り酔う』」。

(2)籬花＝誠「東籬の下の菊花」。

(3)白衣殊未到＝誠「白衣の童子、殊に未だ到らず」。

(4)満目是青山＝誠「未だ酒を贈り来らざるが故に、只だ此の菊を東籬の下に把って、満目、青山に対す。陶淵明は菊を愛するが故に是《かく》の如く云うたものぞ」。

《意訳》

菊

陶淵明《とうえんめい》は官をやめて郷里へ帰った。
籬《まがき》の菊は霜に触れて斑《まだら》に咲いている。
白衣の童子がまだ酒を持ってこないので、
見渡す限りの青山を眺めつつ酒を待っている。

【二六二】芭蕉

身如芭蕉、中無有堅。

堅固欲問、秋風凄然。

《訓読》

芭蕉《ばしょう》

(1)身《み》は芭蕉《ばしょう》の如《ごと》し、中《なか》に堅《かた》き有《あ》ること無《な》し。
(2)堅固《けんご》問わんと欲《ほっ》せば、(3)秋風凄然《しゅうふうせいぜん》たり。

《註》

(1)身如芭蕉、中無有堅＝誠「『維摩経』に、『身は芭蕉の如し』と有るが、誠にそうじゃ。此の芭蕉は外より中に到るまで、堅き有ること無し」。底「『維摩』方便品に、『是の身は芭蕉の如し。中に堅き有ること無し』」。

(2)堅固欲問＝誠「其の堅き有ること無き処に向かって、纔《わず》かに…」。底「僧、大龍に問う。上巻に出ず（【五四】）」。

(3)秋風凄然＝誠「秋風凄然と吹き起こって、破襴衫《はらんさん》と破れはてて仕舞った」「『趙州の露刃剣、寒霜光焔焔。纔かに如何《いかん》と問わんと擬すれば、身を分かって両段と為す』（『五祖録』）と云う。此の三四の語意ぞ」。底「『荘子』大宗師に、『凄然として秋に似たり』」。補「凄然」は、冷たいさま。

《意訳》

芭蕉

この体は芭蕉のようで、
中には何にもこれといって堅固なものはない。
堅固なものを問おうとすれば、

秋風が凄然《せいぜん》と吹きすさぶ。

【二六二】 茄子

歳入有餘、紫茄占秋。
乃煎乃炙、飽則便休。

《訓読》

茄子《なす》
(1)歳入余《さいにゅうあま》り有《あ》り、(2)紫茄《しか》、秋《あき》を占《し》む。
(3)乃《すなわ》ち煎《に》乃《すなわ》ち炙《あぶ》る、(4)飽《あ》けば便《すなわ》ち休《きゅう》す。

《註》

(1)歳入有餘＝誠「この茄子はどうぞ。年年取り込む処、尚お余資あましのたすけ有り」。底「『池北偶談』耿夫人、子に寄する詩に、『家内の平安、爾《なんじ》に報じて知らしむ、田園の歳入、余資有り』」。
(2)紫茄占秋＝誠「七八月頃に至って盛んに出来るゆえ」。
(3)乃煎乃炙＝誠「此の茄子を煎ても食い、炙っても食ったり」。
(4)飽則便休＝誠「飽満すればそこで、もう腹がふくれた、もうよいと休す」。底「『会元』(十八)別峰(祖)珍禅師の章に、『人の、飯を喫するが如し。飽けば便ち休す』」。

《意訳》

茄子

毎年余りあるほどとれて、
なすは秋にいっぱいだ。
煮ても炙っても、
たらふく食べたら満足だ。

【二六三】枯髏

有識無識、髑髏著地。
霜白風寒、急須廻避。

《訓読》

(1)枯髏《ころう》

(2)有識無識《うしきむしき》、(3)髑髏《どくろ》、地《ち》に著《つ》く。
(4)霜白《しもしろ》く風寒《かぜさむ》し、急《きゅう》に須《すべか》らく廻避《かいひ》すべし。

《註》

(1)枯髏＝誠「枯れたる髑髏」。

(2)有識無識＝誠「有意識も無意識も一切皆な」。

(3)髑髏著地＝誠「四大分離、眼光落地せば、野原の土と成りて、皆な地に帰著する事ぞ」。

(4)霜白風寒、急須廻避＝誠「此の三四は、大いに殺して眼を眨せざる底の手段が有るぞ」。

《意訳》

しゃれこうべ

意識があるのも無いのも、
髑髏はみな地面に落ちて土となる。
霜は白く風は冷たい、
急いでここから逃れよ。

【二六四】又

一箇髑髏、撐天拄地。
無染無染、何處廻避。

《訓読》

又《ま》た

(1)一箇《いっこ》の髑髏《どくろ》、天《てん》を撐《ささ》え地《ち》を拄《ささ》う。

(2)無《む》染《ぜん》無《む》染《ぜん》、(3)何《いず》れの処《ところ》にか廻避《かいひ》せん。

《註》

(1)一箇髑髏、撑天拄地＝［誠］「浄無染の拈古の語を牒して置いて」。［底］「『羅湖野録』に、『雪堂の（道）行禅師、浄無染に与うる書に曰わく、〈比《このごろ》、禅人の、公の拈古を伝録するを見る。中に於いて、僧、趙州に問う、如何なるか是れ仏。州曰わく、殿裏底と。拈じて曰わく、須らく知るべし、一箇の髑髏の裏、天を撑え地を拄うる人有り、という有り。愚、窃かに伝録の誤りかと疑う。此れ決して是れ公の語にあらず。何が故ぞ。蓋し楊岐の子孫、終に肯《あ》えて箇《こ》の鑑覚を認めず。若《も》し鑑覚を認めば、陰界すら尚お出ずることを得ず。何ぞ宗門奇特の事有らんや〉』」。

(2)無染無染＝［誠］「無染無染と呼んで」。［補］「無染」は、浄無染。前註(1)参照。

(3)何処廻避＝［誠］「御手前は何れの処にか向かって撑天拄地の髑髏を回避し避けよける積もりぞ」。

《意訳》

また
この一箇の髑髏の中に、
天地を支えている人がいる。
浄《じょう》　無染《むぜん》よ浄無染よ、
天地を支えるこの髑髏、どこに避けようというのか。

【二六五】又

形骸在此、其人何在。
宿雨初收、遠山如黛。

《訓読》

又《ま》た
(1)形骸《けいがい》、此《ここ》に在《あ》り、其《そ》の人《ひと》、何《いず》くにか在《あ》る。
(2)宿雨《しゅくう》、初《はじ》めて収《おさ》まり、(3)遠山《えんざん》、黛《まゆずみ》の如《ごと》し。

《註》

(1)形骸在此、其人何在＝誡「形骸髑髏、此に在り」「…と、馮済川《ふうさいせん》、枯髏の図に題する偈の一二を牒して置いて」。底「馮済川、枯髏の図に題する偈に、〈形骸、此に在り、其の人、何くにか在る。乃ち知る、一霊、皮袋に属《ひたい》せずと〉」。補『大慧普覚禅師語録』上に、「師、明月堂に到る。壁に枯骨を画くを見る。馮済川、頌して云わく〈中略〉。師、継ぐに頌を以てす。云わく、『即ち此の骸骨、便ち是れ其の人。一霊皮袋、皮袋一霊』」。
(2)宿雨初収＝誡「二三日已来、降る雨は初めて収まり」「…と云う、此の三四に於いては、大慧の『皮袋一霊一霊皮袋』と云う。三四、人人能く照らし合わせて眼を着けて看よ看よ」。補「宿雨」は、連日の雨。また、昨夜からの雨。
(3)遠山如黛＝誡「まゆずみを書いたようにうるわしい。雨後の青山、翠黛開くと云う景色ぞ」。

《意訳》

また
亡骸《なきがら》はここにあるが、
その人自身はどこに行ったのであろうか。
降り続いた雨はようやくあがり、
遠くの山はまるで黛《まゆずみ》を引いたように美しい。

【二六六】神農

繼天立極、上古聖神。
籬根下採一莖艸、能殺人兮能活人。

《訓読》

(1)神農《しんのう》
(2)天《てん》に継《つ》ぎ極《きょく》を立《た》つ、上古《じょうこ》の聖神《せいしん》。
(3)籬根下《りこんか》に一茎草《いっきょうそう》を採《と》る、(4)能《よ》く人《ひと》を殺《ころ》し能《よ》く人《ひと》を活《い》かす。

《註》

(1)神農＝[底]「『史記』三皇本紀に、『炎帝神農氏は、姜姓なり。始めて百草を嘗めて、始めて医薬有り』」。
(2)繼天立極、上古聖神＝[誠]「此の神農はどうぞ。跡を天帝に継ぎ、極を立つ」「(極は)中極、過不及無き中道の極」。

底「『中庸』の序に、『蓋し上古の聖神、天に継ぎ極を立つ。而うして道統の伝、自《よ》って来ること有り』」。補「継天立極」は、天意を承けて道徳の根本を立てること。また、皇位を継承すること。「聖神」は、古代の聖人をいう。

(3)籬根下採一莖艸=誠「恁麼底《いんもてい》の神農氏、籬根下に一茎草を採る」。「一茎草」は、底「『聯灯(会要)』に、『文殊、一日、善財をして薬を採らしめて云わく、〈是れ薬ならざる者を採り将ち来れ〉。善財、徧《あまね》く大地を観るに、是れ薬ならざるもの無し。却り来って文殊に白《もう》して云わく、〈薬ならざる者有ること無し〉。文殊云わく、〈是れ薬なる者を採り将ち来れ〉。善財、一枝草を拈じて、文殊に度与す。文殊、提起して、衆に示して云わく、〈此の薬、亦た能く人を殺し、亦た能く人を活かす〉』」。

(4)能殺人兮能活人=誠「是れ之《これ》を上古の聖神、炎帝神農氏と云う」。

《意訳》

神農

天の位を継いで人の守るべき道を立てた。
昔の聖の神である。
籬《まがき》のところで草をとって薬草となされ、
この草は人を殺しもし活かしもする。

【二六七】老子

萬物之母、天地之根。
青牛關外去、狼藉五千言。

《訓読》

(1)老子《ろうし》
(2)万物《ばんぶつ》の母《はは》、天地《てんち》の根《こん》。
(3)青牛《せいぎゅう》、関外《かんがい》に去《さ》る、(4)狼藉《ろうぜき》たり五千言《ごせんげん》。

《註》

(1)老子＝底「『史記』（老子韓非）列伝に、『老子は、楚の苦県厲郷曲仁里の人なり。姓は李氏、名は耳、字は伯陽、謚して聃《たん》と曰う』」。補春秋時代の思想家。道家の祖。周の守蔵室の史であったが、周の衰退を見て国を去り、函谷関で関令の尹喜に乞われて『老子道徳経』上下篇五千言を著す。その後何処とも知れず去ったという。

(2)萬物之母、天地之根＝誠「一二は老子の体」。底「『道徳経』に、『有は万物の母と名づく』。又た、『玄牝《げんぴん》の門、是れを天地の根と謂う』」。

(3)青牛關外去＝誠「此の老子、一たび青牛車に駕して函谷関《かんこくかん》外に去りしより」。底「『列仙伝』に、『老子、青牛車に駕し、函谷関を過ぐ』」。

(4)狼藉五千言＝誠「直に今に至るまで狼藉たり五千言」「『老子道徳経』に八十一章、五千七百四十八言」。「狼藉」は、底「『通鑑集覧』に、『狼の、草を籍《し》きて臥す、其の草、必ず乱る。故に物の縦横乱るる者、皆な之《これ》を狼藉と謂う』」。「五千言」は、底「『道徳経』八十一章、五千七百四十八言」。

《意訳》

老子

道とは万物の母であり、
天地の根源であると老子は説かれた。
この老子は、牛の車に乗って函谷関《かんこくかん》の外に出てゆき、
その後五千言もの老子道徳経が残された。

【二六八】太公望

非龍非彲、萬世宗師。
西伯未到、風捲釣絲。

《訓読》

(1)太公望《たいこうぼう》

(2)龍《りゅう》に非《あら》ず彲《ち》に非《あら》ず、(3)万世《ばんせい》の宗師《そうし》。
(4)西伯《せいはく》、未《いま》だ到《いた》らず、(5)風《かぜ》、釣《つ》り糸《いと》を捲《ま》く。

《註》

(1)太公望＝[底]「『史記』世家に、『太公望呂尚《りょしょう》は、東海の上《ほとり》の人なり〔云云〕。魚釣を以て周の西伯を奸《もと》む。西伯、将に出でて猟せんとす。トするに曰わく、〈獲る所、龍に非ず、彲に非ず、虎に非ず、羆《ひ》に非ず、獲る所、覇王の輔ならん〉。是《ここ》に於いて西伯、猟す。果たして太公に渭の陽《きた》に遇えり。載せて与《とも》に倶に帰って、立てて師と為す』」。[補]周の文王（西伯）・武王の軍師。釣りをしながら西伯の知遇を求めていたが、西伯が猟に出た際に渭水の北岸で出会い、軍師となったという。武王が殷を滅ぼして周の天下となると斉の地（山東省）に封じられた。

(2)非龍非彲＝[誠]「此の太公望はどうぞ…」。[補]「彲」は、みずち。龍に似た想像上の動物。

(3)萬世宗師＝[誠]「それならばなんぞ。天子の補佐をする者」。

(4)西伯未到＝[誠]「西伯文王猶お未だ到らず」。

(5)風捲釣絲＝[誠]「はや釣り糸を捲いて帰る積もりと見える」。

《意訳》

太公望

この太公望は、龍でも彲《みずち》でもない。
あらゆる世の中において天子の補佐をするような者である。
西伯はいまだお越しでないのに、
それで釣り糸を捲いて帰っていった。

【二六九】顔回

聞一知十、日至月至。
不改其樂、瓢飲簞食。

《訓読》

(1)顔回《がんかい》

(2)一《いち》を聞《き》いて十《じゅう》を知《し》り、(3)日《ひ》に至《いた》り月《つき》に至《いた》る。

(4)其《そ》の楽《たの》しみを改《あらた》めず、(5)瓢飲簞食《ひょういんたんし》。

《註》

(1)顔回＝底「同上（『史記』）、仲尼弟子列伝に、『顔回は、魯の人なり。字は子淵』」。補孔子の弟子の随一。孔門十哲の一人。

(2)聞一知十＝誠「さて此の顔回はどうぞ。一を聞いて十を知る」「一二は体」。底「『論語』公冶長に、『回や、一を聞いて、以て十を知る』。又た雍也に、『回や、其の心、三月、仁に違わず。其の余は則ち日月に至らんのみ』。又た、『賢なるかな、回や。一簞の食、一瓢の飲、陋巷《ろうこう》に在り。人は其の憂に堪えず。回や、其の楽を改めず』」。

(3)日至月至＝誠「日に仁に至り、月に仁に至る」。

(4)不改其樂＝誠「恁麼底《いんもてい》の顔回、平生はどうぞ。自分の楽しみを改めず」「三四は用」。

(5)瓢飲簞食＝誠「一瓢の飲、一簞の食」。補「瓢」はひさごの器、「簞」は、竹の器。質素な飲食のたとえ。

《意訳》

顔回

顔回は一を聞いて十を知るほど聡明であり、
仁の他の徳については、一日一月で至り得た。
顔回はその楽しみを改めずに、
一つの瓢《ひさご》で水を飲み、一箪の食事で満足していた。

【二七〇】朱買臣

不治家産、擔薪誦書。
咦、待詔公車。

《訓読》

(1)朱買臣《しゅばいしん》
(2)家産《かさん》を治《ち》せず、(3)薪《たきぎ》を担《にな》い書《しょ》を誦《よ》む。
(4)咦《い》、(5)詔《しょう》を公車《こうしゃ》に待《ま》つ。

《註》

(1)朱買臣＝底「『漢書』列伝に、『朱買臣、字は翁子、呉の人なり。家、貧しくして、書を読むを好み、産業を修めず。常に薪樵を艾《か》り、売って以て食に給す。束薪を担い、行き且つ書を誦す。闕《けつ》に詣《いた》り上書す。書、久しく報ぜず、詔を公車に待つ』」。補中国前漢の官吏。読書を好んで家産を治めず、妻に離縁される。武帝に上書して仕え、高官に登ったが、紀元前一一五年に誅殺された。
(2)不治家産＝誠「此の朱買臣はどうぞ。家産の業を治せず」。
(3)擔薪誦書＝誠「平生薪を担い、行く行く且つ書を誦む」。
(4)咦＝誠「以ての外」。
(5)待詔公車＝誠「此の薪売りおやじ、朱買臣は上書して詔を公車に待つ」。補「公車」は、天下の上書と徴召のことを掌る役所の名。上書した者はここで詔を待つ。

《意訳》

朱買臣

この朱買臣は生産業に従事せずに、
毎日薪を担っては書を読んでいた。
もっての外だ、
そうしていながら上書したことへの返事の詔書を役所で待っていた。

【二七二】郭林宗

貞不絶俗、隠不違親。

呵呵、時人折巾。

《訓読》

(1)郭林宗《かくりんそう》

(2)貞《てい》、俗《ぞく》を絶《た》たず、(3)隠《いん》、親《しん》に違《い》せず。

(4)呵呵《かか》、(5)時《とき》の人《ひと》、巾《きん》を折《お》る。

《註》

(1)郭林宗＝[底]「『後漢書』列伝に、『郭太、字は林宗、太原界休の人なり。或るひと、汝南の范滂に問うて曰わく、〈郭林宗は如何なる人ぞ〉。滂曰わく、〈隠にして親に違わず、貞にして俗を絶たず〉。嘗て陳留の間に於いて行き、雨に遇う。巾の一角、墊《ひ》げたり。時の人、乃ち故に巾の一角を折って、以て〈林宗巾〉と為す』」。[補]郭泰（一二八～一六九）。中国後漢の儒者。意味のないことをわざわざするという意味の「折角」という言葉は、郭泰のこの故事に由来する。

(2)貞不絶俗＝[誠]「此の郭林宗はどうぞ。貞節みさおを正しけれども、塵俗世中の交わりを絶たず」。

(3)隠不違親＝[誠]「隠者隠逸を好めども、子親の道に違背せず」。

(4)呵呵＝[誠]「おかしや、おかしや」。

(5)時人折巾＝[誠]「時の人が此の郭林宗に倣《なろ》うて、頭巾の角を折る」。

《意訳》

郭林宗

この郭林宗は貞節を守りながら世俗を全く断ち切ったわけではなく、
世間から隠れてはいても親子の道にそむくでもない。
ハッハッハ、
その時の人たちは、この郭林宗のまねをして頭巾の角をわざわざ折ってかぶっていた。

【二七二】三笑圖

陸生何處去、陶令醉如泥。
笑傲人間世、鐘聲過虎溪。

《訓読》

(1)三笑図《さんしょうず》

(2)陸生《りくせい》、何《いず》れの処《ところ》にか去《さ》る、(3)陶令《とうれい》、酔《え》うて泥《どろ》の如《ごと》し。
(4)笑傲《しょうごう》す人間《にんげん》の世《よ》、(5)鐘声《しょうせい》、虎渓《こけい》を過《す》ぐ。

《註》

(1)三笑＝底「『廬山記』に、『晋の慧遠《えおん》、廬山に住し、人を送って虎渓を過ぎず。嘗て陶淵明《とうえんめい》・陸修静《りくしゅうせい》を送る。覚えずして之《これ》を過ぐ。三人、相い顧みて笑う。世に虎渓の三笑と称するは是れなり』。○『禅月詩』に、『陶長官が酔いて兀兀《ごつごつ》たるを愛し、陸道士が行きて遅遅たるを送る』」。

(2)陸生何處去＝[誠]「斯の陸生、廬山東林寺を下って、何れの処にか去る。陸生は陸修静」。[補]陸修静は、中国南北朝時代、宋の道士（四〇六〜四七七）。なお廬山の慧遠（三三四〜四一六）とは年代が異なり、三人の会合は史実ではない。
(3)陶令醉如泥＝[誠]「又た此の陶淵明、酒をたらふく飲んで、酔って泥虫の如し」。
(4)笑傲人間世＝[誠]「此の両人、遠法師を平生訪い、三人共にうち解け合って笑う」。「笑傲」は、[底]「『爾雅』釈詁の註に、『笑敖は、調戯を謂う』。疏に、『笑は、心楽しむなり。敖は、意舒《の》ぶなり』」。
(5)鐘聲過虎溪＝[誠]「戒酒の鐘声を聞いて、始めて虎渓を過ぎたことに気がついた」。「虎渓」は、[底]「『廬山記』に、『流泉、寺を匝《めぐ》り、下って虎渓に入る。昔、遠法師、客を送って此を過ぐれば、虎、輒《すなわ》ち号呼す。故に名づく』」。

《意訳》

三笑図

陸修静はどこに行ったやら。
陶淵明は泥のように酒に酔っている。
三人共にうち解けあってこの世の中を笑いあって、
鐘の音に気がつくと虎渓を過ぎてしまっていた。

【二七三】　鍾馗

雙瞳懸日月、一劒動星辰。
果然天下無妖孽、應是明皇夢裏人。

《訓読》

(1)鍾馗《しょうき》

(2)双瞳《そうどう》、日月《じつげつ》を懸《か》け、(3)一剣《いっけん》、星辰《せいしん》を動《どう》ず。
(4)果然《かぜん》として天下《てんか》、妖孽《ようげつ》無《な》し、(5)応《まさ》に是《こ》れ明皇夢裏《めいこうむり》の人《ひと》なるべし。

《註》

(1)鍾馗＝底「『事文類聚』（前集巻六、天時部、元日）に、『明皇（玄宗）、痁疾《せんしつ》（おこり）に因って、昼夢を作す、一小鬼有り、奏して曰わく、〈臣は乃ち虚耗《きょこう》なり〉。上曰わく、〈未だ虚耗の名を聞かず〉。小鬼奏して曰わく、〈虚は空虚の中を望み、人の物を盗むこと戯るが如し。耗は即ち人家の喜事を耗《そこ》なって憂と成す〉。上、怒って、武士を呼ばんと欲す。俄かに一大鬼を見る。破帽を頂き、藍袍《らんぽう》を衣《き》、角帯を繋け、朝靴を壮《は》く。径《ただ》ちに小鬼を捉え、先ず其の目を刳《えぐ》り、然して後に擘《さ》いて之《これ》を啖《く》らう。上、大なる者に問う、〈爾《なんじ》は何人ぞ〉。奏して曰わく、〈臣は終南山の進士、鍾馗なり。武徳（唐の高祖の年号）中、挙（科挙）に応じ、捷《な》らざるに因って、故里に帰ることを羞《は》じ、殿階に触れて死す。是の時、旨を奉じて緑袍を賜い、以て之《これ》を葬る。恩を感じて誓いを発し、我が王の与《ため》に、天下の虚耗、妖孽の事を除く〉。言い訖《お》わって、夢覚む。痁疾、頓に瘳《い》ゆ。乃ち画工呉道子《ごどうし》に詔して曰わく、〈試みに朕が与に夢の如く之《これ》を図せ〉。道子、旨を奉じて、恍として覩《み》ること有るが若《ごと》し。立ちどころに筆して、図を成して進呈す』。○『漢書』五行志に、『虫豸《ちゅうち》の妖、之を孼と謂う』」。

(2)雙瞳懸日月＝誠「此の鍾馗はどうぞ。さもすさまじい顔色」。

(3)一劍動星辰＝誠「其の手に持ったる一剣、星辰を動ず」「『星辰を動ず』は、剣のすさまじい様子を云う」。

(4)果然天下無妖孼＝誠「此の鍾馗、一たび出でてより、果然として天下、虚耗妖孼の事無し」。補「妖孼」は、わざわい、またはそのきざし。

(5)應是明皇夢裏人＝誠「応に是れほかでもあるまい、玄宗皇帝夢裏の人なるべし」。

《意訳》

鍾馗

この鍾馗は両目に日月を懸けているようで、
一度剣を振るうと空の星も動かすばかりだ。
果たしてこの鍾馗のおかげで世を乱す妖鬼はいなくなった。
これは玄宗皇帝の夢の話の人だ。

【二七四】又

藍袍風動、利劍霜飛。
能除虛耗、天日增輝。

《訓読》

又《ま》た

(1)藍袍《らんぽう》、風《かぜ》動《うご》き、利剣《りけん》、霜《しも》飛《と》ぶ。

(2)能《よ》く虚耗《きょこう》を除《のぞ》いて、(3)天日《てんじつ》、輝《かがや》きを増《ま》す。

《註》

(1)藍袍風動、利剣霜飛＝誠「一二は体」。補「藍袍」は、藍色の上着。下級官僚の制服。鍾馗が葬られる時に唐の高祖から賜わった。【二七三】(1)に見える緑袍と同じ。

(2)能除虚耗＝誠「三四は用」「能く虚耗妖孽の事を除いて」。

(3)天日増輝＝誠「天日と云うは玄宗皇帝を云う」。

《意訳》

また

藍《あい》の衣に風が動き、
鋭い刀は霜を飛ばすようだ。
世を乱す妖鬼を退治して、
玄宗皇帝の威光を一層増した。

【二七五】東坡

五祖戒公一目盲、天堂地獄路縦横。
誰家老嫗猶爲夢、終喚東坡居士名。

《訓読》

(1)東坡《とうば》

(2)五祖《ごそ》の戒公《かいこう》、一目《いちもく》盲《もう》す、(3)天堂地獄《てんどうじごく》、路縦横《みちじゅうおう》。
(4)誰《た》が家《いえ》の老嫗《ろうおう》か、猶《な》お夢《ゆめ》を為《な》す、(5)終《つい》に東坡居士《とうばこじ》の名《な》を喚《よ》ぶ。

《註》

(1)東坡＝底「『宋史』列伝に、『蘇軾《そしょく》、字は子瞻《しせん》、眉州眉山の人なり。室を東坡に築き、自ら東坡居士と号す』」。

(2)五祖戒公＝底「『僧宝伝』仏印（了）元の章に、『東坡、嘗て弟の子由を高安に訪ぬ。将に至らんとする夕べ、子由、洞山真浄の文禅師、聖寿の聡禅師と、牀を連ねて夜語するに、三鼓なり。真浄、忽ちに驚き覚めて曰わく、〈偶《たまたま》夢に、吾等、五祖の戒禅師に謁す。思わずして夢みる、何の祥《きざし》ぞや〉。子由、聡公を撼《うご》かす。聡曰わく、〈吾、方に夢に戒禅師に見《まみ》ゆ〉。是に於いて起ちて、品坐して笑って曰わく、〈夢乃ち同じ者有るをや〉。俄かに東坡、已に奉新に至ると報ず。子由、両衲を携えて城南の建山寺に候《うかが》う。頃《しばら》く有って東坡至る。夢の事を理《ただ》して問う、〈戒公は何れの所にか生まるる〉。曰わく、〈陝右〉。東坡曰わく、〈軾、十余歳、時時夢に、身は是れ僧にして、陝西に往来す〉。又た問う、〈戒の状、奚若《いかん》〉。曰わく、〈戒、一目を失う〉。東坡曰わく、〈先妣、娠《はら》むに方《あ》たって夢む、僧、門に至る。瘠《や》せて眇《すがめ》なり〉。又た問う、〈戒、何れの所にか終わる〉。曰わく、〈高安の大愚〉。今、五十年、而して東坡、時に年四十九』」。補「戒公」は、五祖師戒。【六三】参照。

(3)天堂地獄路縱横＝誠「斯の一目盲する戒公はどうぞ。天堂でも地獄でも餓鬼道でも畜生道でも、縦横自由自在ぞ」。

(4)誰家老嫗猶爲夢＝誠「然るに誰が家の年寄り婆婆が猶お夢を為す」。補「老嫗」は、東坡の母を指す。

(5)終喚東坡居士名＝誠「五祖戒公の再来じゃと喚びなした」。

《意訳》

蘇東坡《そとうば》

五祖の戒公は片目が見えなかった。
それでも天堂でも地獄でも自由自在だ。
どこの家の婆がまだ夢を見ているのか。
とうとう蘇東坡を五祖の戒公の再来だと名付けた。

【二七六】斷崖再生字寶曇

味出胎兮迷隔陰、義公一去杳難尋。
朝來天界相逢著、碌碌寶曇恨轉深。

《訓読》

(1)断崖再生《だんがいさいせい》、宝曇《ほうどん》と字《あざな》す

(2)出胎《しゅったい》に昧《くら》く隔陰《かくいん》に迷《まよ》う、(3)義公《ぎこう》、一《ひと》たび去《さ》って、杳《よう》として尋《たず》ね難《がた》し。
(4)朝来《ちょうらい》、天界《てんかい》に相《あ》い逢著《ぶじゃく》す、(5)碌碌《ろくろく》たる宝曇《ほうどん》、恨《うら》み転《うた》た深《ふか》し。

《註》

(1)斷崖再生＝[底]「『山庵雑録』に『杭州天目山の義断崖は、高峰に見《まみ》えて旨を得たり。帰向する者、甚だ衆《おお》し。既に死して、夢を現じて呉興の細民の家に託生す。後、僧と為る。名は瑞応、字は宝曇。幼より壮に至るまで人の礼拝供養を受くること、虚日無し。余、天界に寓居せし時、宝曇も亦た在り。隣居すること頗る久し。其の所為を察するに、碌碌として常人と以て異なること無し。間《まま》己が躬《み》の事を以て、之《これ》を叩く者有れば、但だ懡儸《もら》する（恥じる）のみ。胡《なん》ぞ乃ち頓に前世の所習を忘るること、是《かく》の如きや。古人謂わく、声聞、尚お出胎に昧く、菩薩、猶お隔陰に迷う。然るときは則ち修行の人、慎まざるべけんや』」。[補]「断崖」は、断崖了義。高峰原妙の法を嗣ぎ、杭州天目山正宗寺に住す。元統二年（一三三四）寂。寿七十二。宝曇はその生まれ変わりと信ぜられた。

(2)昧出胎兮迷隔陰＝[誠]「声聞、尚お出胎に昧く、菩薩、猶お隔陰に迷う」。[補]「昧出胎」は、出産時に前世の記憶を忘れてしまうこと。「隔陰」は、前世と来世を隔てる中陰の期間。永明延寿の『万善同帰集』上に、「声聞、尚お出胎に昧く、菩薩、猶お隔陰に昏《くら》し」。

(3)義公一去杳難尋＝[誠]「斯の義断崖に於いては、一たび遷化し去りしより、其の蹤跡、杳として尋ね難し」。

(4)朝來天界相逢著＝[誠]「然るに朝来、慍恕中（恕中無慍。『山庵雑録』の著者）は、上天界に於いて、此の義断崖の再生に相い逢著す」。補「天界」は、南京の天界寺。天暦元年（一三二八）、元の文宗が建立。明代には五山之上に列せられる。宝曇が居していた寺。

(5)碌碌寶曇恨轉深＝誡「其の逢著したるところはどうぞ。碌碌として常人に異なること無し。宝曇と字して、己が躬《み》の事を問えば、只だ懡㦬《もら》するのみ」。補「碌碌」は、平凡で他人に随従するしか能のないさま。

《意訳》

断崖和尚は生まれ変わって字を宝曇といった
生まれも分からず、次に生まれるまでの間に迷いの世界をさまよった。
断崖義公は遷化してからどこに行ったかそのあとが分からない。
朝方南京の天界寺《てんかいじ》で出逢ったが、
碌々として何も分からず、宝曇もいくら悔やんでも仕方ない。

【二七七】西行

西行不歇、東歸甚時。
山遙水遠、孤筇遲遲。

《訓読》

(1)西行《さいぎょう》

西行《せいこう》歇《や》まず、(2)東帰《とうき》、甚《いず》れの時《とき》ぞ。
山遥《やまはる》かに水遠《みずとお》し、孤笻《ここう》(3)遅遅《ちち》。

《註》

(1)西行＝[底]「『扶桑隠逸伝』に、『西行は、武衛校尉康清が子、藤秀郷《ひでさと》九世の孫なり。俗諱は憲清《のりきよ》。少《わか》くして書を読み、管絃を習う。最も弓馬に精なり。特に和歌に達す。嘗て奥州を出でて、天仁上皇に仕う。毎《つね》に制に応じ、和歌を献ず。恩遇、日《ひび》に渥し。西行、素より攀籠を出ずるの心有り。保延三年（一一三七）、終に志を遂ぐ。此れより天下に周遊す』」。

(2)東帰甚時＝[誠]「東へ帰る時節は無いと見える」。

(3)遅遅＝[底]「『詩』の小雅に、『道を行くこと遅遅』。註に、『遅遅は、長遠なり』」。

《意訳》

西行

西行は出家して天下を周遊して止むことが無い。
東へは、一体いつ帰るのだろうか。
山は遠く水は果てしない。
一人杖をついて遅々として歩んで行く。

【二七八】龍領和尚忌

一自渾身没九淵、驪珠燦爛掌中圓。
相逢幾度論眞假、機外星飛白玉鞭。

《訓読》

(1)龍領和尚忌《りょうがんおしょうき》

(2)一《ひと》たび渾身《こんしん》、九淵《きゅうえん》に没《もっ》してより、(3)驪珠燦爛《りしゅさんらん》、掌中《しょうちゅう》に円《まど》かなり。
(4)相《あ》い逢《お》うて幾度《いくたび》か真仮《しんけ》を論《ろん》ず、(5)機外星飛《きがいほしと》ぶ、白玉《はくぎょく》の鞭《むち》。

《註》

(1)龍領和尚＝[補]龍領禅輔。享保十五年（一七三〇）、安住山清泰寺（岐阜県美濃市／妙心寺派）第八世泰嶺慧稜の法嗣として前堂転位、同寺第九世。
(2)一自渾身没九淵＝[誠]「九淵の底に没してより」。[補]「九淵」は、深い淵。
(3)驪珠燦爛掌中圓＝[誠]「直に今日に至るまで…」。[底]「『荘子』列御寇に、『夫れ千金の珠は、必ず九重の淵にして驪龍の頷下に在り』。〇克符道者の頌に、『驪珠、光燦爛』」。
(4)相逢幾度論眞假＝[誠]「月船手前、此の龍領和尚に相い逢うて、幾度か驪珠の真仮を論量して見るに」。
(5)機外星飛白玉鞭＝[誠]「此の龍領和尚に於いては、手に白玉の鞭を把って、驪珠を尽《ことごと》く撃砕し了わったる和尚ぞ」「『機外星飛ぶ』は、撃破する勢いを云う。玄翁《げんのう》で石を砕くに、火飛び出る如く」。「白玉鞭」は、[底]「雪竇（重）顕の頌に、『手に白玉の鞭を把って、驪珠、尽《ことごと》く撃砕す』（『碧巌録』八十二則）」。

《意訳》

龍領和尚忌

この龍領和尚は一度深い九淵の底に沈んで、
驪龍《りりゅう》の珠を奪い得て、手の中に光り耀いて完全である。
ここで出逢ってこの和尚の真仮を試そうと思うが、
そのはたらきは白玉の鞭で驪龍の珠を撃砕して火花が飛び散るようだ。

【二七九】大雅和尚忌〔諱省音〕

大雅清風聞不聞、無音韻處調相分。
機前頼有石人和、江上青山多白雲。

《訓読》

(1)大雅《たいが》和《お》尚《しょう》忌《き》〔諱《いみな》は省音《しょういん》〕
(2)大雅《たいが》の清風《せいふう》、聞《き》くや聞《き》かずや、(3)音韻無《おんいんな》き処《ところ》、調《しら》べ相《あ》い分《わ》かつ。
(4)機前《きぜん》、頼《さいわ》いに石人《せきじん》の和《わ》する有《あ》り、(5)江上《こうじょう》の青山《せいざん》、白雲多《はくうんおお》し。

《註》

(1)大雅和尚＝[誠]「永田宝林寺開山」。[補]古調省詔の法嗣。円覚寺百二世。永田山宝林寺（神奈川県横浜市／円覚寺派）

の開山。応永二十六年（一四一九）六月八日寂。

(2)大雅清風聞不聞＝誡「此の大雅の清風、汝等諸人、聞くや聞かずや」。底「盧疏斎が詩（「李白墓」『錦繡段』）に、『大雅の清風、久しく聞かず』。○『詩』の小雅の註に、『雅は正なり。正楽の歌なり。其の篇、本、大小の殊なり有り。正小雅は燕饗の楽なり。正大雅は会朝の楽なり』」。補「大雅」は、『詩経』の詩の分類の一つ。宮廷儀礼の際に演奏された。

(3)無音韻處調相分＝誡「此の大雅の清風に於いては…」「歴歴分明、分かっておれども、聞き手がないぞ」。底「音は『説文』に、『声なり。心に生まれて、外に節有り。之《これ》を音と謂う』。韻は『説文』に、『和なり。声、文を成し、音と為る。音員を韻と為す』」。

(4)機前頼有石人和＝誡「此の大雅清風の一曲、知音少《まれ》なる処…」。「石人和」は、底「『会元』（六）洛浦（元安禅師の章に、『石人の機、汝に似《に》ば、也《ま》た巴歌を唱うることを解《よ》くせん。汝、若《も》し石人に似ば、雪曲も也た応に和すべし』」。補「機前」は、【九二】(2)参照。

(5)江上青山多白雲＝誡「どう和し得たぞ…」。

《意訳》

大雅和尚忌〔諱は省音〕

大雅和尚の清風を聞いたか聞かぬか。
この一曲は世間の音韻にはあてはまらず誰も聞き手がいない。
はたらきに出る前に幸い石人だけが聞き得て和した。

川のほとりの青山には白雲が多くたなびいている。

【二八〇】先師忌

春風拂檻柳絲輕、上有黄鸝帶雨鳴。
口縫豈應向人啓、從來孝子諱爺名。

《訓読》

(1)先師忌《せんしき》
(2)春風《しゅんぷう》、檻《おばしま》を払《はら》って柳糸《りゅうし》軽《かる》し、上《うえ》に黄鸝《こうり》の雨《あめ》を帯《お》んで鳴《な》く有《あ》り。
(3)口縫《くほう》、豈《あ》に応《まさ》に人《ひと》に向《む》かって啓《ひら》くべけんや、(4)従来孝子《じゅうらいこうし》、爺《や》の名《な》を諱《い》む。

《註》

(1)先師忌＝誠「東渓聞(ママ)和尚」。補「先師」は、遷化した師。受業師である北禅と解する説もあるが、誠拙書入れによれば先住の東渓智門（序文後段の註(4)参照）。
(2)春風拂檻柳絲輕、上有黄鸝帶雨鳴＝誠「…と云う、此の一二に於いて、先師東渓聞(ママ)和尚と大寂中に相い対して、親しく相見の処ぞ」。補「黄鸝」は、チョウセンウグイス。黄鳥とも。
(3)口縫豈應向人啓＝誠「某甲《それがし》月船は、口縫、容易に人に向かって啓きはせぬ」。
(4)從來孝子諱爺名＝誠「それは如何《いかん》となれば、従来孝子たるものは爺の名を諱む」。底「張無尽の頌」。補『大慧武庫』上に、「陰森たる夏木、杜鵑鳴く、日、浮雲を破って宇宙清し。曽参《そうしん》に対して曽晳《そうせき》を問うこと莫かれ、従来孝子、爺の名を諱む」。「諱爺名」は、主君や親の諱《いみな》を避ける避諱《ひき》の習俗をいう。「爺」は、父親。

《意訳》

先師忌

春風が欄干《らんかん》を払って柳の綿も軽やかに揺れている。
その木の上にはウグイスが雨に濡れつつ鳴いている。
私は人に向かって容易に口を開きはしない。
どうしてかというと従来孝行息子は父の名を語りはしないからだ。

【二八二】續宗和尚忌〔櫻岡開祖〕

驢邊滅却馬邊傳、笑倒滹沱河北禪。
唯此宗風續不續、櫻岡春色自年年。

《訓読》

(1)続宗和尚忌《ぞくしゅうおしょうき》〔桜岡《おうこう》の開祖《かいそ》〕

(2)驢辺《ろへん》に滅却《めっきゃく》し馬辺《ばへん》に伝《つた》う、(3)笑倒《しょうとう》す滹沱河北《こだかほく》の禅《ぜん》。
(4)唯《た》だ此《こ》の宗風《しゅうふう》、続《つ》ぐや続《つ》がざるや、(5)桜岡《おうこう》の春色《しゅんしょく》、自《おのず》から年年《ねんねん》。

《註》

(1)續宗和尚＝補 続宗法紹。日峰法朝の法嗣。円覚寺百三十六世。応永年間（一三九四〜一四二八）、櫻岡山長福《おうこうさんちょうふく》寺《じ》（神奈川県横浜市／円覚寺派）を開く。寛正四年（一四六三）八月十四日寂。

(2)驢邊滅却馬邊傳＝誠「此の続宗はどうぞ…」。「驢辺滅却」は、底「前出」（【一九八】(1)）。

(3)笑倒滹沱河北禪＝誠「恁麼《いんもてい》底の続宗故に…」。「滹沱河」は、底「『臨済録』に、『師、既に黄檗の印可を受け、尋いで河北に抵《いた》り、鎮州城の東南の隅、滹沱河の側に臨む小院に住持す。其れ臨済は、地に因って名を得たり』」。

(4)唯此宗風續不續＝誠「唯だ此の驢辺に滅し馬辺に伝うる底の宗風、続ぐや続がざるや」。

(5)櫻岡春色自年年＝誠「甚《なん》の続不続とか論ぜん。桜岡の春色、古往今来、恁麼に相続して断ぜず」。

《意訳》

続宗和尚忌〔桜岡山長福寺の開祖〕

驢《ろ》馬《ば》の処で滅して馬の処で伝える。

滹沱河北の臨済の禅などとは、お笑いだ。

ただこの続宗和尚の宗風は続いてゆくだろうか。

桜岡の春景色は自《おのずか》ら年々変わることないように、和尚の宗風も変わらずに伝わってゆくことだろう。

【二八二】月庵和尚戢化

一片清光秋作輪、空齋獨坐掩松筠。
夜闌何處笳聲發、白水青山不見人。

《訓読》

(1)月庵《げったん》和《お》尚《しょう》戢化《しゅうけ》

(2)一片《いっぺん》の清光《せいこう》、秋《あき》、輪《りん》を作《な》す、空斎独坐《くうさいどくざ》、松筠《しょういん》を掩《おお》う。
(3)夜闌《やらん》、何《いず》れの処《ところ》にか笳声《かせい》発《はっ》す、(4)白水青山《はくすいせいざん》、人《ひと》を見《み》ず。

《註》

(1)月庵和尚＝誠「月船師の旧識の人」。補未詳。

(2)一片清光秋作輪、空齋獨坐掩松筠＝誠「一二で月庵の二字を頌して、月庵平常底の様子、脱体現成して置いて」。補「斎」は、部屋、居間。「松筠」は、松と竹。

(3)夜闌何處笳聲發＝誠「月船、此の庵中に独坐して居れば、忽ち月庵和尚御遷化と云う訃音が到来した」。補「笳」は、あしぶえ。

(4)白水青山不見人＝誠「はてさて御遷化であったと云って、其の蹤跡を見んとすれば、山を見ても川を見ても…」「限り無き追悼悲傷の意あり」。

《意訳》

月庵和尚が遷化された

一片のさえた月の光が秋の空に皓々《こうこう》と輝いている。
誰もいない部屋で一人坐って、松や竹が掩っている。
夜も闌《たけなわ》で、どこからか笛の音が聞こえてくる。
山を見ても川を見ても月庵和尚はもう見あたらぬ。

【二八三】義道和尚戢化〔鼻中有肉鈴〕

不曾隻字誦心經、始見鼻中有肉鈴。
鈴自落兮人自去、不曾隻字誦心經。

《訓読》

義道和尚《ぎどうおしょう》戢化《しゅうけ》〔(1)鼻中《びちゅう》に肉鈴《にくれい》有《あ》り〕

(2)曽《かつ》て隻字《せきじ》も心経《しんぎょう》を誦《じゅ》せず、(3)始《はじ》めて見《み》る、鼻中《びちゅう》に肉鈴《にくれい》有《あ》ることを。
(4)鈴《れい》自《おのずか》ら落《お》ち、人《ひと》自《おのずか》ら去《さ》る、(5)曽《かつ》て隻字《せきじ》も心経《しんぎょう》を誦《じゅ》せず。

《註》

(1)鼻中肉鈴＝底「『義楚六帖』に、『静之の鼻中、先より肉鈴を患う。異僧有り、〈般若心経〉を諷誦せしむること万遍、才《わず》かに五千に至って、其の鈴、自ら落つ』」。補「義道和尚」は、未詳。「肉鈴」は、鼻茸《はなたけ》の類であろう。肥大すると鼻呼吸を妨げる。静之の伝は『続高僧伝』修禅篇に見える。

(2)不曾隻字誦心經＝誠「此の和尚はどうぞ。曽て一字も此の般若心経を誦せず」。
(3)始見鼻中有肉鈴＝誠「隻字も誦せざる処に至って…」。
(4)鈴自落兮人自去＝誠「其の鼻の中の肉鈴、自ら落ち、其の人も又た自ら去る」。
(5)不曾隻字誦心經＝誠「此の義道和尚に於いては、曽て始めより隻字も心経を誦せず」。

《意訳》

義道和尚が遷化された〔鼻の中にできものがあった〕

未だかつて般若心経の一字も読まなかった。
私はこの人に会って始めて鼻の中に肉の鈴があるのを見た。
今や鈴は落ちて人もいなくなった。
未だかつて般若心経の一字も読んだことはなかった。

【二八四】偶成

我法妙難思、當機石火遲。
微風花片片、細雨艸離離。
黄面不曾會、少林那得知。
愁人家萬里、倚杖夕陽時。

偶成《ぐうせい》

《訓読》

(1)我法妙難思《がほうみょうなんし》、(2)当機《とうき》、石火遅《せっかおそ》し。
(3)微風《びふう》、花片片《はなへんぺん》、細雨《さいう》、草離離《くさりり》。
(4)黄面《おうめん》、曽《かっ》て会《え》せず、少林《しょうりん》、那《なん》ぞ知《し》ることを得《え》ん。
(5)愁人《しゅうじん》、家万里《いえばんり》、杖《つえ》に倚《よ》る、夕陽《せきよう》の時《とき》。

《註》

(1)我法妙難思＝誠「『我法妙難思』と拈弄《ねんろう》し将ち来った処に於いては、五千余巻の経文も一千七百の公案も、此の中を出でざるもので、三世諸仏も察すとも難き処があるぞ」。底「『法華』方便品」。

(2)當機石火遲＝誠「此の妙難思の当機当体に至っては」。補「当機」は、この機に直面しては。

(3)微風花片片、細雨艸離離＝誠「然ては此の妙難思の処はどうぞ。微風花片片、細雨草離離。是れ妙難思の処ではないか」。補「離離」は、【二一七】(3)参照。

(4)黄面不曾會、少林那得知＝誠「此の活消息に於いては、釈迦も曽て会せず。達磨も那《なん》ぞ知ることを得ん」。補「黄面」は釈迦、「少林」は達磨。

(5)愁人家萬里、倚杖夕陽時＝誠「叵耐《ほない》なり、最も耐え難いは是れ…」「…是に於いては須らく知るべし、遠き煙浪、別に好思量有ることを」。補「家万里」は、家郷から遠く離れていること。張謂の「王徴君の『洞庭にて懐い有り』に同ず」(『唐詩選』三)に、「家へ還る、万里の夢、客と為る、五更の愁え」。

《意訳》

偶成

わがこの法は実に妙なるもので思いはかることは出来ない。
真っ向からはたらいても手遅れだ。
そよ風が吹いて花がはらはら散っていく。
粉ぬかのような雨が草に降り注いでいる。
この消息はお釈迦様にも分かるまい。
達磨様にどうして分かろうか。
愁いにしずむ人は家郷から万里のかなた。
杖に寄りかかって夕暮れ時にひとりたたずむばかり。

【二八五】又

澄潭兼激浪、竟不見蒼龍。
脩竹微風動、晴窓睡正濃。

《訓読》

又《ま》た

　【二八五】又

(1)澄潭《ちょうたん》と激浪《げきろう》と、(2)竟《つい》に蒼龍《そうりゅう》を見《み》ず。
(3)脩竹《しゅうちく》、微風《びふう》動《ご》く、(4)晴窓《せいそう》、睡《ねむ》り正《まさ》に濃《こま》やかなり。

《註》

(1)澄潭兼激浪＝誠「湛湛と澄み渡ったる淵、ドンドと激発激動する大波の中には」。底「雪竇(重)顕の頌に、『澄潭許さず、蒼龍の蟠《わだかま》ることを』(『碧巌録』十八則)」。

(2)竟不見蒼龍＝誠「竟に此の蒼龍の蟠屈するを見ず」。

(3)脩竹微風動＝誠「然らば此の蒼龍は何れの処に在るぞ」。補「脩竹」は、長い竹。または竹やぶ。

(4)晴窓睡正濃＝誠「この折しも明かり窓の下に坐して、睡り正に濃やかなり」「是れが恐ろしい蒼龍であるまいものでもないぞ」。

《意訳》

また

澄み切った淵と激しい浪と、
とうとう蒼龍を見ることは出来なかった。
そよ風が吹いて竹が揺れている。
明かり窓の下でぐっすり昼寝をしたところだ。

【二八六】送僧

月滿關山露氣清、萬家砧杵曉聲聲。
慇懃好去二三子、不敢等閑説此情。

《訓読》

僧《そう》を送《おく》る

(1)月《つき》、関山《かんざん》に満《み》ちて露気清《ろききよ》し、(2)万家《ばんか》の砧杵《ちんしょ》、暁声声《ぎょうせいせい》。
(3)慇懃《いんぎん》に好《よ》し去《さ》れ二三子《にさんし》、(4)敢《あ》えて等閑《なおざり》に此《こ》の情《じょう》を説《と》かず。

《註》

(1)月滿關山露氣清＝[誠]「頃しも秋の事なれば、月、関山に満ちて露気清し。別して、笛の曲に『関山月』と云うも有り。露気と云えば夜明け方の景色」。[補]「関山」は、郷里の四境をめぐる山。転じて故郷の意。「関山月」とは、楽府曲の詩題。離別の哀傷をのべた歌詞が多い。

(2)萬家砧杵曉聲聲＝[誠]「どこにもかしこにも、きぬたを打つ声。暁に徹して頻りに砧声のするを云う」。[補]「砧杵」は、【二九】(3)参照。

(3)慇懃好去二三子＝[誠]「(慇懃は)好時節、ねんごろに」「(好は)ベシの意」「其の門人会下の者を二三子と云う」。[底]「(慇懃は)『字典』に『委曲なり』」「(二三子は)『論語』述而に、『子曰わく、〈二三子、我を以て隠すと為《す》るか。吾は隠すこと無きのみ〉』」。[補]「二三子」は、師が弟子たちに呼びかける言葉。君たち。

(4)不敢等閑説此情＝[誠]「…と云う、此の説かざる底の端的を見んと要せば、一二に於いて親しく見得徹して、始めて得べし」。

《意訳》

僧を送る

月は満月で関山にかかり、朝方の露を帯びた気がさわやかである。
どこの家でも砧《きぬた》を打つ声が暁に聞こえてくる。
ねんごろに申し上げるが、会下《えか》の者達よ、元気に行くがよい。
私は何もあえてこの別れの気持ちを申し上げることはしない。

【二八七】又

岸艸汀花春幾多、孤帆影痩大江波。
松牕日落香煙靜、裊裊白雲爭奈何。

《訓読》

又《ま》た

(1)岸草汀花《がんそうていか》、春幾多《はるいくばく》ぞ、(2)孤帆影痩《こはんかげや》す、大江《たいこう》の波《なみ》。
(3)松窓《しょうそう》、日落《ひお》ちて香煙静《こうえんしず》かなり、(4)裊裊《じょうじょう》たる白雲《はくうん》、争奈何《いかん》せん。

《註》

(1)岸艸汀花春幾多＝誠「頃しも春先のことなれば、岸草も緑に、汀《みぎわ》の花も紅にして、春幾多ぞ、どこを見ても春景色」。

(2)孤帆影痩大江波＝誠「此のおりしも此の僧、舟に乗じてゆくとみえて…」「煙波裏へ隠れ行く様子」。

(3)松牕日落香煙静＝誠「月船老師、庵中に独坐の様子」。補「松窓」は、松の木のさしかかった窓。

(4)裊裊白雲争奈何＝誠「(裊裊は)軽く飛び行く」「三四、吟味して宜しく自ら看るべし。宜しく吟ずべし、宜しく説くべからず」。補「裊裊」は、しなやか、たおやかなさま。

《意訳》

また

どれほどの春だろうか、岸の草は青く、汀《みぎわ》の花は紅に咲いている。
舟の影は遠ざかり波間に消えてゆく。
私はひとり松の木の窓辺に坐って静かにお香を焚いている。
たおやかな白雲を一体どうしようか。

【二八八】又

佛字不喜聞、無佛又紛紜。
逢人勿錯擧、楊花摘贈君。

《訓読》

又《ま》た

(1)仏《ぶつ》の字《じ》、聞《き》くことを喜《よろこ》ばず、(2)無仏《むぶつ》、又《ま》た紛紜《ふんぬん》。

(3)人《ひと》に逢《お》うて錯《あやま》って挙《こ》すること勿《な》かれ、(4)楊花《ようか》、摘《つ》んで君《きみ》に贈《おく》る。

《註》

(1)佛字不喜聞＝誠「…有仏の処、住することを得ざれ」。底「『趙州録』に、『衆に示して云わく、〈仏の一字、吾、聞くことを喜ばず〉』」。

(2)無佛又紛紜＝誠「…無仏の処、急に走過すべし。無仏と云うとも又たみだれがわしい」。底「『会元』（四）趙州の章に、『僧、辞す。師曰わく、〈甚麼《いず》れの処にか去る〉。曰わく、〈諸方に仏法を学び去る〉。師曰わく、〈有仏の処、住することを得ざれ。無仏の処、急に走過すべし。三千里外、人に逢って、錯って挙することを得ざれ〉。僧曰わく、〈与麼《よも》ならば則ち去らじ〉。師曰わく、〈摘楊花《てきようか》、摘楊花〉』」。○仏慧（法）泉の頌に、『楊花摘む処、何人か見る』」。補「紛紜」は、入りまじり乱れるさま。

(3)逢人勿錯舉＝誠「汝此を去って、途中に於いて是れ箇の人に逢うて、錯って挙著すること勿かれ」。

(4)楊花摘贈君＝誠「月船手ずから楊花を摘んで君につかわすぞ」。補「摘楊花」は、送別の言葉。『諸録俗語解』に、「離別の歌曲の名なり。『おさらば、おさらば』と訳す」。なお、『虚堂録犂耕』三は、「古来、相い伝えて、送行の語と為して、折楊柳《せつようりゅう》（柳枝を折って贈り、別れを惜しむ風習）の事を引く。（中略）送行の語と為すべからず。直に是れ『憑拠無き無益の事』なり。（中略）今言せば、『去るも也《ま》た去らざるも也た、総に是れ摘楊花なり』」と解する。

《意訳》

また

仏の字も聞くことを喜ばず、
仏の無いところもうるさいので過ぎてゆけ。
旅の途中で間違って人に言うことはないぞ。
私は楊花を摘んで君に贈ろう。

【二八九】又

十載江西月、秋風捲衲衣。
人言超物外、白髪坐依依。

《訓読》

又《ま》た

(1)十載《じっさい》、江西《こうぜい》の月《つき》、(2)秋風《しゅうふう》、衲衣《のうえ》を捲《ま》く。
(3)人《ひと》は言《い》う、物外《もつがい》に超《こ》ゆと、(4)白髪《はくはつ》、坐《そぞろ》に依依《いい》。

《註》

(1)十載江西月＝誠「此の僧、凡そ十年ほど江西の月を翫《もてあそ》び、老僧に随身していたが」。「江西月」は、底「上巻に出ず」(【四三】)。
(2)秋風捲衲衣＝誠「此の度は…」。
(3)人言超物外＝誠「其れに付いて…」。補「物外」は、世間の事物を超越した絶対の境地。
(4)白髪坐依依＝誠「老僧月船に於いては、あいも変わらず此の庵中に居るぞ、と云う意」。補「坐」は、ひとりでに。わけもなく。「依依」は、なごり惜しく離れがたいさま。

《意訳》

また

十年ばかり私のこの道場で月を眺めて暮らしたが、
この度、秋風に衣を翻して出かけてゆく。
人はあなたの事を世間の外に超えていると言うかもしれないが、
私はこの白髪頭で、わけもなく名残惜しく思っている。

【二九〇】又

春風颸颸、春艸離離。
欲贈無物、途中善爲。

《訓読》

又《ま》た

(1)春風颰颰《しゅんぷうふつふつ》、春草離離《しゅんそうりり》。

(2)贈《おく》らんと欲《ほっ》するに物《もの》無《な》し、(3)途中《とちゅう》、善《よ》く為《せ》よ。

《註》

(1)春風颰颰、春艸離離＝誠「此の僧を送る頃しも、春のことなれば…」「…と云う、此の二句に於いては現成底の公案、栲栳を傾け尽くして此の僧に分付し了わったものぞ」。補「颰颰」は、そよ風の吹くさま。「離離」は、【二一七】(3)参照。

(2)欲贈無物＝誠「此の外に贈らんと欲するに、更に物無し」。

(3)途中善爲＝誠「善く自ら為せよ」。底『会元』(五)投子の(大)同禅師の章に、『雪峰、辞す。師、送って門を出で、召して曰わく、〈道者〉。峰、首を回らして応諾す。師曰わく、〈途中、善く為よ〉』」。

《意訳》

また

春風がそよそよ吹いて、

春の草もよく茂っている。

あなたに贈ろうにも何もない。

途中気をつけてよく励んでください。

【二九二】又

好去天台又五臺、鷓鴣啼處百花開。
別無行脚些兒事、不許袈裟裹艸鞋。

《訓読》

又《ま》た

(1)好《よ》し去《さ》れ、天台《てんだい》、又《ま》た五台《ごだい》、(2)鷓鴣《しゃこ》啼《な》く処《ところ》、百花《ひゃっか》開《ひら》く。
(3)別《べつ》に行脚《あんぎゃ》些児《しゃじ》の事《じ》無《な》し、(4)許《ゆる》さず、袈裟《けさ》に草鞋《そうあい》を裹《つつ》むことを。

《註》

(1)好去天台又五臺＝［誠］「此の僧、此の度、老僧が処を辞して外へ行き去ることじゃが、好し去れ、天台へなりとも、五台なりとも」。
(2)鷓鴣啼處百花開＝［誠］「…到る処、処として本地の好風光ならぬはないぞ」。［補］風穴延沼の語に「鷓鴣啼く処、百花香し」。【四六】(1)参照。「鷓鴣」は、鳥の名。
(3)別無行脚些兒事＝［誠］「此の外、別に衲僧行脚の上に於いて些児の事無し」「三四、把住」。［補］「些児」は、些子に同じ。少しの。僅かの。
(4)不許袈裟裹艸鞋＝［誠］「汝此を去って途中、袈裟に草鞋を裹むことを許さず。取り違えたことをせまいぞ」。［底］「『林間録』に、『宗道者、嘗て衣を散じて山を下る。逆《むか》えて問う者有って曰わく、〈如何なるか是れ道者の家風〉。師曰わく、〈袈裟に草鞋を裹む〉。問う、〈意旨、如何《いかん》〉。曰わく、〈赤脚にして桐城を下る〉』」。

《意訳》

また

天台なりとも五台なりとも好きに行くがよい。
鷓鴣も啼いて沢山の花も咲いている。
別に行脚について何も言うこともない。
袈裟に草鞋《わらじ》を包むようなまねはしてならぬぞ。

【二九二】又

南方佛法好咨詢、誰道爐頭無主賓。
枯木巖前須選路、臺山婆子欲瞞人。

《訓読》

又《ま》た

(1)南方《なんぽう》の仏法《ぶっぽう》、好《よ》し咨詢《しじゅん》するに、(2)誰《たれ》か道《い》う、炉頭《ろとう》、主賓《しゅひん》無《な》しと。
(3)枯木巌前《こぼくがんぜん》、須《すべか》らく路《みち》を選《えら》ぶべし、(4)台山《だいさん》の婆子《ばす》、人《ひと》を瞞《まん》ぜんと欲《ほっ》す。

《註》

(1)南方佛法好咨詢＝誠「此の僧、這《こ》の回《たび》老僧が門下を辞し去ることじゃが、南方の仏法、好し咨詢し着□」。「咨詢」は、底「『詩』の小雅に、『周く爰《ここ》に咨詢す』」。

(2)誰道爐頭無主賓＝誠「どこのだれやら云うた、炉頭、主賓無しと」。「炉頭無主賓」は、底「『会元』(四)に、『趙州(従)諗禅師。衆に謂って曰わく、〈我、行脚して南方に到って、火炉頭に向《お》いて箇の無賓主の話有り。直に如今《いま》に至るまで人の挙著する無し〉』」。補「主賓」は、師家と学人。賓主とも。

(3)枯木巖前須選路＝誠「此を去って、枯木巌前、須らく路を選ぶべし」。補『伝灯録』二十九、同安の詩に、「枯木巌前、差路多し、行人、此に到って尽《ことごと》く蹉跎《さた》す」

(4)臺山婆子欲瞞人＝誠「台山の婆子、動《やや》もすれば人を瞞ぜんと欲す」。「台山婆子」は、底「同章(『五灯会元』趙州章)に、『僧有り、五台山に遊ぶ。一婆子に問うて曰わく、〈台山の路、甚麽《いず》れの処に向かってか去る〉。婆曰わく、〈驀直《まくじき》に去れ〉。僧、便ち去る。婆曰わく、〈好箇の師僧、又た恁麼《いんも》に去る〉』」。

《意訳》

また

私のもとを去って南方の仏法を求めて行くがよい。

誰が「火炉頭《かろとう》に賓主《ひんじゅ》なし」と言ったのだろう。

これから出てゆけば、枯木の岩あたり分かれ道があろうが、よく道を選びなさい。

五台山の婆子が人をたぶらかそうとしているかも知れないぞ。

【二九三】又

柳暗花明百十城、幾回郊外逐流鸎。
朝來撥艸妙峰頂、好引徳雲別處行。

《訓読》

又《ま》た

(1)柳暗《やなぎくら》く花明《はなあき》らかなり百十城《ひゃくじゅうじょう》、(2)幾回《いくたび》か郊外《こうがい》、流鶯《りゅうおう》を逐《お》う。
(3)朝来《ちょうらい》、草《くさ》を撥《はら》う妙峰頂《みょうぶちょう》、(4)好《よ》し徳雲《とくうん》を引《ひ》いて別処《べっしょ》に行《ゆ》く。

《註》

(1)柳暗花明百十城＝[誠]「柳が青み渡れば、おぞ黒う見ゆる景色。到る処、処として本地の風光ならざるは無いぞ」。「百十城」は、[底]「上巻に出ず」（【九八】）。[補]「柳暗花明」は、陸游の「山西に游ぶ」に、「山重なり水複して、路無きかと疑う、柳暗く花明らかなり、又た一村」。

(2)幾回郊外逐流鸎＝[誠]「然るに僧、あちらへも飛び廻りこちらへも飛び廻り…」。[補]「流鶯」は、枝から枝へと飛び移りながら鳴くウグイス。『続灯録』三、龍興の禹の章に、「千語万語、人の会する無し、又た流鶯を逐うて短牆を過ぐ」。

(3)朝來撥艸妙峰頂＝[誠]「此の僧は朝来重ねて又た草を撥う」。「妙峰頂」は、[底]「『華厳』入法界品に、『文殊師利、善財童子に告げて言わく、〈善男子、此の南方に於いて、一の国土有り、名づけて勝楽と為す。其の国に山有り、名づけて妙峰と曰う。彼の山中に於いて比丘有り、徳雲と名づく。汝、往いて問うべし〈云云〉〉。善財、勝楽国に向かい、妙峰山に登る。其の山上に於いて、東西南北四維上下、観察し求覓《ぐみゃく》し渇仰して、徳雲比丘を見んと欲す。七日を経て、彼の比丘、別山上に在って、徐歩経行するを見る』」。

(4)好引徳雲別處行＝誠「此の妙峰頂に行ったならば、是れ此の徳雲老を別処に向かって親しく相見せよ」。

《意訳》

また

柳青く花は見事に咲き誇る道を百十城を歩いて行脚した。
幾たびも郊外にウグイスを追って出かけたものだ。
朝が来たなら草をかき分けて妙峰頂を目指し、
徳雲比丘を連れてよそにでかけるがよい。

【二九四】又

朝雨初晴客夢醒、飄然振錫出幽扃。
慇懃未擧臨岐句、留待春風柳眼青。

《訓読》

又《ま》た

(1)朝雨《ちょうう》初《はじ》めて晴《は》れて客夢《かくむ》醒《さ》む、(2)飄然《ひょうぜん》として錫《しゃく》を振《ふ》るって幽扃《ゆうけい》を出《い》ず。

(3)慇懃《いんぎん》に未《いま》だ挙《こ》せず岐《き》に臨《のぞ》むの句《く》、(4)留《とど》めて春風柳眼《しゅんぷうりゅうがん》の青《あお》きを待《ま》つ。

《註》

(1)朝雨初晴客夢醒＝[誠]「さて今朝は雨もはじめてすっぱりと快晴して」。[補]「客夢」は、旅先で見る夢。

(2)飄然振錫出幽扃＝[誠]「天気もよく快晴し、客夢も醒めたに付いて…」。[補]「幽扃」は、閉ざされたとびら。扃は、かんぬき。

(3)慇懃未擧臨岐句＝[誠]「老僧は慇懃に汝が為に未だ岐に臨む那一句を挙揚せず」。「臨岐句」は、[底]『会元』（十六）に、『雪峰（宗）演禅師。辞衆の日、僧問う、〈如何なるか是れ岐に臨むの一句〉。師曰わく、〈馬有れば馬に騎《の》り、馬無ければ歩行す〉』。〇仏慧の泉の偈に、『好し鍾阜《しょうふ》、岐に臨むの句を将《もっ》て、当年の踏碓翁に説似せよ』。

(4)留待春風柳眼青＝[誠]「柳眼の青み渡る時を待つ。此の僧、脚跟《きゃっこん》親しく地に点する時を待つ意なり」。[補]「柳眼」は、柳の新芽。

《意訳》

また

朝からの雨もようやく上がって夢から醒めた。
飄然と錫をふるって静かに扉を開けて出かけてゆく。
私はまだ丁重に別れの言葉も述べていないが、
あなたが修行の眼が開けて柳も青々と春風に芽吹くのを待っている。

【二九五】又

秋風海上白雲横、月裏歸鴻度洛城。
二十年來膽如斗、豈應容易向人傾。

《訓読》

又《ま》た

(1)秋風海上《しゅうふうかいじょう》、白雲横《はくうんよこ》たう、(2)月裏《げつり》の帰鴻《きこう》、洛城《らくじょう》を度《わた》る。
(3)二十年来《にじゅうねんらい》、胆《きも》、斗《ます》の如《ごと》し、(4)豈《あ》に応《まさ》に容易《ようい》に人《ひと》に向《む》かって傾《かたむ》くべけんや。

《註》

(1)秋風海上白雲横＝誠「此の僧、這《こ》の回帰るに付いて、見れば頃しも秋のことなれば…」。
(2)月裏歸鴻度洛城＝誠「このおりしも月裏の帰鴻、都の方へ渡り帰る」。
(3)二十年來膽如斗＝誠「此の僧、二十年来、老僧に随侍して居たが、此の僧、大胆なることマスの如くであった」。「胆如斗」は、底「『蜀志』姜維《きょうい》が伝に、『維、死する時、胆を剖いて、斗の大いさの如くなるを見る』」。
補胆が一斗ますのように大きい。肝っ玉が大きい、胆力のあること。
(4)豈應容易向人傾＝誠「此の大胆斗の如くなるを、たやすく人に向かって傾くべけんや。傾くべきではないぞ、と三回大いに此の僧の為にする処があるぞ」。

《意訳》

また

秋風吹く海のあたりに白雲が横たわる。
月のかかる夜に鴻《おおとり》が都の方へ渡り帰って行く。
この僧、二十年来随侍していたが、その大胆なることは一斗マスのようであった。
この大胆なるマスを人の為にたやすく傾けることはならぬぞ。

【二九六】又

四海五湖皇化裏、衲僧高歩進竿頭。
長沙門外人如問、澧水朗山恨不休。

《訓読》

又《ま》た
(1)四海五湖《しかいごこ》、皇化《こうか》の裏《うち》、(2)衲僧高歩《のうそうこうほ》、竿頭《かんとう》に進《すす》む。
(3)長沙門外《ちょうさもんがい》、人《ひと》如《も》し問《と》わば、(4)澧水朗山《れいすいろうざん》、恨《うら》み休《きゅう》せず。

《註》

(1)四海五湖皇化裏＝誠「到る処、悉く皆な是れ此の皇化の裏ぞ」。底「『伝灯』（十）長沙（景）岑の章に、『師、一僧をして、去って同参の会和尚に問わしめて曰わく、〈和尚、南泉に見《まみ》えて後、如何《いかん》〉。会、黙然たり。僧曰わく、〈和尚、未だ南泉に見えざる已前は作麼生《そもさん》〉。会曰わく、〈更に別に有るべからざるなり〉。僧、回《かえ》って師に挙似す。

師、一偈を示して曰わく〈百尺の竿頭、動かざる人、然も得入すと雖も、未だ真と為さず。百尺の竿頭、須らく歩を進むべし、十方世界、是れ全身〉。僧問う、〈只だ百尺竿頭の如きんば、如何が歩を進めん〉。師曰わく、〈朗州の山、澧州の水〉。僧曰わく、〈請う、師、道《い》え〉。師曰わく、〈四海五湖、皇化の裏〉』」。補「四海五湖」は、【二一〇】⑶参照。

⑵衲僧高歩進竿頭＝誠「衲僧下は人人百尺竿頭、高く歩を進めいでは衲僧とは言われぬぞ」。

⑶長沙門外人如問＝誠「汝此を去って、長沙門外、人如し如何と問わば」。補「長沙」は、前註⑴参照。

⑷澧水朗山恨不休＝誠「此の澧水朗山の一転語に於いて恨み休せず、さぞ困り切るであろう」。補「澧水朗山」は、澧州の川と朗州の山（ともに湖南省）。前註⑴参照。

《意訳》

また

どこもかしこも天皇陛下の高徳がゆきわたる。

禅の修行僧ならば百尺の竿頭を越えて行かねばなるまい。

長沙が百尺竿頭をどう進むかと問われて「朗州《ろうしゅう》の山、澧州《れいしゅう》の水」と答えたが、長沙亡き後、もし人に問われたら、

この「澧州の水、朗州の山」について答えに窮して困り切るだろう。

【二九七】又

江頭明月賦中寒、一錫秋風行路難。
此調適來猶記得、臨岐欲擧太無端。

《訓読》

又《ま》た

(1)江頭《こうとう》の明月《めいげつ》、賦中《ふちゅう》に寒《さむ》し、一錫《いっしゃくしゅうふう》秋風、(2)行路難《こうろなん》。
(3)此《こ》の調《しら》べ、適来《せきらい》、猶《な》お記得《きとく》す、(4)岐《き》に臨《のぞ》んで挙《こ》せんと欲《ほっ》す、太《はなは》だ端無《はしな》し。

《註》

(1)江頭明月賦中寒＝誠「此の一二は、吟ずるに宜しくして、説くに宜しからず」。
(2)行路難＝底「古楽府《こがふ》に、『行路難』有り」。補楽府曲の詩題。世渡りの難しさ、離別の悲しみを歌った歌詞が多い。
(3)此調適來猶記得＝誠「此の調べ、さきほどまではやはり老僧月船も、とっくり覚えて居たが」。「適来」は、底「『韻学集成』に、『適来は、猶お爾来《じらい》のごとし』」。
(4)臨岐欲擧太無端＝誠「今、岐に臨んで此の調べを挙せんと欲す」「『太無端』の三字、大いに力有るぞ。眼を着けて看よ」。補「無端」は、【四七】(4)参照。

《意訳》

また
川の畔《ほとり》の明月が、詩の中で寒々としている。

錫を持して秋風の中を出かけるが、行く道は困難である。
この詩の調べは先程来よく覚えている。
別れに臨んで取りあげようとしてもなかなかうまくゆかぬ。

【二九八】又

一片閑雲起薜蘿、江城雨色夢中過。
烏藤從此諸方去、莫道儂家口轉多。

《訓読》

又《ま》た
(1)一片《いっぺん》の閑雲《かんうん》、薜蘿《へいら》より起《お》こる、(2)江城《こうじょう》の雨色《うしょく》、夢中《むちゅう》に過《す》ぐ。
(3)烏藤《うとう》、此《こ》れより諸方《しょほう》に去《さ》らば、道《い》うこと莫《な》かれ、(4)儂家《のうけ》、口《くち》転《うた》た多《おお》しと。

《註》

(1)一片閑雲起薜蘿＝誠「此の僧、武渓の庵中より出かけ行く様子」。補「薜蘿」は、つたかずら。カズラで織った布。隠者の衣服。隠者の住居。
(2)江城雨色夢中過＝誠「其の時節はどうぞ…」「天気すっぱりと快晴した様子」。
(3)烏藤＝補【五三】(4)参照。

(4)儂家＝誠「月船が家」。補一人称。わたし。

《意訳》

また

ひとひらの雲が静かにツタのからまった草庵から出てゆく。
町の中は雨がまるで夢の中のように過ぎてゆく。
杖を持ってこれから諸方に出かけたら、
私は多く説きすぎると決して言うでないぞ。

【二九九】又

昨夜秋鴻度海煙、鳴空金錫去飄然。
十年消息臨岐句、懶擧青山暮雨前。

《訓読》

又《ま》た

(1)昨夜《さくや》秋鴻《しゅうこう》、海煙《かいえん》を度《わた》る、(2)空《そら》に鳴《な》る金錫《きんしゃく》、去《さ》って飄然《ひょうぜん》。
(3)十年《じゅうねん》の消息《しょうそく》、岐《き》に臨《のぞ》む句《く》、(4)挙《こ》するに懶《ものう》し、青山《せいざん》暮《ぼ》雨《う》の前《まえ》。

《註》

武渓集　巻下　【二九九】又

(1)昨夜秋鴻度海煙＝誠「此の僧の国元より、『帰れ』という書状の来るを云う」。補「秋鴻」は、秋に来て春に帰る雁。離別の意を含む。
(2)鳴空金錫去飄然＝誠「それについて此の僧…」「武渓を辞して出かける様子」。補「金錫」は、金で作った錫杖。錫杖の美称。
(3)十年消息臨岐句＝誠「此の僧十年来の消息、又た即今岐に臨む那一句をば」。
(4)懶擧青山暮雨前＝誠「今別れに臨んで…」。

《意訳》

また

昨夜秋の鴻《おおとり》が海を越えてやって来た。
それを受けてこの僧も錫杖を空に響かせて飄然と去ってゆく。
十年来共に暮らしてきて、今別れの句を取りあげようにも、
青山に暮れゆく雨の中、言葉を見つけるのも面倒だ。

【三〇〇】又

冬不寒兮春不飢、清風歩歩望京師。
盧陵米價人如問、看取山前麥熟時。

《訓読》

又《ま》た

(1)冬《ふゆ》寒《さむ》からず春《はる》饑《う》えず、(2)清風歩歩《せいふうほほ》、京師《けいし》を望《のぞ》む。

(3)盧陵《ろりょう》の米価《べいか》、人《ひと》如《も》し問《と》わば、(4)山前《さんぜん》、麦熟《むぎじゅく》するの時《とき》を看取《かんしゅ》せよ。

《註》

(1)冬不寒兮春不飢＝誠「這《こ》の回《たび》、京師へ帰る此の僧はどうぞ。…何不足無き僧と見えるぞ」。

(2)清風歩歩望京師＝誠「這の僧、頃しも秋に乗じて…」。

(3)盧陵米價人如問＝誠「汝此を去って、是れ箇の盧陵の米価を人如何《いかん》と問わば」。「盧陵米価」は、底「『伝灯』（五）青原（行）思の章に、『僧問う、〈如何なるか是れ仏法の大意〉。師曰わく、〈盧陵の米、作麼《なん》の価ぞ〉』」。

(4)看取山前麥熟時＝誠「汝自ら他に向かって直に道《い》え、山前麦熟の時を看取せよと」。「山前麦熟」は、底「同上〈『伝灯録』二十四〉、帰宗（道）詮の章に、『僧問う、〈承り聞く、和尚、親しく延寿に見《まみ》え来ると。是なりや否や〉。師曰わく、〈山前、麦熟するや也《ま》た未だしや〉』」。

《意訳》

また

この僧は冬でも寒くなく、春にも飢えることがない。

清風の中一歩一歩京都へ歩んで行く。

盧陵の米の値段をもし聞かれたら、

山の前の麦が熟する時に見て取れと答えなさい。

【三〇二】又

江西秋月照、賓主不相欺。
拂袖之何處、清風滿地吹。

《訓読》

又《ま》た

(1)江西《こうぜい》、秋月照《しゅうげつて》らす、(2)賓主《ひんじゅ》、相《あ》い欺《あざむ》かず。
(3)払袖《ほっしゅう》して何《いず》れの処《ところ》にか之《ゆ》く、(4)清風《せいふう》、満地《まんち》に吹《ふ》く。

《註》

(1)江西秋月照＝補馬祖翫月の話頭。【四三】参照。
(2)賓主不相欺＝誠「此の月を翫ぶ処に於いては、賓主相い共に一点も欺かず」。補「賓主」は、学人と師家。主賓とも。
(3)拂袖之何處＝誠「此の僧、即今袖を払って何れの処にか之く」。
(4)清風滿地吹＝誠「此の僧到る処、下載の清風、満地に吹く」。

《意訳》

また
江西を秋の月が照らしている。
賓主お互いに欺くことはない。
袖を払ってどこへ行こうというのか。
清風はそこかしこに吹きわたっている。

【三〇二】又

吾聞古君子、送人其言至。
行行復行行、有言好掩耳。

《訓読》

又《ま》た
(1)吾《われ》聞《き》く古《いにしえ》の君子《くんし》、(2)人《ひと》を送《おく》るに其《そ》の言《こと》至《いた》る。
(3)行《ゆ》け行《ゆ》け、復《ま》た行《ゆ》け行《ゆ》け、(4)言《こと》有《あ》らば好《よ》し耳《みみ》を掩《おお》え。

《註》

(1)吾聞＝誠「吾月船は聞いておる」。
(2)送人其言至＝誠「人を送るに、其の言、至り極すと」。底「『史記』孔子世家に、『孔子、周に適《ゆ》き、礼を老子に問う。辞し去るとき、老子、送って曰わく、〈吾聞く、富貴なる者は人を送るに財を以てし、仁人は人を送るに言を以てすと。吾は富貴なること能わず、仁人の号を窃《ぬす》めり。子《なんじ》を送るに言を以てせん〉』〔云云〕。

(3)行行復行行＝誠「今汝、行け行け、復た行け行け」。補『文選』古詩十九首に「行き行きて重ねて行き行く」。

(4)有言好掩耳＝誠「衲僧家は、若《も》し至る処言有らば、急に耳を掩え」。

《意訳》

また

私の聞いたところでは昔の君子は、
人をお送りするのに言葉を送ったという。
もう行きなさい行きなさい、更にまた行きなさい行きなさい。
もしも言葉が有れば耳を掩うて行くがよい。

【三〇三】又

誰家吹笛雨成霖、五月海南多毒淫。
行矣不曾爲君説、老僧猶在武溪深。

《訓読》

又《ま》た

誰《た》が家《いえ》の吹笛《すいてき》ぞ、雨《あめ》、霖《りん》を成す、(1) 五月海南《ごがつかいなん》、毒淫多《どくいんおお》し。(2)
行《ゆ》け、曽《かつ》て君《きみ》が為《ため》に説《と》かず、(3) 老僧《ろうそう》、猶《な》お武渓《ぶけい》の深《ふか》きに在《あ》り。(4)

《註》

(1)誰家吹笛雨成霖＝誡「這《こ》の僧を送るおりしも、誰が家の吹笛ぞ、又た雨頻りに霖を成す」。補「霖」は、ながあめ。三日以上続く雨。

(2)五月海南多毒淫＝誡「余り長雨ゆえ、五月海南、故に毒淫多し」。補「海南」は、南の海に沿った地方。日本では紀伊・土佐などを指す。中国で南方は病を引き起こす瘴毒の地とされた。「武渓」も中国南方の川の名。

(3)行矣不曾爲君説＝誡「行け、もとより君が為に口を開いて説かず」。

(4)老僧猶在武溪深＝誡「老僧月船は、猶お武渓の深きに在り」。「武渓深」は、底「崔豹が『古今注』に、『漢の馬援、南征す。門人袁生、善く笛を吹く。援、歌を作って、以て之《これ》を和す。〈武渓深の曲〉と名づく。其の曲に曰わく、〈滔滔たる武渓、一《ひとえ》に何ぞ深き。鳥飛んで度らず、獣、臨むこと能わず。嗟哉《ああ》、武渓、毒淫多し〉』」。補「武渓」は、湖南省にある川の名。武水とも。後漢の伏波将軍馬援が南蛮を征してここに至った。【一】(1)参照。

《意訳》

また

あなたを送るとどこの家からか笛の音が聞こえてきて、雨も長雨となる。
五月の海南は毒気が多い。
さあお行きなさい、あなたのために説くこともありません。

私はなおこの武渓の深いところにいますよ。

【三〇四】又

古人到此不肯住、途路力疲白日昏。
拄杖千峰萬峰去、何山石上拂苔痕。

《訓読》

又《ま》た

(1)古人《こじん》、此《ここ》に到《いた》って肯《あ》えて住《じゅう》せず、(2)途路《とろ》、力《ちから》疲《つ》きて白日昏《はくじつくら》し。
(3)拄杖《しゅじょう》、千峰万峰《せんぽうばんぽう》に去《さ》らば、(4)何《いず》れの山《やま》の石上《せきじょう》にか苔痕《たいこん》を払《はら》わん。

《註》

(1)古人到此不肯住＝誠「従上来の古人も、此に到って、肯えてうけごうて、もうよいと云うて」。底「『碧巌』二十五則に、『蓮華峰庵主、拄杖を拈じて、衆に示して云わく、〈古人、這裏に到って、什麼《なん》と為てか肯えて住せざる〉。衆、無語。自ら代わって云わく、〈他の途路に力を得ざるが為に〉。復た云わく、〈畢竟じて如何《いかん》〉。又た自ら代わって云わく、〈楖標《しつりつ》横に担って人を顧みず、直に千峰万峰に入り去る〉』」。

(2)途路力疲白日昏＝誠「古人は肯えて住止せざる処から…」「一二にて古人底を述べて置いて、三四で」。

(3)拄杖千峰萬峰去＝誠「汝今此を去って、拄杖を横に担って千峰万峰に入り去らば」。

(4)何山石上拂苔痕＝誠「何れの山の石上にか苔痕を払って住し止まる積もりぞ」。

《意訳》

また

昔の人はあえてここにとどまらずに、
途中で力尽きて日も暗くなってきた。
杖を持って山また山の彼方に行けば、
さてどこの山の石の上で苔を払ってとどまることにしようか。

【三〇五】又

楊柳青青春幾多、歸鴻和雨度關河。
而今爲擧臨岐句、此去諸方問奈何。

《訓読》

又《ま》た

(1)楊柳青青《ようりゅうせいせい》、春幾多《はるいくた》ぞ、(2)帰鴻《きこう》、雨《あめ》に和《わ》して関河《かんが》を度《わた》る。
(3)而今《いま》、為《ため》に挙《こ》す、岐《き》に臨《のぞ》むの句《く》、(4)此《ここ》を去《さ》って諸方《しょほう》、奈何《いかん》と問《と》え。

《註》

(1)楊柳青青春幾多＝誠「柳も青み花も開いて、どこを見ても春景色の様子」「一一に於いて現成公案、両手分布して此の僧に餞したものぞ」。
(2)歸鴻和雨度關河＝誠「又た眺めやれば、春の鴻雁、春雨に和して関河を度る」。補「関河」は、山河。遥かな旅路。
(3)而今爲擧臨岐句＝誠「而今老僧月船、此の僧の為に、岐に臨む底の句、重重挙揚しておいたぞ」。
(4)此去諸方問奈何＝誠「此を去って、諸方に向かって奈何と問い究めよ」。

《意訳》

また

柳も青々として春もどれほど過ごしただろう。
帰って行く鴻《おおとり》も雨の中を遥かな山河を渡ってゆく。
いまあなたのために別れの句を言おうと思う。
ここを去ったなら、諸方でどうだと問い詰めてゆくことだ。

【三〇六】又〔破夏來去〕

黄檗山頭破夏來、河南河北又何之。
知君前路疑情切、應是杜鵑叫月時。

《訓読》

又《ま》た〔夏《げ》を破《やぶ》って来去《らいきょ》す〕

(1)黄檗山頭《おうばくさんとう》、夏《げ》を破《やぶ》って来《きた》り、(2)河南河北《かなんかほく》、又《ま》た何《いず》くにか之《ゆ》く。
(3)知《し》んぬ君《きみ》が前路《ぜんろ》、疑情《ぎじょう》の切《せつ》なることを、(4)応《まさ》に是《こ》れ杜鵑《とけん》、月《つき》に叫《さけ》ぶ時《とき》なるべし。

《註》

(1)黄檗山頭破夏來＝誠「這《こ》の僧即今、黄檗山頭、夏を破って来る」「（来は）来去の意」。「破夏」は、底「前出」（【一九九】(1)）。

(2)河南河北又何之＝誠「汝此を去って河南の方か河北の方か、又た何くにか之く」。「河南河北」は、底「『臨済録』に、『師、一日、黄檗を辞す。檗問う、〈什麼《いず》れの処にか去る〉。師曰わく、〈是れ河南にあらずんば、便ち河北に帰せん〉』」。

(3)知君前路疑情切＝誠「月船よく知っておる。君が此を去って、前路、此の事を疑う情の切なることを」。補「疑情」は、疑団に同じ。

(4)應是杜鵑叫月時＝誠「おおかた杜鵑月に叫ぶ時が此の僧の疑情の切なる時であろうぞ」。補「杜鵑」は、【二四】(4)参照。

《意訳》

また〔夏安居の禁足を破って往来する〕
黄檗山頭に夏《げ》の途中でやって来て、
河南か河北か、またどこへ行くのであろうか。

私はこれから行く先であなたの疑いのこころが切実なることを知っている。
まさにホトトギスが月に叫ぶ時なのだろう。

【三〇七】送人入京

玉笛飛聲暮色寒、關山明月望長安。
鳳凰城外重回首、萬仞芙蓉雪裏看。

《訓読》

人《ひと》の京《きょう》に入《い》るを送《おく》る

(1)玉笛《ぎょくてき》、声《こえ》を飛《と》ばして暮色《ぼしょく》寒《さむ》し、(2)関山《かんざん》の明月《めいげつ》、長安《ちょうあん》を望《のぞ》む。
(3)鳳凰城外《ほうおうじょうがい》、重《かさ》ねて首《こうべ》を回《めぐ》らせば、(4)万仞《ばんじん》の芙蓉《ふよう》、雪裏《せつり》に看《み》ん。

《註》

(1)玉笛飛聲暮色寒＝誠「(玉笛は) 玉の横笛」「飛声は悠揚と声を起こすを云う」。
(2)關山明月望長安＝誠「此の折しも玉笛というから関山の明月を置いたものぞ。関山は曲名なり」。補「関山」は、【二八六】(1)参照。
(3)鳳凰城外重回首＝誠「汝此を去って鳳凰城外に到らば、重ねて再び首を回して見られい」。補「鳳凰城」は、長安。ここでは京都をさす。『虚堂録』五に、「各《おのおの》財本を将ち去って経営す、上国、天の如くにして好し晴を趁《お》うに。未だ門を出でざる時、先ず算帳す、如何《いかん》ぞ鳳凰城に到ることを得ん」。長安城を鳳凰城と称すること、『虚堂録犂耕』十五に考証あり。

(4)萬仞芙蓉雪裏看＝誠「…と。但だ但だ儒者を送るに付けても、自然と骨が有るぞ」。補「芙蓉」は蓮の花。芙蓉峰・蓮華峰は富士山の異名。

《意訳》

ある人が京に上るのを送る

玉の笛がゆったり音色を響かせて夕暮れ時寒々とする。
関山月《かんざんげつ》の名曲を奏でながら京の都を眺める。
都の郊外で再び頭をめぐらせば、
万仞にそびえる富士山に雪がつもっているのを看ることだろう。

【三〇八】 送僧之江州

一夜烏藤狹路逢、冷氷氷裏謾從容。
登樓元是非吾土、月落琵琶湖上鐘。

《訓読》

(1)僧《そう》の江州《ごうしゅう》に之《ゆ》くを送《おく》る

(2)一夜《いちや》烏藤《うとう》、狭路《きょうろ》に逢《あ》う、(3)冷氷《れいひょう》氷裏《ひょうり》、謾《みだ》りに従容《しょうよう》。
(4)登楼《とうろう》、元是《もとこ》れ吾《わ》が土《ど》に非《あら》ず、(5)月《つき》は落《お》つ、琵琶湖上《びわこじょう》の鐘《かね》。

《註》

(1)送僧之江州＝誠「龍潭寺へ」。補誠拙書入れに見える龍潭寺は、弘徳山龍潭寺（滋賀県彦根市／妙心寺派）。井伊家の菩提寺。

(2)一夜烏藤狭路逢＝誠「此の僧、図らずも一夜、此の七尺の烏藤杖に狭路に逢う」。補「烏藤」は、【五三】(4)参照。「狭路逢」は、【七九】(3)参照。

(3)冷氷氷裏謾従容＝誠「爾来より此の烏藤を携え来って、此の武渓毒淫深き枯淡淡白なる処に、謾に従容とやすらかに安居せられた」。

(4)登楼元是非吾土＝誠「此の僧、此の度江州へ行かるることじゃが、言うこと莫かれ、元より吾が土に有りはせぬと」。底「『文選』王粲が登楼賦に、『信《まこと》に美なりと雖も、吾が土に非ず』」。

(5)月落琵琶湖上鐘＝誠「是《かく》の如き王粲が楼に登ったよりも美なる、是の如き好風光、至る処に有るから、汝容易に看過ごし蹉過することなかれ」。補近江八景に「石山の秋月」「三井の晩鐘」がある。

《意訳》

僧が近江に行くのを送る

一夜杖をもって歩いて狭い路でばったり出会った。
冷たい氷のような道場でじつにゆったりと暮らしていた。

楼閣に登って、もともと私の土地ではないなどと言うなよ。
月は琵琶湖の畔の鐘の音が響く中を落ちようとしている。

【三〇九】送人之江都

秋風蕭瑟起、匹馬出郷關。
武野乾坤盡、更無吐月山。

《訓読》

(1)人《ひと》の江都《こうと》に之《ゆ》くを送《おく》る
(2)秋風《しゅうふう》、蕭瑟《しょうしつ》として起《お》こる、(3)匹馬《ひつば》、郷関《きょうかん》を出《い》ず。
(4)武野《ぶや》、乾坤《けんこん》尽《つ》く、(5)更《さら》に月《つき》を吐《は》く山無《やまな》し。

《註》

(1)送人之江都＝誠「第一句、始めは『胸中書万巻』と云う句なり。南郭《なんかく》、一見して、『起句未だ十成ならず』と云うに付いて、是《かく》の如く成ったぞ」。補 誠拙書入れの南郭は、服部南郭（一六八三〜一七五九）か。荻生徂徠門下の漢学者・漢詩人。

(2)秋風蕭瑟起＝誠「…此の折しも」。補「蕭瑟」は、秋風の声。また、ものさびしいさま。

(3)匹馬出郷關＝誠「此の江都へ赴く人、匹馬に跨って奥州三春を出ず」。補「匹馬」は、一頭の馬。

(4)武野乾坤盡＝誠「いで見られよ、武蔵野いず方を眺め尽くしても」。
(5)更無吐月山＝誠「実に武野の広きを、是《かく》の如く能く云うたは無いぞ」「三四の如く眼、世界を空じて目に上《のぼ》すもの無く、乾坤唯だ一人と云う様に成れ、と云う意なり」。

《意訳》

ある人が江戸に行くのを送る

秋風がもの悲しく吹いて、
一人馬に乗って故郷を出る。
武蔵野のあたりを天地の果てまで眺めても、
月のかかるような山は無いぞ。

【三一〇】送人之金華

海上金華霞色開、無人不道牧羊回。
君今去見黄家子、爲報秋霜鏡裏催。

《訓読》

人《ひと》の(1)金華《きんか》に之《ゆ》くを送《おく》る

(2)海上《かいじょう》の金華《きんか》、霞色《かしょく》開《ひら》く、(3)人《ひと》の、羊《ひつじ》を牧《ぼく》して回《かえ》ると道《い》わざるは無《な》し。

君今去《きみいまさ》って黄家《こうけ》の子《こ》を見《み》ば、為《ため》に報《ほう》ぜよ、秋霜《しゅうそう》、鏡裏《きょうり》に催《もよお》すと。

《註》

(1)金華＝底「山の名。奥州に在り」。補金華山。宮城県石巻市の太平洋上に浮かぶ島。修験道の霊地であった。

(2)海上金華霞色開＝誠「此の人、金華へ行くに付いて望みやれば…」。

(3)無人不道牧羊回＝誠「此の金華山へ行けば…」。

(4)君今去見黄家子＝誠「汝金華山中へ去って黄家の子に見《まみ》え逢えば」。「黄家子」は、底「『神仙伝』に、『黄初《こうしょ》平《へい》は、丹渓の人なり。年十五にして、家、羊を牧《か》わしむ。道士有り、其の良謹なるを見て、便ち将《ひき》いて金華山石室の中に至る。四十余年、復た家を念《おも》わず。其の兄の初起、之《これ》を索むるに見ることを得ず、後、市に在って道士有り、善く卜す。乃ち就いて之《これ》を占う。道士曰わく、〈金華山中に羊を牧う児有り、是れ卿《なんじ》が弟か、非ずや〉。初起、即ち道士に随って尋ね見る。兄弟、悲喜す』〔云云〕」。補黄初平は、中国晋代の仙人。

(5)爲報秋霜鏡裏催＝誠「月船が為に報ぜよ、月船も秋霜の白髪、鏡裏に催して」「黄家の子の為に一言を報ぜよ、なんぼう仙術を学しても、長生久視の道を得たと雖も、畢竟秋霜鏡裏に催すを免れぬ、と云う意有り」。

《意訳》

ある人が金華山《きんかざん》に行くのを送る

海上の金華山を望むと霞が開いてきている。

誰しもが羊を飼って帰ろうと言わないものはない。

あなたがもしも今出かけて黄家の子を見たならば、

秋になって霜が降りるように、鏡を見ると白髪になっていると伝えてくれ。

【三一一】送僧之維摩會

金毛出窟長威獰、踢倒須彌芥裏行。
去見毘城癡愛老、應聞一默作雷鳴。

《訓読》

僧《そう》の(1)維摩会《ゆいまえ》に之《ゆ》くを送《おく》る

(2)金毛《きんもう》、窟《くつ》を出《い》でて威獰《いどう》を長《ちょう》ず、(3)須弥《しゅみ》を踢倒《てきとう》して芥裏《かいり》に行《ゆ》く。
(4)去《さ》って毘城《びじょう》の痴愛老《ちあいろう》を見《み》ば、(5)応《まさ》に一黙《いちもく》の雷鳴《らいめい》を作《な》すを聞《き》くなるべし。

《註》

(1)維摩會＝補『維摩経』を講説する法会。何処の会かは不明。ちなみに白隠は延享二年(一七四五)、甲州自徳寺で、宝暦五年(一七五五)、駿州龍津寺で『維摩経』を講じている。

(2)金毛出窟長威獰＝誠「此の僧、維摩会に赴く様子はどうぞ。金毛の獅子、窟裏を出で、威獰を長ず。なんでも這《こ》の回《たび》は我に在る三昧たより得んと勇みはげんで」。補「金毛」は、金毛の師子。すぐれた禅僧。

(3)踢倒須彌芥裏行＝補『維摩経』不思議品に、「須弥の高広を以て芥子の中に内《い》れて増減する所無し」。【八五】(1)参照。

(4)去見毘城癡愛老＝誠「汝此《ここ》を去って。毘城の維摩に相見せば」。「毘城痴愛老」は、底「雪竇（重）顕の偈（『祖英集』五）に、『毘城の痴愛老、寒を怯《おび》え清拙に対す』」。補「痴愛」は、【八三】(2)参照。

(5)應聞一默作雷鳴＝誠「おおかた聞くであろう、一黙の雷鳴を作すを」。

《意訳》

ある僧が維摩会に行くのを送る

この僧が維摩会に行くのはあたかも金毛の獅子が威猛々しく穴から出てきたようなものだ。
須弥山を蹴飛ばして芥子の中に行くようだ。
もし出かけて毘耶《びや》城の維摩老にお目にかかったなら、
一黙が雷鳴のように轟くのを聞くことだろう。

【三一二】送僧之駿州

白髪秋風笛裏生、雙峰明月度關城。
烏藤親問鵠林路、獨掌由來不浪鳴。

《訓読》

(1)僧《そう》の駿州《すんしゅう》に之《ゆ》くを送《おく》る

(2)白髪《はくはつ》、秋風笛裏《しゅうふうてきり》に生《しょう》ず、(3)双峰《そうほう》の明月《めいげつ》、関城《かんじょう》を度《わた》る。

(4)烏藤《うとう》、親《した》しく問《と》う鵠林《こくりん》の路《みち》、(5)独掌《どくしょう》、由来《ゆらい》浪《みだ》りに鳴《な》らず。

《註》

(1)送僧之駿州＝補 白隠のもとに赴く峨山慈棹（【三二〇】(3)参照）に贈ったものであろう。月船ははじめ峨山の松蔭寺掛搭を制止したが、終には認めたものと見える。

(2)白髪秋風笛裏生＝誠「此の僧、這《こ》の回《たび》駿州へ行く事じゃが、老僧は年まかりよって、白髪、別れの曲を吹く笛裏に生ず」。

(3)雙峰明月度關城＝誠「此の折しも眺めやれば、ふたごやまの明月、函谷関箱根を度る。『笛裏に生ず』と云うより出ず」。補「双峰」は、箱根にある二子山《ふたごやま》を指す。箱根山中、南北に上二子山・下二子山の二峰が並び、麓下を旧東街道が通る。「関城」は、関所の城郭。箱根の関所のこと。

(4)烏藤親問鵠林路＝補「烏藤」は、【五三】(4)参照。「鵠林」は、底「松蔭寺の山号」。補 白隠慧鶴は静岡県沼津市の鵠林山松蔭寺に住す。

(5)獨掌由來不浪鳴＝誠「此の鵠林老師の独掌、浪りに鳴らざる底の独掌隻手《せきしゅ》の音声、能く聞き得て帰るべしの意」。底「『会元』（八）に、『報恩の（宝）資禅師。僧問う、〈学人初心、請う、師、箇の入路を示せ〉。師、遂に掌を側《そばだ》てて、之《これ》に示して曰わく、〈還《は》た会するや〉。曰わく、〈会せず〉。師曰わく、〈独掌、浪りに鳴らず〉』」。

《意訳》

ある僧が駿河に行くのを送る

秋の風に笛が吹かれるのを聞くうちに白髪頭になってしまった。

折しも二子山《ふたごやま》を眺めると、あなたは箱根の関所を越えてゆく。
行脚して鵠林のもとで学ぶなら、
隻手《せきしゅ》の声はみだりには鳴らぬぞ。

【三一三】送僧歸鄉

聞道古田老善師、言論風旨亦優爲。
而今又見慈明調、一別歸鄉落井槌。

《訓読》

(1)僧《そう》の郷《きょう》に帰《かえ》るを送《おく》る
(2)聞道《きくならく》、古田《こでん》の老善師《ろうぜんし》、(3)言論風旨《げんろんふうし》も亦《ま》た優為《ゆうい》。
(4)而今《いま》又《ま》た見《み》る慈明《じみょう》の調《あざけ》り、(5)一別帰郷《いちべつききょう》、井《い》に落《お》つる槌《つい》。

《註》

(1)送僧歸鄉＝[誠]「肥前の円通寺に住する僧」。[補]肥前の円通寺には、佐賀県伊万里市の万明山円通寺（南禅寺派）、同小城市の三間山円通寺（同）などがあるが未詳。
(2)聞道古田老善師＝[誠]「当年《そのかみ》慈明に久しく随侍したる古田の善侍者は」。「古田老善師」は、[底]「『羅湖野録』に、『福州資福の善禅師は、古田の人なり。嶺を出でて石霜の慈明に参侍す。当時の龍象、翠巌の（可）真公の如きは、尤も屈服する所なり。故に天下の叢林、善侍者の名有るを知る。慈明を礼辞して閩《びん》に還るに及んで、慈明、偈を口占《こうせん》して、調って曰わく、〈七折の米飯、鑪《ろ》を出ずる胡餅、此れより一別して、称鎚《しょうつい》、井に落つ〉。（既にして里中の鳳林に出世す。資福に遷るに逮《およ》んで、則ち碌碌《ろくろく》として聞こゆる無し）。嗚呼《ああ》、善、黄龍・楊岐・翠巌と雁行を為す。況んや蚤《つと》に諸公の間に於いて、言論風旨、亦た之《これ》を優為にす。何ぞ郷に帰り、卒に慈明の調りに中《あ》たるを得たるや』」。

(3)言論風旨亦優爲＝誡「口に云う言論も、胸中のおもわくも、ゆったりとした」。補「優為」は、力に余裕があってゆったりとしていること。

(4)而今又見慈明調＝誡「而今此の僧、故郷へ帰るにつけて…」。補「調」は、あざける。からかう。

(5)一別歸郷落井槌＝誡「此の僧も又た善侍者の如く、一度故郷へ帰った事ならば、再び来りはすまい。惜しい坊主じゃと云う意」。補「槌」は、秤鎚。秤の分銅。

《意訳》

ある僧が故郷に帰るのを送る

昔古田の老善師の話を聞いたことがある。

その言葉も境涯も共に見事なものだった。

今また慈明和尚のあざけりを見る思いだ。

ここで別れたら、井戸に槌《つち》が落ちてもう上がって来る事がないように、再び会える事はないだろう。

【三一四】送小師

憐爾歳時猶未央、楚王城畔興偏長。
出門何處無芳艸、不效騷人慕舊鄉。

《訓読》

(1)小師《しょうし》を送《おく》る

(2)憐《あわ》れ爾《なんじ》、歳時《さいじ》猶《な》お未《いま》だ央《なか》ばならざることを、(3)楚王城畔《そおうじょうはん》、興《きょう》、偏《ひとえ》に長《なが》し。
(4)門《もん》を出《い》ずれば何《いず》れの処《ところ》か芳草《ほうそう》無《な》からん、(5)騒人《そうじん》に効《なろ》うて旧郷《きゅうきょう》を慕《した》わざれ。

《註》

(1)小師＝[底]「『(南海)寄帰(内法)伝』に、『鐸曷攞《ちゃあら》、唐には小師と言う(受戒して十夏已前、西天、皆な小師と称す)』」。

(2)憐爾歳時猶未央＝[誠]「まだ年行かぬことならば行脚に出すもむごい」。[底]「『楚辞』(離騒)に、『年歳の未だ晏《く》れざるに及べ、時も亦た猶お其れ未だ央《つ》きず』」。[補]「未央」は、未だなかばに達しないこと。

(3)楚王城畔興偏長＝[誠]「年未だ央ばならざる処から、繁華な処へ行って遊びたいと云う」。[補]「楚王城畔」は、楚の都。多くの人が集まる繁華の地をいう。『碧巌録』三十八則、頌古に、「楚王城畔、朝宗《ちょうそう》の水」。

(4)出門何處無芳艸＝[誠]「衲僧下は一歩門を出ずれば、至る処本地の風光ならざるはないの意」。[底]「同上(『楚辞』離騒)に、『何れの所にか、独り芳草無からん。爾《なんじ》、何ぞ故宇を懐わん』」。

(5)不效騷人慕舊鄉＝[誠]「詩文章を学ぶ人に効って故郷を慕わざれ」。「旧郷」は、[底]「同上(『楚辞』離騒)に、『忽ち臨んで夫の旧郷を睨《み》る』」。補「騒人」は、詩人のこと。楚の屈原が「離騒」を作ったことによる。『正字通』に、「屈原、『離騒』を作り、憂いに遭うを言う。今、詩人を謂いて騒人と為す」。

《意訳》

小師を送る

まだ年端もいかないのに行脚に出るとは気の毒な。
賑《にぎ》やかな町がまだ恋しいであろうに。
しかしながら門を出たならばどこもかぐわしい草の無いところはないぞ。
詩文を作る人のまねをして故郷を恋しくおもうことのないように。

【三一五】送無業歸山〔諱正禪〕

由來無業無生死、各自有禪有正邪。
無業無禪懶眠足、故山嵐翠灑袈裟。

《訓読》

(1)無業《むごう》の山《やま》に帰《かえ》るを送《おく》る〔諱《いみな》は正禅《しょうぜん》〕
(2)由来《ゆらい》、業《ごう》無《な》ければ生死《しょうじ》無《な》し、(3)各自《かくじ》に禅《ぜん》有《あ》れば正邪《しょうじゃ》有《あ》り。
(4)無業《むごう》無禅《むぜん》、懶眠足《らんみんた》る、(5)故山《こざん》の嵐翠《らんすい》、袈裟《けさ》に灑《そそ》ぐ。

《註》

(1)無業＝補万歳山長松院（岩手県盛岡市）の大真祖脈に従って出家、東輝庵の月船に参じて得法、安永十年（一七八一）、高乾院岳陽宗観の法嗣として前堂転位。同院第二十四世。享和三年（一八〇三）二月二十八日寂。『続禅林僧宝伝』第一輯巻之中に伝あり。本偈は無業が東輝庵を辞して高乾院に住する際に贈ったものか。

(2)由來無業無生死＝誠「由来善業悪業無ければ生も死も無し」。底「『宗鏡録』に、『畢竟じて諍《あらそ》い無し。諍い無ければ則ち業無し。業無ければ則ち生死無し』」。

(3)各自有禪有正邪＝誠「各自に人が禅有れば、是れは正、是れは邪と」「諱正禅の字を打す」。

(4)無業無禪懶眠足＝誠「徹底無業無禅ならば生死もなく」。「無禅」は、底「同上（『宗鏡録』）に『大集経』を引いて曰わく、『無禅の禅、是れを正禅と名づく』」。補「懶眠」は、なまけねむる。

(5)故山嵐翠灑袈裟＝誠「其の懶眠足る処の当体。此に到っては限り無き好風趣が有るぞ」。

《意訳》

無業が山に帰るのを送る〔諱は正禅〕

もともと業もなく生死もない。
それが各自に禅があれば正邪がある。
業も禅もなく充分に眠り足りた。
ぐっすり眠れば、故郷の緑が袈裟に降り注ぐであろう。

【三一六】窮子

借問誰家子、竛竮五十年。
色空談即即、事理説玄玄。
欲窮如來教、擬參乃祖禪。
日夜數他寶、囊中無一錢。
爲六塵所染、爲八風所牽。
南村兼北里、尋水復望煙。
老矣眉如雪、長安路八千。
到頭呼不返、鐘動夕陽前。

《訓読》

(1)窮子《ぐうじ》

(2)借問《しゃもん》す、誰《た》が家《いえ》の子《こ》ぞ、竛竮《れいへい》五十年《ごじゅうねん》。
(3)色空《しきくう》、即即《そくそく》を談《だん》じ、事理《じり》、玄玄《げんげん》を説《と》く。
(4)如来《にょらい》の教《きょう》を窮《きわ》めんと欲《ほっ》し、乃祖《だいそ》の禅《ぜん》に参《さん》ぜんと擬《ぎ》す。
(5)日夜《にちや》、他《た》の宝《たから》を数《かぞ》え、嚢中《のうちゅう》、一銭《いっせん》無《な》し。
(6)六塵《ろくじん》の為《ため》に染《ぜん》せられ、八風《はっぷう》の為《ため》に牽《ひ》かる。
(7)南村《なんそん》と北里《ほくり》と、水《みず》を尋《たず》ね復《ま》た煙《けむり》を望《のぞ》む。

老《お》いたり、眉《まゆ》、雪《ゆき》の如《ごと》し、(9)長安路八千《ちょうあんろはっせん》。
(10)到頭《とうとう》、呼《よ》べども返《かえ》らず、(11)鐘《かね》は動《うご》く、夕陽《せきよう》の前《まえ》。

《註》

(1)窮子＝底「『法華』信解品」。補『法華経』信解品に見える長者窮子の譬え。【七〇】(3)参照。

(2)借問誰家子、竛竮五十年＝誡「借問す、此の窮子は誰が家の子ぞ。竛竮とおちぶれ切ったること五十年」。補「借問」は、質問すること。「竛竮」は、【七〇】(3)参照。

(3)色空談即即、事理説玄玄＝誡「其の竛竮五十年の様子を述べて、色即是空、空即是色を談じ、事に渉り理に渉って、玄玄の道理を説く」。補「玄玄」は、極めて奥深いこと。

(4)欲窮如來教、擬參乃祖禪＝誡「色空を談じ事理を説きながら、大乗の宗教を窮めんと欲し、乃祖の向上の禅に参ぜんと擬す」。「乃祖」は、底「『書』の盤庚に、『乃祖乃父を労《いたわ》る』」。補なんじの祖先・祖父。

(5)日夜數他寶、嚢中無一錢＝誡「日夜他人の宝を数え、自己の嚢中には一銭無し」。底「誌公和尚十四科の頌に、『自己、元、一銭無し。日夜、他の珍宝を数う。又た六塵の為に染せられず、又た八風の為に牽かれず』〇六塵は、色・声・香・味・触・法。〇八風は、利・衰・毀・誉・称・譏・苦・楽」。

(6)爲六塵所染、爲八風所牽＝誡「只だ日日夜夜に六塵の為に汚染せられ、八風の為に引き回さるる」。補「六塵」は、六境に同じ。人の心を汚す塵にたとえたもの。色・声・香・味・触・法。「八風」は、人の心を動揺させる八種の幸不幸の状態を、物を動かす風にたとえたもの。利・衰・毀・誉・称・譏・苦・楽の八つ。

(7)南村兼北里、尋水復望煙＝誡「南村と北里と、水を尋ねて飢渇を忍び、煙を望んで食を乞う。竛竮たる窮子、あわれな様子」。

(8)老矣＝誠「竛竮五十年と老いたり」。

(9)長安＝誠「自己の家山」。

(10)到頭呼不返＝誠「おん詰《づ》め、なんぼう呼べども、這《こ》の窮子、自己の家山、長者の宅へ帰り来らず」。補「到頭」は、つまるところ。ついに。

(11)鐘動夕陽前＝誠「あちらこちらと南村北里と、水を尋ね煙を望んでおる中に…。生死到来すれば、脚跟下《きゃっこんか》黒漫漫ぞ」。

《意訳》

窮子

お尋ねするが、あなたはどちらのお子ですか。
五十年も落ちぶれてさまよい歩かれたようです。
色即是空、空即是色と談じて、
事に渉り理に渉って奥深い道理を説いて、
如来の教えを窮めようとして、
祖師の禅に参じようとした。
しかしながら毎日よその家の宝を数えるばかりで、
自分のものは一銭も無い。

欲望に振り回され、
そとの世界にも引きずられてばかり。
南の村や北の里にと、
水を求め食を求めてさまよい歩き、
とうとう年老いて眉も真っ白になった。
長安から八千里もさまよい、
いくら呼んでもふり向かない。
そうしているうちに歳月は流れ、夕暮れの鐘の音が鳴り響く。

【三一七】寄思益經會裏諸道友

國師水椀在機前、忽見春花落講筵。
菩薩光中無異相、不知消息爲誰傳。

《訓読》

(1)思益経《しやくきょう》会裏《えり》の諸道友《しょどうゆう》に寄《よ》す

(2)国師《こくし》の水椀《すいわん》、機前《きぜん》に在《あ》り、(3)忽《たちま》ち見《み》る、春花《しゅんか》の講筵《こうえん》に落《お》つることを。
(4)菩薩光中《ぼさつこうちゅう》、異相《いそう》無《な》し、(5)知《し》らず、消息《しょうそく》、誰《た》が為《ため》にか伝《つた》う。

《註》

(1)思益經＝[底]「『思益梵天所問経』四巻、鳩摩羅什訳」。[補]何処の経会かは不明だが、享保六年（一七二一）、下総光福寺の定山寂而が『思益経』を講じているので、当時禅門でも講ぜられたようである。

(2)國師水椀在機前＝[誠]「南陽(慧)忠国師の水椀の因縁、鑑機の前に在り」「一二は思益経会を云う」。「国師水椀」は、[底]「『(禅林)類聚』に、『南陽忠国師、因みに紫璘、〈思益経〉を註せんと擬す。師、乃ち問う、〈大徳、凡そ経を註せんには、須らく仏意を会して、始めて得べしと云う。若《も》し仏意を会せずんば、争《いか》でか解註し得ん〉。師、乃ち侍者をして一椀の水を盛り、七粒の米を著けて水中に在《お》いて、椀面に一隻の筯《はし》を安《お》かしめて、乃ち問う、〈這箇《しゃこ》は是れ甚麽《なん》の義ぞ〉。璘、無語。師云わく、〈老僧が意すら尚お会ぜず、豈に況んや仏意をや。争《いか》でか能く経を註し得ん〉』」。[補]「機前」は、【九一】(2)参照。

(3)忽見春花落講筵＝[誠]「春花は天花をいう。思益経を講ずる筵に落つ」。

(4)菩薩光中無異相＝[誠]「菩薩光中、本来差別無し」「三四は思益経会裏の諸友に寄する意」。[底]「『思益経』菩薩光明品」。[補]同経に、「網明菩薩の光明の力は、一切の大衆は同一の金色にして、仏と異なること無し」。

(5)不知消息爲誰傳＝[誠]「知らず、是れ箇の消息を誰が為にか伝う。思益経会裏の諸道友に寄せて問う意」。

《意訳》

思益経会に列する道友たちに寄せる

南陽《なんよう》の慧忠《えちゅう》国師が水椀に箸をのせて問われたそのはたらきの前に、

春の花が講義の筵に落ちるのを見る思いがする。

菩薩方の光には何の差別もないが、
この消息は一体誰に伝わるのであろうか。

【三一八】指印住東明

海印發光知甚處、塵勞競起復多時。
烏藤三十今猶在、欲寄東明討便宜。

《訓読》

(1)指印《しいん》、東明《とうみょう》に住《じゅう》す
(2)海印《かいいん》、光《ひかり》を発《はっ》す、知《し》んぬ甚《いず》れの処《ところ》ぞ、塵労《じんろう》競《きそ》い起《お》こる、復《ま》た多時《たじ》。
(3)烏藤三十《うとうさんじゅう》、今猶《いまな》お在《あ》り、(4)東明《とうみょう》に寄《よ》せんと欲《ほっ》して便宜《びんぎ》を討《たず》ぬ。

《註》

(1)指印住東明＝誠「指印座元」。補 未詳。
(2)海印發光知甚處、塵勞競起復多時＝誠「海印光を発す、畢竟是れ甚れの処ぞ」。底「『羅湖野録』に、『東明の遷禅師、一日、〈楞厳経〉を閲す。〈我が指を按ずるが如き、海印、光を発す〉というに至って、僧有り、傍らに侍る。指して以て問うて曰わく、〈此の処、仏意、如何《いかん》〉。遷曰わく、〈釈迦老子、好し三十棒を与うるに〉。僧曰わく、〈何が故ぞ〉。遷曰わく、〈指を按ずるを用いて、甚麼《なに》をか作す〉。僧、又た曰わく、〈汝、暫く心を挙すれば、塵労、先ず起こる、と。又た作麼生《そもさん》〉。遷曰わく、〈亦た是れ海印、光を発す〉。僧、当下に欣然《きんぜん》たり』。○『楞厳』に、『仏言《のたま》わく、〈富楼那。譬えば琴・瑟・箜篌《くご》・琵琶、妙音有りと雖も、若《も》し妙指無くんば、終に発すること能わざるが如し。汝と衆生と、亦た復た是《かく》の如し。宝覚の真心、各各円満す。我が指を按ずるが如き、海印、光を発す。汝、暫くも心を挙すれば、塵労、先ず起こる。無上の覚道を勤求せずして小乗を愛念して、小を得て足れりと為《す》るに由る〉』」。補「海印」は、海印三昧。釈尊が『華厳経』を説いた時に入った三昧。大海中に一切衆生の姿が映し出されるように、仏の智慧の海に一切の事物が印で押したようにはっきりと映し出される三昧。「塵労」は、煩悩。

(3)烏藤三十今猶在＝誡「釈迦老師に与うる底の三十棒、老僧月船が掌握に今猶お在り」。補「烏藤」は、【五三】(4)参照。

(4)欲寄東明討便宜＝誡「此の三十棒を東明に寄せんと欲して、便宜が有ろうかとたずねて居た。今日此の指印、東明に住する、是れが好便宜ぞ」。補「討便宜」は、よい機会を探すこと。

《意訳》

指印座元が東明に住する

海印が光を発したというが、これは一体どこのことだろうか。
長い間、煩悩が塵のようにわき起こって、どれほど経っただろうか。
お釈迦様に与えた三十棒は今もなおある。
東明の和尚にこの棒を与えようとして、良い機会を尋ねた。

【三一九】孤隣住永安

青山面面白雲飛、坐斷永安第一機。
洛浦當時三寸密、滿堂五百共相依。

《訓読》

(1)孤隣《こりん》、永安《えいあん》に住《じゅう》す
(2)青山面面《せいざんめんめん》、白雲《はくうん》飛《と》ぶ、(3)坐断《ざだん》す永安《えいあん》の第一機《だいいっき》。
(4)洛浦《らくほ》当時《とうじ》、三寸密《さんずんみつ》なり、(5)満堂《まんどう》五百《ごひゃく》、共《とも》に相《あ》い依《よ》る。

《註》

(1)孤隣＝補孤隣祖梵。宝暦九年（一七五九）、亀齢山永安寺（大分県大分市／妙心寺派）悟利禅器の法嗣として前堂転位、同寺第十世。

(2)青山面面白雲飛＝誠「此の孤隣座元はどうぞ。青山四面、西へ向かっても東へ向かっても白雲飛ぶ」。底「『会元』（六）に、『洛浦（元）安の法嗣、永安院の善静《ぜんじょう》禅師。洛浦に謁す。浦、之《これ》を器として、其の入室を容《ゆる》す。仍って園務を典《つかさど》り、力《つと》めて衆事を営む。僧有り、洛浦を辞す。浦曰わく、〈四面是れ山、闍梨、甚麼《いず》れの処にか向かい去る〉。僧、対《こた》うること無し。浦曰わく、〈汝に十日の内を限り、下語して中《あ》たることを得ば、即ち汝が去るに従わん〉。其の僧、冥捜《めいそう》すること久しけれども語無し。因みに経行す、偶《たまたま》園中に入る。師、怪しんで、問うて曰わく、〈上座、豈に是れ辞し去るにあらずや。今、何ぞ此に在る〉。僧、具《つぶさ》に所以を陳《の》べ、堅く代語を請う。師、已むことを得ずして代わって曰わく、〈竹密にして妨げず流水の過ぐることを、山高くして那《なん》ぞ野雲の飛ぶを隔てん〉。其の僧、喜踊す。師、之に嘱して曰わく、〈和尚に祇対《したい》せん時、是れ善静が語と言うことを須《もち》いざれ〉。僧、遂に洛浦に白《もう》す。浦曰わく、〈誰か此の語を下す〉。曰わく、〈某甲《それがし》〉。浦曰わく、〈汝が語に非ず〉。僧、具に園頭の教ゆる所と言う。浦、晩に至り、上堂して衆に謂いて曰わく、〈園頭を軽んずること莫かれ。他日、座下に五百人の在ること有らん〉。後、永安に住す。衆五百余。果たして洛浦の記に符《かな》えり』」。

(3)坐斷永安第一機＝誡「是《かく》の如き境に到っては…。永安寺に住したを云う」。補「第一機」は、第一義諦の機用。抜群のはたらき。

(4)洛浦當時三寸密＝誡「其れに付いてお手前に云うて聞かす。洛浦の元安禅師、当時、容易に口を開かず」。補「三寸」は、舌のこと。

(5)滿堂五百共相依＝誡「三寸密なるところから…」。

《意訳》

孤隣が永安寺《えいあんじ》に住する

青山があたり一面にめぐって白雲がたなびいている。
永安寺の第一のはたらきに坐している。
その昔、洛浦和尚は容易に口を開かなかったが、
満堂の五百人からの大衆は、みなあなたを頼りにして修行するであろう。

【三二〇】嫩桂

少林従一擢新條、已覺天香雲外飄。
若使呉剛能運斧、竺乾懸記重昭昭。

《訓読》

(1)嫩桂《どんけい》

(2)少林《しょうりん》、一《ひと》たび新条《しんじょう》を擢《ぬきん》でしより、(3)已《すで》に覚《おぼ》ゆ、天香《てんこう》、雲外《うんがい》に飄《ひるがえ》ることを。
(4)若《も》し呉剛《ごごう》をして能《よ》く斧《おの》を運《めぐ》らしめば、(5)竺乾《じくけん》の懸記《けんき》、重《かさ》ねて昭昭《しょうしょう》。

《註》

(1)嫩桂＝補以下【三二三】まで道号頌。【三二二】の峨山の他は未詳。嫩桂は生えたばかりの若い桂。般若多羅が弟子の菩提達磨に与えた偈にある語。『五灯会元』一、達磨の章に、「二株の嫩桂、久昌昌」とあり、少林寺での九年面壁を予言したものとされる。
(2)少林従一擢新條＝誠「この嫩桂はどうぞ。一たび是れ箇の新条を擢で出だせしより。新条なれば嫩桂ぞ」。
(3)已覺天香雲外飄＝誠「この嫩桂の天香、雲外に□□として飄る」。
(4)若使呉剛能運斧＝誠「若し呉剛をして、能く十分に此の嫩桂に斧を運らしめたで有ろうぞならば」。「呉剛」は、底「『酉陽雑俎』に、『月桂、高きこと百丈。下に一人有り、常に之《これ》を斫《き》るも、樹の創《きず》、随って合す。人、姓は呉、名は剛。西河の人なり。仙を学んで過《とが》有り、謫《たく》して樹を伐らしむ』」。
(5)竺乾懸記重昭昭＝誠「竺乾般若多羅尊者の『二株の嫩桂久昌昌』と云う懸記□□□が、重ねて昭昭であったろうものを」。「竺乾懸記」は、底「西天の般若多羅尊者の二株嫩桂の讖」。

《意訳》

嫩桂

少林寺に一度新しい枝が伸びてから、
すでにその香りが雲のかなたに漂っている。
もし呉剛に斧で伐らせたならば、
天竺の般若多羅《はんにゃたら》尊者の予言は今重ねてはっきりとするだろう。

【三二一】無門

四方八面絶遮攔、狗吠鷄鳴不自瞞。
彌勒樓前月如晝、指頭容易向人彈。

《訓読》

無門《むもん》

(1)四方八面《しほうはちめん》、遮攔《しゃらん》を絶《ぜっ》し、(2)狗吠鶏鳴《くべいけいめい》、自《みずか》ら瞞《まん》ぜず。
(3)弥勒楼前《みろくろうぜん》、月《つき》、昼《ひる》の如《ごと》し、(4)指頭《しとう》、容易《ようい》に人《ひと》に向《む》かって弾《だん》ず。

《註》

(1)四方八面絶遮攔＝誠「這《こ》の無門はどうぞ。どちらから来ても、少しも遮りかかわりはない」。底「仏心才禅師の偈」。補『五灯会元』十八、仏心本才の章に、「四方八面、遮攔を絶し、万象森羅、斉しく漏泄す」。「遮攔」は、さえぎる。

(2)狗吠鶏鳴不自瞞＝誠「元より遮攔を絶したる無門なれば…」。「狗吠鶏鳴」は、底「『史記』孟嘗君が伝に、『夜半、函谷関《かんこくかん》に至る。関の法、鶏鳴いて客を出す。孟嘗君、追うものの至らんことを恐れ、客の、下坐に居る者、能く鶏鳴《とりなくまね》を為す有って、鶏、尽《ことごと》く鳴く。遂に伝を発して出ず』。〇王荊公『孟嘗君が伝を読む』に、『嗟乎《ああ》、孟嘗君は、特《た》だ鶏鳴狗吠の雄なるのみ』」。

(3)彌勒樓前月如畫＝誠「此の無門の当体に到っては…」。「弥勒楼」は、底「『華厳』入法界品に、『爾《そ》の時、善財童子、弥勒菩薩摩訶薩を恭敬右繞《くぎょううにょう》し已わって、之《これ》に白《もう》して言《もう》さく、〈唯だ願わくは、大聖、楼閣門を開いて、我をして得入せしめよ〉。時に弥勒菩薩、前《すす》んで楼閣に詣り、弾指して声を出す。其の門、即ち開く。善財に命じて入らしむ。善財、心喜びて、入り已わって、還って閉ず』」。

(4)指頭容易向人彈＝誠「弥勒も指頭を容易に人に向かって弾じ鳴らしたと云う者じゃが。弥勒を掃蕩したものぞ」。

《意訳》

無門

四方八面なにも遮るものがない。
犬や鶏の鳴き真似ではだますことはできない。

弥勒の楼閣の前ではお月様が耀いて昼間のようである。
弥勒菩薩はたやすく指を鳴らしたものだ。

【三二二】峨山

疊嶂連岡來自岷、三峰突起摩蒼旻。
好將毛孔普賢境、送與西川登眺人。

《訓読》

峨山《がさん》(1)

(2)畳嶂連岡《じょうしょうれんこう》、岷《みん》より来《きた》り、(3)三峰突起《さんぽうとっき》して蒼旻《そうびん》を摩《ま》す。
(4)好《よ》し毛孔普賢《もうくふげん》の境《きょう》を将《もっ》て、(5)送与《そうよ》す、西川登眺《せいせんとうちょう》の人《ひと》。

《註》

(1)峨山＝補峨山慈棹。【三一〇】(3)参照。

(2)疊嶂連岡來自岷＝誠「此の峨山はどうぞ。畳嶂連岡、岷山の方より引き連なり来る」。底「『一統志』眉州、『峨眉山は、州城の南二百里に在り。岷山より来って、連岡畳嶂、延袤三百余里、此に至って三峰を突起す。其の二峰、対し峙ちて、宛《あた》か峨眉の若《ごと》し』」。補「嶂」は、高く聳えるみね。

(3)三峰突起摩蒼旻＝誠「峨眉山は其の峰三つに分かるから、三峰突起して大空を摩しすりかする」。

(4)好將毛孔普賢境＝誠「一毛孔裏より現出する普賢の境、峨眉山を将《もっ》て」。「毛孔」は、底「普賢毛孔刹、『華厳』阿僧祇品に詳し」。補同品に、「一の微細の毛孔の中に於いて、不可説の刹、次第に入り、毛孔に能く彼の諸刹を受くれども、諸刹は毛孔に遍きこと能わず」。「普賢境」は、底「『一統志』嘉定州、『光相寺は、峨眉山の絶頂に在り。白水より八十四盤の山径を歴て、線の如く登躋《とうせい》すること六十里にして寺に至る。即ち普賢示現の処なり』」。

(5)送與西川登眺人＝誠「蜀西川登眺の人に送与して看せしむるに」。補「西川」は、峨眉山のある蜀（四川省）のこと。

《意訳》

峨山

岷山《みんざん》より峰々が連なって、
三つの峰が飛び出て大空にそびえている。
普賢の毛穴より出現した峨眉《がび》の境地をもって、
西川を眺める人に送り届けよう。

【三二三】大泉

深無源底廣無際、分作百川只麼流。

澄不清兮淆不濁、従教凡聖日沈浮。

《訓読》

大泉《だいせん》

(1)深《ふこ》うして源底《げんてい》無《な》く、広《ひろ》うして際《きわ》無《な》し、分《わ》かれて百川《ひゃくせん》と作《な》って只麼《しも》に流《なが》る。
(2)澄《す》ませども清《す》まず、淆《にご》せども濁《にご》らず、(3)従教《さもあらばあれ》、凡聖《ぼんしょう》の日《ひび》に沈浮《ちんぷ》することを。

《註》

(1)深無源底廣無際＝[誠]「這《こ》の大泉はどうぞ。深うして源底無く、広うして際涯無し」。

(2)澄不清兮淆不濁＝[誠]「此の大泉に至っては…」。[底]「『後漢書』黄憲が伝に、『汪汪たること千頃の陂《いけ》の若《ごと》し。澄ませども清まず、淆《にご》せども濁らず』」。

(3)従教凡聖日沈浮＝[誠]「さもあらばあれ、凡でも聖でも此の大泉中、日に浮きつ沈みつすることを」。

《意訳》

大泉

深くて源の底が無く、広くて極まりがない。
別れて百の川となって、ただ流れてゆくばかり。
澄ましても澄まず、濁らしても濁らない。
悟った者でも迷った者でも、日に浮かぼうと沈もうと自由自在ぞ。

【三二四】偶成

集方儲薬病人夥、剖斗折衡民益争。
孤客十年帰不得、誰家釣艇月邊横。

《訓読》

偶成《ぐうせい》

(1)方《ほう》を集《あつ》め薬《くすり》を儲《もう》くれば病人《びょうにん》夥《おお》く、(2)斗《ます》を剖《わ》り衡《はかり》を折《お》れば民《たみ》益《ますます》争《あらそ》う。
孤客《こかく》(3)十年《じゅうねん》、帰《かえ》ることを得《え》ず、(4)誰《た》が家《いえ》の釣艇《ちょうてい》ぞ、月辺《げっぺん》に横《よこ》たう。

《註》

(1)集方儲薬病人夥＝誠「種種の薬方を集め、種種の草薬味を儲くれば、返って病人おびただしく成る」。
(2)剖斗折衡民益争＝誠「衡を折り捨つれば、反って利害を争う」。底「『荘子』胠篋に、『斗を剖《わ》り衡を折らば、民、争わじ』」。補「斗」は、ます。「衡」は、はかりざお。
(3)十年帰不得＝補【一五二】(4)参照。
(4)誰家釣艇月邊横＝誠「釣艇は、魚つり舟なり」。補『仏光語録』二に、「寂寞たり朱涇《しゅけい》の口、何人か釣艇を横たう」。

《意訳》

偶成

処方を集めて薬を用意しておくと病人が増え、

升《ます》を打ち割ってはかりを捨ててしまえば人は益々争ってしまう。
一人旅に出て十年も帰ることができない。
誰の家の釣船だろうか、月の傍らに横たわるのは。

【三二五】又

無言可對已饒舌、一物不爲事轉繁。
秦晉古今消息絶、漁郎借路武陵源。

《訓読》

又《ま》た

(1)言《ごん》の対《たい》すべき無《な》し、已《すで》に饒舌《にょうぜつ》、(2)一物《いちもつ》も為《な》さず、事転《じうた》た繁《しげ》し。
(3)秦晋古今《しんしんここん》、消息絶《しょうそくぜっ》す、(4)漁郎《ぎょろう》、路《みち》を借《か》る、武陵源《ぶりょうげん》。

《註》

(1)無言可對已饒舌＝誠「言の対すべき無しと云うも、已に饒舌」。「饒舌」は、底「『書言故事』に、『多言を指して饒舌と曰う』」。
(2)一物不爲事轉繁＝誠「一物も為さずと云うも、事転た繁し」。
(3)秦晉古今消息絶＝誠「一二三まで、把住・掃蕩」。

(4)漁郎借路武陵源＝誠「此の結句に至って、放行建立」。「武陵源」は、底「陶潜が『桃花源の記』に、『晋の太元中に、武陵の人、魚を捕るを業と為す。渓に縁って行きて、路の遠近を忘る。忽ち桃花林の、岸を夾《はさ》むに逢う。林尽きて、水源に便ち一山を得たり。山に小口有り。便ち船を捨てて口より入る。土地平壙、屋舎儼然たり。男女の衣著、悉く外の人の如し。自ら云う、〈先世、秦時の乱を避け、妻子邑人を率いて此の絶境に来り、復た出でず。問う、今、是れ何の世ぞ〉と。乃ち漢有ることを知らず、魏晋に論無し。此の人、為に具に言う。聞きて皆な歎惋す』」。

《意訳》

また
何の対《こた》える言葉もないのにすでに饒舌だ。
何もしないのに忙しい。
昔、秦の人たちが桃源郷に到ってより、今の晋の時代まで何の音沙汰もなかった。
漁師が路をたずねて武陵の源にたどり着いた。

【三二六】自讃

古人不曾歇、豎拂復拈槌。
春睡晴牕暖、微風捲柳絲。

《訓読》

自讃《じさん》

(1)古人《こじん》曽《かつ》て歇《や》まず、(2)竪払《じゅほつ》復《ま》た拈槌《ねんつい》。

(3)春睡《しゅんすい》、晴窓《せいそう》暖《あたた》かなり、(4)微風《びふう》、柳糸《りゅうし》を捲《ま》く。

《註》

(1)古人不曾歇＝[誠]「古人、元より休歇せず」。

(2)竪拂復拈槌＝[補]払子を立て、槌を取り上げる。師家が学人を接化する手段。『五灯会元』七、玄沙師備の章に、「問う、『古人の拈槌竪払は、還って宗乗に当たるや也《ま》た無《いな》や』。師曰わく、『当たらず』。曰わく、『古人の意、作麼生《そもさん》』。師、払子を挙す。僧曰わく、『宗乗中の事は如何《いかん》』。師曰わく、『汝が悟らんを待って始めて得ん』」。

(3)春睡晴牕暖＝[誠]「月船手前は…」。

(4)微風捲柳絲＝[誠]「心よく眠って居りながら、微風、柳糸を捲くを見ておるぞ。這《こ》の睡の中に拈槌竪払して御坐るもしれぬぞ」。

《意訳》

自讃

古人は拈槌竪払を、
欠かすことはなかったというが、
私はどうかというと、春にぐっすり眠って晴れた窓辺は暖かく、そよ風が柳の枝を揺らしているのを眺めているばかりだ。

【三二七】又

瞎禿奴、何面觜。
驢相若、馬相似。
無慚無愧又惺惺、齢逼古稀猶未死。

《訓読》

又《ま》た
(1)瞎禿奴《かつとくぬ》、何《なん》の面觜《めんし》ぞ。
(2)驢《ろ》、相《あ》い若《し》けり、馬《うま》、相《あ》い似《に》たり。
無慚無愧《むざんむき》、又《ま》た(3)惺惺《せいせい》、(4)齢古稀《よわいこき》に逼《せま》って猶《な》お未《いま》だ死《し》せず。

《註》

(1)瞎禿奴＝誠「此の目つぶれはげあたま」。補「禿奴」は、僧を罵っていう語。
(2)驢相若、馬相似＝底「韓文（韓愈）の『師の説』に、『彼と彼と、年、相い若《し》けり。道、相い似れり』」。
(3)惺惺＝補【一三】(3)参照。
(4)齢逼古稀猶未死＝誠「もうくたばってもよさそうな者じゃ」。「古稀」は、底「杜甫が詩に、『人生七十、古来稀《まれ》なり』」。

《意訳》

また

この目の見えぬはげ頭、
どんなつらをしているのか。
驢馬《ろば》のようで、
馬のようでもある。
全く羞《は》じるところがなく、しらっとしている。
もう古稀に近いというのにまだ死なずにいる。

【三二八】又

富若有神助、貧似有鬼禍。
貧富今不到、好一場懡㦬。

《訓読》

又《ま》た

(1)富《ふ》は神助《しんじょ》有《あ》るが若《ごと》し、貧《ひん》は鬼禍《きか》有《あ》るに似《に》たり。

貧富《ひんぷ》、今到《いまいた》らず、(2)好《よ》し一場《いちじょう》の懡㦬《もら》。

《註》

(1)富若有神助、貧似有鬼禍＝誠「富は福徳の神助有るが若し。貧しき者は貧乏神の鬼禍有るに似たり」。底「王充の『論衡』命禄に、『故に夫れ富貴も神助有るが若し、貧賤も鬼禍有るが若し』」。

(2)好一場懡㦬＝誠「其の至らざる処はどうぞ。好し一場の懡㦬」。「懡㦬」は、底「『韻会』に、『懡㦬は、慚《は》ずなり』」。

《意訳》

また

富は神の助けがあるようで、
貧乏は貧乏神の禍いがあるようだ。
今幸いに貧富はないが、
とんだ恥さらしだ。

【三二九】又

老將知、耄及之。
早晨喫白粥、至今又覺飢。

《訓読》

(1)又《ま》た

(2)老《お》いて将《まさ》に知《し》らんとす、耄《ぼう》、之《ここ》に及《およ》ぶ。

(3)早晨《そうしん》、白粥《はくしゅく》を喫《きっ》す、今《いま》に至《いた》って又《ま》た飢《う》えを覚《おぼ》ゆ。

《註》

(1)又＝［誡］「只だ一通りに看過ごして仕舞うまいぞ。どこに狼毒肝腸があろうも知れぬぞ」。

(2)老将知、耄及之＝［底］「『漢書』五行志に、『諺《ことわざ》に所謂る、〈老いて将に知らんとして、耄、之に及ぶ〉とは、其れ趙孟が謂いか』。○『曲礼』に、『八十・九十を耄と曰う』」。［補］年老いて知恵も深まろうというのに、早くも耄碌がやってきた。『左伝』昭公元年条に見える諺。

(3)早晨喫白粥、至今又覺飢＝［底］「『会元』（十七）に、『隆慶の（慶）閑禅師。黄龍問う、〈人人、箇《こ》の生縁の処有り。如何なるか是れ汝が生縁の処〉。師曰わく、〈早晨に白粥を喫し、今に至って又た飢えを覚ゆ〉』」。

《意訳》

また

年老いて、
老いぼれたことを知る。
朝お粥をいただいたのに、
今もうおなかが減ったのを覚える。

【三三〇】又

洞門立五位、濟家説三玄。
咄這不喞𠺕、無位亦無玄。
支杖暮天月、待風古渡船。
何處去、昨夜閻王索飯錢。

《訓読》

又《ま》た

(1)洞門《とうもん》に五位《ごい》を立《た》て、済家《さいか》に三玄《さんげん》を説《と》く。
(2)咄《とつ》、這《こ》の不喞𠺕《ふしつりゅう》、位《い》無《な》く亦《ま》た玄《げん》無《な》し。
(3)杖《つえ》を支《ささ》う暮天《ぼてん》の月《つき》、風《かぜ》を待《ま》つ古渡《こと》の船《ふね》。
(4)何《いず》れの処《ところ》にか去《さ》る、(5)昨夜閻王《さくやえんおう》、飯銭《はんせん》を索《こ》う。

《註》

(1)洞門立五位、濟家説三玄＝[誠]「曹洞門中には五位君臣を立て、臨済家には三玄三要を説く」。「五位」は、[底]「正中偏・偏中正・正中来・兼中至・兼中到、之《これ》を洞山の五位と謂う」。[補]正（絶対・平等）と偏（相対・差別）の関係のしかたを、五つの位に分けて説いたもの。洞山良价が創唱し、曹洞宗で重視される。「三玄」は、[底]「上巻に出ず」（【五一】参照）。

(2)咄這不喞𠺕、無位亦無玄＝[誠]「自らの肖像に対して、這の馬鹿もの。五位君臣も三玄三要も無し」。「不喞𠺕」は、底「『漁隠叢話』宋子京が筆記に、『俚俗の常言、就を謂いて鯽溜と曰う。凡そ人の不慧なる者を不鯽溜と曰う』。○盧同が詩に、『不鯽溜の鈍漢』」。補『諸録俗語解』に、「『不秀』なり。『たわけもの』と訳す」。

(3)支杖暮天月、待風古渡船＝誠「此の不唧嚠は、或る時は杖を支う暮天の月、或る時は風を待つ古渡の船」。

(4)何処去＝誠「此の不唧嚠、どこへ行き去る積もりぞ」。

(5)昨夜閻王索飯銭＝誠「昨夜閻王、飯銭を索うが故に、此の飯銭を償い返さんが為に行くとなり」。補『碧巌録』六十六則、本則評唱に「恁麼《いんも》の行脚に似ば、閻羅老子、你《なんじ》に問うて飯銭を索うこと在らん」。

《意訳》

また

曹洞宗では五位を立て、
臨済宗では三玄を説くが、
この馬鹿者はどうだ。
五位も三玄も無い。
杖に寄りかかって暮れの月を眺め、
風に吹かれて渡し船を待っている。
ではどこに行くつもりか。
昨夜閻魔大王に飯代を請求されて、それを支払いに行くばかり。

【三三二】又

有若似孔子、孔子似陽虎。
瞎驢無尾巴、似則好収取。

《訓読》

又《ま》た

(1)有若《ゆうじゃく》は孔子《こうし》に似《に》、(2)孔子《こうし》は陽虎《ようこ》に似《に》る。
(3)瞎驢《かつろ》、尾巴《びは》無《な》し、(4)似《に》たらば則《すなわ》ち好《よ》し収取《しゅうしゅ》せよ。

《註》

(1)有若似孔子＝誠「当年、有若が貌《かたち》は孔子に似」。底「『史記』仲尼弟子列伝に、『孔子、既に没す。弟子、思慕す。有若が状《かたち》、孔子に似たり。弟子、相い与《とも》に共に立てて師と為す』」。補「有若」は、孔子の門人。風貌が孔子と似ていたという。

(2)孔子似陽虎＝誠「孔子の貌は陽虎に似る」。底「同上（『史記』）、孔子世家に、『孔子の状《かたち》、陽虎に類す』」。補「陽虎」は、魯の政治家。陽貨とも。はじめ季孫氏に仕え、のち魯の実権を握ったが、反乱をおこして失脚、国外に亡命した。

(3)瞎驢無尾巴＝誠「此の瞎驢に於いては、尻尾鼻面《しりつぽはなづら》無し」。補「尾巴」は、しっぽ。つかまえどころ。

(4)似則好収取＝誠「若《も》し能く此の尾巴無き底の者に似たらば、とりおさめ以て行け」。補賛を乞うた者に対する語。

《意訳》

また

有若は孔子に似て、
孔子は陽虎に似ている。
この目の見えぬ驢馬《ろば》はしっぽもとらえどころがない。
もしもこの頂相《ちんそう》が似ているのであれば、収めてもってゆくがよい。

【三三三】又

諸方轉凡成聖、者裏以頭換尾。
叱、不是神不是鬼。

《訓読》

又《ま》た

諸方《しょほう》は凡《ぼん》を転《てん》じて聖《しょう》と成《な》す、(1)者裏《しゃり》は頭《かしら》を以《もっ》て尾《お》に換《か》う。
叱《しつ》、(2)是《こ》れ神《しん》にあらず是《こ》れ鬼《き》にあらず。

《註》

(1)者裏以頭換尾＝誠「我が者裏は、頭を以て尾に換う」。補「以頭換尾」は、あべこべにする。

(2)不是神不是鬼＝[誠]「依然たり、月船は月船、僧は是れ僧、俗は是れ俗ぞ」。[底]「『伝灯』尼末山《まっさん》の章」。[補]『景徳伝灯録』十一、末山尼了然の章に、「閑(灌谿志閑)云わく、『如何《いか》なるか是れ末山の主』。然云わく、『男女の相に非ず』。閑乃ち喝して云わく、『何ぞ変じ去らざる』。然云わく、『是れ神にあらず、是れ鬼にあらず。箇の什麼《なに》に変ぜんや』」。

《意訳》

また

諸方では迷いを転じて悟りにするが、

私の処では頭を尾っぽにしてしまう。

こらっ、

神でもないし鬼でもないぞ。

【三三三】又

一片孤舟傍岸隈、華亭月色萬波開。

橈頭力盡秋蕭索、伶俐闍梨殊未來

《訓読》

(1)又《ま》た

(2)一片《いっぺん》の孤舟《こしゅう》、岸隈《がんわい》に傍《そ》い、華亭《かてい》の月色《げっしょく》、万波《ばんぱ》開《ひら》く。
橈頭《じょうとう》、力尽《ちからつ》きて(3)秋蕭索《あきしょうさく》、(4)伶俐《れいり》の闍梨《じゃり》、殊《こと》に未《いま》だ来《きた》らず。

《註》

(1)又＝誠「師は扁《へん》して華亭という故に、全篇茲《これ》に及ぶ」。補 誠拙書入れの「扁」は、扁額を掲げること。
(2)一片孤舟傍岸隈＝誠「(傍は)つき傍う」。底「華亭船子和尚の縁。前出」(【二〇六】)。
(3)秋蕭索＝誠「寂寂寥寥」。
(4)伶俐闍梨殊未來＝誠「此の月船が処へは、是れ箇の夾山の如き伶俐の闍梨、殊に未だ来たらず」。補「伶俐」は、怜悧に同じ。かしこい、さとい。

《意訳》

また
一片の舟が岸に沿っている。
華亭の月が照らし波が漂っている。
楫《かじ》をとる力も尽きて、秋も寂しく暮れかかっているが、
私の処には古《いにしえ》の夾山《かっさん》のような怜悧《れいり》の僧はまだ来ない。

【三三四】又

箇擔板漢、意欲何爲。
敬佛不信、憐兒無慈。
甕裏飲氣、天外揚眉。
今日攔胸捉敗了、牽來好與頂門槌。

《訓読》

又《ま》た
箇《こ》の(1)担板漢《たんぱんかん》、意《い》、何《なに》をか為《な》さんと欲《ほっ》す。
(2)仏《ぶつ》を敬《けい》して信《しん》ぜず、(3)児《こ》を憐《あわ》れんで慈《じ》無《な》し。
甕裏《おうり》に(4)気《き》を飲《の》み、天外《てんがい》に(5)眉《まゆ》を揚《あ》ぐ。
(6)今日《こんにち》、攔胸《らんきょう》に捉敗《そくはい》し了《お》わる、(7)牽《ひ》き来《きた》って好《よ》し頂門《ちょうもん》の槌《つい》を与《あた》うるに。

《註》

(1)擔板漢＝底「『方語』に、『但だ一辺のみを見る』」。補板を肩に担いだ者の視野は一方向に限られることから、視野の狭い男。また、一途者。
(2)敬佛不信＝誠「此の担板漢は、仏を恭敬するとも信肯せず」。
(3)憐兒無慈＝誠「児を憐れんで慈悲無し」。
(4)飲氣＝補息を呑む。『諸録俗語解』に、「『飲気呑声』は、『グッとも得《え》言わぬ』なり」。

(5)揚眉＝補 意気の盛んなさま。揚眉吐気（まゆをつり上げ、気焔を吐く）に同じ。

(6)今日攔胸捉敗了＝誠「今日箇の担板漢のむなぐらをひっつらまえて、ひっとらえ了わる」。補「攔胸」は、胸ぐらをつかむ。「捉敗」は、『葛藤語箋』に「捉敗は、但だ是れ捉うる義」。

(7)牽來好與頂門槌＝誠「面前に牽き来って、頭のすてっぺんへ鉄槌を喫せしめん」。

《意訳》

　また

この担板漢は、
一体何をしようとしているのか。
仏さまを敬っているようだが内心信じてはいない。
弟子たちを憐れんではいるが慈悲はない。
ある時は甕《かめ》の中で息をひそめ、
ある時は天をも凌ぐ意気軒昂。
今日胸ぐらをひっつかまえて捉えたぞ。
ここに引き連れてこい、頭から鉄槌を喰らわしてやろうぞ。

【三三五】又

渠不是我、我不是渠。
無渠無我、是我是渠。
都來收放無憑據、鏡裏秋霜七十餘。

《訓読》

又《ま》た

(1)渠《かれ》、是《こ》れ我《われ》にあらず、我《われ》、是《こ》れ渠《かれ》にあらず。
(2)渠《かれ》無《な》く我《われ》無《な》し、是《こ》れ我《われ》、是《こ》れ渠《かれ》。
(3)都来収放《とらいしゅうほう》、憑拠《ひょうこ》無《な》し、(4)鏡裏《きょうり》の秋霜七十余《しゅうそうしちじゅうよ》。

《註》

(1)渠不是我、我不是渠＝[誠]「肖像を指して、渠は月船ではない。月船は是れ肖像ではない」。[底]『伝灯』(二十八)諸方広語、南泉の語に、『我、且《か》つ是れ渠にあらず、渠、且つ是れ我にあらず。渠、我を争奈何《いかん》せん』。○洞山過水の頌に、『渠、今、正しく是れ我、我、今、是れ渠にあらず』」。
(2)無渠無我＝[誠]「是に至っては、渠無く我無し」。
(3)都來收放無憑據＝[誠]「把住《はじゅう》底も放行《ほうぎょう》底も、憑依証拠無し」。[補]「都来」は、すべて、全部。「収放」は、把住・放行に同じ。
(4)鏡裏秋霜七十餘＝[誠]「其の憑拠無き底の月船はどうぞ…」。

《意訳》

また

こいつはワシではない。

ワシはこいつではない。

こいつもワシも無い。

これはワシ、これはこいつだ。

こいつだと言おうが言うまいがすべてよりどころはない。

鏡を見れば七十歳の老人だ。

【三三六】又

莫赤匪狐、莫黒匪烏。

吾不識汝、汝能識吾。

《訓読》

又《ま》た

(1)赤《あか》くして狐《きつね》に匪《あら》ざるは莫《な》く、黒《くろ》くして烏《からす》に匪《あら》ざるは莫《な》し。

(2)吾《われ》、汝《なんじ》を識《し》らず、汝《なんじ》、能《よ》く吾《われ》を識《し》る。

《註》

(1)莫赤匪狐、莫黒匪烏＝誠「毛色の赤いものは狐、羽色の黒いものは是れ烏ぞ」。底「『詩』の邶風《はいふう》(「北風」)」。

(2)吾不識汝＝誠「月船は汝を識らず。汝は肖像を指す」。

《意訳》

また

赤くて狐でないものはなく、
黒くて烏でないものはない。
ワシはおまえを知らぬ。
おまえはワシをよく知っている。

【三三七】又

年及耄矣、一倒一起。
雖無眼目、鼻孔相似。

《訓読》

又《ま》た

(1)年《とし》、耄《ぼう》に及《およ》ぶ、(2)一倒一起《いっとういっき》。

(3)眼目無《がんもくな》しと雖《いえど》も、(4)鼻孔《びくう》、相《あ》い似《に》たり。

《註》

(1)年及耄矣＝誡「耄は八十」。
(2)一倒一起＝誡「倒れては杖に倚って起き、起きては又た倒れる」。
(3)雖無眼目＝誡「此の漢、眼目無しと雖も」。補「無眼目」は、物を見る目がないこと。
(4)鼻孔相似＝誡「はなかばち、能く似たり」。

《意訳》

また

年はもう八十になり、
転んだり起きたりしている。
物を見る目もないようだが、
鼻はどうにかあるようだ。

【三三八】又

親者不來來不親、南牕高臥傲松筠。
今年七十有三也、肯把家私付別人。

《訓読》

又《ま》た

(1)親《した》しき者《もの》は来《きた》らず、来《きた》るは親《した》しからず、(2)南窓高臥《なんそうこうが》、松筠《しょういん》に傲《おご》る。
(3)今年七十有三《ことししちじゅうゆうさん》なり、(4)肯《あ》えて家私《かし》を把《と》って別人《べつにん》に付《ふ》せんや。

《註》

(1)親者不來來不親＝[誠]「真箇の親しき者は来らず、来る者は皆な親しからず」。
(2)南牕高臥傲松筠＝[誠]「親しき者は来らざる処から、南の窓の下に高臥し高いびきして、松や筠《たけ》やに向かって傲《しの》ぎ見せる」。[補]「松筠」は、松と竹。
(3)今年七十有三也＝[誠]「此の老僧も頽齢七十有三」。
(4)肯把家私付別人＝[誠]「あえて肯《うけご》う、我が家の屋財家財《やざいかざい》を把って、自ら別人に付属はせぬ」。[補]「家私」は、【一三二】(2)参照。

《意訳》

また

親しい者はやって来ぬし、来る者は親しくはない。
南の窓の下で居眠りして松や竹をながめ楽しんでいる。
今年七十三歳になった。
わざわざ我が家のものを他人にあげたりはしないぞ。

【三三九】又

釋迦於前、彌勒於後。有麼、拈得鼻孔失却口。

《訓読》

又《ま》た

[1]前《まえ》に釈迦《しゃか》あり、[2]後《しりえ》に弥勒《みろく》あり。

[3]有《あ》りや、[4]鼻孔《びくう》を拈得《ねんとく》して口《くち》を失却《しっきゃく》す。

《註》

(1)釋迦於前＝[誡]「面前には前仏」。[補]釈迦は、過去七仏の第七。

(2)彌勒於後＝[誡]「背後には後仏」。[補]弥勒は、釈迦入滅より五十六億七千万年後に成道する未来仏。

(3)有麼＝[誡]「その中間に有りや」。

(4)拈得鼻孔失却口＝[誡]「有り有り。無いでも無い。鼻孔を拈得して口を失却する底の漢、一人有り」。[底]「雪竇(重)顕の頌」(『碧巌録』二十八則)。[補]『白隠禅師提唱碧巌集秘抄』二十三則、頌古著語に、「本分を拈得したれども、え述《のべ》られぬほどに、口を失却した」。

《意訳》

また

前にお釈迦様がいらして、

あとからは弥勒様がおいでになる。
その間に誰があるのだろうか。
ここにいるが、鼻をねじられてものが言えぬ。

【三四〇】又

乾坤坐臥不相違、也識頽齢過古稀。
何處鐘聲林外盡、一簾秋雨自霏霏。

《訓読》

又《ま》た

(1)乾坤《けんこん》坐臥《ざが》、相《あ》い違《い》せず、(2)也《ま》た識《し》る頽齢《たいれい》の古稀《こき》に過《す》ぐることを。
(3)何《いず》れの処《ところ》の鐘声《しょうせい》、林外《りんがい》に尽《つ》く、一簾《いちれん》の秋雨《しゅうう》、自《おのずか》ら(4)霏霏《ひひ》。

《註》

(1)乾坤坐臥不相違＝誠「さて此の月船老僧はどうぞ。乾坤或いは坐し或いは臥す。自己と相い違背せず」。
(2)也識頽齢過古稀＝誠「今歳…」「(古稀は) 七十」。
(3)何處鐘聲林外盡＝誠「此の三四に於いては、屎腸を抖擻《とそう》し肝胆を傾け出して、十成にまで出して有るやらも知らぬぞ」。

(4)霏霏＝[補]雨や雪の頻りに降る様。

《意訳》

また

この天地に坐臥し、自己とあい違いはせぬ。
もうはや古稀を過ぎる年になった。
どこから鐘の声が聞こえて林の外で止んでいる。
簾《すだれ》をあげると秋の雨が霏々と降っている。

【三四二】又

可殺不可活、可活不可殺。
殺活誰下手、頽齢七十八。

《訓読》

又《ま》た

殺《ころ》すべし活《い》かすべからず、活《い》かすべし殺《ころ》すべからず。
(1)殺活《せっかつ》、誰《たれ》か手《て》を下《くだ》す、(2)頽齢七十八《たいれいしちじゅうはち》。

《註》

(1)殺活誰下手＝誠「殺活畢竟、誰か手を下す。誰も手を下さず」。
(2)頽齢七十八＝誠「わしゃ頽齢七十八」。

《意訳》

また
こんな奴は殺しておいて生かしちゃならぬ。
いや生かしておいて殺しちゃならぬ。
生かすも殺すも誰が手を下すのか。
もう七十八になったよ。

【三四二】偶成

鳥不度兮獸不臨、天南天盡武溪深。
老僧八十頭如雪、人道此居多毒淫。

《訓読》

偶成《ぐうせい》
(1)鳥《とり》度《わた》らず獣《けもの》臨《のぞ》まず、(2)天南《てんなん》、天《てん》尽《つ》きて武渓《ぶけい》深《ふか》し。
(3)老僧八十《ろうそうはちじゅう》、頭《かしら》、雪《ゆき》の如《ごと》し、(4)人《ひと》は道《い》う、此《こ》の居《きょ》、毒淫《どくいん》多《おお》しと。

《註》

(1)鳥不度兮獣不臨＝誠「鳥も飛び渡らず、獣も来臨せず」。

(2)天南天盡武溪深＝誠「其の処はどうぞ。天南天尽きたる海辺の武渓深き処じゃ」。「武渓深」は、底「前出」(【二三〇三】参照)。

(3)老僧八十頭如雪＝誠「斯の武渓深き処に居る老僧、今歳年八十にして、頭髪も雪の如く白髪になった」。

(4)人道此居多毒淫＝誠「皆な人は道う、此の居る武渓は毒淫多しと」。

《意訳》

偶成

ここは鳥も飛んでこないし、獣もやって来ない。
天の南も果て、武渓の深いところだ。
老僧も八十になって頭も雪のように白髪頭になった。
人はみな、この処は毒気が多いと言う。

【三四三】遺偈

有過無過、不敢覆藏。
末後大罪、驚殺閻王。

《訓読》

(1)遺偈《ゆいげ》

(2)有過無過《うかむか》、敢《あ》えて覆蔵《ふぞう》せず。
末後大罪《まつごたいざい》、(3)閻王《えんおう》を驚殺《きょうさつ》す。

《註》

(1)遺偈＝[補]自筆が高乾院に蔵される。三春町指定文化財。
(2)有過無過＝[誡]「有過も無過も」[補]『臨済録』に「某甲《それがし》、三度仏法的的の大意を問うて、三度打たる。知らず、某甲、過《とが》有りや過無きや」。
(3)閻王＝[誡]「閻羅大王を驚殺す」。

《意訳》

遺偈

過が有ろうが無かろうが、
あえて隠すこともしない。
末後の大罪には、
閻魔大王もびっくり仰天だ。

武渓集　巻下　【三四三】遺偈

武渓集　巻下　終

跋

梁武有言曰、嗟夫、見之不見、逢之不逢、今之古之、怨之恨之。寡人久欲相見於東輝和尚而不果焉。及訃音至、怨之恨之。頃者聞、其徒物先師、編和尚偈頌、名武溪集。寡人乃命有司刻木、充乎解怨之萬一云。然味者莫謂梁武寡人蹉過了。
時天明二年五月、雲國侯従四位下侍従兼出羽守源朝臣松平不味治郷、謹識。

《訓読》

(1)梁武《りょうぶ》、言うこと有り、曰わく、「嗟夫《ああ》、(2)之《これ》を見て見ず、之に逢《あ》って逢わず、今も古《いにしえ》も、之を怨《うら》み之を恨《うら》む」と。(3)寡人《かじん》、久しく(4)東輝和尚に相見《しょうけん》せんと欲して(5)果たさず。(6)訃音《ふいん》の至るに及び、之を怨み之を恨む。頃者《このごろ》聞く、其の徒の物先師《もっせんし》、(7)和尚の偈頌を(8)編《あ》み、『武渓集』と名づくと。寡人乃《かじんすなわ》ち(9)有司《ゆうし》に(10)命じて(11)木に刻ましめ、(12)解怨《かいえん》の万一に充《あ》つと云う。然れば(13)味者《まいしゃ》、(14)謂《い》うこと莫《な》かれ、梁武と寡人と、(15)蹉過《しゃか》し了《お》われりと。

時に天明二年（一七八二）五月、雲国侯従四位下侍従兼出羽守源朝臣《あそん》(16)松平不味治郷《ふまいはるさと》、謹んで識《しる》す。

《註》

(1)梁武有言＝補 梁の武帝が達磨を追憶して撰したという碑文の語。『碧巌録』一則、本則評唱に見える。

(2)之＝誠 「達磨大師を指す」。

(3)寡人＝誠「雲国侯手前」「寡徳の人。諸侯已上の卑下の辞」。補諸侯のへりくだった一人称。

(4)東輝和尚＝誠「東輝は、本覚浄妙禅師」。補月船を指す。享和二年（一八〇二）、光格天皇より本覚浄妙禅師の諡号を賜わる。

(5)不果＝誠「其の志を果たさず、の意」。

(6)訃音＝誠「東輝和尚御遷化と云う訃音」。

(7)和尚＝誠「東輝和尚」。

(8)編＝誠「編録して」。

(9)有司＝誠「有司の役人に」。

(10)命＝誠「命じ云い付けて」。

(11)木＝誠「版木」。

(12)解怨之萬一＝補月船に相見出来なかった無念を万分の一でも晴らすこと。

(13)昧者＝補物事の事情をよく知らない者。

(14)莫謂＝誠「思の計り謂うこと莫かれ」。

(15)蹉過＝誠「両人共に蹉過し了われり、なぞと云うな」。補「蹉過」は、すれちがう。行きちがう。武帝が達磨に「逢って逢わず」だったように、不昧侯も月船和尚に相見出来なかった、などと言ってくれるな、という意。

(16)松平不昧治郷＝補序文後段、註(12)参照。

解説　月船禅慧と『武渓集』

禅文化研究所　藤田琢司

◇月船の伝記とその史料

江戸時代中期の臨済宗僧であった月船禅慧《げっせんぜんね》は、その会下から物先海旭《もっせんかいぎょく》や誠拙周樗《せいせつしゅうちょ》、仙厓義梵《せんがいぎぼん》といった多くの名衲を打出した尊宿として知られている。また、主に鎌倉地方に伝播した、いわゆる「鎌倉禅」の祖として近世臨済宗史上に重要な位置を占めている。こうした人物でありながら、その行履の詳細ついては意外にも不明の点が多い。これは本人の韜晦的・隠逸的な生き方がその最も大きな要因であろうが、弟子たちも師をよく理解し、ことさら詳細な伝記や年譜を編む必要性を感じなかったものとも考えられる。

月船の伝記として基礎となるものは、『武渓集』に附された物先の序（以下、「序」と略称）、およびそれを下敷きとした『近世禅林僧宝伝』（荻野独園撰、明治二十三年）巻之上に収められる「高乾寺（院）月船和尚伝」（以下、「月船伝」と略称）がある。しかし両者とも非常に簡略であり、月船の行履を知るには不充分であることは否めない。本解説では、先学の業績を参照しつつ、他の史料によって知られる事実を補いながらその行履のあらましを見て行くこととしたい。はじめに参考として「月船伝」の全文を訓読して掲げておく。「序」については本書に収録されているので、そちらを参照いただきたい。なお、本解説で【】に入れて示した数字は、本書の偈頌番号である。後に触れる誠拙の書入れの所在もこの番号で示した。

師、諱《いみな》は禅慧、字《あざな》は月船。奥州田村《たむら》郡小野《おの》村の人なり。幼にして高乾院《こうけんいん》の北禅済老《ほくぜんさいろう》に投じて落髪受具す。既に長じて、四方に游歴す。法を東渓門公《とうけいもんこう》に嗣ぐ。後に高乾院に住すること十年許《ばか》り。去って武州永田《ながた》の東輝庵《とうきあん》に寓す。是れより深く自ら韜晦《とうかい》し、迹《あと》を村民に混ず。凡そ里中の子弟の教うべき者、文芸道学、各おの其の志尚に因って之れを導き、其れをして知らず識らず仏法に帰依せしむ。是に於いて江湖の雲衲、其の徳を欽慕し、陸続四集す。庵中、復《ま》た居るべからざるときは、則ち其の隣近三、四里の間に於いて、民屋・牛舎等を借り、日夜参究す。物先・誠拙等は、即ち其の巨擘《きょはく》なり。師、東輝に在ること凡そ三十四年。天明改元（一七八一）六月十二日、安然として化す。世寿八十。

◇出身地と家族

「序」によれば、陸奥国田村郡小野村、現在の福島県田村郡小野町《おのまち》がその郷里である。生年については、寂年と世寿から逆算して元禄十五年（一七〇二）と考えられている。「序」「月船伝」

に俗姓についての記述はないが、同町の旧家であり名主を務めていた秋元家の家系図を調査した今泉令子氏によれば、月船は同家の出身で、秋元長右衛門の四男だという。また、【一〇三】に見える伝未詳の「龍福寺千江和尚」は月船の俗兄に当たるらしい（参考文献(7)）。

◇出家の師・北禅とその法系

幼くして高乾院の「北禅才老」に従って出家得度した（なお、「月船伝」には「済老」とあるが、同音による通用であろう）。安日山高乾院（福島県田村郡三春町／妙心寺派）は仏源禅師大休正念を開山と仰ぎ、三春藩主秋田家の菩提寺として代々の藩主の墓所が営まれる格式の高い寺院であった。得度の具体的な時期や年齢、理由などは不明である。

受業師（出家の師）の北禅については、『続禅林僧宝伝』（小畠文鼎撰、昭和三〜十三年刊）第一輯巻之上に「常陸州（奥州の誤り）高乾院北禅禅師伝」（以下、「北禅伝」）が収められている。月船伝の問題とも関わるため、「北禅伝」の全文を訓読して掲げる。

師、諱は道済《どうさい》、字は北禅、初め松洲《しょうしゅう》と曰う。古月《こげつ》の炉鞴《ろはい》に投じて、大事を了畢す。月、師の号を頌して、印可して曰く、「枝々卓抜、雲靄に接し、秀色全く憑る雪後の貞。丹鳥、翎《はね》を振るって頂月に臻《いた》り、沙汀千里、眼初めて明らかなり」。後、又た北禅を頌して曰く、「大法由来、頓漸無し、一団の生鉄《さんてつ》、看よ如何《いかん》。李唐の天子、尊崇の外、神秀の徳輝、余沢多し」。

高乾に住して、大いに玄化を闡《ひら》く。享保八年（一七二三）十一月念九（二十九）日、示寂す。本院に塔す。
師の剃度の弟子月船、師の法を嗣いで高乾に住し、又た幢《どう》を武渓に卓し、学者を引接す。是れより古月の宗風、大いに天下に振るう。高乾は、近世、法運否塞し、往時の伽藍、皆な已に頽圮《たいひ》し、法宝寺録、並びに存せず。故を以て、師の行実を詳らかにすることを得ず。

「北禅伝」は、北禅は古月禅材《こげつぜんざい》（一六六七～一七五一）から印可を受け、月船は北禅のもとで出家し、その法を嗣いだと述べる。この「古月―北禅―月船」という法系は、既に大正十年発行の『妙心寺史』下巻にも見えるので、「北禅伝」は同書に拠ったものとも思われる。

しかし、先学の研究に拠れば、こうした師承関係は史実とは考えられないという。まず、北禅を古月の法嗣とする説に関しては、二人の「北禅」の混同に起因する誤謬と考えるのが妥当であろう。「北禅伝」にも引かれている古月から与えられた二つの道号頌のうち、前者は「松洲」を、後者は「北禅」を頌したものであるが、これらの頌は古月の語録である『四会録』を正しく読む限り、両者とも仙台資福寺の北禅元貞（初めは松洲と号す）に与えられたものであることは明らかである。『円覚寺史』第七章第六節では以上を指摘したうえで、「高乾院の北禅＝北禅元貞」という可能性も排除はしてはいないが、笹尾哲雄師は別人と考えるべきだとする（参考文献⑸）。現在では概ね別人説が承認されている（参考文献⑼⑽）。

高乾院の北禅については、宝永七年（一七一〇）十月四日、前住の虎瞳忍昌《こどうにんしょう》の法嗣として妙心寺前堂職に転位したこと（『昭和改訂　正法山妙心禅寺宗派図』。以下『妙心寺宗派図』と略称）、高乾院の十九世であったことなど、知られることは僅かである。また、高乾院には正徳五年（一七一五）に「済北禅」が改書した写本があるという（参考文献(3)。以下、高乾院所蔵史料は多く同書に拠った）。なお、北禅の諱については、前堂転位の際は「梵秀」（『妙心寺宗派図』）、同年六月虎瞳から授かった印可状（高乾院蔵）では「梵貞」、享保六年、「智関首座」（東渓智門）へ授けた印可状（高乾院蔵）では「栄済」、『続禅林僧宝伝』では「道済」と、史料によって一定しないが、すべて同一人物と見られる。

なお、『妙心寺史』「北禅伝」は、北禅を常陸高乾院の住僧とするという単純な誤りを犯している。秋田氏が常陸宍戸より奥州三春に転封した際に高乾院も移ったが、旧地にも高乾院が残されたことによる取り違えである。

以上のように、「北禅伝」の記述には種々問題があり、高乾院の北禅が古月の法嗣であった可能性は低い。

◇月船の師について

月船を北禅の法嗣とする説に関しても、北禅を月船の受業師とのみ記す「序」「月船伝」には見えず、疑問が持たれている。

周知の通り、江戸時代の法系には、「伽藍法」と「印証系」の二種類があったとされるが、江戸幕府によって住持への就任資格として公的に認められた法系は、いわゆる伽藍法であった。江戸中期以降、僧堂復興の機運が高まり、師家による印可証明が行なわれるようになると、一部で印証系も取り沙汰されるようになるが、あくまでも私的なものである。月船の場合、伽藍法上の師は「序」や『妙心寺宗派図』に明記される通り、高乾院先住の東渓智門《とうけいちもん》であることに疑問はない。なお、月船の「先師忌」の偈（【二八〇】）について、「先師」とは北禅を指すという見解もあるが、誠拙書入れからも東渓を指すことは明らかである。

月船の印証系の師については、鈴木省訓師が見出し、今泉氏が全文を紹介した「証心略記」によって、月船は東渓を「嗣法」の師とする一方、巴陵慈入《はりょうじにゅう》を「証心」の師、すなわち印証系の師と仰いでいたらしいことが知られるようになった（参考文献(4)(7)）。『武渓集』には「巴陵和尚」と題する偈があり（【二四二】）、その誠拙書入れには、月船は巴陵に「法乳の恩」があったと記される。また、『武渓集』劈頭の偈【一】について、誠拙書入れは「投機の頌」であるとし、甲州猿橋の心月寺で巴陵の大会に参じて悟るところがあった際の作とする。これらは「証心略記」の記述と軌を一にするものであろう。なお附言すれば、月船の遷化から二十一年後の「本覚浄妙禅師」の諡号勅書（高乾院蔵）に「弁河を懸けて巴陵に接ぐ、銀盌《ぎんわん》の雪融く。慈航を放《ほしいまま》にして華亭を慕う、苦海の霧消ゆ」とある。これは巴陵顥鑑《こうかん》（生没年未詳）の語「銀盌裏に雪を盛る」を踏まえたものだが、月船が巴陵から印可を受けたことを示唆している。また同勅書には「北禅、衣を伝え、檀越、其の勝因に帰す」ともあり、これが後世、北禅から嗣法したと解釈された可能性もある。

巴陵の伝については、今泉氏の著書にその概略が述べられている（参考文献(7)）。それによれば、宝雲山大龍寺（千葉県香取市／妙心寺派）の二十七世、元文五年（一七四〇）、五十五歳で示寂。月船が著賛した巴陵の頂相が大龍寺に蔵されるという。『妙心寺宗派図』「証心略記」によれば、享保六年（一七二一）、大龍寺の先住である長沙義空の法嗣として前堂転位。また、『白隠禅師年譜』宝暦十三年（一七六三）条には、白隠の見たという夢の記述があり、古月、正受老人、愚堂などの名僧が登場する中に巴陵の名が見える。白隠とも面識があったようだが、加藤正俊師の『白隠和尚年譜』（思文閣出版、昭和六十年）の註によれば、白隠の佐倉養源寺、宗円寺掛錫時代の友人だという。

以上のように、近年の研究では「古月—北禅—月船」という法系はほぼ否定されている。このことは、古月の枯淡の禅風を受け継ぐとされる「鎌倉禅」の位置づけにも再考を迫るものであろう。しかし、月船が古月の禅とは全く関係がなかったとは、必ずしも言えない。『妙心寺史』によれば、月船は遍参時代、下総光福寺の定山寂而《じょうざんじゃくじ》・玉洲祖億《ぎょくしゅうそおく》に参じ、次いで武蔵長徳寺の海門元東《かいもんげんとう》に随侍したという。ともに古月の法脈に連なる人物である。『妙心寺史』が何に拠ったかは不明ながら、叢林の伝承として信憑性はあると思われる。月船は古月の禅風を少なくとも間接的には受け継いでいることは確かであろう。

さらに憶測を逞しくすれば、月船が古月と相見した可能性も決して絶無ではない。古月は宝暦元年（一七五一）に久留米の福聚寺で寂しており、後に述べる月船の九州巡錫中は、佐土原の自得寺でいまだ健在であった。その点、『鵠林禅師宗派図』（駒澤大学図書館所蔵）、大正九年発行の『誠拙和尚遺墨集』（森慶造選、禅宗資料調査会発行）、昭和六年発行の『仙厓和尚遺稿』（禅宗史料調査会編、巧芸社発行）等が「古月―月船」という法系を掲げることは興味深い。たとえ直接の相見はなかったとしても、古月の弟子筋の僧に参ずるなど、月船が九州において古月の禅風に浴していた可能性までは否定できないだろう。

◇諸方に行脚

受業師の北禅は享保八年（一七二三）十一月二十九日に遷化した（「北禅伝」。北禅は享保六年九月五日に東渓に印可状を授け、同七年五月十三日に前堂転位せしめているので、その頃に退隠したものか）。月船二十二歳の時である。この頃より四方に遍参したと思われるが、その間の詳細な足跡は不明である。ただ、『武渓集』および誠拙書入れによって、その一端を窺うことはできる。まず、享保九年、月船二十三歳の時、甲州猿橋の心月寺における巴陵慈入の大会にて悟るところがあった（【二】）ことは既に述べた。遍参の終盤は九州にいたらしく、享保十九年、三十三歳の春には豊後戸次《へつぎ》願行寺の枝標《しひょう》和尚（師表霊祐か）のもとにあり、来春に帰郷する志があったという（【九】）。耶馬渓の羅漢寺（【一〇】）、国東の文殊仙寺（【一一】）を訪れたのも九州滞在中のことであろう。

そのほか、時期は不明ながら、下野の行道山浄因寺（【七】）、備中の井山宝福寺（【一二】）、近江の竹生島（【一三】）、永源寺（【一四】）、美濃の廬山（【一五】）、大覚の塔（建長寺、【一六】）、仏源の塔（円覚寺、【一七】）、円覚寺滞在（【二一】）などの偈頌も、多くは遊方中のものであろう。

◇高乾院の住持となる

十年以上にわたる遍参修行を終え、享保二十年（一七三五）三月三日、三十四歳にして高乾院の前住であった東渓智門の法嗣として妙心寺前堂職に転位する（『妙心寺宗派図』）。高乾院第二十一世として入寺したのも、それから間もなくのことであろう。高乾院には、享保二十年正月に「東渓義門」から与えられた印可状が残る（東渓の諱については、『妙心寺宗派図』には「智門」、前述の北禅からの印可状には「智関」とあるなど一定しない）。十年に及ぶ高乾院住持時代の事跡については、ほとんど知られていない。

◇東輝庵にて三十七年を過ごす

高乾院の住持を十年ばかり務めた後、月船は武州永田の宝林寺（横浜市南区／円覚寺派）境内に東輝庵を創してそこに移ることになるが、その間の事情も不明である。高乾院第二十二世となる喝巌智連が月船の法嗣として前堂転位したのが延享元年（一七四四）九月十七日なので（『妙心寺宗派図』）、その頃のことであろう。注目すべきは、いかなる縁によるものか、東輝庵に移る以前、松蔭寺のある駿河原村（静岡県沼津市原）の村はずれに庵居していたことが【四】の誠拙書入れから判明することである。

東輝庵での期間を「月船伝」は三十四年とするが、「序」の三十七年が正しい。同庵での月船について、「序」は「恬として一日の如し」と簡潔に記すのみだが、「月船伝」は村民との交流、多くの雲衲の接化について伝えている。地元や叢林の伝承などに拠ったものであろう。こうして集まった参徒の中から多くの名衲が輩出されることとなる。

また知識人との交流もあったと思われる。【三〇九】の書入れには、儒者・文人として知られる服部南郭《なんかく》（一六八三〜一七五九）と覚しき人物の批評によって起句を改めたとあり、興味が持たれる。こうした人的関係が、後に東輝庵をめぐって「武渓文化」（参考文献⑾）が形成される素地となったのであろう。

なお、【三三三】誠拙書入れに、「師は扁して華亭という」とあり、居所に「華亭」の扁額を掲げていたようである。月船の関防印にも「華亭」の文字が見える。また船子を頌した偈（【二〇六】〜【二一〇】）も複数あり、月船が唐代の禅僧、華亭の船子徳誠《とくじょう》に深く私淑していたことが分かる。「月船」の道号も、船子の偈の「満船空しく月明を載せて帰る」に拠るのかも知れない。

◇月船の参徒

『禅学大辞典』の法系図は月船の法嗣として十一名を挙げ、今泉氏は月船に参じた人物として二十二名を挙げる。ここに『近世禅林僧宝伝』『続禅林僧宝伝』より月船に参じたという記述のある人物を抽出すれば、次のようになる（〔　〕内は、能仁晃道訓注・禅文化研究所発行『訓読近世禅林僧宝伝』の通し番号。読み・生没年・寺院名等は同書に拠った）。

○峨《が》山《さん》慈《じ》棹《とう》〔〇〇九〕（一七二七～一七九七／東京都麟祥院／妙心寺派／白隠慧鶴法嗣）
○隠《いん》山《ざん》惟《い》琰《えん》〔〇二九〕（一七五一～一八一四／岐阜県天沢庵／妙心寺派／峨山慈棹法嗣）
○誠《せい》拙《せつ》周《しゅう》樗《ちょ》〔〇三二〕（一七四五～一八二〇／神奈川県円覚寺／円覚寺派／月船禅慧法嗣）
○仙《せん》厓《がい》義《ぎ》梵《ぼん》〔〇三九〕（一七五〇～一八三七／福岡県聖福寺／妙心寺派／月船禅慧法嗣）
○蘭《らん》山《ざん》正《しょう》隆《りゅう》〔〇四一〕（一七一三～一七九二／福岡県静泰院／妙心寺派／古月禅材法嗣）
○性《しょう》堂《どう》慧《え》杲《こう》〔〇六四〕（一七四一～一八一九／山口県常栄寺／東福寺派／天倪慧謙法嗣）
○黙《もく》洲《しゅう》祖《そ》漸《ぜん》〔二二四〕（一七四四～一七八八／和歌山県興国寺／妙心寺派／良哉元明法嗣）
○竺《じく》源《げん》玄《げん》獅《し》〔二三一〕（一七五二～一七九四／香川県実相寺／妙心寺派／月船禅慧法嗣）
○瑞《ずい》巌《がん》唯《い》諾《だく》〔二三六〕（一七二〇～一七九七／岐阜県清泰寺／妙心寺派／月船禅慧法嗣）
○大《だい》巓《てん》宗《そう》碩《せき》〔二四〇〕（一七三五～一七九八／東京都天真寺／大徳寺派／月船禅慧法嗣）
○無《む》業《ごう》正《しょう》禅《ぜん》〔二四七〕（?～一八〇三／福島県高乾院／妙心寺派／月船禅慧法嗣）
○物《もっ》先《せん》海《かい》旭《きょく》〔二六七〕（一七三六～一八一七／福島県長松寺／妙心寺派／月船禅慧法嗣）
○実《じっ》際《さい》法《ほう》如《にょ》〔二七一〕（一七三一～一八二一／神奈川県続灯庵／円覚寺派／月船禅慧法嗣）
○弘《こう》巌《がん》玄《げん》猊《げい》〔二七二〕（一七四八～一八二一／兵庫県高源寺／妙心寺派／滄海宜運法嗣）
○疎《そ》山《ざん》祖《そ》廉《れん》〔二七九〕（一七四七～一八二八／静岡県松龍院／妙心寺派／月船禅慧法嗣）

○方《ほう》巌《がん》祖《そ》永《えい》〔二八〇〕（一七五二～一八二八／愛知県無量寿寺／妙心寺派／月船禅慧法嗣）
○石《せき》霜《そう》碩《せき》瓚《さん》〔二八三〕（?～一八二八／佐賀県泰長院／建長寺派／月船禅慧法嗣）
○杭《こう》州《しゅう》克《こく》文《ぶん》〔二九二〕（一七六〇～一八三一／愛媛県西江寺／妙心寺派／物先海旭法嗣）
○古《こ》梁《りょう》紹《じょう》岷《みん》〔三〇九〕（一七五三～一八三九／宮城県瑞鳳寺／妙心寺派／物先海旭法嗣）

また、『続禅林僧宝伝』第一輯の巻末、「行業不詳尊宿」の項は、月船下として次の三名を挙げている。

○千《せん》巌《がん》（「讃岐」と注記）
○龍《りゅう》雲《うん》（「甲斐」と注記）
○西《せい》山《ざん》（「豊後」と注記。後掲の西山清亮か）

なお、同書第一輯、「法寿庵鉄舟尼首座伝」（〔三五七〕）に「月船下の尊宿独峰《どくほう》」なる人物が見えている。

右の他、『武渓集』の記述から以下の参徒が判明する。それぞれの人物については本文註を参照のこと。

○楚《そ》玉《ぎょく》【二一二】
○月《げっ》江《こう》宗《そう》鈍《どん》【二一三】
○指《し》印《いん》【三一八】

○孤隣祖梵《こりんそぼん》【三一九】

また道号頌と思われるものには嫩桂《どんけい》(【三二〇】)、無門《むもん》(【三二一】)、峨山《がさん》(【三二二】峨山慈棹)、大泉《だいせん》(【三二三】)の各号が見える。

以上の他、今泉氏は次の人物を挙げる。

○龍雲慧潜《りゅううんえせん》(?〜一八二二/岡山県宝福寺/東福寺派/嵩山慧安法嗣。『続禅林僧宝伝』(二七四)に伝あり。但し月船に参じたことは見えず)

○西山清亮《せいざんせいりょう》(?〜一八一五/大分県霊雲寺/南禅寺僧堂師家。『鵠林禅師宗派図』『続南禅寺史』等に見ゆ。前掲「行業不詳尊宿」の西山か)

○喝巌智連《かつがんちれん》(福島県高乾院二十二世。月船の伽藍法上の法嗣)

○徽叟宗猷《きそうそうゆう》(千葉県大龍寺/妙心寺派/明和七年に一灯法顋の法嗣として前堂転位)

月船のもとに集った修行僧の多さを窺わせるが、史料を広く探せばさらに多くの参徒が見つかるに違いない。

◇遷化と帰葬

天明元年(一七八一)六月十二日、月船は八十の春秋をもって東輝庵にて遷化した(「序」「月船伝」)。遺偈は『武渓集』の末尾に収録されている(【三四三】)。月船の筆になる遺偈は今も高乾院に蔵され、三春町の有形文化財に指定されている。また『建長寺常住日記』同日条(貫達人編、鎌倉国宝館発行『鎌倉志料』第八巻）には「鹿山下永田法輪（宝林）寺ニ閑居被成候月船老禅師、去ル六日頃ゟ《より》御病気、遷化被成候、誠ニ法門之不幸、遺骨三春高乾院エ早速相送候様遺命之由ニ候」とあり、同月六日頃から病となったこと、高乾院への帰葬は遺命によることなどが知られる。遺骨は高乾院に葬られたとあるが、現在、高乾院に月船の塔は見当たらないという。月船の遷化から二十一年後の享和二年（一八〇二）、高乾院の無業正禅（月船の弟子）の奏請により、光格天皇より「本覚浄妙禅師」の謚号が下賜された。

◇武渓集について

『武渓集』上下二巻は、月船の高弟物先海旭が師の偈頌三四三首を集め、註および「序」を附し、天明三年（一七八三）に高乾院蔵版として刊行したものである。師の遷化より比較的短期間での刊行は、「序」に言うように師の生前からその偈頌の収集に努めていたからであろう。出版に際しては松江藩主松平治郷《はるさと》（不昧《ふまい》）の援助があったことが、跋文から知られる。『武渓集』の名の由来は、【二】の底本註に説明されている。【三〇三】【三四二】の偈に見えるように、武州永田東輝庵の地を「武渓深」の曲に因んで武渓と称し、また集の名ともしたものである。

その後も寛政二年（一七九〇）、文政二年（一八一九）と再刊されており、江湖におけるその評価と需要のほどが知られる。再刊では「序」に若干字句の修正が施されたが、誠拙和尚の追記によれば、これは「物老（物先）の遺命」によるという。また、偈頌の順序が僅かに異なる。

本書の底本に用いた円覚寺所蔵本は天明三年刊行の初版本であり、「石井氏蔵書記」「積翠軒文庫」の印記、帙に「此講本、円覚寺中興大用国師誠拙禅師ノ真筆書入也。神鬼呵護積翠居士此レヲ感得セリ。須ク珍重護持スベシ。積翠誌」と認められ、誠拙の書入れ本であること、円覚寺に入る前は石井光雄氏の積翠軒文庫にあったことが知られる。この書入れには、偈頌の解釈はもちろん、謎の多い月船の伝記考証に寄与する少なからざる情報が含まれている。誠拙の偈頌集『忘路集』（版本巻下）によれば、誠拙は文政二年四月、宝林寺にて建長・円覚の衆に『武渓集』を提唱している。これら書入れは、そうした際の覚え書きでもあったのであろう。

本書には、物先が附したと考えられる底本註、および誠拙の書入れを併せ収めた。常に師に近侍し、その偈頌に対しても参究を怠らなかった二神足による註釈は、『武渓集』の偈頌を理解する上で第一に依拠すべきものであり、両者の註を併せ参照することによって、その本意に一層近づくことができるものと期待される。

参考文献

(1)玉村竹二・井上禅定『円覚寺史』（春秋社、一九六四年）
(2)川上孤山・荻須純道『増補　妙心寺史』（思文閣、一九七五年）
(3)『臨済禅の世界　三春高乾院』（三春町歴史民俗資料館、一九九二年）
(4)鈴木省訓「月船禅慧伝について―伝記と法系―」（『宗学研究』三四、曹洞宗宗学研究所、一九九二年）

(5)笹尾哲雄「近世後期における鎌倉禅について―月船禅慧を中心として―」(『禅学研究』七三、花園大学禅学研究会、一九九五年)
(6)鈴木省訓「月船禅慧の研究―訓註『武渓集』―」一～四(『駒沢女子短期大学研究紀要』二九～三二、一九九六～一九九九年)
(7)今泉令子「小野の名僧　月船と物先」(『新小野町郷土誌』ヨークベニマル、一九九九年)
(8)笹尾哲雄「月船禅慧の人法について」(『近世に於ける妙心寺教団と大悲寺』文芸社、二〇〇二年)
(9)三浦浩樹「月船禅慧の法系について」(『駒沢史学』五八、二〇〇二年)
(10)能仁晃道「古月の法嗣、北禅道済は実在したか」(『清骨の人　古月禅材―その年譜から近世禅宗史を読む―』禅文化研究所、二〇〇七年)
(11)増田恒男「保土ヶ谷宿をめぐる文芸と文人たち―軽(苅)部長堅とその周辺」(『大倉山論集』五九、二〇一三年)

横田南嶺（よこた　なんれい）
1964年、和歌山県生まれ。1987年、筑波大学卒業。在学中に、東京の白山道場で小池心叟老師について出家得度し、卒業後、建仁僧堂に掛搭、1991年から円覚僧堂に転錫して足立慈雲老師に参じ、その法を嗣ぐ。1999年、円覚僧堂師家、2010年、臨済宗円覚寺派管長に就任。また、2017年より花園大学総長に就任。著書『禅が教える人生の大道』（致知出版社）、『仏心のひとしずく』（春秋社）ほか多数。

藤田琢司（ふじた　たくじ）
1970年、愛知県生まれ。1993年、立命館大学文学部史学科日本史学専攻卒業。1999年、佛教大学大学院文学研究科博士後期課程単位取得退学。現在、公益財団法人禅文化研究所所員。編著『日本にのこる達磨伝説』『訓読　元亨釈書』『栄西禅師集』（いずれも禅文化研究所）など。

武渓集訳註

平成三十一年四月十一日　初版一刷発行

横田南嶺
藤田琢司　共著

発行　公益財団法人　禅文化研究所
〒604-8456　京都市中京区西ノ京壺ノ内町八―一
花園大学内
https://www.zenbunka.or.jp

印刷　（株）耕文社

ISBN978-4-88182-310-1 C0015

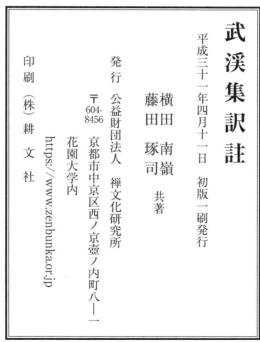

詩題・詩句索引

◦序・跋を除いた詩偈から詩題および詩句を収録した。
◦詩句は一句単位で収録した。
◦最初の文字の音読みを五十音順に排列した。
◦漢字音が複数ある場合は一般的なものに統一し、一字一音とした。
◦詩題は「　」で括った。「又」は本来の題で収録した。
◦数字は本書の詩偈番号を示す。

キ

ス

レ

ロ

ワ

人名・地名・寺社名索引

◦序・詩偈・跋より人名・地名・寺社名を収録した。
◦検索の便のため、通称・略称などは一般的な名称で収録した。
◦最初の文字の音読み（和語は訓読み）を五十音順に排列した。
◦漢字音が複数ある場合は一般的なものに統一し、一字一音とした。
◦数字は本書の詩偈番号を示す。